中国社会科学院创新工程学术出版资助项目

中国民族地区全面小康社会建设研究

王延中 丁 赛 等著

Investigation
Reports on

XiaoKang Society
Building in China's

Ethnic Regions

中国社会科学出版社

图书在版编目（CIP）数据

中国民族地区全面小康社会建设研究 / 王延中等著 . —北京：中国社会科学出版社，2018.4
ISBN 978 – 7 – 5203 – 2232 – 4

Ⅰ.①中… Ⅱ.①王… Ⅲ.①少数民族—民族地区—小康建设—研究—中国 Ⅳ.①F127.8

中国版本图书馆 CIP 数据核字（2018）第 059304 号

出 版 人	赵剑英
责任编辑	喻　苗
特约编辑	孙　萍
责任校对	周　昊
责任印制	王　超

出　　版	中国社会科学出版社
社　　址	北京鼓楼西大街甲 158 号
邮　　编	100720
网　　址	http://www.csspw.cn
发 行 部	010 – 84083685
门 市 部	010 – 84029450
经　　销	新华书店及其他书店
印　　刷	北京君升印刷有限公司
装　　订	廊坊市广阳区广增装订厂
版　　次	2018 年 4 月第 1 版
印　　次	2018 年 4 月第 1 次印刷
开　　本	710×1000　1/16
印　　张	23
字　　数	354 千字
定　　价	98.00 元

凡购买中国社会科学出版社图书，如有质量问题请与本社营销中心联系调换
电话：010 – 84083683
版权所有　侵权必究

目 录

第一章 民族地区小康社会建设的挑战、问题及对策 …………（1）
  一 加快少数民族与民族地区发展事关我国现代化
     建设全局 ………………………………………………（1）
  二 中国少数民族与民族地区小康社会建设进程
     总体评价 ………………………………………………（4）
  三 21世纪以来民族地区全面建设小康社会
     取得重大进展 …………………………………………（11）
  四 民族地区全面小康社会建设面临的主要问题 …………（18）
  五 加快少数民族与民族地区全面小康社会建设的
     对策建议 ………………………………………………（24）

第二章 民族地区贫困的多元图景与致贫机理 …………………（37）
  一 民族地区现状 ……………………………………………（38）
  二 民族地区农村贫困的特征 ………………………………（42）
  三 民族地区农村贫困人口的复杂图景与微观机理 ………（52）

第三章 民族地区农村扶贫开发绩效评价研究 …………………（79）
  一 研究背景与研究问题 ……………………………………（79）
  二 研究策略与数据来源 ……………………………………（84）
  三 扶贫开发工程绩效满意度评价影响因素统计
     分析结果 ………………………………………………（88）
  四 结论、讨论与建议 ………………………………………（100）

第四章 民族地区汉族与少数民族城乡贫困的比较……………（103）
  一 调查数据和研究方法……………………………………（105）
  二 民族地区汉族与少数民族的城乡贫困…………………（107）
  三 民族地区城乡汉族和少数民族贫困的影响因素………（115）
  四 简要结论…………………………………………………（120）

第五章 民族地区农村学龄儿童基础教育现状和影响因素……（123）
  一 数据来源…………………………………………………（125）
  二 民族地区农村基础教育现状描述分析…………………（126）
  三 民族地区农村适龄人口教育机会影响因素分析………（130）
  四 结论和讨论………………………………………………（138）

第六章 民族地区大学生就业难问题及对策……………………（141）
  一 研究背景与研究问题……………………………………（141）
  二 民族地区高等教育发展与大学生就业现状分析………（143）
  三 促进民族地区大学生就业的政策及效果分析…………（157）
  四 民族地区大学生就业面临的主要问题…………………（165）
  五 促进民族地区大学生就业的对策建议…………………（171）

第七章 民族地区城乡居民对流动人口与外来人员
    态度研究……………………………………………………（177）
  一 研究问题与假设…………………………………………（178）
  二 数据来源及样本分布……………………………………（186）
  三 数据分析结果……………………………………………（189）
  四 主要结论及讨论…………………………………………（201）

第八章 民族地区县域家庭房产的城乡和民族差异……………（204）
  一 研究文献回顾……………………………………………（205）
  二 研究数据和方法…………………………………………（208）
  三 实证结果及其分析………………………………………（211）
  四 简要结论与政策启示……………………………………（225）

第九章 民族地区社会保障反贫困研究 ……………… (228)
    一　社会保障的反贫困功能及作用机理 ……………… (233)
    二　民族地区社会保障建设及其反贫困作用 ………… (237)
    三　民族地区农村社会保障的减贫效应分析 ………… (241)
    四　民族地区社会保障制度的反贫困效果满意度评价 … (247)
    五　民族地区社会保障反贫困存在的问题 …………… (254)
    六　提升民族地区社会保障制度反贫困效果的
       思考与建议 ……………………………………… (259)

第十章　中国民族地区生态文明建设现状与建议 ……… (268)
    一　民族地区的生态环境状况与污染问题 …………… (268)
    二　民族地区的生态保护与生态文明建设 …………… (285)
    三　促进民族地区生态文明建设的建议 ……………… (292)

第十一章　新疆农村收入分配的变化 …………………… (298)
    一　研究文献回顾 ……………………………………… (299)
    二　研究数据的说明 …………………………………… (301)
    三　新疆不同地区农村家庭收入和贫困的民族比较 … (304)
    四　新疆农村收入差距扩大的原因与分析 …………… (306)

**第十二章　甘青川藏四省（区）交界藏区的贫困现状与
          发展困境** ……………………………………… (310)
    一　文献综述 …………………………………………… (310)
    二　调查数据和统计描述 ……………………………… (312)
    三　达卡乡的贫困状况 ………………………………… (314)
    四　达卡乡经济社会发展的困境 ……………………… (318)

第十三章　滇西边境农村社会救助减贫成效及其制约因素 …… (323)
    一　澜沧农村社会救助扮演兜底减贫角色的成因 …… (324)
    二　澜沧农村社会救助减贫成效 ……………………… (325)

  三　澜沧农村社会救助减贫成效的制约因素……………（329）
  四　研究启示与对策建议………………………………（333）

第十四章　加快民族地区全面小康社会建设的调查与思考……（336）
  一　党和国家高度重视民族工作与民族地区的
    稳定发展………………………………………………（336）
  二　民族地区五位一体建设格局与全面小康社会建设取得
    新进展…………………………………………………（341）
  三　民族地区城乡居民对全面建成小康社会很有信心……（345）
  四　民族地区全面建成小康社会依然面临严峻挑战………（349）
  五　促进民族地区持续健康发展与小康社会
    建设的建议……………………………………………（353）

参考文献………………………………………………………………（359）

后　记…………………………………………………………………（364）

第一章 民族地区小康社会建设的挑战、问题及对策

为掌握21世纪初期以来特别是"十二五"时期我国少数民族和民族地区发展状况，深入分析当前民族工作面临的形势，总结工作成绩和经验，分析少数民族和民族地区经济发展的困难和原因，提出民族地区未来经济发展和全面建成小康社会的对策建议，中国社会科学院民族学与人类学研究所课题组开展了我国少数民族和民族地区小康社会建设进程的评估研究，主要内容包括如下几个方面：加快少数民族和民族地区小康建设的重大意义、少数民族地区小康社会建设总体评价、主要进展与面临的主要问题、针对问题提出的对策建议。

一 加快少数民族与民族地区发展事关我国现代化建设全局

中国作为历史悠久、幅员广阔、地区发展很不平衡的多民族统一国家，在全面小康社会与社会主义现代化建设中的任务是多重的：既要促进沿海地区快速发展，又要促进内地与民族地区跨越式发展；既要以经济建设为中心加快经济增长，又要实现经济建设、政治文明建设、社会建设、文化建设、生态文明建设的同步协调推进；既要在一个相当长的时期内使经济增长保持一定速度以实现赶超目标，更要加快经济发展方式转变以提高经济增长的质量与效益。通过改革开放以来几十年的快速发展，我国小康社会与社会主义现代化建设事业取得了举世瞩目的成就，也在发展过程中积累了很多矛盾与问题。区域与城乡发展不平衡、发展成果未能有效在社会成员中实现公平共享，是

当前我国面临的突出矛盾和问题。我国少数民族与民族地区的发展整体滞后，无疑使上述矛盾和问题更加突出。

进入21世纪以来，党和政府以中国特色社会主义理论体系为指导，制定和实施了一系列深化改革、保持稳定、促进发展的重大战略思想和举措。党的十六大提出，全面建设小康社会是我国21世纪头20年的奋斗目标。党的十七大进一步提出了"实现全面建设小康社会奋斗目标的新要求"。党的十八大明确提出"确保到2020年实现全面建成小康社会宏伟目标"。党的十八届三中全会通过的《中共中央关于全面深化改革若干重大问题的决定》，不仅重申了到2020年全面建成小康社会的目标任务，而且进一步提出，要在全面建成小康社会的基础上"建成富强民主文明和谐的社会主义现代化国家，实现中华民族伟大复兴的中国梦"。加快少数民族和民族地区发展、全面建成小康社会，在全国现代化建设全局中无疑具有十分重要的战略地位。

首先，民族地区的小康社会建设事关全国小康社会建设成败。2010年我国全面小康社会的实现程度达到80.1%，其中东部地区全面小康社会的实现程度为88.0%，西部地区为71.4%。少数民族更加集中的民族8省区，小康社会实现程度只有70%左右。西部地区尤其是各民族省区之间的资源条件、生态环境、民族文化、经济结构等，与全国平均水平和东部地区差距比较大，全面建成小康社会的任务很艰巨、难度更大，也是全国全面建成小康社会的难点所在。在很多民族地区尤其是集中连片的14个扶贫开发区，摆脱贫困问题依然是当务之急。在一定程度上讲，民族地区能否实现全面建成小康社会的目标，关系到全国全面建成小康社会的进程与水平。

其次，加快少数民族与民族地区发展是实现中华民族伟大复兴中国梦的关键。新一届中央领导集体多次强调，全面建成小康社会，离不开少数民族和民族地区的全面小康；实现中国梦，离不开56个民族、13亿人民戮力同心、团结奋斗。全面建成小康社会，不是中国发展的终点而是建设富强民主文明和谐的社会主义现代化国家的阶段性任务。在此基础上，实现中华民族的伟大复兴才是更大、更高、更宏伟的目标，也是中华民族近代以来最伟大的梦想。中国梦凝聚了几代中国人的夙愿，体现了中华民族和中国人民的整体利益，是每一个中华儿女的共同期盼。中国梦是国家的、民族的，也是每一个中国人的。在实现中国梦的征程中，不让每一个区域落伍，不让每一个民族掉队，既是中国共产党带领全国人民努力实现的发展目标，更需要全国各族人民及每一位公民的不懈努力和奋斗。

再次，加快少数民族与民族地区发展是新时期做好民族工作的基础和根本任务。作为历史悠久的多民族国家，中国针对民族问题的处理，积累了异常丰富的经验教训。特别是新中国成立以来，中国共产党不仅在中国历史上第一次实现了各民族之间的政治平等，建立了平等、团结、互助、和谐的社会主义民族关系，而且在加快民族地区改革开放和经济社会文化发展等方面，取得了显著的成效。中国的民族工作是卓有成效的，其根本点就在于把民族工作融入中国社会主义现代化建设的工作全局之中。一些民族地区形成了民族工作大格局体制，并通过民族工作引领党和政府有关部门工作，有效促进了民族地区的改革、发展与社会稳定。发展作为党执政兴国的第一要务，是解决中国所有问题的关键。加快少数民族和民族地区经济社会发展，是实现各民族"共同团结奋斗，共同繁荣发展"的根本，也是解决民族地区困难和问题的关键，更是现阶段民族工作的主要任务。

最后，加快少数民族和民族地区发展是实现固边睦邻和边疆繁荣稳定的重要支柱。我国是世界上边界线最长、邻国最多、边界情况最复杂的国家之一。陆地边境线长度约2.2万公里，其中1.9万公里在民族区域自治地方，约占中国陆地边境线总长度的90%。我国陆地边疆与14个国家接壤，涉及6个民族省区和107个边境民族区域自治旗（县）。边疆地区也是我国少数民族集中聚居地区，少数民族集中、地域广、跨境民族多。跨境民族语言、文化、宗教信仰相似，国内外交流来往频繁。周边地区是我国维护社会稳定、民族和睦的直接外部屏障。周边环境历来对我国国内形势以及发展战略有直接牵动作用。维护周边安全是周边外交工作的重要内容。一个和平、稳定的周边是我国社会主义现代化建设事业顺利进行的重要条件。边疆民族地区稳定、民族关系和谐则我国陆疆安宁。中国加快少数民族和民族地区的发展，不仅可以促进边疆民族地区的和谐稳定与繁荣发展，而且能够促进中国与周边国家的开放合作，为我国营造一个适合快速稳定发展的周边国际环境。从一定程度上讲，加快少数民族与民族地区的发展，进而带动睦邻安邻富邻，是中国外交战略与周边安全战略的重要基础，也是中国实现自身发展战略的重要组成部分。

二 中国少数民族与民族地区小康社会建设进程总体评价

到2020年全国全面建成小康社会作为我国既定战略目标，是当前中国特色社会主义现代化建设的中心任务。与东部沿海地区甚至中部省份相比，民族地区全面小康社会建设尽管取得了巨大成绩，但面临的困难和挑战也非常艰巨。下面笔者从三个方面加以论述。

（一）按照"全面建设小康社会建设指标体系"完成目标难度大

国家统计局按照中央部署研制了全国小康社会建设指标体系，不定期公布小康社会建设进程检测报告。根据国家统计局发布的《中国全面建设小康社会进程统计监测报告（2011）》，2010年我国全面小康社会的实现程度达到80.1%，比2000年提高20.5个百分点，平均每年提高2.05个百分点。其中，2010年东部地区全面小康社会的实现程度为88.0%，按照平均增速将提前实现全面小康社会；西部地区全面小康社会建设的起点很低，2000年全面小康社会的实现程度仅为53.2%，2010年提高到71.4%，年均增幅仅为1.82个百分点。8个民族省份又略低于西部地区平均速度，每年大约提高1.8个百分点。

按照21世纪第一个10年的小康社会建设监测指标的平均增速计算，2020年全国实现全面小康社会宏伟的目标是可期的。尽管从21世纪第二个10年开始，全国经济增速明显放缓，完成上述任务难度加大，但在10年内提高12个百分点（约是第一个10年平均提高幅度的60%）也是可能的。当然，2011年、2012年、2013年在全国经济增速放缓（平均增长8.2%）的情况下，民族省区依然保持了高于全国平均增速的经济发展速度（约高2个百分点），这对于民族省区缩短与全国小康社会建设进程差距、提高民族省区小康社会建设指标完成程度是有帮助的。

问题的关键是中国地区发展不平衡，民族地区经济社会发展差距与东部地区甚至全国平均水平差距不断扩大的趋势尚未根本扭转。中

第一章 民族地区小康社会建设的挑战、问题及对策

西部地区尤其是民族省区要实现全面建成小康社会的目标难度不小。如果民族省区小康社会进程按照第一个10年的平均增速，到2020年大体可以实现全面小康社会建设监测指标的89%左右，约等于东部地区的2010年水平；如果按照全国平均增速为第一个10年的90%计算（第一个10年的平均水平），大体可以达到监测指标的87%，刚刚接近2010年东部地区平均水平；如果第二个10年只能达到全国平均增速（第一个10年增幅的60%），则2020年只能完成小康指标的83%，略高于2010年全国平均水平。即使民族地区在经济增长指标上保持2011—2013年比全国高2个百分点的速度，即按照全国小康社会建设进程第一个10年平均增速的122%计算，民族地区2020年小康社会建设指标也只能达到91%左右。在我国经济发展宏观背景发生重大变化的情况下，实现上述增速的可能性非常小。

从地区看，不同民族省区小康社会建设进程内部差异较大。内蒙古2010年与全国平均水平差距最小，只落后0.5个百分点；广西次之，差距为7.7个百分点，其他6个省区差距均在10个百分点之上，其中青海、新疆、贵州、西藏差距均超过17个百分点（见表1—1）。按照前面所述增速，只有内蒙古有可能完成全面建成小康社会指标体系测算的指标任务，其他省份几无可能。

表1—1　2010年民族八省区小康实现程度和六大内容与全国平均水平的差距

	小康实现程度	经济发展	社会和谐	生活质量	民主法制	文化教育	资源环境
内蒙古	-0.5	7.4	6.2	-7.3	-2.5	-7.8	-8.3
广西	-7.7	-18.9	-8.7	-3.6	-0.8	-8.8	11.2
贵州	-17.4	-24.5	-21.1	-15.6	-8.4	-15.0	-7.7
云南	-12	-22.4	-21.5	-18.8	0.1	12.3	-1.4
西藏	-17.2	-23.4	-20.2	-28.3	-5.0	-22.9	16.6
青海	-18.3	-15.5	-25.2	-22.7	-10.4	-15.0	-18.1
宁夏	-14.1	-14.4	-12.5	-13.2	-5.2	-9.3	-28.5
新疆	-17.9	-16.4	-22.3	-22	-15.1	-16.0	-12.6

资料来源：根据国家统计局相关监测指标计算。

由此可见，民族省区到2020年实现全面建成小康社会宏伟目标的任务非常艰巨，如果民族地区21世纪第二个10年没有大的跨越式发展，或者指标体系不按照新的形势进行适当调整，民族地区全面建成小康社会的指标任务很有可能无法实现。如果民族省份无法完成全面建设小康社会指标任务，即使全国总体上实现了建成小康社会指标任务，全国全面建成小康社会的质量也会受到一定程度的影响。

（二）按照"地区发展与民生指数"民族地区发展差距缩小、总体建成小康社会难度增大

2013年，国家统计局公布了2000—2012年地区发展与民生指数。地区发展与民生指数旨在从总体上对各地区的经济发展、民生改善、社会发展、生态建设、科技创新等方面的情况进行监测，将发展引导到质量效益改进和民生福祉提高上来。地区发展与民生指数评价指标体系包括经济发展、民生改善、社会发展、生态建设、科技创新和公众评价（公众评价暂未开展）六大方面，共42项指标，二级指标涵盖内容更为宽泛。地区发展与民生指数的编制和计算，主要借鉴了联合国人类发展指数（HDI）等有关方法，根据指标的上、下限阈值来计算各个指标的评价指数，指数一般介于0—100之间，然后再根据指标权重合成分类指数和总指数。小康建设监测体系23项二级指标中除了基尼系数外，其他指标均在地区发展与民生指数中予以体现。地区与民生发展指数的这一变化是考虑到我国地区经济社会发展中出现的一些新情况，特别是党的十八大提出的新要求，突出反映民生改善情况。2013年2月，国家统计局公布了2000—2011年的地区发展与民生指数，12月又公布了2012年地区发展与民生指数。这对我们研究测算民族地区小康社会建设进程提供了更加全面、便利的数据。

根据国家统计局发布的2次《地区发展与民生指数（DLI）统计监测结果》可以看出，进入21世纪以来尤其是"十一五"时期，全国东中西部与民族地区的发展与民生指数进展十分迅速。与2000年相比，东、中、西部的发展与民生改善指数分别提高了25.18%、23.50%、24.04%，东部地区2012年发展与民生指数最高为71.57%，中部和西部分别是60.35%和58.22%。与小康社会指标不同的是，西部发展与民生指数提高幅度仅次于东部地区，但是高于中

部地区，与东部、中部的发展指数差距明显缩小。同时，由于西部地区发展基数较低，几乎同样的增长幅度意味着西部地区更快的增长速度。2001—2012年，东、中、西部发展与民生指数年均增长3.68%、4.20%、4.54%，西部地区最快，分别是东部地区和中部地区平均增速的123%和108%。按照前12年的平均增速，2013—2020年8年间，全国各个地区发展与民生指数大体每年提高2个百分点，到2020年东、中、西部的发展与民生指数将分别达到88%、76%、75%左右。民族8省区与西部地区持平的话，发展与民生指数也将达到75%左右。考虑到进入21世纪第二个10年期间发展与民生指数增幅已经趋于下降，其中东部下降更加明显（2010—2012年增速为2001—2012年的89%），西部与中部比"十一五"时期速度有所下降但仍高于2001—2012年平均增速（分别为114%和102%）（见表1—2），通过测算，到2020年东部、中部、西部发展与民生指数可以调整为86%、76%和77%左右。这样，全国不同地区之间的发展与民生指数差距将进一步缩小，西部民族地区的发展与民生指数将实现全部指数的近八成。西部地区尤其是民族地区与全国其他地区相比，同步化程度明显提高。但是，就全国来说，离全面建成小康社会的目标任务差距也明显提高了，尽管这种差距在全国都普遍存在，但中西部地区的差距更加明显，完成目标的压力更大、任务更艰巨。在民族八省区中，除内蒙古发展与民生指数略高于西部地区平均数外，其他省区依然位居全国各省区后面（见表1—3），差距比较明显，不可能到2020年完成地区发展与民生指数的整体跨越，全面建成小康社会建设的阶段性目标难以完成。

表1—2　　2001—2012年各地区发展与民生指数年均增长率　　单位：%

	2001—2012年 年均增长	"十五"期间 年均增长	"十一五"期间 年均增长	"十二五"以来 年均增长
东部地区	3.68	3.26	4.27	3.28
中部地区	4.20	3.35	5.02	4.27
西部地区	4.54	3.40	5.44	5.17

续表

	2001—2012年年均增长	"十五"期间年均增长	"十一五"期间年均增长	"十二五"以来年均增长
内蒙古	4.28	3.82	4.85	3.99
广西	4.27	4.02	4.53	4.27
贵州	5.43	4.83	5.72	6.21
云南	3.92	1.83	5.26	5.88
西藏	4.44	3.54	5.29	4.57
青海	4.38	3.46	4.47	6.46
宁夏	4.61	3.85	5.67	3.89
新疆	4.44	2.8	5.83	5.15

资料来源：中国统计学会、国家统计局统计科学研究所：《2012年地区发展与民生指数（DLI）统计监测结果》（2013年12月31日），国家统计局网站。

表1—3　2000—2012年三大区域与民族八省区发展与民生指数　　单位：%

	2000	2001	2002	2003	2004	2005	2006	2007	2008	2009	2010	2011	2012
东部地区	46.39	47.98	49.72	51.2	52.73	54.45	56.9	59.61	61.62	64.49	67.1	69.38	71.57
中部地区	36.85	38.39	39.59	40.61	41.8	43.45	45.54	48.42	50.3	53.19	55.51	58.04	60.35
西部地区	34.18	35.31	36.8	37.58	38.57	40.4	42.1	45.44	47.07	50.05	52.64	55.43	58.22
内蒙古	35.78	36.64	37.73	38.73	40.36	43.15	45.38	50.21	49.67	52.39	54.69	56.85	59.14
广西	34.83	36.51	38.3	39.15	40.01	42.42	43.86	46.34	47.64	51.09	52.93	54.33	57.55
贵州	28.66	29.55	31.01	31.97	33.23	36.29	37.24	40.17	41.19	44.4	47.93	51.21	54.07
云南	35.42	33.79	34.99	36.25	37.15	38.79	39.58	42.96	44.69	47.77	50.13	52.95	56.2
西藏	30.09	32.1	33.72	34.94	36.39	35.8	38.82	39.88	40.94	43.4	46.32	47.85	50.65
宁夏	31.37	32.29	34.33	35.41	36.86	37.89	40.09	43.28	44.90	46.68	49.92	50.80	53.88
青海	31.06	31.97	33.58	34.95	35.43	36.82	38.91	39.81	41.01	42.93	45.82	48.68	51.93
新疆	30.92	31.11	32.51	34.67	34.35	35.49	37.17	39.90	41.54	44.46	47.12	49.42	52.10

资料来源：中国统计学会、国家统计局统计科学研究所：《2012年地区发展与民生指数（DLI）统计监测结果》（2013年12月31日），国家统计局网站。

（三）民族地区干部群众对于全面建成小康社会总体充满信心、局部心存担忧

根据中国社会科学院"21世纪初中国少数民族地区经济社会发

第一章 民族地区小康社会建设的挑战、问题及对策

展综合调查"项目组2013年16个子项目的实地调查和问卷调查，民族地区的干部群众十分拥护全面建成小康社会的战略目标，从总体来看，对于本地区实现全面建成小康社会的目标充满信心。5404份城乡家庭调查问卷中，很有信心和有信心的比重为87.4%，1132份干部调查问卷中，很有信心和有信心的比重为85.4%。群众的看法比干部乐观一些。当然，也有11.3%的群众和12.1%的干部对于全面建成小康社会信心不足，极少数干部群众没有信心（见表1—4）。

表1—4　民族地区干部群众对2020年全面建成小康社会的信心状况

			很有信心	有信心	没什么信心	不可能	合计
甘肃	干部	样本量（人）	30	47	1	0	78
		占比（%）	38.5	60.3	1.3	0	100.0
	群众	样本量（人）	79	249	33	10	371
		占比（%）	21.3	67.1	8.9	2.7	100.0
	合计	样本量（人）	109	296	34	10	449
		占比（%）	24.3	65.9	7.6	2.2	100.0
贵州	干部	样本量（人）	25	125	34	5	189
		占比（%）	13.2	66.1	18.0	2.6	100.0
	群众	样本量（人）	162	859	221	9	1251
		占比（%）	12.9	68.7	17.7	0.7	100.0
	合计	样本量（人）	187	984	255	14	1440
		占比（%）	13.0	68.3	17.7	1.0	100.0
内蒙古	干部	样本量（人）	40	66	14	3	123
		占比（%）	32.5	53.7	11.4	2.4	100.0
	群众	样本量（人）	192	391	110	5	698
		占比（%）	27.5	56.0	15.8	0.7	100.0
	合计	样本量（人）	232	457	124	8	821
		占比（%）	28.3	55.7	15.1	1.0	100.0

续表

			很有信心	有信心	没什么信心	不可能	合计
青海	干部	样本量（人）	26	46	8	2	82
		占比（%）	31.7	56.1	9.8	2.4	100.0
	群众	样本量（人）	66	228	42	12	348
		占比（%）	19.0	65.5	12.1	3.4	100.0
	合计	样本量（人）	92	274	50	14	430
		占比（%）	21.4	63.7	11.6	3.3	100.0
新疆	干部	样本量（人）	93	232	34	8	367
		占比（%）	25.3	63.2	9.3	2.2	100.0
	群众	样本量（人）	347	820	72	15	1254
		占比（%）	27.7	65.4	5.7	1.2	100.0
	合计	样本量（人）	440	1052	106	23	1621
		占比（%）	27.1	64.9	6.5	1.4	100.0
云南	干部	样本量（人）	58	179	46	10	293
		占比（%）	19.8	61.1	15.7	3.4	100.0
	群众	样本量（人）	219	1109	135	19	1482
		占比（%）	14.8	74.8	9.1	1.3	100.0
	合计	样本量（人）	277	1288	181	29	1775
		占比（%）	15.6	72.6	10.2	1.6	100.0
合计	干部	样本量（人）	272	695	137	28	1132
		占比（%）	24.0	61.4	12.1	2.5	100.0
	群众	样本量（人）	1065	3656	613	70	5404
		占比（%）	19.7	67.7	11.3	1.3	100.0
	合计	样本量（人）	1337	4351	750	98	6536
		占比（%）	20.5	66.6	11.5	1.5	100.0

资料来源：中国社会科学院民族学所"21世纪初少数民族地区经济社会发展综合调查"2013年16个县问卷调查数据库。

干部群众对于本地区全面建成小康社会的信心应当肯定和鼓励，同样应当重视他们对本地区建成小康社会困难的看法或者信心不足的理由。群众认为经济收入提高慢（70.8%）、居住条件差（35.4%）、基础设施不足（33.8%）、扶持政策不到位（29.9%）是影响信心的主要因素。干部对第一位影响因素的看法与群众相同，即有69%的干部认为经济收入提高慢是信心不足的主要理由，第二项、第三项、第四项原因分别是基础设施不足（50.8%）、扶持政策不到位（34.9%）和社会保障不完善（37.4%）。基于上述认识，群众认为应当解决的主要问题或提出的主要建议是加快发展当地经济（61.8%）、加快基础设施建设（37.3%）、中央政策应落实到位（27.9%）、应扩大当地就业（25.0%）；当地干部认为应当解决的主要问题是加快发展当地经济（68.3%）、加快基础设施建设（44.6%）、提高教育水平（26.7%）。

从以上三个方面的数据监测和调查分析可以看出，21世纪第二个10年是民族地区全面建设小康社会、促进地区发展、改善民生的关键时期。到2020年全国全面建成小康社会的战略目标是可以实现的。民族地区的广大干部群众对此也充满希望和信心，说明他们也希望与全国一样能够同步进入全面小康社会。但是，客观数据显示，民族地区要在余下时间内达到全面建成小康社会指标体系设定的数值几乎是不可能的。其实，新时期以来尤其是党的十八大以来，我国经济社会发展进入新阶段和转变发展方式的新要求明确指出，不唯GDP论英雄，不以增长速度论英雄，不以数据指标论英雄。新的发展观和考核办法，为地方广大干部群众谋民生改善为目标的科学发展、全面发展松了绑。这对于民族地区全面推进小康社会建设进程是有利的。

三 21世纪以来民族地区全面建设小康社会取得重大进展

进入21世纪以来，随着西部大开放战略、民族地区一系列国家级区域发展战略的实施，以及国家在财政、税收、投资、文化、教育、科技、人才、扶贫、社会保障等方面的一系列扶持优惠政策，有力地推动了少数民族地区政治、经济、社会、文化和生态建设的全面发展。整个"十五"时期、"十一五"时期和"十二五"前半期，民族地区发展和民生改善速度明显快于东部地区、中部地区和全国平均水平，民族地区小康社会建设的进度呈显著加速态势。在一些领域，民族地区与全国平均水平的差距开始出现缩小势头。

（一）民族省区经济赶超势头强劲，局部地区实现跨越式发展

"十一五"期间（2006—2010年），民族八省区的国内生产总值和财政收入每年均以两位数的速度增长，高于全国平均增速。民族八省区国内生产总值年均增长13.1%；人均地区生产总值达到18014元。城镇居民人均可支配收入14070元、农民人均纯收入3931元，分别比2005年提高5328元和1654元。内蒙古自治区经济增长速度自2002年以来连续八年保持全国第一，地区生产总值在全国排名由第24位上升到第15位。从小康社会实现程度的"经济发展"指数来看，2010年8个民族省区实现程度分别在51.6%—83.5%之间变动，比2000年的36.4%—46.5%，年均分别增长1.37—3.7个百分点。内蒙古异军突起，2000—2010年其"经济发展"实现程度年均增长3.7个百分点（全国年均增幅为2.58个百分点），从2000年的46.5%提高到2010年的83.5%，从落后于全国提高到超过全国平均水平7.4个百分点，经济快速增长成为内蒙古全面小康社会建设缩小与全国差距的主要原因。从国家宏观发展规划周期来看，民族八省区"经济发展"实现程度，"十一五"时期增速快于"十五"时期。2010—2011年，除了西藏以外，其他民族省区实现程度的增速快于"十一五"时期，其中，广西、云南、新疆、宁夏的增长幅度达到2.7—3.1个百分点（见表1—5）。这是一个很好的发展趋势。值得注意的是，一些民族地区如丽江、九寨沟、喀什等利用经济特区、特色旅游业、民族手工业等产业支撑，经济快速起飞，不仅摆脱了贫困，实现了经济跨越式发展目标，工业化、城市化与经济社会结构转型也取得了重大进展。

表1—5　2000—2010年民族8省区小康指标"经济发展"实现程度　单位:%

	全国	西部地区	内蒙古	广西	贵州	云南	西藏	青海	宁夏	新疆
2000	50.3		46.5	40.7	36.4		39.1	45.3	45.5	45.4
2001	52.2			41.7	37.5		40.7	45.9	45.9	46.7

续表

	全国	西部地区	内蒙古	广西	贵州	云南	西藏	青海	宁夏	新疆
2002	54.4			42.9	38.3		42.4	48.3	47.3	47.9
2003	56.3			43.8	39.4		42.4	49.3	48.7	48.1
2004	58.2			44.6	40.2		43.4	50.1	50.5	49.4
2005	60.6			46.2	41.8		44.3	50.3	51.7	50.3
2006	63.4			47.6	43.5		45.5	51.2	53.5	51.7
2007	66.6			49.1	45		47.5	52.5	55.6	53.8
2008	69.1			51.4	46.8		49.6	53.5	56.4	55.5
2009	73.1			54.7	49.4	52.0	51.6	57.6	59.7	58.3
2010	76.1	62.4	83.5	57.2	51.6	53.7	52.7	60.6	61.7	59.7
"十五"	2.06			1.1	1.08		1.04	1	1.24	0.98
"十一五"	3.1			2.2	1.96		1.69	2.06	2.0	1.88

资料来源：根据国家统计局发布相关监测指标整理。

（二）民主法制建设与全国同步，社会总体和谐稳定

民主法制反映依法治国和公民权利的实现程度，是社会政治文明的重要参数。这一指标包括公民自身民主权利满意度和社会安全指数两项监测指标。从"民主法制"实现程度来看，2010年民族8省区实现程度为78.5%—92.8%，比2000年的58%—84.8%分别年均增加了0.8—2.34个百分点。2000—2010年，除广西和贵州，其他民族省区都高于全国平均增速。2010年，云南、广西、内蒙古"民主法制"建设进程均超过90%（见表1—6），达到或者接近全国平均水平。民族地区民主法制建设为全面建成小康社会提供了制度和法律保障，特别是一些地方民主法制建设特色鲜明，为保障少数民族群众合法权利、维护社会和谐稳定发挥了经济作用。

表1—6 2000—2010年民族8省区小康指标"民主法制"实现程度　单位:%

	全国	西部地区	内蒙古	广西	贵州	云南	西藏	青海	宁夏	新疆
2000	84.8			79.2	84.8	77.2		65.2	70	66.6	58

续表

	全国	西部地区	内蒙古	广西	贵州	云南	西藏	青海	宁夏	新疆
2001	82.6			82.6	75.2		75.2	68.9	71.3	58.5
2002	82.5			84.2	78.1		73.7	63	70.8	64.4
2003	82.4			85	78.5		63.6	70.4	71.9	64.5
2004	83.7			87.7	80.3		65.8	70.8	73.3	66.7
2005	85.6			89.6	80.1		70.2	72.2	74.1	62.8
2006	88.4			91.2	82.7		75.1	74.7	76.8	70.2
2007	89.9			90	83.2		72.2	77.7	82.5	74.3
2008	91.1			91.6	84.3		86.0	80	81.5	76.4
2009	93.1			93.3	84.5	90.2	75.6	81	84.3	79.5
2010	93.6		91.1	92.8	85.2	93.7	88.6	83.2	88.4	78.5
"十五"	0.16			0.96	0.58		0.99	0.44	1.5	0.96
"十一五"	1.6			0.64	1.02		3.69	2.2	2.86	3.14

资料来源：根据国家统计局发布相关监测指标整理。

经济快速发展时期也是利益格局与社会结构迅速变动和调整时期，各种社会矛盾错综复杂，涉及民族宗教因素的社会矛盾也呈现多发频发态势。如何在快速发展中保持人际关系与民族关系和谐，社会环境保持安全稳定，是民族地区稳步推进全面小康社会建设的前提条件和基本保障。从"社会和谐"指标实现程度来看，2010年民族八省区在57.3%—88.7%之间变动，比2000年的22.1%—69.3%，分别年均增加了0.98—2.83个百分点。民族八省区"社会和谐"实现进程与全国基本一致，大多数民族省区"十一五"时期"社会和谐"实现程度的增速快于"十五"时期，2010—2012年实现程度的增速快于"十一五"时期（见表1—7）。

表1—7　2000—2010年民族8省区小康指标"社会和谐"实现程度　单位：%

	全国	西部地区	内蒙古	广西	贵州	云南	西藏	青海	宁夏	新疆
2000	57.5			69.3	62.5	33.1		36.7	47.5	58.3	22.1

续表

	全国	西部地区	内蒙古	广西	贵州	云南	西藏	青海	宁夏	新疆
2001	59.6			59.1	28.7		16.7	52.4	55	25.3
2002	57.1			55.6	24.1		49.4	51.7	56.3	24
2003	56.3			54.1	21.9		42.9	51.8	57.4	27.4
2004	59.9			52.2	21.9		58.4	46.8	58.8	29.8
2005	62.8			54.4	35.1		52.4	44.4	50.5	31.3
2006	67.6			53.8	43.7		71.1	41.1	44.2	37.1
2007	72.1			64.1	54		58.0	50.1	58.4	48.7
2008	76			67.4	52.3		67.5	50.5	57	48.7
2009	77.7			69.1	59.1	53.5	65.1	50.8	60.1	58.4
2010	82.5	74.1	88.7	73.8	61.4	60.8	62.3	57.3	70	60.2
十五	1.06			-1.62	0.4		3.2	-0.62	-1.56	1.84
十一五	3.94			3.88	5.26		2.0	2.58	3.9	5.78

资料来源：根据国家统计局发布相关监测指标整理。

（三）各族群众生活水平不断提高，生活质量明显改善

"十一五"以来，国家加大以民生为重点的社会建设，极大地提升了各族人民的生活质量。从"生活质量"指标看，2010年民族八省区实现程度为58.1%—82.8%，比2000年的32.5%—55.5%分别年均增加了1.94—2.84个百分点。这与全国居民"生活质量"改善进程是一致的。除广西、新疆外，其他6个民族省区"十一五"时期"生活质量"改善程度增速快于"十五"时期（见表1—8）。2011—2012年，除广西外，其他7个民族省区"生活质量"实现程度的增速快于"十一五"时期，其中贵州、云南、西藏的增长幅度达到5.2—5.5个百分点，呈现加快发展的势头。2011年民族八省区"生活质量"改善指标实现程度，全都达到或超过了2020年如期实现全面小康社会所必需的年均增长速度。这说明国家大力推进民族地区民生建设措施，取得了良好的效果。

表1—8　2000—2010年民族8省区"生活质量"指标进展情况　　单位:%

	全国	西部地区	内蒙古	广西	贵州	云南	西藏	青海	宁夏	新疆
2000	58.3		50.7	55.5	45.6		32.5	40.9	50.1	45
2001	60.7			57.9	46.9		35.8	43	51.8	46.6
2002	62.9			59.8	49.8		36.5	46	53	47.4
2003	65.5			62.1	51.5		37.1	46.5	55.1	49.6
2004	67.7			64.2	52.9		38.6	47.9	57.8	51
2005	71.5			70.1	56.5		40.0	52.2	60.2	55.1
2006	75			71.9	58.5		43.7	54.5	62.5	57.1
2007	78.4			74.8	60.4		46.1	56.1	65.1	59.5
2008	80			77.2	61.2		48.6	58.3	67.9	59.8
2009	83.7			81.2	66	64.5	54.1	61.3	69.9	62.2
2010	86.4	75.2	79.1	82.8	70.8	67.6	58.1	63.7	73.2	64.4
"十五"	2.64			2.92	2.18		1.50	2.26	2.02	2.02
"十一五"	2.98			2.54	2.86		3.63	2.3	2.6	1.86

资料来源：根据国家统计局发布相关监测指标整理。

（四）文化和教育事业发展迅速

文化和教育事业的发展，不仅反映一个民族的软实力和人力资本禀赋，同时也反映一个社会的包容度与开放度。"文化教育"指标包括文化产业增加值占GDP比重、居民文教娱乐服务支出占家庭消费支出比重和平均受教育年限三项监测指标。从"文化教育"指标实现程度来看，2010年民族八省区实现程度为45.1%—80.3%，比2000年的35.1%—51.2%，分别年均增加了0.22—1.58个百分点（见表1—9）。其中，青海、贵州、宁夏、新疆、西藏、内蒙古和广西的年均增长幅度高于或者接近全国平均增幅。2010年，云南"文化教育"的实现程度为80.3%，比全国平均水平高20.1个百分点，这是云南省实施民族文化强省战略取得的显著成效，其基本做法和经验值得重视。"十五"期间，大多数民族省区都加快了"文化教育"的发展进程，青海、贵州、宁夏、新疆、内蒙古和广西的年均增速都高于全国平均水平（0.94个百分点）。"十一五"期间，绝大多数民族省区文化教育的发展指标都有不同程度的增长，但是年均增速略低于全国。

表1—9　2000—2010年民族8省区"文化教育"指标实现程度　　单位:%

	全国	内蒙古	广西	贵州	云南	西藏	青海	宁夏	新疆
2000	58.3	50.4	50.3	40.9		35.1	37.4	48	51.2
2001	59.1		51.3	43		37.0	39.8	49.2	51.9
2002	60.9		52.7	45.4		39.8	42.8	52.8	54.0
2003	61.8		53.4	47.9		41.9	44.7	54.1	55.3
2004	62.2		54.5	49.3		43.6	45.5	57.5	52.3
2005	63		57.8	49.4		44.6	47.3	56.5	52.4
2006	64.1		61	48.9		46.5	49.4	59.5	51.8
2007	65.3		63.7	50.4		48.6	52.1	59.5	51.8
2008	64.6		54.2	50.3		52.3	51.3	59.7	50.5
2009	66.1		56.6	47	78	53.6	51.8	59.5	50.3
2010	68	60.2	59.2	53	80.3	45.1	52.6	58.7	52
"十五"	0.94		1.5	1.7		1.89	1.98	1.64	0.24
"十一五"	1		0.28	0.72		0.11	1.06	0.5	-0.08

资料来源：根据国家统计局发布相关监测指标整理。

（五）更加重视生态文明建设

民族地区面积广大、资源富集、总体生态环境脆弱，很多区域又是国家生态安全屏障。在加速发展的背景下，民族地区资源环境保护压力巨大。民族地区在加速经济发展过程中，更加重视生态环境保护工作，生态建设取得了明显效果。从2010年"资源环境"指标实现程度来看，除宁夏外，其他民族省区实现指标均在60%以上，其中西藏、广西"资源环境"实现程度达94.8%和89.4%，远高于全国平均水平（78.2%）；云南、贵州、内蒙古的实现程度分别为76.8%、70.5%和69.9%；青海、新疆的实现程度分别为60.1%、65.6%（见表1—10）。随着国家生态补偿机制的日益健全，生态保护力度的加大，产业结构的升级，民族地区生态环境将会得到进一步的改善。

表1—10　2000—2010年民族8省区"资源环境"指标实现程度　　单位:%

	全国	内蒙古	广西	贵州	云南	西藏	青海	宁夏	新疆
2000	65.4	57.1	81.9	57.7		94.9	55.7	50.2	55.8
2001	64.6		86.5	59.8		93.9	52.8	50.7	53
2002	66.3		87.9	60.9		94.5	58.4	53.1	53.3
2003	67.2		86.8	62.5		94.3	57.9	37.2	57.4
2004	67.7		83.5	62.1		94.5	58.7	38.7	55.6
2005	69.5		84.9	65.3		94.5	59.8	38.8	58.6
2006	70.6		84.2	64.3		94.8	59.6	38.3	58
2007	72.6		86.6	66.5		94.5	59.4	38.8	58.7
2008	75.2		87.5	68		94.3	57.7	41.1	63.2
2009	76.8		89	69.2	77.2	95.0	57.9	45.3	62.6
2010	78.2	69.9	89.4	70.5	76.8	94.8	60.1	49.7	65.6
"十五"	0.82		0.6	1.52		-0.08	0.82	-2.28	0.56
"十一五"	1.74		0.9	1.04		0.06	0.06	2.18	1.4

资料来源:根据国家统计局发布相关监测指标整理。

总之,实施西部大开发战略以来的十几年间,特别是"十一五"期间,民族地区小康社会建设总体进展顺利,各项监测指标均呈大幅度上升趋势。这一时期是少数民族和民族地区经济社会发展最快、城乡面貌变化最大、各族群众得到实惠最多的时期之一,为民族地区全面建成小康社会打下了坚实基础。

四　民族地区全面小康社会建设面临的主要问题

(一)民族地区小康社会建设与全国平均水平总体差距依然十分明显,差距扩大趋势尚未得到遏制

尽管21世纪以来民族地区小康社会建设进程加快,尤其是在"十一五"期间和"十二五"前半期进程速度明显快于东部地区和全

国平均水平，但受发展基数等因素的制约，民族地区在全面建设小康社会指标甚至民生改善指标等很多方面，总体差距并没有明显缩小甚至有所扩大。民族地区与东部及全国平均发展水平的差距依然十分明显（见表1—1、表1—11）。

从表1—1及其内部指标分析可以看出，经济发展指标、社会和谐指标、生活质量指标、文化教育指标、资源环境指标，8个民族省份除个别省份在一类指标上达到或超过全国平均水平外，其他类别的均大幅度落后于全国平均水平。从2010年民族八省区全面建设小康社会的六个方面完成情况来看，经济发展、文化教育是民族地区全面建设小康进程中的"短板"，资源环境也是制约民族地区全面建设小康社会的重要因素。民族地区的落后根本是经济的落后，民族地区与全国全面建设小康社会的差距，主要是经济发展方面的差距。"经济发展"指标中，最重要的指标"人均GDP"，除内蒙古实现程度已经达到全面小康标准，其他7个民族省区的实现程度都不及60%，其中，青海、新疆、广西、宁夏的实现程度为50%—60%，西藏、云南不到五成，最低的贵州仅为32.3%。对于实现程度最低的贵州来说，时间已过2/3，只完成目标值的1/3，很显然，用剩余1/3的时间完成目标难度很大。而"R&D经费支出占GDP比重"，民族八省区的实现程度都不及60%。"第三产业增加值占GDP比重"，除了贵州、西藏的实现程度已经达到或基本达到全面小康标准，其他6个民族省区的实现程度都在60%—89%之间，部分省区还处于不稳定状态。"城镇人口比重"，除了内蒙古的实现程度已经达到或基本达到小康标准，广西、宁夏、新疆、云南、青海的实现程度都在60%—89%之间，离全面建设小康标准还有一段距离，贵州、西藏的实现程度不及60%，要在2020年达到小康标准十分艰难。"文化教育"指标中，民族八省区实现程度最好的是"平均受教育年限"，除了内蒙古、新疆实现程度达到或基本达到小康标准，其他6个民族省区的实现程度都在60%—89%之间，与全面建成小康社会标准尚有一定距离。"文化产业增加值占GDP比重"，除了云南实现程度已经达到小康标准，其他7个民族省区的实现程度都不及60%，与全国平均水平有一定的差距，与小康标准距离遥远。"居民文教娱乐服务支出占家庭消费支出比重",除了内蒙古的实现程度在60%—89%之间,其他7个民族省区的实现程度都不及60%。总而言之,"文化教育"是严重制约民族地区全面建设小康社会的重要因素。"资源环境"指标中,"环境质量指数"除了广西已经达到小康标准,其他7个民族省区的实现程度都在60%—89%之间,离小康标准还有一段距离。"单位GDP能耗",除了西藏未开发外达到小康标准,广西达到60%—89%,内蒙古、宁夏、新疆、云南、青海和贵州的实现程度都不及60%。"生活质量"部分的"居民人均可支配收入",除了内蒙古的实现程度已经达到小康标准,其他7个民族省区的实现程度都不及60%,这也是严重影响民族八省区小康进程的重要因素。"5岁以下儿童死亡率和平均预期寿命"指标,除了内蒙古实现程度已经达到小康标准,广西、云南、宁夏、青海的实现程度在60%—89%之间,西藏、贵州、新疆的实现程度不到60%。"社会和谐"部分的"城乡居民收入比"指标,除了内蒙古、新疆的实现程度达到或基本达到小康标准,青海、西藏的实现程度在60%—89%之间,广西、云南、贵州、宁夏的实现程度不及60%。"地区经济发展差异系数",除了内蒙古、广西、西藏、云南、贵州的实现程度已经达到或基本达到小康标准,宁夏、新疆、青海的实现程度都不到60%。

从表1—11可以看出,民族8省区的地区发展和民生改善指数比小康指数看起来差距小一些,但是与全国平均水平及东部地区的总体差距依然十分明显。很多分类指标上的落差巨大,其中最突出的为科技创新指数。8个民族省区中科技创新指数最高的广西只有10.74%,比东北地区、中部地区乃至西部地区平均水平分别落后5.92个、8.9个、7.28个百分点,比东部地区更是落后36.46个百分点。

表1—11　2012年民族8省区地区发展与民生指数与其他区域的差距　单位:%

	地区发展与民生指数	经济发展	民生改善	社会发展	生态建设	科技创新
东部地区	71.57	81.77	75.71	69.75	72.82	47.20
东北地区	62.04	75.86	67.67	68.22	62.61	16.66
中部地区	60.35	65.74	66.04	68.16	65.83	19.64

第一章　民族地区小康社会建设的挑战、问题及对策

续表

	地区发展与民生指数	经济发展	民生改善	社会发展	生态建设	科技创新
西部地区	58.22	66.73	61.81	66.45	62.07	18.02
内蒙古	59.14	76.31	62.63	65.01	63.23	7.97
广西	57.55	63.97	62.49	65.61	66.98	10.74
贵州	54.07	62.17	58.22	65.47	58.92	6.89
云南	56.20	63.03	58.64	69.92	63.19	7.89
西藏	50.65	58.02	54.70	68.95	48.80	3.03
青海	51.93	64.39	58.51	62.80	46.95	6.99
宁夏	53.88	66.89	61.17	61.03	50.93	9.79
新疆	52.10	65.86	63.38	57.18	46.23	6.14

资料来源：中国统计学会、国家统计局统计科学研究所：《2012年地区发展与民生指数（DLI）统计监测结果》（2013年12月31日），国家统计局网站。

（二）制约民族地区经济社会健康发展的因素众多，解决发展难题的能力不足

1. 民族地区在承接东部产业转移和工业化的进程中，面临经济发展与生态环境保护的难题

民族地区的工业化还处于从初期向中期转变阶段，承接国内外产业的梯度转移既是经济发展的客观规律，又是西部大开发"十二五"发展规划中的战略布局。同时，按照国家的部署，能源、矿产资源重大项目，以及主要利用陆路进口资源的重大项目优先在中西部地区重点开发区域布局。大部分民族地区资源富集但生态脆弱，很多地方作为国家生态安全屏障保护生态环境的压力巨大。民族地区在资源开发、经济发展和环境保护方面面临两难处境，如何处理好发展经济与生态保护的关系是一对突出矛盾。民族地区为了发展，不得不发展工业，甚至承接东中部产业梯度转移的一些落后产业，这就需要为保护生态环境投入更大的资金、技术等方面的成本，这又往往是民族地区最缺乏的。目前，国家在民族地区资源开发利益分享、生态保护补偿机制等方面的法律还不健全，如在经济开发中没有更大的生态环境保护力度，民族地区为了经济发展目标，正在重走发达地区"先污染、

后治理"的老路。

2. 基础设施不足、产业结构整体落后，经济发展方式转型困难

民族地区面积广大，基础设施投入远远不能满足现实需要，尤其是扩大开放、建设丝绸之路经济带的功能拓展要求。同时，民族地区在国土功能区规划中限制开发和禁止开发区域面积大，国家级自然保护区面积，民族八省区占82.37%，真正能够大规模开发建设的国土面积并不充足。沿海地区大规模基础设施建设热潮处于压缩冷却阶段，很多民族地区基础设施建设热潮还没有到来，仅仅依靠民族地区自身无力完成完善基础设施建设的任务。

民族地区山区面积广大，自然环境复杂多样，长期投入不足制约了水利设施等农业基础设施的改善，物质装备水平较低，农业公共服务和社会化服务比较滞后，科技成果转化和推广应用能力不强。在工业化、城镇化过程中土地非农化、农业劳动力转移、农村资金外流等问题突出，农业生产要素流失严重。近年来国内商品价格增长迅猛，农业生产进入高成本、高风险阶段，农业发展边际效益递减，仅仅依靠农业难以使民族地区广大农民脱贫致富。

草原畜牧业是牧区经济发展的基础产业，是牧民收入的主要来源，是全国畜牧业的重要组成部分。草原是我国面积最大的陆地生态系统，主要江河的发源地和水源涵养区，生态地位十分重要。牧业现代化与草原保护问题日益突出。我国牧区主要分布在少数民族地区，有268个牧区半牧区县（旗、市），占全国国土面积的40%以上，在我国经济社会发展大局中具有重要战略地位。但是，我国草原生态总体恶化趋势尚未根本遏制，草原畜牧业粗放型增长方式难以为继，以承包分割为主要方向的草场经营体制与草原生态规律的矛盾日益突出，牧区基础设施建设和社会事业发展欠账较多，牧民生活水平的提高普遍滞后于农区，牧区仍然是我国全面建设小康社会的难点。

产业结构不合理的问题十分突出。重工业与轻工业的比例不尽合理，非公有制经济发展不足，经济活力和竞争力较弱。西部民族地区农业人口多，产值占GDP大于其贡献率，贫困面广，少数民族贫困人口比例高。城镇化水平低，农村剩余劳动力转移难度大。民族地区产业结构升级困难，新型产业尤其是城镇服务业发展严重滞后，难以

实现产业结构转移升级的要求。

3. 民族地区财政保民生、保基本建设负担沉重

我国西部民族地区地域辽阔，公共服务成本和费用相对较高，民生类支出的刚性增长难以避免，基础设施建设支出比重高于全国水平：2012年民族8省区教育、社保、医疗卫生和住房保障四项民生支出占财政支出比重高达39.34%。此外，农林水事务、交通运输支出占财政支出比重22.58%，较全国平均水平高5.03个百分点；民生支出及基础设施建设支出占总支出比重高达61.92%。此外，民族区域自治法虽然规定上级国家机关对民族地区的投资应减少或免于资金配套，但在实际运行过程中，绝大部分投向西部民族地区的投资均要求一定比例的资金配套，这对于财政状况十分窘迫的西部民族地区无异于雪上加霜，不少民族地区为了获得上级国家机关的投入不惜向银行举债，这在客观上造成了西部民族地区地方债务负担沉重，经济发展和举办公共事业举步维艰。西部民族地区的政府机关是国家在广大民族地区实施管理、处理公共事务的专责机构，民族地区的财政困窘状况直接决定了党和国家政策的推行与实施力度，改善西部民族地区的财政状况不仅是地方发展的财政问题，更是意义重大的政治问题，必须予以特别关注和特别扶助。

4. 民族地区经济社会发展自主权落实和生态补偿机制不到位，国家能源资源价格改革滞后

我国含民族八省区在内的西部12省区面积686.7万平方公里，占全国的71.4%。以西部为主的民族自治地方面积613.3万平方公里，占全国的63.9%。西部民族地区矿产、能源、水利等资源十分丰富，部分资源品种在全国占优势地位，开发潜力巨大。但长期以来，这些资源并未充分实现其价值。究其原因是多方面的：一是西部民族地区由于受资金、技术、市场、生态等条件的约束，没有能力开发、变现这些资源潜在的价值。二是由于我国资源价格体系长期没有理顺，偏低的价格和低廉的环境成本，一方面助长了上下游产业的粗放式开放利用和资源浪费，另一方面也转移了资源产地应得的利益，导致经济结构、地区发展的"双失衡"。三是落实"国家在民族自治地方开发资源、建设企业的时候，应当照顾民族自治地方的利益"的

原则不到位，资源所在地及其居民对本地自然资源的优先开发和优先受益权难以落实。四是生态保护补偿机制不健全，对于民族地区在保护生态环境方面的发展权益损失没有进行合理和有效的补偿。

5. 文化教育落后、人才匮乏、科技创新能力不足，困扰民族地区经济社会发展

改革开放以来，西部民族地区和少数民族人才队伍建设在相当长的时期受"孔雀东南飞"影响而人才流失严重，人才匮乏困扰民族地区经济社会发展：民族地区面临的现实仍然是人才总量不足，结构分布不合理，整体文化素质参与全国竞争处于劣势，少数民族传统文化现代化发展缺少强有力的人才支撑。农牧业技术、工程技术人才缺口巨大，教学科研学术人才、企业经营管理人才和高层次双语文化人才严重短缺。在一项2011年省际比较研究中，借助基本人力资本指标、研发实力指标和科技效能指标分析结果显示，各民族省区人才资源综合实力处于全国中等实力地区只有内蒙古、新疆、广西和云南，贵州、宁夏、青海、西藏则在综合实力方面处于全国末位。[①] 如何通过政策手段，让西部民族地区多出人才、留住人才、用好人才，已经成为制约整个西部民族地区综合发展能力提升的瓶颈。

五 加快少数民族与民族地区全面小康社会建设的对策建议

（一）进一步完善民族地区全面小康社会建设指标体系

在日益强化对地方政府工作考核评价工作的背景下，评价指标就是工作导向。全面建成小康社会作为全党中心工作，是各地区开展各项工作的总目标。从这个意义上讲，全面小康社会建设指标体系就称为各地全面建设小康社会的工作导向和基本抓手。因此，小康社会建设指标体系的科学性至关重要。国家统计局2003年制订、2007年修订的《全面建设小康社会统计监测方案》，确定了六个方面23项指标组成的全面建设小康社会指标体系，对于促进各地开展全面小康社会

[①] 潘晨光：《中国人才发展报告》，社会科学文献出版社2011年版，第68—70页。

建设工作发挥了一定积极作用，但是过于强调经济增长作用仍是该指标的主要弊端。2010年之后，随着国家把发展重点转移到转变经济发展方式、提高经济发展的质量效益上，指标更全面、评价更科学的"地区发展与民生指数"应运而生。

对比两套指标体系，可以看出各地区的全面小康社会建设更容易因地制宜，发挥各自优势，也可以在一定程度上避免过度强调经济增长的发展导向。地区与民生发展指数可以更好地体现党的十八大看重的"改善民生"等方面的新要求，也可以更准确地反映各地尤其是民族八省区的全面建设小康社会进程，准确反映少数民族和民族地区经济社会发展实际。例如，2001—2012年，民族八省区的GDP、人均GDP年均增速高于全国人均值，地区发展与民生指数也显示民族八省区的年均增速超过了东部和中部，但除内蒙古外，小康社会建设指标显示的差距则是在扩大的，与人们的认知有较大的偏差；在地区发展与民生指数中，西藏、青海、宁夏、新疆是我国生态环境最脆弱的地区，其"生态建设"与中部地区的差距分别为17.03、18.88、14.9和19.6，表明四省区是我国生态建设压力最大的地区，也比较符合人们的认知，但在全面小康社会建设指标的"资源环境"指标中，西藏则成为我国"资源环境"最好的地区（2000—2010年保持在95%左右），未必能够准确评价西藏的发展潜力与生态文明建设工作。此外，"科技创新"指标的设立，也更加符合全面建设小康社会的客观要求，同时也准确揭示了民族八省区经济社会发展的薄弱环节。另外，如果以地区发展与民生指数的80%替换全面建设小康社会指标，按民族八省区2001—2012年年均增长4%的速度，2020年实现全面小康社会目标是可以预期的。我们建议以地区发展与民生指数替代小康社会建设指标体系，结合中央十八届三中全会通过的《中共中央关于全面深化改革若干重大问题的决定》精神，从民族地区全面建设小康社会进程需要和主客观条件出发，进一步完善"地区发展与民生指数"。

完善"地区发展与民生指数"的基本思路是在保持上述评价指数框架基础上，适当增加一些有利于少数民族和民族地区加快发展的考核指标。

1. 增加地区生态保护贡献指标

小康社会指标体系、地区发展与民生指数中均没有"环境保护"本身的内容。民族八省区生态环境脆弱，大多位于边疆，是我国大江大河的主要源头，其生态环境保护的重任较之东、中部地区又有所不同，其生态环境保护对于全国都有举足轻重的作用。如民族八省区的国防林、国家自然保护区等无法用于经济发展的土地面积占比明显偏高，而财政转移支付力度不足，因而应增加西部民族八省区生态环境保护的指标，并给予较之环境治理和资源消耗更多的权重，可以更好地体现民族地区对全国生态文明建设的贡献，同时有助于国家从生态安全屏障建设的角度加大对民族地区生态补偿的投入，也有利于促进全国可持续发展体制机制的建立。建议在综合考评指标中新增的指标包括：（1）国家自然保护区所占国土面积比例。应充分考虑国土功能区规划中限制开发和禁止开发区域面积比例与地方经济发展之间的关系，建议设立国家保护区占所在省区的比例，并赋予与资源消耗、环境治理、环境质量相同或更高权重。（2）水资源流出地和流入地的水质评价。我国的资源税中没有包括水资源，但最不可或缺的水资源保护应得到足够重视。许多大江大河的上游位于民族八省区，其保护效果对下游意义重大。虽然有"谁污染，谁治理"的要求，但"自己保护，他人受益"的成效也应进行评估。建议增加水资源流入和流出的水质评价指标。（3）空气质量指标。可以考虑将 PM2.5 等不同等级天气占一年天数的比例分别考核，以更好地反映地区环境质量状况，也有助于治理大气污染，减少雾霾天气，提高居民健康水平和生活质量。

2. 增加扶贫工作及减贫贡献率指标

按照 2011 年国家贫困标准（农村居民家庭人均纯收入 2300 元人民币/年），全国还有 1.28 亿贫困人口。民族八省区是贫困人口最多、贫困面积最大、贫困发生率最高的地区。连片贫困人口绝大多数集中在民族地区。不脱贫根本无法建成小康社会，民族地区扶贫工作和社会保障工作直接关系到全面小康社会建设进程。事实上，如果民族地区扶贫工作和社会保障工作取得良好效果，对于全国全面小康社会建设进程也是最大最直接的贡献。衡量一个国家经济社会的发展，不仅要看其最高水平和平均水平,也要看其最低水平——贫困人口的生活状况,贫困地区的发展程度如何。就民族八省区而言,扶贫开发是长期而重大的任务。因此,建议借鉴联合国千年发展目标,将扶贫开发及其成效(脱贫贡献度)作为小康社会建设考核指标的内容之一。建议增加的减贫贡献率指标包括:(1)减贫人数占各省区贫困人口比例指标。根据《中国农村扶贫开发纲要(2011—2020年)》总体目标,划分每年各省区应完成的减贫人数占贫困人口的比例,核定完成任务的等级并对应不同的分值。(2)贫困人口生活水平提高率。《中国农村扶贫开发纲要(2011—2020年)》总体目标中指出,贫困地区农民人均纯收入增长幅度高于全国平均水平,基本公共服务主要领域指标接近全国水平,扭转发展差距扩大趋势。从人类发展和世界范围来看,扶贫是一项永恒使命。因此,以收入提高幅度和享受的公共服务为核心内容,衡量出贫困人口自身生活水平提高幅度也很有意义。

3. 增加少数民族发展和民族关系指标

相关研究证明,我国少数民族自改革开放以来从总体上得到了很大发展,但在教育、预期寿命、正规就业岗位、收入分配等方面的弱势十分明显。目前缺少这些指标,难以全面显示少数民族民生改善进展状况,也无法准确评估少数民族和民族地区在全面建设小康社会进程中面临的主要困难与问题。由于少数民族发展指标可能主要适用于民族地区,但是随着城镇化进程加快、少数民族人口流动规模扩大,这个问题的覆盖面将越来越大。建议增加的指标包括:(1)民族地区族际人口自然增长与预期寿命指标,反映人口计划生育工作及经济社会发展综合水平。(2)民族地区族际人口收入差别系数,根据指标结果更好采取相关扶持政策,实现因地制宜、因族施策、缩小差距、科学发展的目的。

此外,考虑到民族省区大多处于陆地边疆地区,承担固边守疆任务,可以适当考虑增加国家职能贡献率指标。比如从事边境安全的当地人员占劳动力总量的比例,地方财政中用于边境安全的支出比例等。当然,考虑到全面建设小康社会是一项长期任务,指标取舍要考虑科学全面、简便可行、适当稳定的原则。是否在今后几年增加多少对于民族地区看似有利的指标并不十分重要,关键是要针对民族地区存在的发展难题，采取切实可行的扶持政策和有力举措加以解决，促使民族地区更好更快发展。

(二) 加快少数民族与民族地区发展的若干建议

1. 完善生态补偿及资源开发约束机制

民族地区是国家重要的生态屏障和战略资源储备区，民族地区生态环境的保护和自然资源的有序利用关系到国家未来的可持续发展，必须从国家整体生态安全和生态战略的高度认识生态保护问题。为此建议完善生态补偿机制，加大资源开发约束机制。

第一，完善生态补偿机制。目前国家对于生态保护已经采取了一系列措施，如退耕还林、退牧还草以及中央政府通过财政转移等方式间接地给予生态补偿。但是，这些方式的局限性在于江河下游经济发达省区等生态产品受益者并未直接贡献补偿。建立生态补偿机制不仅仅是中央政府的职责，更应当提高受益地区的责任，切实提高生态保护区政府和民众的积极性。建议在评估现有机制及经验教训的基础上，统筹协调各方利益，明确生态保护各相关方面责任义务，在科学研究基础上，建立具有可操作性的量化体系，特别是明确江河上游省区的生态保护责任和江河下游生态受益省区的补偿责任。坚持生态保护与促进广大农牧民增收相结合，通过实施多样化的补助、奖励等方式，直接对当地农牧民给予经济补偿，确保当地居民的收入稳定，从而调动和提高广大农牧民保护生态的积极性。

第二，进一步加大资源开发约束机制。切实杜绝生态关键区域内自然资源的无序开发利用，是生态保护工作中的重要环节，必须改变民族地区自然资源开发利用中的无序状态，通过有效的途径加大资源开发约束机制。(1) 建议尽快建立民族地区资源利用中的利益分享机制。协调民族区域自治法及其配套法规与相关资源单行法律法规的内容，在现行法律框架内，充分考虑民族区域自治法的要求，明确资源开发利益分享途径。(2) 建议国务院有关部门制定具体办法，明确资源开发企业中少数民族职工的最低比例，以落实民族区域自治法关于"上级国家机关隶属的在民族自治地方的企业、事业单位依照国家规定招收人员时，优先招收当地少数民族人员"的要求。对于技术含量高的企业，需对少数民族职工进行必要的技能培训和就业指导，在5年内逐渐达到这一比例。(3)建议国家民委联合有关部门协商,制定民族地区资源输出补偿具体标准和实施办法,以落实民族区域自治法关于"对输出自然资源的民族自治地方给予一定的利益补偿"的规定。(4)建议通过财税手段提高资源开发成本、提高资源开发准入门槛等方式,遏制民族地区资源利用中存在的无序和混乱状况。

2. 对民族地区实施更优惠的财政、税收扶持政策

改革开放以来,我国逐步确立了由市场起决定作用的价格机制,但在全面反映市场供求关系、资源稀缺程度、资源所有者权益、环境损害成本等方面的市场体系和政府管理制度仍存在缺陷。建议在尽快建立全国统一市场的前提下,给予民族地区更加优惠的财政、税收优惠或扶持政策,使发展相对落后的民族地区在市场竞争中获得公平地位。

第一,完善资源税费制度,建立有助于增强民族地区自我发展能力的成本分摊与利益分享机制。目前中央为民族地区在资源税费分享比例上的优惠安排原则多,还缺乏更具操作性的具体方案。涉及资源产地和资源使用地(者)之间,开发企业与当地政府及居民之间的利益,无论是资源成本分摊还是利益分享等方面都存在不平衡问题。建议从资源稀缺程度和扶持民族地区发展的角度,适度提高资源的补偿费和资源税率,节约资源,倒逼经济结构做出调整,转变粗放型发展方式。(1)把资源补偿费综合费率调高至4%左右。水力发电的水资源费,在一定程度上类似火力发电中的煤炭、燃油成本,可大幅提高;破除电力工业的地方保护主义,切实推动各种电力竞价入网,鼓励使用绿色能源,减少污染和能耗。(2)"清费正税",清理地方和部门不合理、不合法的资源收费,按"从价定率"提高并征收资源税。资源税的综合税率,可参照原油、天然气暂定在5%—10%水平。需要说明的是,原油、天然气5%—10%的资源税率,与俄罗斯等国家相比是较低水平的税率,没有必要暂按5%征收,应尽快过渡到直接按10%征收。

第二,完善生态补偿制度,试点开征专门用于环境保护和生态恢复的环境税。2007年6月,国家发改委会同有关部门制订《节能减排综合性工作方案》,明确提出要"研究开征环境税"。2010年,国

务院批转发改委《关于2009年深化经济体制改革工作的意见》中也提到，要加快理顺环境税费制度，研究开征环境税。这其中的两个难点，一是环境税如何与其他税种的税制改革相互协调，如资源税、增值税；二是环境税与现有环境方面的收费如何协调，如排污费、矿产开发保护费等。难点客观存在，但我们可以按"清费正税"的思路，选择小区域进行试点。

第三，提高与矿产资源开发的相关税费的分享比例。矿产资源开发是民族地区的优势产业，也是民族自治地方政府财政收入的重要来源。但矿产资源开发相关税收分配过度偏向中央财政，不仅限制民族自治地方政府财政能力的提高，而且对中央与地方以及开发企业与当地民族关系有一定程度的负面影响。建议将增值税、企业所得税两大税种中央与地方分成比例改为五五分成，营业税仍依企业隶属征收，资源税还归地方征收。依照2011年国务院修改《中华人民共和国资源税暂行条例》规定，在实行油气从价征收后，推动煤以及其他矿产资源开发企业从价征收资源税，同时提高资源税税率。提高矿产资源补偿费收费标准和分享比例。中央与自治区矿产资源补偿费的分成比例改为二八分成，并使资源所在地政府所得占到补偿费总数的五成以上。

3. 夯实民族地区农牧业发展基础，促进农牧业现代化

2011年民族省区第一产业产值占全国的15.26%，超过其人口比重（13.85%），更超过第二产业（9.05%）、第三产业（7.99%）产值比重，必须重视和强化民族地区农牧业发展的基础地位。

第一，夯实民族地区农业发展基础。（1）重点改善民族地区农业基础设施和装备水平。一是着力农田水利建设，尤其是加快符合民族地区特点的中小型农田水利建设，因地制宜兴建、提升民族地区山（丘）区小水窖、小水池、小塘坝、小泵站、小水渠等五小水利工程水平。国家建设大型重点水利工程项目与资金，要适度向民族地区倾斜。同时，对于农村五小水利工程给予资金、技术方面的倾斜扶持及贷款优惠。二是加强以土地平整、土壤改良、地力培肥、机耕道路、农田林网等工程为依托的土地整治和中低产田改造，提高旱涝保收高标准农田比重。三是立足民族地区实际，面向产业需求，提升基层农

技推广服务能力,大力推进现代农业产业技术体系建设,普及适合山(丘)区小型农业机械。(2)大力发展特色农业,提高民族地区农业生产经营组织化程度。一是加大民族地区政策支持力度,扶持并依托农业龙头企业带动农户大力建设适宜当地生态、资源环境特点的特色农业基地,加快构建生产、加工、销售有机结合的农业产业体系,尤其便捷高效、成本低廉的农产品流通网络;二是扶持、引导民族地区发展农业、农民专业合作组织,创新合作发展形式,有序、稳步推进土地等农业生产要素流转,优化农业要素资源配置和产出,提高市场竞争能力。(3)大力发展建设农村基本公共服务。民族贫困地区、山区,要切实加强以公共服务机构为依托、公益性服务和经营性服务相结合、专项服务和综合服务相协调的新型农业社会化服务体系。要充分利用国家扶持政策,重点解决农村安全饮用水、危房改造、环境公共卫生整治等急需解决的急迫问题。

第二,深化现代牧业经营管理体制,积极探索适合民族地区牧业发展道路。从产值上看,民族地区牧业的重要性似乎有所下降。但是,草原是我国面积最大的陆地生态系统,是主要江河的发源地和水源涵养区,生态地位十分重要。因此,现代牧业发展和牧区草原资源开发,必须探索为农牧民增产增收与保护国家生态安全的平衡之路。针对草原生态总体恶化趋势尚未根本遏制,草原畜牧业粗放型增长方式难以为继,草场经营体制不太适应草原生态规律的问题,要按照十八届三中全会改革精神,从牧区实际深化改革,加大牧区基础设施建设和社会事业发展。(1)加强草原生态建设,恢复草原生态平衡。以生态脆弱区为重点,通过实施重大生态建设工程等方式,坚持工程措施和管理措施相结合,加强草原生态综合治理,促进草原植被恢复。同时,加大对牧区生态移民和牧民定居工作的扶持力度,解决好搬迁牧民的生产生活。(2)完善草场经营体制,鼓励牧区合作社建设。深刻认识牧业生产和草原生态的特殊规律,进一步完善草场承包经营体制,在牧民自愿的基础上,积极鼓励联合经营、专业合作社等新型体制,通过草场连片经营等方式,积极探索符合草原生态特点的生产经营方式,防止牧区各项改革简单照搬农村改革措施。(3)鼓励多种经营,提高牧区公共服务水平。针对目前草原畜牧业发展状况，应鼓励在保护草原生态的前提下积极发展具有牧区特色的优势产业。比如发展优质畜牧业，有序开发矿产资源，推广生态畜牧业，发展现代物流服务业，做大做强草原文化产业和旅游业等。实施更加积极的就业政策，加大牧民转产就业培训，提高牧民就业能力。加大牧区公共服务能力建设，进一步完善教育、医疗、文化等社会事业基础设施建设，逐步实现公共服务城乡一体化，对牧区发展给予全方位扶持。

4. 加快基础设施建设与提升经济社会可持续发展的能力

按照人口计算，民族地区基础设施建设力度不算小，国家也进行了大量投资。但是按照国土面积计算，民族地区单位面积基础设施投资强度远远落后于全国平均水平和东部地区。民族地区山区多平地少、地形复杂，投资成本高，使用率低，本身缺乏大规模建设资金和市场化融资能力，配套建设资金也很困难，交通、通信、信息化基础设施严重滞后，成为制约当地经济社会发展的重要因素。国家也不可能短时间内完全解决民族地区基础设施不足的问题，要确实按照国家经济建设总体规划框架，从民族地区发展和国家长治久安角度，对民族地区的基础设施建设不论是资金还是相关政策，均要长时期实施倾斜、扶持。要加快基础设施骨架建设，尽快打通"卡脖子"的工程。要认真测算地方配套资金投入问题，对于没有能力配套的民族地区实施"一揽子"解决办法，不要强行资金配套。可以实施以工代赈、技术援助等有利于当地发挥劳动力资源优势的措施。要从国家安全战略角度考虑，对于民族地区自身的基础设施建设给予倾斜扶持。国家扶持政策与内地对于民族地区的发展援助，要更多向基础设施建设领域倾斜，提升民族地区经济社会可持续发展的能力。

要加强扶贫攻坚力度，创新扶贫开发方式。根据国家"加快推进集中连片特殊困难区域发展和扶贫攻坚"的要求，整合扶贫资源，集中一批扶贫资金用于当地基础设施建设和公共服务能力建设，减少一般性的产业项目。以县为单位整合各个部门的培训资源，按区域集中培训本地农村劳动力，提高农民就业技术能力和劳动力迁移就业能力，促进农业转移人口就近就业。

第一章　民族地区小康社会建设的挑战、问题及对策

5. 因地制宜推进工业化与城镇化，促进发展方式转变与经济结构转型升级

全国工业化、城镇化已经进入中后期阶段，绝大部分民族地区仅仅处于工业化中期阶段、城镇化起步阶段。工业化、城镇化、信息化是民族地区发展与现代化的必由之路，但是不是所有民族地区都要复制沿海地区发展之路。要遵循市场规律发展民族地区的现代产业，注意汲取沿海地区工业化、城镇化的经验教训，因地制宜，从本地区、本市县实际，制定实施具有民族地区特色的工业化、城镇化发展道路。

第一，坚持工业园区建设，迎接产业转移，发展本地资源开发与高新技术产业。民族地区的工业化不要过于分散化，要坚持规划先行、环保门槛、就业优先战略。当地资源开发更要注意环境保护与吸收当地居民就业问题。凡是不利于环境保护与可持续发展要求的产业，宁肯少上一些、发展慢一些。

第二，大力扶持和发展民族手工业，把发展经济与保护民族文化、促进剩余劳动力转移结合起来，带动当地少数民族参与到现代经济过程之中。坚持区域规划先行、促进产业主体转型升级发展战略，扶持区域市场广阔、民族特色浓郁的传统手工业的发展保护。各地区根据本身特点，选择一些特色产业设立发展基金、建设生产基地、营销中心，鼓励采用现代科学技术改进传统工业，按照"非物质文化遗产"保护原则健全传承人手工艺保护制度，积极培育区域性民族品牌。

第三，大力发展特色旅游业。一些自然与文化旅游资源富集的民族地区，通过大力发展旅游业实现了整体脱贫，并带动了周边地区的发展。这是民族地区跨越式发展的重要途径。旅游开发要规划先行，在发展中逐步带动产业升级。加大旅游人才培养，健全旅游市场秩序，注意民族文化保护，走可持续发展之路。

第四，因地制宜推进适度城镇化，构建城乡一体化发展格局。依托民族地区的中心城市，尤其是县城、中心乡镇及工业园区积极稳妥推进城镇化。要把城镇化作为一个长期的历史过程，不宜"摊大饼""拼规模""争速度"。要实施城乡一体化发展战略，加快推进城镇基

本公共服务常住人口全覆盖和区域人口一体化，使农业转移人口与城镇户籍人口一样享受公共服务与城市文明，促使城市文明和基本公共服务向农村居民扩展，逐步缩小城乡差距。

第五，全面深化各领域改革，积极发挥市场在资源配置中的决定性作用与政府有效弥补市场失灵的作用。民族地区的市场机制不健全，政府在很大程度上仍属于"全能型"政府。要根据中央部署，结合本地实际，不断深化经济管理体制和行政管理体制改革，发挥好政府、市场、社会各自作用，促使改革、发展与社会稳定的有机统一。

6. 大力发展教育事业与人才培养、提升劳动者素质与干部综合能力

民族地区经济社会发展的滞后性突出地反映了教育滞后及各类人才匮乏的实质，为实现少数民族地区与全国同步进入小康社会的目标，建议实施特殊的扶持政策，加速民族地区教育事业发展，并通过有效方式强化科技人才等各类人才队伍建设。

第一，国家民委应在民族地区人才队伍建设工作中发挥重要作用。中央人才工作协调小组20个成员单位对人才政策的落实和完善承担着重要角色，但是，国务院主管民族事务的国家民族事务委员会并非小组成员，不利于针对民族地区和少数民族地区各类人才队伍建设政策和措施的完善和全面执行党的民族政策。建议应将国家民族事务委员会纳入中央人才工作协调小组成员单位，使其承担协调民族地区和少数民族各类人才队伍建设责任。同时，进一步加强民族地区干部培训、援助民族地区干部任前培训等工作。国家民委应承担起各系统派往民族地区的干部的民族政策、民族宗教知识的宣传、教育、指导、培训工作，力求在干部和各类人才中树立正确的民族观，推动平等、团结、互助、和谐民族关系原则落到实处。

第二，民族地区经济社会的可持续发展取决于各类人才队伍的建设状况。建议提高各级地方政府在人才规划方面的影响力，确立人才教育、培养、引进的中长期工作计划。鉴于民族地区县域经济发展滞后，很难获得本地急需的人才的实际，应将人才政策的重点置于造就本地急需的社会工作人才、农村实用人才、高技能人才和不断优化的

党政管理人才队伍建设上，将本地培养与外部引进相结合，在强本固基的基础上，改善人才队伍状况。特别需要强调的是在实际工作中应大力培养、充分信任并放手使用少数民族干部，使他们成为民族地区现代化建设队伍中的中坚力量。

第三，加强基础教育工作，尤其是在少数民族集中的区域要把义务教育贯彻落到实处，努力提升教育质量和效果。基础教育仍然是少数民族和民族地区人才队伍成长的最基本工作，各级政府仍需加大基础教育投入，不仅改善教育基础设施条件，还必须不断提高边远民族地区教师待遇，在工资保障、社会保障等方面完善政策措施。加大教师专业技能培训投入，积极执行教师全员培训制度，完善教师培训体系。

第四，切实提高民族地区基层干部综合素质，不仅要善于管理，把党的民族宗教政策落实好，更要通过扎扎实实的工作为少数民族群众解决实际发展难题与实际困难。加大对基层干部的业务能力培训和少数民族语言培训。对于长期在基层工作的干部应加大党性原则和国家政策理解能力的培训，提高管理水平。对于各类非当地少数民族干部应加大语言培训力度，以使管理人员能够及时准确地了解基层全面信息，提高与广大群众的联系能力。

7. 加快丝绸之路经济带建设，进一步提升对外开放水平

民族地区是我国沿边开放的前沿地带，要认真落实习近平总书记丝绸之路经济带建设思想，按照十八届三中全会全面深化改革"决定"和国务院2014年初颁布的《关于加快沿边开发开放的若干意见》精神，推进丝绸之路经济带、海上丝绸之路建设，形成全方位开放新格局。

第一，加大跨境道路通信基础设施建设，提升民族地区扩大开放和大规模物流能力。民族区域自治地方边境线约占全国陆疆总长度的90%，但是货物进出口总额只占全国的2%左右，国际旅游人数和旅游外汇收入只占全国的4%—5%。这与民族地区的资源、人口、经济潜力相比极不相称。中国沿海开放战略已经发展成全方位开放战略，必须提升民族地区的开放能力和开放水平，加快建设边境交通干道工程，尤其是加快西部特殊经济区、开发开放试验区建设中的重点

工程"瓶颈"问题。国务院各个部门要进一步加强协调力度，减少项目审批环节，提升建设速度。要充分利用民族地区与周边国家的陆界相连与人文交往密切优势，按照"政策沟通、道路联通、贸易畅通、货币流通、民心相通"的指示，大力加强与周边国家的协调与沟通，使沿边开放成为中国全方位开放的新支点。

第二，深化投资体制改革，改善投资环境，加大引进外资力度。21世纪以来，民族地区引进外资数量增速很快，但依然低于全国平均水平，导致其占全国引进外资比重进一步下降，占全国引进外资的总水平很低。外资对于民族地区而言不仅仅意味着资金、技术、管理，更重要的是完全通过市场的力量带动民族地区现代产业发展和经济结构转型升级。加大引进外资力度对于民族地区的经济发展十分重要。要深化投资体制改革，只要守住国家安全门槛、生态环境门槛的底线，其他领域均可以开放。民族地区要加快政府职能转变，切实改善公共服务能力，为外资进入和内地资金进入创造更加宽松、便利的环境。

第三，充分利用地缘优势、资源优势和民族文化优势，大力发展过境贸易和国际旅游业。民族地区要变成中国能源、资源的战略通道，通过实施新时期对外开放战略，畅通商品流、资金流、信息流，大力发展以边疆边境商贸物流为基础、以跨境人员来往为引导的新型开放格局，密切中国边境地区与周边国家的交流交往与协调合作。

第二章 民族地区贫困的多元图景与致贫机理

中国是统一的多民族国家，有56个民族。据第六次全国人口普查，55个少数民族总人口为13379.22万人，占总人口比重的8.49%。民族自治地方占国土总面积的64%，西部和边疆绝大多数地区都是少数民族聚居区。这一基本国情决定了少数民族和民族地区的发展在我国经济社会发展全局中占有极其重要的地位。

由于受自然生态、历史、文化、人口分布等方面因素的影响，民族地区是中国的欠发达地区，是中国扶贫攻坚的主战场。新中国成立以来，特别是2000年以来，中央政府根据民族地区的实际情况，制定和实施了一系列特殊的政策措施扶持民族地区经济社会发展，中央政府在扶贫政策、项目资金上也一直向民族地区倾斜。2006—2013年，中央财政投入民族八省区的扶贫资金从51.5亿元增加到166亿元，八年累计投入758.4亿元，占全国总投入的40.6%。[①] 在各级政府与社会各界的大力支持下，在民族地区广大干部群众的艰苦努力下，民族地区农村经济全面发展，农村居民生存和温饱问题基本解决，贫困人口大幅减少。按照当年的贫困标准，民族八省区贫困人口从2000年的3144万人，减少到2015年的1813万人。但是，民族地区脱贫攻坚形势依然严峻。2015年末，民族八省区农村贫困人口占全国农村贫困人口的比重为32.5%，是其乡村人口占全国比重的近两倍；民族八省区农村贫困发生率为12.1%，高于全国农村6.4个百

---

① 国家民委民族政策理论研究室：《中央民族工作会议精神学习辅导读本》，国家民族事务委员会网站（http://www.seac.gov.cn/art/2015/6/1/art_143_228926_51.html）。

分点。①

党的十八届五中全会从实现全面建成小康社会奋斗目标出发，明确到2020年要实现在中国现行标准下农村贫困人口全部脱贫，贫困县全部摘帽，并解决区域性整体贫困问题。这说明，农村贫困人口脱贫是民族地区全面建成小康社会的最大短板，也在很大程度上影响、制约着全国2020年实现全面建成小康社会的宏伟目标。到2020年还有3年多时间，如何在四年多的时间，按照现有标准，确保民族地区贫困人口全部如期脱贫呢？这正是本书的研究主题。考察民族地区农村贫困呈现出来的多元图景，体察民族地区贫困的特殊性、复杂性，以及民族地区内部的区域异质性，分析致贫机理，评估反贫困政策在民族地区实施的成效，准确把握目前民族地区的贫困和反贫困出现的新挑战，以寻求民族地区贫困人口实现如期脱贫的对策，因此具有十分重要的学术价值和实践意义。下面，主要从宏观、微观的视角考察民族地区农村贫困的多元图景及致贫机理。

一　民族地区现状

一般可将民族地区分为西南民族地区与西北民族地区。西南民族地区包括广西、贵州、云南及西藏，该地区山多且多为喀斯特地貌，地形结构十分复杂，自然资源丰富，人口稠密，农村以山地农业为主，农村贫困问题严峻。西北民族地区包括宁夏、青海、新疆、内蒙古，地形以高原、盆地和山地为主，区域面积广大，地广人稀。中国大江大河的源头大都位于该地区，但降雨少、干旱却是该地区的主要自然特征。区域内的内蒙古、新疆、青海草原牧区是中国六大牧区中最重要的三大牧区，是中国重要的畜牧业基地。从西南、西北民族地区内部看，其自然条件相似，生态环境、自然资源及产业也有一定相似性，因此也面临着相似的发展困境，包括很多共同的致贫因素。

---

① 国家统计局编《中国统计年鉴2015》、国家民委经济发展司编《国家民委发布：2014年少数民族地区农村贫困监测结果》，2017年3月9日，http://www.seac.gov.cn/art/2015/4/15/art_31_225897.html，并根据相关数据计算得出。

第二章 民族地区贫困的多元图景与致贫机理

从民族地区总体看，民族地区具有如下特征。

第一，民族地区的地形地貌复杂，中国的大盆地、大沙漠、大峡谷、大水塔、国家生态脆弱带均分布在这里，因此生态环境十分脆弱，是中国重要的生态屏障区。民族八省区土地面积567万平方公里，占全国国土面积的59.1%，高原和山地面积占总面积的80%以上。

第二，民族地区是少数民族聚居地区，少数民族占比较高，民族文化丰富多彩。据第六次人口普查调查，民族地区有汉族、蒙古族、壮族、回族、藏族、维吾尔族、土家族、苗族、柯尔克孜族等56个常居民族，少数民族占民族八省区总人口的37.5%。其中，蒙古族占2.4%、壮族占8.4%、回族占2.7%、藏族占2.3%、维吾尔族占5.3%、土家族占0.4%。

第三，民族地区自然资源丰富，既有农耕，也有草原。矿产资源尤其丰富，其中煤、石油、稀土、铁、镍、黄金、盐、宝石等储量很大，是国家长期发展的战略储备区。

第四，民族地区国境线漫长，具有重要的战略地位。民族地区分别与俄罗斯、哈萨克斯坦、吉尔吉斯斯坦、塔吉克斯坦、蒙古、越南、老挝、缅甸、印度、尼泊尔、巴基斯坦、阿富汗相邻，是中国连接中亚、西亚、东盟的纽带和对外开放的桥头堡。全国2.2万公里边境线有1.9万公里在少数民族地区。在全国136个边境县（旗、市、市辖区）中，有民族自治地方107个，在2200万的边境总人口中，少数民族人口占48%。

第五，21世纪以来，民族地区经济发展保持较快增速，但由于起点低，经济总量仍很小。据统计，2000—2015年，民族八省区生产总值从8700.33亿元增长到74736.36亿元，按可比价计算，年均增长11.72%，高于同期全国平均增速2.2个百分点。[1] 特别是

---

[1] 本章所有图、表及文中数据，如果没有特殊说明，均为笔者根据国家统计局网站"国家数据"、《中国统计年鉴》（2005—2015年）、《中国统计摘要》（2006—2015年）、《中国农村贫困监测报告2015》、《中国扶贫开发年鉴》（2011—2015年）、《国家民委发布：2011年少数民族地区农村贫困监测结果》及2015年各省区及全国经济社会统计公报的相关数据计算整理。另外，本章中，如果没有注明，绝对数按现价计算，增速按可比价格计算。"民族地区"的指标值是民族八省区相应指标值经过加权计算得出的。

2011—2015年（"十三五"时期），民族八省区生产总值从51664.24亿元增长到74736.36亿元，按可比价计算，年均增长10.66%，高于同期全国平均增速2.84个百分点。但由于起点低，2015年民族八省区GDP在全国的比重仅为11.04%，只比广东省的GDP（72813亿元）高1923.36亿元。其中，西藏、青海、宁夏的GDP总量均在3000亿元以下，位列全国31省区中GDP总量倒数第一、第二、第三。

第六，随着民族地区经济的发展以及自我发展能力的提高，地方财政收入、地方财政支出逐年提高，财政自给率波动小幅提高，但财政自给能力仍然很低。2001—2014年，民族地区地方财政收入、地方财政支出分别从717.72亿元、2005.31亿元增长到8328.83亿元、22191.73亿元，按当年价计算，年均增长分别为20.25%、21.7%。财政自给率从35.79%波动上升到37.53%。

第七，民族地区工业化、城镇化进程落后，制约着农村剩余劳动力转移到第二、第三产业就业，从而制约着农村居民增收渠道的拓宽。2014年，民族八省区有人口19341.73万人，其中农业人口10507.37万人，占总人口的54.33%；非农业人口8834.36万人，占总人口的45.67%，比全国非农人口占总人口的比重（54.77%）低9.1个百分点。也就是说，民族地区城镇化率比全国平均水平低9.1个百分点。另外，据研究，2010年全国处于工业化后期的前半阶段，民族地区中只有内蒙古与全国的工业化平均水平相当，青海、宁夏、广西、云南、贵州处于工业化中期阶段，西藏、新疆工业化水平最低，仍然处于工业化初期后半阶段。全国城镇化进入中期阶段，绝大部分民族省区仅仅处于城镇化起步阶段。①

第八，随着经济的快速发展，民族地区农牧民收入水平大大提高，与全国的相对差距有所缩小，但收入水平仍然很低。2006—2013年，民族地区农村居民人均纯收入从2504.2元增长到6561.9元，年均增长9.95%，高于全国平均增幅0.49个百分点；占全国的比重从

---

① 黄群慧：《中国的工业化进程：阶段、特征与前景》，《经济与管理》2013年第7期。

69.81%上升到73.76%。

第九,民族地区农村贫困面广,贫困问题严峻。贫困地区包括592个国家扶贫开发重点县与14个集中连片特殊困难地区。① 在592个国家扶贫开发重点县中,有232个分布在民族八省区,有341个分布在民族自治地方。另外,进入全国14个集中连片特殊困难地区的县共有680个,其中330个分布在民族八省区,371个分布在民族自治县。2014年,按国家现行贫困标准(2300元,2010年价格水平),民族八省区农村贫困人口2205万人,占全国农村贫困人口的31.42%,贫困发生率14.7%,比全国平均水平高7.5个百分点。

综上所述,民族地区是中国的面积大区、水系源头区、生态屏障区、文化特色区、资源富集区、战略重点地区、经济社会欠发达地区、贫困大区。② 民族地区虽然地域辽阔,但耕地稀少,土壤贫瘠,草原退化严重,且自然生态环境十分脆弱,灾害频繁。资源虽富,但由于民族地区担负着中国生物多样性保护以及生态屏障的职能,资源开发受到现有生态、环境条件的诸多制约。水系源头区,虽然中国大江大河的源头大都位于该地区,但民族地区很多省区干旱缺水,严重影响当地居民的生产、生活。文化特色区,主要表现为少数民族众多,民族文化丰富,但部分少数民族固有的习俗、行为规范和惯例导致了其落后的思想观念,并经过长期内化形成了一种特有的贫困文化,进而从深层次影响其生产、生活水平的提高。③ 战略重点地区,民族地区国境线漫长,是我国连接中亚、西亚、东盟的纽带和对外开放的桥头堡,但还肩负着保卫和巩固边防的重要任务。经济社会欠发

---

① 贫困地区,包括集中连片特困地区和片区外的国家扶贫开发工作重点县,共832个县。其中集中连片特困地区覆盖680个县,国家扶贫开发工作重点县共计592个,集中连片特困地区包含440个国家扶贫开发工作重点县。国家统计局:《居民收入快速增长人民生活全面提高——十八大以来居民收入及生活状况》,2017年3月9日,国家统计局网站(http://www.stats.gov.cn/tjsj/sjjd/201603/t20160308_1328214.html)。

② 国家民族事务委员会政策研究室:《中央民族工作会议创新观点面对面》(2015年6月1日),国家民族事务委员会网站,2017年3月9日(http://www.seac.gov.cn/art/2015/6/1/art_143_228925.html)。

③ 参见向玲凛、邓翔《西部少数民族地区反贫困动态评估》,《贵州民族研究》2013年第1期。

达表现在，一方面虽然近年来经济发展速度较高，但由于经济发展起点低，经济总量小；另一方面，民族地区财政自给能力很低，工业化、城镇化进程落后，农村居民收入水平较低。贫困大区，不仅表现为民族地区农村贫困面广、贫困程度深、难脱贫，还表现为贫困脆弱性强，易返贫。目前，农村贫困人口脱贫成为民族地区全面建成小康社会的最大短板，也在很大程度上影响、制约着全国2020年实现全面建成小康社会的宏伟目标。

二 民族地区农村贫困的特征

如上所述，民族地区的区情是面积大区、资源富集区、水系源头区、生态屏障区、文化特色区、边疆地区、经济社会欠发达地区、脱贫主战场。那么，民族地区农村贫困分布状况及特征又是什么呢？下面对此进行简要分析。

（一）民族地区贫困人口量大面广

由于受资源禀赋、地理环境、区位条件和历史文化等因素的制约，民族地区一直是经济、社会欠发达地区，贫困问题严峻。据统计，2000年，按当年农村贫困标准，民族地区有贫困人口3144万人（见表2—1），贫困发生率为23%，比全国平均水平高12.8个百分点。2015年，按当年农村贫困标准，民族地区贫困人口1813万人，贫困发生率12.1%，比全国平均水平高6.4个百分点。显然，通过国家多年的大力扶持，民族地区贫困问题得到较大缓解，但相对全国，民族地区贫困人口仍然是量大面广。

根据表2—1的数据，笔者作了图2—1、图2—2，以进一步分析民族地区农村贫困的变化特征。从图2—1、图2—2可以看出，2000—2015年民族地区农村贫困人口、贫困发生率变化情况可以分两段看。

其一，2000—2010年，民族地区农村贫困人口从3144万人减少到1034万人，减少了2110万人，贫困人口占全国农村贫困人口的比重从33.4%上升到38.5%，上升了5.1个百分点。贫困发生率从23%下降到8.7%，下降了14.3个百分点，贫困发生率与全国平均水平的差从12.8个百分点,下降到5.9个百分点。说明这一阶段民族地区贫困人口逐年减少,贫困发生率逐年降低,贫困发生率与全国的差距也在逐年缩小,贫困面缩小的速度快于全国平均水平。但同时,民族地区贫困人口占全国贫困人口的比重呈现增加趋势。

表2—1　2000—2015年民族八省区与全国贫困人口及贫困发生率分布

年份	贫困标准*（元）	贫困人口（万人）			贫困发生率（%）		
		民族八省区	全国	八省区占全国比重（%）	民族八省区	全国	八省区比全国高（百分点）
2000	865	3144	9422	33.4	23	10.2	12.8
2001	872	3077	9029	34.1	22.2	9.7	12.5
2002	869	2986	8645	34.5	21.5	9.2	12.3
2003	882	2771	8517	32.5	19.8	9.1	10.7
2004	924	2601	7587	34.3	18.5	8.1	10.4
2005	944	2338	6432	36.3	16.4	6.8	9.6
2006	958	2090	5698	36.7	14.6	6	8.6
2007	1067	1695	4320	39.2	11.8	4.6	7.2
2008	1196	1585	4007	39.6	11	4.2	6.8
2009	1196	1451	3597	40.3	12	3.6	8.4
2010	1274	1034	2688	38.5	8.7	2.8	5.9
2011	2536	3917	12238	32.0	26.5	12.7	13.8
2012	2625	3121	9899	31.5	20.8	10.2	10.9
2013	2736	2562	8249	31.1	17.1	8.5	8.6
2014	2800	2205	7017	31.4	14.7	7.2	7.5
2015	2855	1813	5575	32.5	12.1	5.7	6.4

注：*自1978年以来,中国共采用过三条贫困标准,分别是"1978年标准""2008年标准"和"2010年标准",三条标准所代表的生活水平各不相同;同一标准在年度之间的变化主要体现的是物价水平的变化。本章中,2000—2010年贫困标准为"2008年标准",2011—2014年贫困标准为"2010年标准"。《中国农村贫困监测报告（2015年）》,中国统计出版社2015年版。

资料来源：2000—2008年数据根据《中国农村贫困监测报告·2011》的相关数据整理、计算。2009—2015年数据来自国家民委经济发展司：《国家民委发布：2014年少数民族地区农村贫困监测结果》,2017年3月9日,http://www.seac.gov.cn/art/2015/4/15/art_31_225897.html;《国家民委发布：2015年民族地区农村贫困情况》（2016年4月11日）,2017年3月9日,http://www.seac.gov.cn/art/2016/4/11/art_31_251389.html。

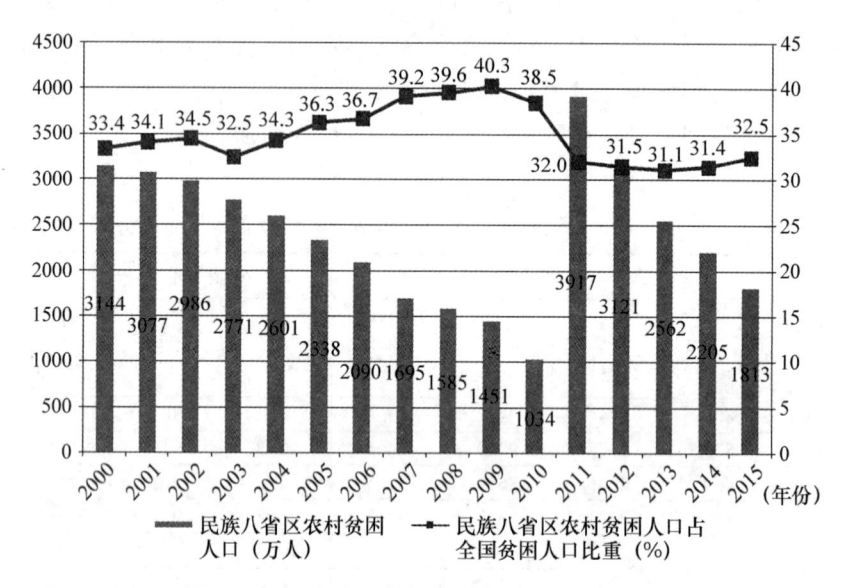

图 2—1 民族地区农村贫困人口及与全国比较

资料来源：2000—2008 年数据根据《中国农村贫困监测报告·2011》的相关数据整理、计算。2009—2015 年数据来自国家民委经济发展司：《国家民委发布：2014 年少数民族地区农村贫困监测结果》，2017 年 3 月 9 日，http://www.seac.gov.cn/art/2015/4/15/art_31_225897.html；《国家民委发布：2015 年民族地区农村贫困情况》（2016 年 4 月 11 日），2017 年 3 月 9 日，http://www.seac.gov.cn/art/2016/4/11/art_31_251389.html。

其二，2011—2015 年，由于 2011 年中央政府决定大幅提高农村贫困标准，包括民族地区在内的全国农村的贫困人口与贫困发生率都大幅提高。2011 年全国农村平均贫困发生率为 12.7%，比 2010 年提高了 9.9 个百分点。民族地区贫困发生率为 26.5%，比 2010 年提高 17.8 个百分点，比全国提高的幅度高 7.9 个百分点，说明民族地区不仅贫困人口多，接近贫困线的低收入人口也较多，贫困线提高，贫困人口增加的幅度大大高于全国平均水平。另外，2011—2015 年，民族地区农村贫困人口从 3917 万人，逐年减少到 1813 万人，减少了 2104 万人，贫困人口占全国贫困人口的比重从 2011 年的 32% 小幅下降到 2013 年的 31.1%，然后又小幅上升到 2015 年的 32.5%；贫困发生率从 26.5% 下降到 12.1%，贫困发生率与全国平均水平的差距从 13.8 个百分点下降到 6.4 个百分点。说明这一阶段，在中央及各级政府的大力扶持下，民族地区农村减贫效果稳定。从其贫困发生率与全国差距缩小的情况看，这一阶段贫困面缩小的速度快于全国平均水平，民族地区贫困人口比重不断上升的趋势有望得到扭转。

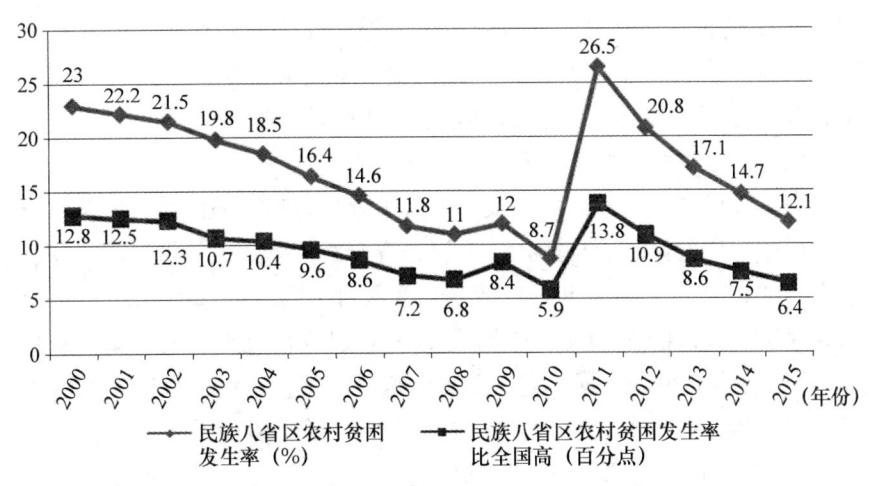

图 2—2 民族地区农村贫困发生率及与全国比较

资料来源：2000—2008 年数据根据《中国农村贫困监测报告·2011》的相关数据整理、计算。2009—2015 年数据来自国家民委经济发展司：《国家民委发布：2014 年少数民族地区农村贫困监测结果》，2017 年 3 月 9 日，http：//www. seac. gov. cn/art/2015/4/15/art_31_225897. html；《国家民委发布：2015 年民族地区农村贫困情况》（2016 年 4 月 11 日），2017 年 3 月 9 日，http：//www. seac. gov. cn/art/2016/4/11/art_31_251389. html。

（二）民族地区贫困分布与生态脆弱区高度耦合

国内外相关研究表明，贫困与生态环境脆弱经常是伴随的。在中国，贫困人口往往分布在生态环境恶劣的偏远区域，出现生态环境区域分布与贫困区耦合的现象。[①] 如上文所述，民族地区的地形地貌复杂，中国的大盆地、大沙漠、大峡谷、大水塔、国家生态脆弱带均分布在这里，因此生态环境十分脆弱，是中国重要的生态屏障区，也是

[①] 戴维·皮尔斯、杰瑞米·沃福德：《世界无末日——经济学·环境与可持续发展》，中国财政经济出版社 1996 年版；魏小文、朱新林：《环境资源视角下西藏农牧民反贫困研究》，《技术经济与管理研究》2012 年第 2 期。

自然灾害高发区，地震、冰雹、大风、霜冻、浮尘、暴雨、干旱、泥石流、滑坡等频繁发生。如属于四大生态脆弱带之一的西南石山岩溶地区分布在贵州、广西等西南地区，北方黄土地区分布在宁夏、青海等北方地区，西北荒漠化地区分布在新疆、内蒙古、青海等西北地区。这些地区自然条件比较恶劣，地势高而陡峭，山地比重大，易于产生大面积的水土流失。众所周知，地理、自然条件直接影响农业劳动生产率和产出水平，对农村贫困的发生有很大影响。因此，可以得出，民族地区贫困分布与生态脆弱地区高度耦合。

（三）民族地区农村贫困人口向少数民族集中

由上文可知，民族地区是我国少数民族分布集中的区域，也是农村贫困分布集中的区域。据第六次人口普查调查，少数民族占民族八省区总人口的37.5%。2014年，民族八省区农村贫困人口2205万人，占全国农村贫困人口的31.4%；贫困发生率是14.7%，比全国平均水平高7.5个百分点。另外，据研究，在民族地区内部，不仅少数民族的贫困面大于汉族，而且少数民族贫困农户的贫困深度和贫困强度也大于汉族。[1] 例如，贵州贫困人口中有80%为少数民族，极贫人口几乎全部是少数民族。宁夏南部山区90%以上的贫困人口是少数民族。云南全省23个边境县有20个是贫困县，贫困人口绝大多数是少数民族。西藏23万人均纯收入低于1300元的贫困人口中，有90%以上是藏族。[2] 因此，可以说，民族地区农村贫困人口集中于少数民族。还有，由上文可知，民族地区贫困分布与生态脆弱区高度耦合，而少数民族人口和贫困人口在空间分布上又相互重合。因此，相对于汉族，少数民族比较贫困的很大原因，与少数民族多分布在生存环境欠佳的生态脆弱区有很大关系。也就是说，民族地区农村贫困的民族差异很大程度来自地域差异。

（四）民族地区农村贫困呈现明显的脆弱性

由于自然地理、区位环境、社会经济发展水平等因素的影响，民族地区农村居民不得不直接面对各种各样的风险，包括自然风险、疾

---

[1] 刘小珉：《民族视角下的农村居民贫困问题比较研究——以广西、贵州、湖南为例》，《民族研究》2013年第4期。

[2] 李俊杰、李海鹏：《民族地区农村扶贫开发政策回顾与展望》，《民族论坛》2013年第5期。

病风险、经济风险、国际经济局势动荡风险等,由于贫困人口各种能力的缺失,应对风险能力很弱,其贫困脆弱性明显。

第一,由上文可知,民族地区的地形地貌复杂,中国的大盆地、大沙漠、大峡谷、大水塔、国家生态脆弱带均分布在这里,因此生态环境十分脆弱。有些地方干旱、水灾、水土流失、雪灾、风灾、冻害等自然灾害频发,如西北的新疆南疆三地州、宁夏西海固地区等长期存在资源性缺水问题。西南的武陵山区、滇桂黔石漠化区等大多属于喀斯特地区,这些地区土层薄,水土流失严重,工程性缺水问题非常突出。而贫困人口面对自然灾害带来的风险往往十分脆弱,难以应对。其主要的原因是贫困人口大都靠天吃饭,缺乏抵御自然灾害的能力,丰年温饱,灾年返贫,循环往复。例如,一旦遇到自然灾害,西南、西北民族地区农村返贫率高达60%以上,西北有个别地区甚至出现过返贫人口超过脱贫人口的情况。[1]

第二,由于民族地区生存环境较恶劣,使得部分民族地区地方病高发,疾病风险相当高,因病致贫、因病返贫现象严重。如结核病、肝包虫、关节炎、代偿性心室肥大等循环和呼吸系统疾病都是青海省农牧区的常见病,疾病死亡率和传染病发病率高。由于青海省农牧区医疗卫生条件差,农牧民收入有限,疾病已经成为农牧民致贫、返贫的重要因素。2003年青海省因病致贫、返贫率为56%,近年来在政府大力支持农牧区医疗卫生事业建设,以及新农合的普及,农牧民因病致贫、返贫的现象有所缓解。2011年青海省因病致贫、返贫率下降为24.2%。[2]

第三,在国际经济一体化的背景下,国际国内市场价格的波动,都会影响到民族地区贫困户,而贫困户往往缺乏应对经济风险的能力。不仅如此,脆弱的贫困群体,不仅抵抗各种风险冲击的能力很低,而且在冲击过后从冲击的影响中恢复的能力也很低。如2008年的国际金融危机,世界经济陷入"二战"以来最严重的衰退,受到冲击的中国沿海地区经济增速放缓,大量劳动密集型的产业受到出口

---

[1] 黄颂文:《西部民族地区反贫困的思路》,《学术论坛》2004年第4期。
[2] 刘小珉:《青海省农村贫困及反贫困——基于农村低保反贫困的视角》,《青海民族研究》2015年第4期;青海省卫生和计划生育委员会办公室编:《青海省实施新型农村合作医疗制度10年历程》。

减少的冲击而收缩,大量农民工不得不返乡。大量研究表明,农村贫困家庭脱贫致富的一个重要途径是家庭中劳动力外出务工。相对而言,农村贫困家庭的劳动力的文化素质、就业能力比较低,他们外出务工大多也是从事低技术要求、低工资收入的行业和工种,东部沿海发达地区产业收缩导致的农民工工作机会的减少,首先减少的是他们的工作机会。因为对于那些家庭经济状况较好的农村劳动力,他们本身所拥有的较强的经济资本、人力资本、社会资本,增强了他们抵御风险冲击的能力,会使他们即使失去了沿海东部发达地区的工作机会,也会在返乡后自主创业或发展特色农牧业等。而对于那些农村贫困家庭,外出务工机会的失去,回乡后又苦于没有经济条件自主创业,家庭收入就会大大减少,贫困家庭(或已经脱贫的边缘群体)很快就会陷入更加贫困(或重回贫困)的境地。笔者2011年在贵州黔东南凯里凯棠乡白水村调研时就了解到,部分农民工是在2008—2009年因为国际金融危机的影响从广东、深圳返乡的,他们中部分有经济基础、有头脑的,回乡后很快自主创业,做得风生水起。而部分贫困家庭的打工者,返乡后家庭陷入更加贫困或重回贫困的境地。当然,经过这么多年,尤其是目前凯里正处于经济快速发展时期,各种用工需求很多,这部分返乡农民工大多又加入当地的务工、经商队伍,家庭经济状况得到一定改善。

正是由于民族地区农村贫困脆弱性高,返贫现象十分严重。据报道,2008年全国农村贫困人口中有66.2%在2009年脱贫,但2009年贫困人口中则有62.3%是返贫人口。[①] 由于民族地区贫困人口比较集中,可部分说明2009年民族地区农村返贫率很高。

(五)部分民族地区农村呈现族群型贫困

有学者在贫困的分类中对族群型贫困做出了这样的界定:在某些少数民族地区,由于整个族群在生存环境、生产方式、生活方式、文化、宗教信仰、习俗等方面的历史原因而造成的贫困为族群型贫困。在中国部分少数民族地区存在这种类型的贫困。族群型贫困主要分布在边境地区、高寒山区。现实中,族群型贫困与区域发展障碍型贫

---

① 范小建:《2001年以来我国减贫趋势呈现明显马鞍形》,2010年10月18日,新华网(http://news.xinhuanet.com/politics/2010-10/17/c_12668774.htm)。

困、可行能力不足型贫困重合的概率较高,其特征主要在于该民族特有的生活方式或文化习俗。①

另外,有研究认为,由于习俗、文化等方面的固有约束,民族贫困地区在其历史发展过程中逐渐形成了相对独立的生活圈、社会圈和经济圈,少数民族固有的行为规范和惯例导致了民族地区落后的思想观念,并经过长期内化形成了一种特有的贫困文化,进而从深层次影响着民族地区的经济发展和人民生活水平的提高。②

例如,历史上青海省治多县牧区基本是单一的游牧经济,牧民们只能依靠扩大牲畜规模,即通过外延扩大再生产的道路来满足新增人口的生产和生活需求。以藏传佛教为基础的神权统治在意识形态领域有着极其强烈的排他性和自我封闭性。历史上的封闭、落后和强烈的宗教意识使得治多县牧区的生产水平极其低下,这种低水平在人的生产和牲畜的生产上表现为高出生率、高死亡率以及人口及牲畜的低速增长,甚至停滞发展。③

据调查,青海省治多县牧民几乎是全民信奉藏传佛教。藏传佛教是要求人们清心寡欲、追求来世的宗教。佛教改变了牧民的世界观和人生观、价值观,而且很多人把宗教作为一种生活方式,在精神上认同佛,重来世轻现世,甚至把来世看得和现世一样重要或更重要。因而,佛教对畜牧业等经济的发展带来了某种程度的不利因素。首先,出家人不结婚生育,一般由其家庭供养,但不从事家庭生产。这样,家庭劳动力减少了,很多笨重的牧业劳动,就要由妇女、老人承担,加重了家庭负担,一定程度上限制了家庭的劳动生产和收入水平,进而影响当地经济的发展。其次,由于施行"六度",藏民的大量钱财往寺庙布施,寺庙聚集了大量的钱财,民间可用于流通的资金减少,

---

① 王曙光:《"向贫困宣战"——中国的贫困与反贫困》,北京大学经济学院 2014 两会笔谈,2014 年 3 月 6 日,http://econ.pku.edu.cn/displaynews2.php?id=15381。
② 向玲凛、邓翔:《西部少数民族地区反贫困动态评估》,《贵州民族研究》2013 年第 1 期。
③ 华中农业大学课题组:《大力发展县域经济与统筹城乡经济社会发展问题研究》,2012 年 10 月 10 日,青海经济信息网(http://www.qhei.gov.cn/ghyfz/ghwx/fzzlx/201210/t20121010_231913.shtml)。

使当地的社会经济发展受到了一定的影响。再次,藏传佛教强调重义轻利,反对唯利是图。"这些教义对净化社会风气,提高个人道德修养有极大的帮助,但另一方面又造成了藏区经商意识淡薄,不注重经济效益,不懂经济规律的结果。"藏民生活水平普遍偏低的情况,自然与这种文化氛围有着一定的关联。据笔者在2012年的调查,治多县街上经商的282家个体户中,当地户籍的牧民只有一家。目前,在治多县经商的大多数是甘肃人、四川人、青海撒拉族人等,他们普遍有经营头脑。其中,从事商业零销的,基本上是甘肃人;在建筑工地上务工的,通常是四川人;从事畜产品经营的基本是回族、撒拉族人。部分藏族群众却为了来世,更愿意多磕几个头,多念几遍经,今世再穷再苦都愿意,不会也不愿挣钱,处于一种安贫状态。藏民历来不稀罕商品的价值形态,而把牲畜、畜产品等这些商品的使用价值形态作为财富或富有的象征。在广大牧区普遍存在着牧民不以货币这个一般等价物作为衡量财富的尺度,而以拥有牲畜头数的多少、男女主人尤其是女主人身上的穿戴来衡量贫富差别。这极大地影响了牧区经济的发展和草原畜牧业的生产周期,并失去了与其他行业和地区之间的经济联系。最后,宗教的"惜杀""惜卖"的观念浓厚。直到现在,在治多县牧区很少有自己动手屠宰牲畜的情况,为避免自身对生灵的涂炭,几乎所有的牧户都是请屠夫来自己家中进行屠宰。此外,养"放生畜"的习惯在1978年以来有较大程度的恢复。这些传统观念和习俗的一个直接后果,就是极大地阻碍牲畜特别是急性出栏的老畜和病畜的正常出栏。有学者分析,出栏率水平的低下不仅是治多县草原畜牧业生产水平低下、牧民收入低的重要原因,同时也是造成草原超载和草场退化、沙化的一个不可忽视的重要原因。①

---

① 参见郑海峰《浅析制约治多县经济发展的非经济因素》,内部报告,2012年(郑海峰先生是治多县扶贫开发办公室干部,对治多牧区牧民的贫困问题有非常全面深刻的理解,也给笔者提供了很多很有见地的认识和很有价值的资料。特此致谢);陈进林:《藏传佛教的人文关怀意识及社会影响》,《康定民族师范高等专科学校学报》2005年第6期,并转载于中国民族宗教网,2014年11月23日,http://www.mzb.com.cn/html/report/141124899-1.htm;华中农业大学课题组:《大力发展县域经济与统筹城乡经济社会发展问题研究》,2012年10月10日,青海经济信息网(http://www.qhei.gov.cn/ghyfz/ghwx/fz-zlx/201210/t20121010_231913.shtml)。

（六）民族贫困地区呈整体性、长期性贫困特征

贫困地区包括14个集中连片特殊困难地区和592个国家扶贫开发工作重点县。① 民族贫困地区②基本呈整体性、长期性贫困特征。

从国务院扶贫开发领导小组发布的《国家扶贫开发工作重点县名单》及《全国连片特困地区分县名单》看，全国共有国家扶贫开发工作重点县666个，包括国家"新时期扶贫工作重点县"所列592个国定贫困县以及第四次西藏工作会议确定西藏为整体连片贫困区后产生的74个县。其中，民族八省区有306个，占全国扶贫开发工作重点县总数的46%。全国14个连片特困地区共有680个县，其中民族八省区有330个，占48.53%。例如，西南民族地区的贵州黔东南州，是全国贫困问题较严重的贵州省的最贫困的州之一。由于自然、历史等因素，黔东南州绝大部分县一直陷入深度贫困，因此1986年国家第一次确定国家重点扶持贫困县（331个）以来，黔东南州16个县中绝大部分县就被认定为国家重点扶持贫困县。目前，除了凯里市外的其他15个县，均被认定为国家扶贫开发重点县或属于滇黔贵石漠化连片特困地区。这说明，黔东南州基本处于整体贫困、长期贫困状态。同样，主要包括民族地区县的14个集中连片特困地区及国家扶贫开发工作重点县，基本上都具有整体性、长期性贫困的特征。换句话说，民族地区农村贫困区域固化凸显。

综上所述，从宏观层面看，民族地区农村贫困表现出量大面广、贫困分布与生态脆弱区高度耦合、贫困人口向少数民族集中、贫困呈现明显的脆弱性、部分民族地区农村呈现族群型贫困等特征。基于这些因素及当前国际、国内经济放缓等因素的影响，在未来一段时间，民族贫困地区贫困还将呈整体性、长期性特征。为打破民族地区整体、长期贫困的陷阱，目前，中央及地方各级政府高度重视包括民族地区在内的中西部贫困地区的脱贫，调动一切能调动的力量，给予前所未有的支持力度来脱贫攻坚。可以预期，在2020年以前，通过种

---

① 参见国家统计局住户调查办公室《中国农村贫困监测报告2016》，中国统计出版社2016年版。

② 属于民族地区的贫困地区。

种有力政策措施的有效实施，民族地区整体性、长期性贫困问题将得到解决。

三 民族地区农村贫困人口的复杂图景与微观机理

由上可知，民族地区经济、社会欠发达仍是其主要区情，贫困人口量大面广、贫困分布与生态脆弱区高度耦合、贫困人口向少数民族集中、脱贫难度大仍是目前民族地区农村贫困的特征。那么，民族地区农村贫困人口又呈现什么样的贫困图景呢？什么原因导致了民族地区农村贫困人口的贫困？显然，民族地区农村贫困人口既有一般地区贫困人口的共性，也有自身贫困的特殊性。以下基于课题组的调研资料及 CHES 大样本微观数据，分析民族地区农村贫困人口的微观致贫机理，以此探索加快民族地区农村反贫困进程的基本路径。

（一）研究方法及策略

世界银行在《2000/2001 年世界发展报告》中对人类贫困的解释中指出，贫困包括三个特征，即缺少机会参与经济活动；在一些关系到自己命运的重要决策上没有发言权；容易受到经济以及其他冲击的影响，即脆弱性高。脆弱性是指个人或家庭面临某些风险的可能性，并且由于遭遇风险而导致财富损失或生活质量下降到某一社会公认的水平之下的可能性。导致脆弱性的冲击种类很多，几乎包括了社会、经济、政治等各方面。对于某一地区，最常见的有自然灾害、环境危机、经济波动、政策改变、种族冲突等。对于家庭和个人，除上述冲击会产生直接影响外，疾病、失业、突发事故等都可能导致家庭财富的损失和生活水平的下降。脆弱性的概念还包含是否具有从冲击的影响中恢复的能力。对于贫困人口来说，不仅在冲击发生时会由于自身的脆弱而成为冲击的受害者，同时，在冲击过后，比如水灾等自然灾害过后，如果没有外界的帮助，很难恢复到原来的生活水平。特别是冲击导致的福利水平下降导致家庭对子女的投入减少，使下一代的健康和教育都受到严重影响，因而陷入脆弱—贫困—更脆弱—更贫困的恶性循环中。①

国内外相关研究表明，贫困与生态环境脆弱经常是相伴随的。在中国，贫困人口往往分布在生态环境恶劣的偏远区域，出现生态环境区域分布与贫困区耦合的现象。当然，造成一个地区贫困是多种因素相互作用的结果，西部民族地区农村的贫困不仅与生态环境脆弱交织在一起，还与特定的民族背景及区域特征交织在一起。杨栋会、樊胜根和沈素平基于云南勐海县布朗山乡农户调查数据，对布朗族"直过区"的贫困问题进行了实证研究，发现西南边疆少数民族农村居民收入不平等程度较大，贫困问题较为严峻。② 王小林以对阿坝州13个县开展的农户调查数据为基础，从民族、性别、教育等多个视角对藏族、羌族、回族和汉族的贫困状况进行了比较分析，其结果为少数民族陷于贫困的概率比汉族高2.5%。③ 庄天慧系统分析了西南少数民族贫困县的贫困现状和特征，指出少数民族地区的贫困县具有特殊性，这类区域贫困发生率相对较高，贫困问题往往与生态环境脆弱并存、与民族文化类型多样并存、与边疆民族关系复杂并存、与高返贫率并存。因此，作者提出应结合生态保护、民族文化传承发展、维护民族团结和边疆稳定，走适合区域民族特色的反贫困发展之路的建议。④ 陈全功、程蹀把少数民族山区作为一个特殊区域单元进行研究，他们认为，少数民族山区的贫困主要是长期贫困。相对其他地区和汉族群众，少数民族山区和少数民族群众的贫困程度更深，减贫难度更大。少数民族山区的贫困是多方面因素如自然地理条件恶劣、制度变革不利、市场冲击及个体自我发展能力不足的综合作用的结果。⑤

---

① 韩峥：《脆弱性与农村贫困》，《农业经济问题》2004年第10期。
② 杨栋会、樊胜根、沈素平：《民族"直过区"收入差距和贫困研究——基于云南勐海县布朗山乡农户调查数据的分析》，载樊胜根、邢鹂、陈志刚主编《中国西部公共政策和农村贫困研究》，科学出版社2010年版；杨栋会：《少数民族地区农村收入差距和贫困研究——以云南布朗山乡住户调查数据为例》，博士学位论文，中国农业科学院，2009年5月。
③ 王小林：《贫困测量理论与方法》，社会科学文献出版社2012年版。
④ 庄天慧：《西南少数民族贫困县的贫困和反贫困调查与评估》，中国农业出版社2011年版。
⑤ 陈全功、程蹀：《少数民族山区长期贫困与发展型减贫政策研究》，科学出版社2014年版。

从以上简要的文献回顾可以发现，目前，研究者对西部民族地区农村贫困问题已经有很多深入研究，但大多数研究主要还是针对民族地区局部贫困状况、形成原因、存在问题及对策等方面，或宏观定性分析西部民族地区的贫困问题，缺乏对民族地区农村比较全面、系统的微观分析，也缺少民族地区之间贫困及反贫困问题的对比分析。究其原因，可能是缺乏民族地区比较全面的微观数据。以下基于CHES大样本微观数据及笔者多次到西部民族地区调研所获得大量个案材料，借鉴国际、国内贫困理论基础，实证研究民族地区农村贫困人口的特征及影响因素，以此探索加快民族地区农村反贫困进程的基本路径。

基于前文的理论回顾，笔者在定量分析中，采用以下策略。

1. 贫困测量

本章以收入标准对贫困进行测量。在测量时，重点运用FGT指数。与其他贫困指数相比，FGT指数的优点在于其具有综合性和可分解性。通过对FGT指数的分解，我们可以清楚了解到影响贫困变化的各因素究竟在多大程度上对贫困产生影响，从而采取有针对性的减贫措施来调节各影响因素，以期实现减贫目标。FGT指数由贫困发生率、贫困距和平方贫困距三个指数组成，其具体形式为[①]：

$$P_\alpha = \frac{1}{N} \sum_{i=1}^{q} \left(\frac{z - y_i}{z} \right)^\alpha \qquad (2-1)$$

式（2-1）中，P_α 代表贫困指数，α（$\alpha \geq 0$）为社会贫困厌恶系数，N 为人口总数，z 是贫困线，y_i 为第 i 个人的收入，q 代表人均收入在贫困线以下的人口总数。

当 $\alpha = 0$ 时，P_α 为贫困发生率指数H，贫困发生率是指一个国家或地区的贫困人口占总人口的比率，反映的是贫困发生的广度。

当 $\alpha = 1$ 时，P_α 为贫困距指数PG，度量的是贫困人口的平均收入相对于贫困线的距离，反映的是贫困发生的深度。当PG较小时，说明大多数贫困人口都处于贫困线附近，此时，减贫工作在短期内将会

[①] James Foster, Joel Greer, and Erik Thorbecke, "A Class of Decomposable Poverty Measures", *Econometrical*, Vol. 3, 1984, pp. 761 – 766.

有显著的效果，付出的减贫代价相对较小。当 PG 较大时，说明大多数贫困人口离贫困线的距离较远，减贫工作的短期效果不显著，可能要付出较大的代价才能实现减贫目标，且时间也相对较长。

当 $\alpha = 2$ 时，P_α 为平方贫困距指数 SPG，反映的是贫困发生强度。该指标由贫困距指数加权取平均值得到，给贫困人口赋予更高的权重，以便更好地反映贫困人口内部的收入不平等程度。

2. 不平等测量

本章用目前学界常用的基尼系数（Gini）来测量不平等的整体情况，用泰尔指数及其分解来分析不平等的构成。Gini 系数的具体形式为：

$$Gini = 1 - \frac{1}{N}\sum_{i=1}^{N}(x_i - x_{i-1})(y_i + y_{i-1}) \qquad (2-2)$$

式（2-2）中，x_i 表示人口的累计百分比，y_i 表示收入（消费）的累计百分比。基尼系数来源于洛伦兹曲线，取值范围为 0—1，值越小，表示收入分配越公平。泰尔指数计算公式为：

$$GE(\alpha) = \frac{1}{\alpha(\alpha-1)}\left[\frac{1}{N}\sum_{I=1}^{N}\left(\frac{y_i}{\bar{y}}\right)^\alpha\right] - 1 \qquad (2-3)$$

式（2-3）中，y 是每个个体的收入（或消费），$\bar{y}$ 是人均收入（或人均消费）的均值。α 为权重，通常取值 0、1，用于给人均收入或消费偏离分布进行赋权。当 $\alpha = 0$ 时，为泰尔 L 指数。当 $\alpha = 1$ 时，为泰尔 T 指数。当 GE 为 0 时，表示收入分布绝对公平。GE 值越大，表示收入分布越不平等。泰尔指数可以分解为组内不平等与组间不平等两个部分，可据以测量组内不平等和组间不平等对总体不平等的贡献。

3. 贫困决定模型

本章使用二分因变量 Probit 模型为贫困决定模型，[①] 进入模型的变量包括上述三组资本的全部变量。模型的基本形式为：

---

① Probit 模型可以使用于因变量出现选择性偏倚而部分无法观察的情况，这是社会科学研究者喜好 Probit 模型的原因之一。这也是本章选择 Probit 模型做贫困决定模型的原因。

$$P(\text{Poverty}=1\mid x)=G(\beta_0+\beta_c X_c+\beta_h X_h+\beta_e X_e+\beta_s X_s)。$$
(2-4)

式中，Poverty 表示贫困，取值1为贫困户，取值0为非贫困户。X 是农户特征向量。X_h 表示家庭拥有的人力资本（及其使用模式）。X_e 表示家庭占有的经济资本。X_s 表示家庭占有的社会资本。另外，X_c 是控制变量，包括户主的民族身份、被调查户所在地区以及家庭居住地的自然、经济社会特征。

（二）被调查地区农村贫困分布

2012年，中国社会科学院民族学与人类学研究所与中央民族大学经济学院合作，开展了"西部民族地区经济社会状况家庭调查"（简称CHES）。该项调查在新疆、内蒙古、宁夏、广西、青海、贵州和湖南七个省区进行，调查对象涵盖了这些省区的城乡社区以及城乡住户。调查样本的抽样采用国家统计局的城乡分层随机抽样方法，强调对各个地区主体民族的家庭调查，同时综合考虑了民族聚居区和非民族聚居区、自然地理条件以及经济社会发展水平等方面的差异。最后，在农村住户调查方面，该项调查从七个省区总共抽取了81个县、757个行政村的7257个样本户（31671人），对样本户2011年的收入状况等进行了调查。本章中的农村居民家庭人均纯收入，在国家统计局界定的农村家庭人均纯收入基础上，按照国际惯例，增加了人均自有房屋的估算租金价值。①

下面，基于CHES（2011）农村数据，来分析被调查地区的贫困人口分布状况。由于贫困是一个家庭现象，本章以下部分主要以家庭为研究对象，在分民族的数据中，都是指民族家庭。本章将家庭中少

---

① 本次问卷调查包括内蒙古、宁夏、新疆、青海、广西、湖南、贵州七个省区，其中内蒙古、宁夏、新疆、青海、广西、贵州都属于西部民族地区，湖南的调查点有湘西土家族苗族自治州、邵阳市、永州市和怀化市，大部分是民族地区。为了简便，本章将被调查的这七个省区简称为"被调查民族地区"，将内蒙古、宁夏、新疆、青海简称为"西北四省区"，将广西、湖南、贵州简称为"西南三省区"（虽然湖南属于中南，不属于西南）。根据课题组对农村家庭人均纯收入的界定，本章计算农村家庭人均纯收入时，经过了一些数据处理。CHES数据库具体情况及数据处理方法详见李克强、龙远蔚、刘小珉主编《中国少数民族地区经济社会住户调查（2013）》，社会科学文献出版社2014年版。另外，本章中所有数据，凡是没有特殊注明出处的，均来自CHES数据。

数民族人口占50%及以上的界定为少数民族家庭,其他的为汉族家庭。在少数民族家庭中,某一少数民族人口占50%及以上的,为该少数民族家庭。

为更客观全面地评估被调查地区农村贫困人口状况,选取多条贫困线是必要的。这部分分别采用三条绝对标准线和一条相对贫困线①作为农村贫困标准线。其一是2011年全国农村低保标准。其二是使用世界银行1985年的"1天1.5美元"的标准,先将1985年的1美元(或1年365美元)按平价购买力(Purchasing Power Parity,简称PPP)转换成1985年以人民币计的价值,接着按以1985年为基准的全国农村消费物价指数(CPI),将该价值调整到2011年的水平,得到2011年"1天1.5美元"的贫困标准。其三是2011年中国政府确定的新贫困线2300元(2010年不变价)。② 其四是相对贫困线,是被调查者接受低保救助前家庭人均纯收入均值的50%。为方便对不同地区的贫困状况进行统一的比较,各地采取统一的贫困线。

表2—2、表2—3报告的是分别按照2011年全国农村低保线、1天1.5美元国际贫困线、2011年全国农村贫困线、相对贫困线测度的被调查民族地区农村家庭的FGT贫困指数。③

1. 基于低保线的贫困测量

从表2—2可以看出,被调查地区农村家庭的贫困发生率存在地

---

① 绝对贫困线是指在一定的生产生活方式下,不同地区具有不同消费模式的个体维持一个固定的,并被社会普遍接受的最低生活水平所需的一篮子特定食品和非食品的费用。相对贫困线是在绝对贫困基本消除以后,为了解决低收入群体的发展问题而提出的贫困标准。它主要通过个体收入与社会平均收入或中位收入的比较来判断个体的贫困程度,避开了绝对贫困线中的基本需求概念。通常将相对贫困线设定为居民平均收入(中位收入)的50%。

② 新的国家扶贫标准是2300元(2010年不变价)。根据农村居民生活消费价格指数推算,2010年不变价的农民人均纯收入2300元相当于2011年的2536元。《国家民委发布:2011年少数民族地区农村贫困监测结果》,2012年11月28日,国家民委网站。

③ 本章中农村居民人均纯收入是在国家统计局界定的农村家庭人均纯收入基础上,按照国际惯例增加了人均自有房屋的估算租金价值。也就是说,农村家庭总收入包括工资性收入、家庭经营收入、财产性收入、转移性收入、自有房屋的估算租金价值和杂项收入。如果调查户本身未能提供自有房屋的估算租金价值,则按照农户自有住房净值的6%计算得到租金价值。因此,本章中利用CHES数据基于收入计算的贫困发生率,与国家统计局公布的有一定差异。

区、民族差异。在以低保线作为贫困线时，被调查民族地区农村家庭贫困发生率为8.24%；分西南、西北看，西南三省区农村家庭贫困发生率为11.67%，高于被调查民族地区总体3.43个百分点。西北四省区农村家庭贫困发生率为5.46%，比被调查民族地区总体低2.78个百分点，比西南三省区低6.21个百分点。分省区看，农村家庭贫困发生率最高的省区是湖南（21.41%），次高是广西（12.38%）。贫困发生率较低的省区是内蒙古、贵州与青海，其贫困发生率分别为3.27%、2.92%与3.71%；分民族看，家庭贫困发生率较高的民族是维吾尔族、土家族与壮族，其贫困发生率分别为21.65%、20.34%与18.61%。家庭贫困发生率较低的民族是藏族、哈萨克族与汉族，其贫困发生率分别为2.27%、4.1%及4.03%。

从表2—2还可以发现，不仅被调查地区农村家庭的贫困发生率存在地区、民族差异，贫困距、平方贫困距也均存在地区、民族差异，而且贫困距、平方贫困距的地区、民族差异与贫困发生率地区、民族差异相同，即贫困面相对较高的省区、民族，其贫困深度、贫困强度也较高。

2. 基于1天1.5美元贫困线的贫困测量

从表2—2可以发现，在1天1.5美元贫困线下，被调查民族地区农村家庭贫困发生率为15.91%。分西南、西北看，西南三省区农村家庭贫困发生率为21.98%，高于被调查民族地区总体6.07个百分点。西北四省区农村家庭贫困发生率为11.07%，比被调查民族地区总体低4.84个百分点，比西南三省区低10.91个百分点。分省区看，农村家庭贫困发生率较高的省区是湖南、广西与新疆，其贫困发生率分别为36.26%、21.25%与16.28%。贫困发生率较低的省区是内蒙古、青海与贵州，其贫困发生率分别为6.74%、9.52%与10.67%。分民族看，家庭贫困发生率较高的民族是土家族、撒拉族、维吾尔族与壮族，其贫困发生率分别为35.59%、31.34%、31.3%与27.65%。家庭贫困发生率较低的民族是哈萨克族、藏族、蒙古族与汉族，其贫困发生率分别为4.92%、8.09%、8.37%与8.39%。

与低保线作为贫困线相似，1天1.5美元贫困线下，被调查地区农村家庭的贫困发生率、贫困距、平方贫困距均存在地区、民族差异。

表2—2 按照低保线、1天1.5美元线测度的被调查民族地区农村家庭FGT贫困指数

地区	低保线 贫困发生率 H*100	低保线 贫困距 PG*100	低保线 平方贫困距 SPG*100	1天1.5美元线 贫困发生率 H*100	1天1.5美元线 贫困距 PG*100	1天1.5美元线 平方贫困距 SPG*100
西南三省区	11.67	4.39	2.43	21.98	8.07	4.40
其中：湖南	21.41	8.43	4.47	36.26	14.43	8.10
广西	12.38	5.01	3.13	21.25	8.58	5.05
贵州	2.92	0.49	0.14	10.67	2.30	0.74
西北四省区	5.46	2.43	1.54	11.07	4.13	2.42
其中：宁夏	4.27	1.57	0.85	11.97	3.42	1.65
青海	3.71	1.26	0.7	9.52	2.74	1.34
新疆	10.65	5.91	4.08	16.28	8.21	5.63
内蒙古	3.27	1.03	0.56	6.74	2.23	1.11
被调查民族地区总体	8.24	3.31	1.94	15.91	5.90	3.31
汉族	4.03	1.51	0.84	8.39	2.87	1.52
蒙古族	5.58	1.34	0.54	8.37	3.01	1.42
回族	4.94	1.53	0.67	14.00	3.80	1.66
藏族	2.27	1.05	0.65	8.09	2.20	1.11
维吾尔族	21.65	11.66	7.89	31.30	16.16	11.04
苗族	11.6	4.26	2.22	23.20	8.10	4.25
壮族	18.61	8.27	5.59	27.65	12.76	8.21
侗族	6.24	2.06	0.95	16.40	4.66	2.15
瑶族	7.32	1.27	0.4	21.95	5.37	1.86
土家族	20.34	8.71	4.69	35.59	14.85	8.39
哈萨克族	4.1	2.42	1.71	4.92	2.99	2.23
撒拉族	13.43	2.73	0.77	31.34	8.64	3.24
其他民族	15.82	5.51	3.5	28.25	10.57	5.88

3. 基于国定农村贫困线的贫困测量

从表2—3可以发现，在国家贫困线下，被调查民族地区农村家庭贫困发生率为16.98%。分西南、西北看，西南三省区农村家庭贫困发生率为23.68%，高于被调查民族地区总体6.7个百分点。西北四省区农村家庭贫困发生率为11.60%，比被调查民族地区总体低5.38个百分点，比西南三省区低12.08个百分点。分省区看，农村家庭贫困发生率较高的省区是湖南、广西与新疆，其贫困发生率分别为39.04%、22.52%与16.48%。贫困发生率较低的省区是内蒙古、青海与贵州，其贫困发生率分别为7.22%、10.12%与11.83%。分民族看，家庭贫困发生率较高的民族是土家族、维吾尔族与撒拉族，其贫困发生率分别为40.11%、31.69%与32.84%。家庭贫困发生率较低的民族是哈萨克族、蒙古族、汉族与藏族，其贫困发生率分别为4.92%、8.84%、8.96%与9.06%。

与低保线作为贫困线进行测量的结果相似，用国定贫困线来测量，被调查地区农村家庭的贫困发生率、贫困距、平方贫困距均存在地区、民族差异。

4. 基于相对贫困线的贫困测量

从表2—3可以看出，在相对贫困线下，被调查民族地区农村家庭贫困发生率为27.61%。分西南、西北看，西南三省区农村家庭贫困发生率为37.99%，高于被调查民族地区总体10.38个百分点。西北四省区农村家庭贫困发生率为19.41%，比被调查民族地区总体低8.2个百分点，比西南三省区低18.58个百分点。分省区看，农村家庭贫困发生率较高的省区是湖南、广西与贵州，其贫困发生率分别为55.78%、34.80%与25.83%。贫困发生率较低的省区是内蒙古、青海，其贫困发生率分别为12.03%与19.14%。分民族看，家庭贫困发生率较高的民族是土家族、撒拉族与壮族，其贫困发生率分别为54.8%、44.78%与43.67%。家庭贫困发生率较低的民族是哈萨克族、蒙古族与汉族，其贫困发生率分别为8.20%、13.49%与15.20%。

表 2—3　按照国家贫困线、相对贫困线测度的被调查
民族地区农村家庭 FGT 贫困指数

地区	国家贫困线 贫困发生率 H*100	国家贫困线 贫困距 PG*100	国家贫困线 平方贫困距 SPG*100	相对贫困线 贫困发生率 H*100	相对贫困线 贫困距 PG*100	相对贫困线 平方贫困距 SPG*100
西南三省区	23.68	8.49	4.62	37.99	13.54	7.21
其中：湖南	39.04	15.10	8.47	55.78	22.53	12.70
广西	22.52	8.97	5.26	34.80	13.35	7.66
贵州	11.83	2.56	0.84	25.83	6.19	2.23
西北四省区	11.60	4.34	2.53	19.41	6.87	3.77
其中：宁夏	12.80	3.68	1.76	24.87	7.08	3.20
青海	10.12	2.94	1.42	19.14	5.58	2.56
新疆	16.48	8.45	5.78	22.11	10.99	7.39
内蒙古	7.22	2.37	1.18	12.03	3.97	1.99
被调查民族地区总体	16.98	6.20	3.47	27.61	9.84	5.31
汉族	8.96	3.04	1.61	15.20	5.05	2.59
蒙古族	8.84	3.17	1.51	13.49	4.97	2.56
回族	14.83	4.10	1.79	28.67	8.09	3.51
藏族	9.06	2.39	1.18	19.74	5.03	2.17
维吾尔族	31.69	16.60	11.35	41.34	21.22	14.43
苗族	25.30	8.58	4.48	41.00	14.16	7.26
壮族	29.20	13.21	8.48	43.67	18.40	11.46
侗族	18.36	5.03	2.30	37.08	10.15	4.41
瑶族	22.56	5.86	2.07	36.59	10.93	4.64
土家族	40.11	15.53	8.78	54.80	23.02	13.09
哈萨克族	4.92	3.05	2.28	8.20	3.92	2.77
撒拉族	32.84	9.32	3.57	44.78	15.99	7.30
其他民族	28.81	11.09	6.16	42.37	17.00	9.37

可见，用相对贫困线来测量贫困的结果同样表明，被调查地区农村家庭的贫困发生率、贫困距、平方贫困距均存在地区、民族差异。

综上可以得出如下结论。第一，总体而言，被调查地区农村家庭的贫困发生率、贫困距、平方贫困距均存在地区、民族差异，且贫困

面相对较高的省区、民族,其贫困深度、贫困强度也较高。具体而言,被调查七省区中,西南三省区农村家庭贫困问题比西北四省区农村家庭贫困问题严重;相对其他省区,湖南、广西农村家庭贫困问题比较严重,内蒙古、贵州、青海农村家庭贫困问题较轻;相对其他民族,土家族、维吾尔族、撒拉族被调查家庭更贫困,哈萨克族、蒙古族、汉族与藏族被调查家庭贫困程度较低。第二,在相对贫困线下,总体及各省区、各民族贫困广度、贫困深度与贫困强度都高于绝对贫困线(包括农村低保线、1 天 1.5 美元国际贫困线、2011 年全国农村贫困线)下的情况。第三,在不同绝对贫困线下,总体、各省区及各民族的贫困指数也有差异。低保线下的贫困指数明显偏低,1 天 1.5 美元国际贫困线与 2011 年全国农村贫困线这两种贫困线下,总体及各省区、各民族贫困指数差异较小。也就是说,被调查民族地区农村收入贫困程度对贫困标准的变化有一定的敏感性。各种指数都随着贫困标准的提高而增长。比较起来,多数指数对相对贫困线的敏感性最突出。如果不考虑相对贫困线及以上贫困标准,则贫困距、平方贫困距对国家贫困线比较敏感,表明贫困标准提高之后,较多的新增贫困人口集中在国家贫困线附近;当然,低保线以下的贫困人口的贫困深度和强度都是最大的,脱贫难度也最大。减贫工作首先要关注这一部分贫困人口,同时还要充分注意收入介于低保线与 1.5 美元线之间的贫困人口。

(三)民族地区农村贫困家庭的复杂图景

在分析、比较了被调查民族地区贫困家庭分布状况后,基于前文贫困理论文献回顾,下面对被调查民族地区农村贫困住户的各项经济社会特征进行描述。考虑到国家的扶贫实践中是以国家贫困线作为扶贫标准,本章以下部分,将以国家贫困线为标准,把被调查住户分为贫困户与非贫困户两组。① 为了更好地反映贫困户的经济社会特征,这里把非贫困户作为参照一并考察。另外,为了分析贫困的民族差异,这里也将少数民族家庭与汉族家庭的相关经济社会特征进行对比分析。

1. 民族地区农村贫困家庭的自然地理、社会环境特征

---

① 凡是家庭人均纯收入低于国家贫困线的就界定为贫困家庭,否则就为非贫困家庭。2010 年国家确定的贫困线为人均纯收入 2300 元,折算成 2011 年不变价为 2536 元。

第二章 民族地区贫困的多元图景与致贫机理

根据CHES问卷分析，总体而言，被调查民族地区被调查农户居住在山区的比例最高，达56.79%（见表2—4）；住在平原的其次，为24.73%；住在丘陵的较小，为18.48%。相对而言，少数民族家庭居住在山区的比例远高于汉族家庭居住在山区的比例（高32.09个百分点），少数民族家庭居住在平原的比例远低于汉族家庭居住在平原的比例（低11.61个百分点）。

表2—4　　　　　被调查农村家庭居住环境状况　　　　　单位:%

		所在村地势			所在村是否郊区		所在村是否少数民族地区	
		平原	丘陵	山区	是	否	是	否
总体	总体	24.73	18.48	56.79	7.89	92.11	68.59	31.41
	贫困家庭	16.61	14.17	69.22	5.28	94.72	81.08	18.92
	非贫困家庭	26.35	19.35	54.30	8.42	91.58	66.08	33.92
	汉族家庭	32.04	30.88	37.08	8.74	91.26	27.62	72.38
	少数民族家庭	20.43	10.40	69.17	7.31	92.69	94.78	5.22
西南	西南三省区	1.57	17.72	80.71	8.15	91.85	82.84	17.16
	贫困家庭	0.13	12.72	87.15	6.02	93.98	85.27	14.73
	非贫困家庭	2.00	19.25	78.75	8.79	91.21	82.10	17.90
	汉族家庭	6.73	35.94	57.34	10.91	89.09	43.88	56.12
	少数民族家庭		11.97	88.03	7.18	92.82	94.83	5.17
西北	西北四省区	43.63	19.11	37.27	7.69	92.31	56.96	43.04
	贫困家庭	44.65	16.63	38.72	4.05	95.95	73.98	26.02
	非贫困家庭	43.50	19.42	37.08	8.15	91.85	54.79	45.21
	汉族家庭	41.38	29.01	29.61	7.95	92.05	21.60	78.40
	少数民族家庭	46.73	8.38	44.89	7.47	92.53	94.72	5.28

注：本章对数据库进行统计描述时，没有对数据库的缺失值进行处理。由于有些样本的民族、户口、男女、年龄、受教育程度等变量存在不同的缺失，因此分民族、城乡、性别、年龄、受教育程度等的汇总样本与总体样本有不一致的现象。但这并不影响我们对被调查民族地区总体情况的分析。本章以下数据表格可能都存在类似问题，不一一解释。

贫困家庭居住在山区的比例远高于非贫困家庭居住在山区的比例（高14.92个百分点），贫困家庭居住在平原的比例远低于非贫困家庭居住在平原的比例（低9.74个百分点）。

从西南三省区看，超过80%的被调查农村家庭居住在山区，不到2%的农村家庭居住在平原。分民族家庭看，少数民族家庭全部居住在山区或丘陵，没有居住在平原的。其中居住在山区的少数民族家庭比例高达88.03%，比汉族家庭居住在山区的比例高30.69个百分点；贫困家庭居住在山区的比例比非贫困家庭居住在山区的比例高8.4个百分点，贫困家庭居住在平原的比例比非贫困家庭居住在平原的比例低1.87个百分点。

从西北四省区看，超过四成的被调查农村家庭居住在平原，不到四成的农村家庭居住在山区。相对汉族家庭，少数民族家庭更多地居住在山区、平原，更少地居住在丘陵；相对于非贫困家庭，贫困家庭更多地居住在山区、平原，更少地居住在丘陵。

从表2—4还可以看出，被调查民族地区农村家庭中，相对于汉族家庭，少数民族家庭更多地居住在远离郊区的少数民族地区；相对于非贫困家庭，贫困家庭更多地居住在远离郊区的少数民族地区。

综上所述，从被调查农村家庭居住环境看，相对于西北四省区，西南三省区被调查农村家庭居住在山区、远离郊区、少数民族地区的比例较大；相对于汉族，少数民族农村家庭居住在山区、远离郊区、少数民族地区的比例较大；相对于非贫困家庭，贫困家庭居住在山区、远离郊区、少数民族地区的比例较大。显然，这个结论与上文中贫困分布的结论存在耦合：相对于西北四省区，西南三省区被调查农村家庭贫困面更广、贫困程度更深、贫困强度更大；相对于汉族，少数民族农村家庭贫困面更广、贫困程度更深、贫困强度更大。在这里，一定程度上佐证了农村贫困分布与农村地理环境紧密相关。

农村贫困分布与农村地理环境有关，主要原因是：其一，自然地理条件直接影响农业劳动生产率和产出水平，对贫困的发生有很大影响。其二，生态脆弱山区，从事大规模产业化经营缺乏必要的基础，而且会面临巨大的生态风险，因此也一般是限制开发区，这就会大大制约当地的经济发展和扶贫效果。其三，生态环境脆弱易引发自然灾害。频发的自然灾害会形成"遭灾—恢复—再遭灾"的恶性循环。按照上述贫困脆弱性及贫困动态理论，自然灾害因素不仅是导致民族地区家庭暂时性贫困的主要诱因，也是造成长期贫困人口难以脱贫的重要原因。尤其是近年来在全球气候变化的总体背景下，灾害天气和极端气候现象比以往更多，而且常常是几十年一遇甚至百年一遇的灾害，这就更加强了贫困人口的脆弱性，使得贫困人口更不易脱贫或更容易陷于深度贫困。

经济地理因素比单纯的地理因素对贫困的发生影响更大。[1] 从表2—5可以发现，相对于非贫困家庭，贫困家庭远离城镇、车站，并比较集中分布在经济欠发展村庄。也就是说，贫困家庭更集中分布在基础设施薄弱、基本生产生活条件差的地区，这些都构成了贫困家庭不易脱贫的现实因素。其一，贫困家庭远离公共服务机构，无法享受更多的公共物品和公共服务，造成多元贫困。其二，因为贫困家庭与市场经济体系隔离的状态，贫困将进一步被"固化"，使他们长期处于贫困之中。其三，恶劣自然生态条件的改变和落后的社会经济面貌的改变是个相对缓慢的过程，这就形成了贫困区域的稳定性。[2]

表2—5　　　被调查农村家庭居住经济、地理环境状况

		村农民人均年纯收入（元）	本乡镇内打零工工钱（元/天）	村贫困家庭率（%）	村距最近县城的距离（公里）	村距最近乡镇政府的距离（公里）	村距最近车站（码头）距离（公里）
总体	总体	4501.35	83.45	16	31.52	7.00	10.03
	贫困家庭	3711.75	79.58	48	35.73	7.01	10.25
	非贫困家庭	4662.03	84.24	9	30.67	7.00	9.99
	汉族家庭	5293.27	87.65	8	30.60	6.72	8.39
	少数民族家庭	4002.28	80.90	20	32.25	7.18	11.10

---

[1] 参见中国发展研究基金会《在发展中消除贫困》，中国发展出版社2007年版。
[2] 参见华中师范大学、中国国际扶贫中心《中国反贫困发展报告2012》，华中科技大学出版社2013年版。

续表

		村农民人均年纯收入（元）	本乡镇内打零工工钱（元/天）	村贫困家庭率（%）	村距最近县城的距离（公里）	村距最近乡镇政府的距离（公里）	村距最近车站（码头）距离（公里）
西南	西南三省区	3446.34	74.12	21	33.63	6.96	10.97
	贫困家庭	3363.49	72.76	52	36.73	7.33	11.50
	非贫困家庭	3472.30	74.55	12	32.69	6.85	10.81
	汉族家庭	3512.09	75.73	14	30.84	5.17	8.58
	少数民族家庭	3420.85	73.69	24	34.75	7.51	11.70
西北	西北四省区	5350.89	90.97	11	29.79	7.03	9.25
	贫困家庭	4303.63	90.90	41	34.05	6.48	9.40
	非贫困家庭	5484.40	90.98	7	29.24	7.09	8.14
	汉族家庭	5943.20	91.98	6	30.51	7.29	8.31
	少数民族家庭	4736.34	90.12	16	29.04	6.76	10.31

在这里，少数民族家庭与贫困家庭在经济、自然、地理条件方面存在一定的耦合。也就是说，相对于汉族家庭，少数民族家庭比较贫困的很大原因，与少数民族家庭多分布在生存环境欠佳、经济社会欠发展的地方有很大关系，即贫困的民族差异，在一定程度上来自地域的差异。

2. 民族地区农村贫困家庭的人力资本特征

根据问卷分析，总体来看，被调查民族地区被调查农村家庭平均家庭户规模为4.88人（见表2—6），是全国平均水平（3.02人/户）[1]的1.62倍。被调查农村家庭平均老年抚养比是9.48%，少年儿童抚养比是25.35%，总抚养比是34.72%，其中老年抚养比比全国平均水平低2.79个百分点，少年儿童抚养比比全国平均水平高3.22个百分点，总抚养比略高于全国平均水平。[2]

从表2—6可以得出，从家庭是否贫困看，无论是家庭规模还是少年儿童抚养比、老年抚养比、总抚养比，贫困家庭都大于被调查户

---

[1]《中国统计年鉴·2012年》，中国统计出版社2012年版。

[2] 同上。

总体平均水平，更是远远大于非贫困家庭。分民族看，无论是家庭规模还是各种抚养比，汉族家庭都小于少数民族家庭。

进一步，从被调查家庭的规模分组、孩子个数、户主的健康状况、户主年龄、户主受教育年限进行考察（见表2—7、表2—8、表2—9），可以发现相对于非贫困家庭，贫困家庭多人户、家里孩子个数均比较多，户主的健康状况较差，户主年龄较大，户主受教育年限较少。相对于汉族家庭，少数民族家庭多人户、家里孩子个数均比较多，户主的健康状况较差，户主年龄较大，户主受教育年限较少。

总体而言，贫困家庭具有家庭人口多、孩子多、家庭负担重、健康状况较差、户主年龄较大、户主受教育程度较低的特征。在这里，少数民族家庭与贫困家庭在家庭人口条件方面存在一定的耦合。也就是说，相对于汉族家庭，少数民族家庭比较贫困的很大原因，与少数民族家庭人口多、孩子多、家庭负担重、健康状况较差、户主年龄较大、户主受教育程度较低等家庭人口条件有很大关系。

表2—6　　　　　　被调查家庭的基本人口特征1

地区	家庭平均规模（人/户）	0—14岁人口比重（%）	15—64岁人口比重（%）	65岁及以上年龄人口比重（%）	少年儿童抚养比*（%）	老年抚养比**（%）	总抚养比***（%）
被调查民族地区总体	4.88	18.73	74.23	7.04	25.23	9.48	34.72
西南三省区	5.01	17.48	74.46	8.06	23.48	10.82	34.31
西北四省区	4.76	19.83	74.03	6.14	26.79	8.29	35.08
贫困家庭	5.55	22.03	69.12	8.86	31.88	12.82	44.69
非贫困家庭	4.71	17.90	75.52	6.58	23.71	8.71	32.42
汉族	4.52	16.22	77.27	6.49	20.99	8.40	29.39
少数民族	5.09	20.19	72.59	7.24	27.81	9.97	37.79

注：*少年儿童抚养比是指人口中非劳动年龄人口数中少年儿童部分对劳动年龄人口数之比，用以表明每100名劳动年龄人口要负担多少名少年儿童。也称为少年儿童抚养系数。

**老年抚养比是指人口中非劳动年龄人口数中老年部分对劳动年龄人口数之比，用以表明每100名劳动年龄人口要负担多少名老年人。老年人口抚养比是从经济角度反映人口老化社会后果的指标之一。也称为老龄人口抚养系数，简称老年系数。

***总抚养系数就是指非劳动年龄人口数与劳动年龄人口数之间的比率，它度量了劳动年龄人口人均负担的非劳动年龄人口的数量。

表 2—7　　　　　　　被调查家庭的基本人口特征1　　　　　　单位:%

		家庭规模				孩子个数				
		1人户	2人户	3人户	多人户	0	1个	2个	3个	4个及以上
总体	总体	0.54	8.59	18.37	72.50	46.93	29.74	18.90	3.73	0.69
	贫困家庭		3.30	8.99	87.72	33.64	31.16	26.13	7.42	1.65
	非贫困家庭	0.65	9.66	20.27	69.42	49.62	29.46	17.43	2.99	0.50
	汉族家庭	0.75	13.85	24.23	61.17	55.07	28.09	14.20	2.25	0.39
	少数民族家庭	0.42	5.12	14.70	79.76	41.81	30.59	21.99	4.70	0.91
西南	西南三省区	0.47	5.09	14.73	79.71	46.71	30.80	19.04	2.73	0.71
	贫困家庭		1.45	8.30	90.25	36.89	32.54	24.90	4.74	0.92
	非贫困家庭	0.61	6.21	16.71	76.47	49.74	30.26	17.24	2.11	0.65
	汉族家庭	0.54	5.52	16.69	77.25	46.66	30.82	19.58	2.32	0.62
	少数民族家庭	0.46	4.89	14.27	80.38	47.64	30.01	17.09	4.17	1.08
西北	西北四省区	0.60	11.42	21.31	66.67	47.11	28.89	18.78	4.54	0.68
	贫困家庭		6.39	10.13	83.48	28.19	28.85	28.19	11.89	2.86
	非贫困家庭	0.68	12.07	22.75	64.50	49.55	28.90	17.56	3.60	0.40
	汉族家庭	0.83	16.85	26.95	55.37	57.75	27.39	13.16	1.55	0.15
	少数民族家庭	0.37	5.41	15.26	78.96	35.55	30.30	25.11	7.76	1.28

注:"少年儿童"是指0—14岁人口。

表 2—8　　　　　　　被调查家庭的基本人口特征2　　　　　　单位:%

		户主健康状况		
		没有残疾	有残疾但不影响工作学习生活	有残疾且影响工作学习生活
总体	总体	94.87	3.53	1.60
	贫困家庭	94.07	3.76	2.17
	非贫困家庭	95.03	3.48	1.49
	汉族家庭	94.65	3.69	1.66
	少数民族家庭	95.05	3.36	1.59

第二章　民族地区贫困的多元图景与致贫机理

续表

		户主健康状况		
		没有残疾	有残疾但不影响工作学习生活	有残疾且影响工作学习生活
西南	西南三省区	94.94	3.58	1.48
	贫困家庭	94.39	4.01	1.60
	非贫困家庭	95.11	3.45	1.44
	汉族家庭	93.07	4.48	2.45
	少数民族家庭	95.54	3.24	1.22
西北	西北四省区	94.81	3.48	1.70
	贫困家庭	93.54	3.34	3.12
	非贫困家庭	94.98	3.50	1.52
	汉族家庭	95.22	3.40	1.38
	少数民族家庭	94.42	3.52	2.06

表2—9　　　　被调查家庭的基本人口特征3　　　　单位:%

		年龄			受教育年限				
		年轻户	中年户	老年户总体	0—2年	3—6年	7—9年	10年及以上	总体
总体	总体	24.19	59.65	16.16	10.13	34.73	43.80	11.34	10.13
	贫困家庭	21.45	54.79	23.76	12.06	37.47	41.04	9.43	12.06
	非贫困家庭	24.75	60.64	14.62	9.75	34.18	44.35	11.72	9.75
	汉族家庭	22.04	63.14	14.82	7.65	30.10	50.24	12.01	7.65
	少数民族家庭	25.61	57.35	17.04	11.71	37.88	39.63	10.78	11.71
西南	西南三省区	20.14	60.34	19.52	6.07	36.01	46.81	11.11	6.07
	贫困家庭	15.17	59.10	25.73	8.02	37.09	45.92	8.97	8.02
	非贫困家庭	21.67	60.71	17.61	5.47	35.68	47.08	11.77	5.47
	汉族家庭	17.54	59.11	23.35	5.23	37.15	48.45	9.18	5.23
	少数民族家庭	20.82	60.85	18.33	6.19	35.90	46.31	11.59	6.19

续表

		年龄			受教育年限			
		年轻户	中年户	老年户总体	0—2 年	3—6 年	7—9 年	10 年及以上	总体
西北	西北四省区	27.47	59.10	13.43	13.40	33.70	41.38	11.51	13.40
	贫困家庭	31.94	47.58	20.48	18.82	38.10	32.88	10.20	18.82
	非贫困家庭	26.89	60.58	12.52	12.72	33.14	42.46	11.68	12.72
	汉族家庭	23.65	64.59	11.75	8.50	27.63	50.87	13.00	8.50
	少数民族家庭	31.80	52.84	15.36	18.82	40.42	31.01	9.74	18.82

注：户主年龄大于 60 岁为"老年户"，户主年龄大于 40 岁且小于 60 岁为"中年户"，户主年龄小于 40 岁为"青年户"。

3. 民族地区农村贫困家庭的经济资本占有特征

根据问卷分析结果，总体而言，2011 年，被调查民族地区被调查农户人均生产性固定资产原值 4596.75 元（见表 2—10），家庭人均实际经营土地 17.39 亩，家庭经济作物面积占实际经营土地面积比为 19.67%，人均家庭金融资产余额 3578.60 元，家庭劳均非农从业时间占家庭总劳动时间之比为 27.31%，这些指标基本比全国平均水平低。

表 2—10　　**被调查民族地区被调查农户的经济资本占有及劳动力经济活动结构状况**

地区		人均生产性固定资产原值（元）	家庭人均实际经营土地（亩）	家庭经济作物面积占实际经营土地面积比（%）	人均家庭金融资产余额（元）	家庭劳均非农从业时间占家庭总劳动时间之比（%）
总体	总体	4596.75	17.39	19.67	3578.60	27.31
	贫困家庭	2217.61	5.00	17.69	1715.11	25.06
	非贫困家庭	5033.40	19.90	20.07	3916.23	27.75
	汉族家庭	6762.49	17.60	20.54	4748.23	28
	少数民族家庭	3130.93	17.55	19.31	2733.41	27.88

续表

地区		人均生产性固定资产原值（元）	家庭人均实际经营土地（亩）	家庭经济作物面积占实际经营土地面积比（%）	人均家庭金融资产余额（元）	家庭劳均非农从业时间占家庭总劳动时间之比（%）
西南	西南三省区	1832.57	3.28	17.81	2497.22	26.66
	贫困家庭	1329.44	3.12	18.8	1603.36	24.38
	非贫困家庭	1981.17	3.33	17.51	2772.02	27.33
	汉族家庭	2419.90	2.87	17	3312.51	26.37
	少数民族家庭	1671.97	3.40	18.2	2271.24	26.7
西北	西北四省区	6885.53	28.81	21.24	4445.30	27.86
	贫困家庭	3988.70	8.15	15.76	1954.79	26.23
	非贫困家庭	7188.48	31.47	21.95	4685.23	28.06
	汉族家庭	8209.27	22.91	21.87	5184.73	28.59
	少数民族家庭	5214.63	35.80	20.82	3404.26	27.03

相对于西北四省区，西南三省区被调查农户的人均生产性固定资产原值、家庭人均实际经营土地、家庭经济作物面积占实际经营土地面积比、人均家庭金融资产余额及家庭劳均非农从业时间占家庭总劳动时间之比等家庭经济资本占有均比西北四省区被调查农户的相应家庭经济资本占有指标要低；相对于汉族家庭，少数民族家庭的人均生产性固定资产原值、家庭人均实际经营土地、家庭经济作物面积占实际经营土地面积比、人均家庭金融资产余额及家庭劳均非农从业时间占家庭总劳动时间之比等家庭经济资本占有均比汉族家庭的相应家庭经济资本占有指标要低；相对于非贫困家庭，贫困家庭的人均生产性固定资产原值、家庭人均实际经营土地、家庭经济作物面积占实际经营土地面积比、人均家庭金融资产余额及家庭劳均非农从业时间占家庭总劳动时间之比等家庭经济资本占有均比非贫困家庭的相应家庭经济资本占有指标要低。

可以说，相对于非贫困家庭，贫困家庭具有人均土地不足、生产性固定资产缺乏、种植业结构不优、劳动力非农就业相对不足，即家庭经济资本占有不够的特征。另外，相对于汉族家庭，少数民族家庭也具有家庭经济资本占有不够的特征。

4. 民族地区农村贫困家庭的社会资源特征

从表2—11可以看出，被调查民族地区被调查农村家庭的中共党员、团员户比重，干部户比重分别为14.4%、9.7%。相对于非贫困家庭，贫困家庭的中共党员、团员户比重，干部户比重均低于非贫困家庭。可以说，被调查农村地区贫困家庭具有社会资源短缺的特征。

表2—11　　　　　　被调查家庭社会资源情况　　　　　单位:%

		中共党员、团员户比重	非中共党员、团员户比重	乡、村干部户比重	非乡、村干部户比重
总体	总体	14.4	85.56	9.7	90.26
	贫困家庭	12.6	87.40	7.3	92.66
	非贫困家庭	14.8	85.19	10.2	89.77
	汉族家庭	14.8	85.22	8.8	91.22
	少数民族家庭	14.1	85.86	10.2	89.84
西南	西南三省区	14.0	85.98	9.4	90.55
	贫困家庭	11.9	88.06	7.1	92.91
	非贫困家庭	14.7	85.34	10.2	89.83
	汉族家庭	14.23	85.77	8.4	91.62
	少数民族家庭	13.83	86.17	9.7	90.33
西北	西北四省区	14.8	85.21	10.0	90.03
	贫困家庭	13.7	86.26	7.8	92.24
	非贫困家庭	14.9	85.07	10.3	89.74
	汉族家庭	15.0	85.01	8.9	91.08
	少数民族家庭	14.5	85.46	10.8	89.19

（四）民族地区农村贫困的致贫机理

上文关于被调查农村贫困住户的主要经济社会特征的描述和分析，显示出在大多数情况下农村贫困住户与农村非贫困住户之间存在

第二章 民族地区贫困的多元图景与致贫机理

较为明显的差异。而从前文对相关理论的回顾看,这些差异与贫困本身的产生应该是相关的。确实,家庭人力资本状况,经济资源占有状况,社会、经济、政治上的结构性地位以及是否遭遇任何社会排斥,对任何住户的经济社会发展都会产生不同程度的影响。因此,可以把这一部分据以描述被调查农村贫困住户主要经济社会特征的指标作为自变量,对被调查农村住户陷入贫困的可能性或风险进行影响因素分析。

为此,基于前文的理论回顾,笔者构造了二分因变量 Probit 模型为贫困决定模型,分析被调查民族地区农户贫困发生的影响因素。进入模型的变量包括上述三组资本的全部变量。模型的基本形式为:

$$P(Poverty = 1 \mid x) = G(\beta_0 + \beta_c X_c + \beta_h X_h + \beta_e X_e + \beta_s X_s)$$

式中,$Poverty$ 表示贫困,取值 1 为贫困户,取值 0 为非贫困户。X 是农户特征向量。X_h 表示家庭拥有的人力资本(及其使用模式),包括农户户主年龄、户主身体状况、家庭成员最长受正规教育年限、家庭人口规模、家庭劳均非农从业时间占家庭总劳动时间之比和家庭非劳动年龄人口比六个变量。X_e 表示家庭占有的经济资本,包括家庭人均实际经营土地面积、人均生产性固定资产原值、家庭人均年底金融资产余额以及家庭人均退耕还林面积四个变量。X_s 表示家庭占有的社会资本,包括家庭成员中是否有中共党员、团员和家庭成员中是否有干部两个变量。另外,X_c 是控制变量,包括农户的民族身份、被调查户所在地区以及家庭居住地的自然、经济社会特征。

表 2—12 是该模型的输出结果,表 2—13 是模型估计的边际效果。该模型总体上显著。结合表 2—12 和表 2—13 的结果,可以得到如下研究发现。

第一,在其他条件给定的情况下,相对于汉族被调查农户,少数民族被调查农户陷入贫困的概率高出 6.51%,且具有统计显著性($p \leqslant 0.01$);相对于西北四省区的被调查农户,西南三省区被调查农户陷入贫困的概率高出 3.39%,且具有统计显著性($p \leqslant 0.01$)。

第二,被调查农户的家庭人力资本状况对他们陷入贫困的风险的影响,在方向上大部分都与我们的经验相同,但显著性有差异。在其他条件给定的情况下,农户家每增加 1 人,其家庭陷入贫困的概率增加 1.89%，且具有统计显著性（$p \leqslant 0.01$）。家庭户主的年龄每增加 1 岁，其家庭陷入贫困的概率增加 0.19%，且具有统计显著性（$p \leqslant 0.01$）。家庭成员中最长受正规教育年限每增加 1 年，农户陷入贫困的概率增加 0.05%，但它的影响效果在统计上不显著（$p > 0.1$）。家庭非劳动年龄人口比重每增加 1%，农户陷入贫困的概率增大 0.19%，且具有统计显著性（$p \leqslant 0.01$）。相对于户主没有身体残疾的家庭，户主有身体残疾的家庭陷入贫困的概率增大 5.52%，它的影响效果在统计上不显著（$p > 0.1$）。

表 2—12　被调查地区农户贫困决定因素：Probit 模型估计结果（系数）

变量	系数	标准差	z	p＞z
西北（1＝西北，西南为参照）	-0.18328	0.05361	-3.42000	0.00100
所在村距最近县城的距离	0.00305	0.00093	3.29000	0.00100
所在村是否属郊区（1＝是）	-0.14029	0.09404	-1.49000	0.13600
所在村农民人均纯收入	-0.00004	0.00002	-2.78000	0.00500
所在村近 5 年有几年遭遇过自然灾害	-0.05479	0.01292	-4.24000	0.00000
所在村低保救助率	-0.00809	0.00227	-3.57000	0.00000
所在村新农合参合率	-0.00386	0.00181	-2.13000	0.03300
家庭人口规模	0.10314	0.02253	4.58000	0.00000
户主年龄	0.01057	0.00228	4.64000	0.00000
少数民族家庭（1＝汉族家庭）	-0.37349	0.05460	-6.84000	0.00000
中共党员户（1＝中共党员）	-0.03067	0.07507	-0.41000	0.68300
干部户（1＝干部）	-0.30588	0.09293	-3.29000	0.00100
户主身体状况（1＝有残疾，且影响正常工作、学习和生活）	0.25932	0.20313	1.28000	0.20200
家庭成员最长受正规教育年限	0.00292	0.00891	0.33000	0.74300
家庭非劳动年龄人口比重	0.01053	0.00168	6.26000	0.00000
人均家庭金融资产余额（元）	-0.00005	0.00001	-5.45000	0.00000
人均生产性固定资产原值（元）	-0.00001	0.00001	-2.49000	0.01300

第二章 民族地区贫困的多元图景与致贫机理

续表

变量	系数	标准差	z	p＞z
人均实际经营土地面积（亩）	-0.00039	0.00071	-0.55000	0.58200
人均退耕还林面积（亩）	-0.00672	0.00618	-1.09000	0.27700
家庭劳均非农从业时间占家庭总劳动时间之比	-1.19353	0.35482	-3.36000	0.00100
_cons	-0.94425	0.26887	-3.51000	0.00000
	观察值＝5189　chi2（20）＝641.83 Prob＞chi2＝0.0000 Pseudo R^2＝0.1426			

表2—13 被调查地区农户贫困决定因素：Probit 模型估计结果（边际效果）

变量	系数	标准差	z	p＞z
西北（1＝西北，西南为参照）	-0.03390	0.01016	-3.34000	0.00100
所在村距最近县城的距离	0.00056	0.00017	3.30000	0.00100
所在村是否属郊区（1＝是）	-0.02382	0.01477	-1.61000	0.10700
所在村农民人均纯收入	-0.00001	0.00000	-2.78000	0.00500
所在村近5年有几年遭遇过自然灾害	-0.01002	0.00239	-4.20000	0.00000
所在村低保救助率	-0.00148	0.00042	-3.56000	0.00000
所在村新农合参合率	-0.00071	0.00033	-2.12000	0.03400
家庭人口规模	0.01887	0.00418	4.51000	0.00000
户主年龄	0.00193	0.00042	4.60000	0.00000
少数民族家庭（1＝汉族家庭）	-0.06508	0.00915	-7.11000	0.00000
中共党员户（1＝中共党员）	-0.00553	0.01336	-0.41000	0.67900
干部户（1＝干部）	-0.04776	0.01223	-3.91000	0.00000
户主身体状况（1＝有残疾，且影响正常工作、学习和生活）	0.05517	0.04944	1.12000	0.26400
家庭成员最长受正规教育年限	0.00053	0.00163	0.33000	0.74300
家庭非劳动年龄人口比重	0.00193	0.00031	6.21000	0.00000
人均家庭金融资产余额（元）	-0.00001	0.00000	-5.73000	0.00000
人均生产性固定资产原值（元）	0.00000	0.00000	-2.50000	0.01200
人均实际经营土地面积（亩）	-0.00007	0.00013	-0.55000	0.58100
人均退耕还林面积（亩）	-0.00123	0.00111	-1.11000	0.26800
家庭劳均非农从业时间占家庭总劳动时间之比	-0.21834	0.06485	-3.37000	0.00100

注：边际效应（dF/dx），表示自变量一个单位的变化，或者相对于参照类而言发生比的变化。

第三，被调查农户的社会资本占有状况对贫困发生率的影响，在方向上与我们的经验相同，但显著性有差异。具体而言，相对于非干部户，干部户陷于贫困的概率降低4.78%，且具有统计显著性（$p \leqslant 0.01$）。相对于非党员户，中共党员户陷于贫困的概率降低0.55%，但它的影响效果不显著（$p > 0.1$）。应当说明的是，中共党员户与干部户有一定程度的重叠，重叠率为33.5%，基本可接受，不会带来太大的共线性问题。

第四，被调查农户的经济资本占有状况对贫困发生率的影响，也与我们的经验的方向一致，但显著性有差异。在其他条件给定的情况下，人均家庭金融资产余额每增加1万元，家庭陷入贫困的概率减小9.01%，且具有统计显著性（$p \leqslant 0.01$）；人均生产性固定资产原值每增加1万元，家庭陷入贫困的概率减小2.67%，且具有统计显著性（$0.05 \geqslant p > 0.01$）；家庭劳均非农从业时间占家庭总劳动时间之比每增加1%，农户陷入贫困的概率减小21.83%，且具有统计显著性（$p \leqslant 0.01$）；另外，家庭人均实际经营土地面积每增加1亩，农户陷入贫困的概率减小0.007%，家庭人均退耕还林面积每增加1亩，家庭陷入贫困的概率可减小0.12%，不过这两个结果仅仅适用于被调查农户，而不具有统计推论性（$p > 0.1$）。

第五，进入模型的控制变量对被调查农户的贫困发生均产生了一定的影响，但显著性有差异。其中，在其他条件不变的情况下，农户居住的村距最近县城的距离每增加1公里，农户陷入贫困的概率就提高0.056%，且具有统计显著性（$p \leqslant 0.01$）；相对于居住在郊区的农户，居住在非郊区的农户陷入贫困的概率就提高2.38%，但它的影响效果不显著（$p > 0.1$）；农户所在村最近5年遭受自然灾害次数每增加1次，农户陷入贫困的概率就降低1.0%，且具有统计显著性（$p \leqslant 0.01$）；农户所在村农民人均纯收入每增加1元，农户陷入贫困的概率就降低0.001%，且具有统计显著性（$p \leqslant 0.01$）；农户所在村低保救助率[①]每提高1%，农户陷入贫困的概率就降低0.15%，且具

[①] 在这里，所在村低保救助率=所在村享受低保救助人数/全村总人口×100%；所在村新农合参合率=所在村参加新农合人数/全村总人口×100%。

有统计显著性（$p \leqslant 0.01$）；农户所在村新农合参合率每提高1%，农户陷入贫困的概率就降低0.07%，且具有统计显著性（$0.05 \geqslant p > 0.01$）。

（五）主要结论与讨论

综上所述，我们可以得到几个主要结论。

第一，据国家统计局监测的数据分析，民族八省区减贫呈现向好趋势，但相比较全国，民族八省区贫困状况仍十分严峻。

第二，从CHES数据分析看，总体而言，被调查民族地区农村家庭的贫困发生率、贫困距、平方贫困距均存在地区、民族差异，且贫困面相对较高的省区、民族，其贫困深度、贫困强度也较高。具体而言，被调查七省区中，西南三省区农村家庭贫困问题比西北四省区农村家庭贫困问题严重；相对其他省区，湖南、广西农村家庭贫困问题比较严重，内蒙古、贵州、青海农村家庭贫困问题较轻；相对其他民族，土家族、维吾尔族、撒拉族被调查家庭更贫困，哈萨克族、蒙古族、汉族与藏族被调查家庭贫困程度较低。而且，被调查民族地区农村收入贫困程度对贫困标准的变化有一定的敏感性，三类贫困指数都随着贫困标准的提高而增长。

第三，少数民族家庭与贫困家庭在经济、自然、地理条件方面存在一定的耦合。也就是说，相对于汉族家庭，少数民族家庭比较贫困的很大原因，与少数民族家庭多分布在生存环境欠佳、经济社会欠发展的地方有很大关系。即贫困分布的民族差异，在一定程度上源自各民族家庭所处地域的差异。

第四，贫困家庭具有家庭人口多、孩子多、家庭负担重、健康状况较差、户主年龄较大、户主受教育程度较低的特征。在这里，少数民族家庭与贫困家庭在家庭人口条件方面存在一定的耦合。也就是说，相对于汉族家庭，少数民族家庭比较贫困的很大原因，与少数民族家庭人口多、孩子多、家庭负担重、健康状况较差、户主年龄较大、户主受教育程度较低等家庭人口条件有很大关系。

第五，相对于非贫困家庭，贫困家庭具有人均土地不足、生产性固定资产缺乏、种植业结构不优、劳动力非农就业相对不足，即家庭经济资本占有不够的特征。另外，相对于汉族家庭，少数民族家庭也具有家庭经济资本占有不够的特征。

第六，被调查农村地区贫困家庭具有社会资源短缺的特征。

对照被调查地区农户的主要贫困特征及贫困决定因素，可以发现这些因素既是贫困的表征，又是致贫的要素。概言之，影响被调查民族地区农户贫困的因素是多元的，主要有自然地理、社会、文化、家庭、政策和体制等因素，其中像贫困农户外部生存环境中一些因素在短时间内难以改变，一些因素通过外部及贫困农户自身努力可以改进。

因此，我们在反贫困行动中，要针对这些因素，制定合适的反贫困应对政策。如针对生态环境脆弱、公共服务短缺等因素不仅是导致被调查民族地区农户暂时性贫困的主要诱因，也是造成长期贫困人口难以脱贫的重要原因这一特征，政府在扶贫决策中，可优先考虑在贫困群体自愿的基础上实施生态移民。另外，在实施扶贫开发时，努力改善项目地的生态环境和基础设施建设，并与防灾避灾相结合，从根本上改善贫困村民的生产、生活条件，尽量减少导致村民陷入贫困的各种风险，让贫困村民进入稳定脱贫的轨道。

第三章 民族地区农村扶贫开发绩效评价研究

一 研究背景与研究问题

改革开放以来，中国的反贫困事业进程大致经历了体制减贫、大规模开发式扶贫、扶贫攻坚、扶贫新开发以及扶贫成效巩固五个阶段。[①] 党的十八大以来，中央把扶贫开发工作摆在更加重要的位置，强调实施精准扶贫，开创了扶贫开发事业新局面。总的来说，中国的反贫困实践是一个逐渐推进的过程，其主要途径有三个，即经济增长、扶贫开发及社会救助，无论是国家"八七扶贫攻坚计划"，还是"农村扶贫开发纲要"，它们的顺利实施都包含着这三种主要减贫模式的充分利用并取得绩效。目前，由专项扶贫、行业扶贫、社会扶贫组成的"三位一体"扶贫工作格局逐渐清晰，扶贫投入成为公共财政预算安排的优先领域。2000—2014年，中央财政累计投入专项扶贫资金2966亿元，其中"以工代赈"累计投入专项资金840亿元，为参与工程建设的贫困群众发放劳务报酬100多亿元；异地扶贫搬迁工程累计搬迁贫困人口588万人，投入中央补助资金308亿元。[②] 按照当年的贫困标准，中国农村贫困人口从2000年的9422万人减少到

---

① 参见卢雁《中国式扶贫进入第五阶段：主攻14片区，最难的是跨省协调》，《东方早报》2012年7月5日。
② 参见方青《2000—2014中央累计投入专项扶贫资金2966亿元》，2015年7月28日，中国发展门户网站（http://cn.chinagate.cn/news/2015-07/28/content_36164103.htm）。

2015年的5575万人。①

民族地区是中国的欠发达地区，是中国扶贫攻坚的主战场。中国政府在扶贫政策、项目资金上一直向民族地区倾斜。2006—2013年，中央财政投入民族八省区的扶贫资金从51.5亿元增加到166亿元，八年累计投入758.4亿元，占同期全国扶贫资金总投入的40.6%。②在各级政府与社会各界的大力支持下，在民族地区广大干部群众的艰苦努力下，民族地区农村经济全面发展、农村居民生存和温饱问题基本解决，贫困人口大幅减少。按照当年的贫困标准，民族八省区贫困人口从2000年的3144万人，减少到2014年的2205万人。但是，民族地区脱贫攻坚形势依然严峻。2014年末，民族八省区农村贫困人口占全国农村贫困人口的比重为31.4%，是其乡村人口占全国乡村人口比重的近两倍；民族八省区农村贫困发生率为14.7%，高于全国农村贫困发生率7.5个百分点。③ 农村贫困人口脱贫是民族地区全面建成小康社会的最大短板，也在很大程度上影响、制约着全国2020年实现全面建成小康社会的宏伟目标。因此，党的十八届五中全会从实现全面建成小康社会奋斗目标出发，明确到2020年要实现在中国现行标准下农村贫困人口全部脱贫，贫困县全部摘帽，并解决区域性整体贫困问题。

为了实现2020年使现行标准下的农村贫困人口全部脱贫，2015年11月，中央召开扶贫工作会议，会议要求包括民族八省区在内的多个省区立下军令状、签订脱贫攻坚责任书。2016年2月，中共中央办公厅、国务院办公厅印发了《省级党委和政府扶贫开发工作成效考核办法》（简称《考核办法》），主要用于考核包括民族八省区在内的中西部22个省、自治区、直辖市党委和政府扶贫开发工作的成效。

---

① 参见国家统计局《2015年国民经济和社会发展统计公报》（http://www.stats.gov.cn/tjsj/zxfb/201602/t20160229_1323991.html）。

② 参见国家民委民族政策理论研究室《中央民族工作会议精神学习辅导读本》，2015年6月1日，中华人民共和国民族事务委员会网站（http://www.seac.gov.cn/art/2015/6/1/art_143_228926_51.html）。

③ 参见国家统计局《中国统计年鉴2015》；国家民委经济发展司：《国家民委发布：2014年少数民族地区农村贫困监测结果》（http://www.seac.gov.cn/art/2015/4/15/art_31_225897.html）。本章根据这些文献的相关统计数据计算得出此处的数据。

第三章 民族地区农村扶贫开发绩效评价研究

《考核办法》公布了扶贫开发工作成效考核内容,并明确扶贫成效考核除了贫困人口数量、贫困群众收入等脱贫"硬指标"外,还包括一些群众认不认可、满不满意的"软指标"。《考核办法》还强调,考核指标的数据来源除了扶贫开发信息系统、全国农村贫困监测等"官方"数据外,还将适当引入第三方评估。第三方评估产生的"群众满意度",不仅意味着各项脱贫数据更加合乎实际、更加可靠,而且让贫困群体在脱贫成效考核中也拥有"发言权"。①

应该说,《考核办法》把群众满意度纳入考核指标之列,一方面可以有效避免"数字脱贫""被脱贫"现象;另一方面可根据贫困群体对扶贫政策的满意度进行分析,找出影响满意度的主要因素,适时调整扶贫措施,更好地实施精准扶贫,从而提高扶贫政策实施成效。关键的问题是,满意度并不是一个简单的调查统计数据,而是有丰富的内涵。只有深入和全面地把握这些内涵,才能更好地发挥满意度调查的扶贫绩效评估作用。本章正是这样一项研究的尝试,以关于民族地区农村扶贫开发满意度调查数据为依据,考察不同扶贫开发项目的目标人群满意度,分析它们的影响因素,构建满意度研究的学理性框架,从一个方面推进扶贫开发绩效满意度分析的精细化和精准化。

"成效"也就是"绩效"。绩效一词最早来源于人力资源管理,后扩展到公共服务等方面。OECD对绩效的界定是实施一项活动所获得的相对于目标的有效性,它不仅包括从事该项活动的效率、经济性和效力,还包括活动实施主体对预定活动过程的遵从度以及该项活动的公众满意程度。②

基于农户满意度的扶贫开发绩效评价,源于顾客满意度理论(Customer Satisfaction Index,CSI)。1985年,顾客满意度理论首先由美国学者正式提出,其后迅速在发达国家得到广泛应用,并被引入这些国家的政府绩效测评考核中。近年来,顾客满意度理论在中国公共品供给绩效评价研究领域中得到越来越广泛的应用,不少学者将这一

---

① 参见《22省份扶贫考核引第三方评估》,《北京晨报》2016年2月17日。
② Jack Diamond, "Performance Measurement and Evaluation", *OECD Working Papers*, 1994.

理论引入政府绩效评估研究之中。① 一些学者开始用顾客满意度理论评估政府扶贫开发绩效。

刘红梅基于云南贫困地区实施的一系列扶贫项目，从农户角度对扶贫项目的满意度进行了评价，并就构成满意度的指标因子进行了权重分析。其研究结果表明，农户对扶贫项目的透明度及参与程度的要求最高，且项目对贫困地区基础设施的改善和对当地宗教文化习俗的影响都比项目所带来的经济和环境影响更重要。② 张春霞通过对福建造福工程（异地搬迁扶贫工程）的调研，从农户满意度和搬迁意愿的视角，对造福工程实施效果进行了评价。该项研究发现，农户造福工程满意度综合评价分值为 2.594，处于"一般"水平。在她的调查中，有 44.25%的被调查者认为造福工程效果一般，还有 23.72%的人对造福工程不满意或很不满意。可见，造福工程在改善农户经济状况、完善公共政策等方面还有很大的提升空间。③

王宏杰、冯海峰、李东岳基于对湖北省松滋市 208 位农村居民的调查，考察了贫困地区农村人口对农业产业化扶贫政策的满意度。其分析结果显示，受教育年限和农业产业化扶贫政策对收入不平等程度改善的效果这两个因素，与松滋市农村贫困人口对农业产业化扶贫政策的满意度呈现显著的正向相关性。④ 另外，这三位学者还基于对湖北省松滋市 241 位享受到"雨露计划"转移培训政策扶持的农村居民的调查，考察了贫困地区农村人口对"雨露计划"转移培训扶贫政策的满意度。其研究结果显示，当地农村居民收入水平和"雨露计划"转移培训扶贫政策对收入不平等效果的改善这两个因素，与松滋

---

① 参见徐友浩、吴延兵《顾客满意度在政府绩效评估中的运用》，《天津大学学报》（社会科学版）2004 年第 4 期；曾莉《基于公众满意度导向的政府绩效评估》，《学术论坛》2006 年第 6 期；李燕凌、曾福生《农村公共品供给农民满意度及其影响因素分析》，《数量经济技术经济研究》2008 年第 8 期。

② 刘红梅：《影响云南农户对扶贫项目满意度的因子分析》，《昆明理工大学学报》（社会科学版）2010 年第 5 期。

③ 张春霞：《福建造福工程农户满意度及搬迁意愿研究——基于农户的视角》，博士学位论文，福建农林大学，2013 年 4 月。

④ 王宏杰、冯海峰、李东岳：《贫困地区农村人口对农业产业化扶贫政策的满意度分析——基于湖北省松滋市 208 位农村居民的调查》，《老区建设》2015 年第 8 期。

市农村贫困人口对该政策的满意度呈现显著的相关性。[1]

杨夏林基于对甘肃399户农户的调查,对农户参与贫困村互助资金试点项目的满意度进行了实证考察。他发现,农户入社后的收入变化、他们是否了解互助资金章程、资金占用费率、借款发放烦琐程度、贫困户认定、决策是否民主、财务是否透明、理事会监事会成员能力显著正向影响农户满意度;而农户经济特征显著负向影响其满意度,也就是说,农户收入水平越低,他们对试点项目的满意度越高;而户主年龄、户主文化程度和农户家庭人均收入等因素则无显著影响。[2]

从既有研究看,除了扶贫开发政策本身的效果之外,作为扶贫对象的个人特征、家庭状况以及经济、社会、文化背景等因素都影响着相关扶贫开发项目的满意度。这些经验发现,对于进一步理解和把握扶贫目标人群对扶贫开发项目绩效的满意度的丰富而复杂的内涵,提供了很好的借鉴。当然,我们还注意到,不同的因素对农户扶贫满意度的影响过程是不同的,有些直接影响扶贫满意度,有些则需要通过中间变量发挥作用。现有的很多研究一般将这些因素作为直接影响扶贫满意度的因素来分析,没有区分影响扶贫满意度的直接因素与间接因素,因而很难更加深入地考察不同因素对扶贫满意度的影响过程或机制。本章将基于已有研究对于扶贫开发项目的目标人群满意度影响因素的发现,结合初步的理论和方法论思考,构建深入分析满意度的影响因素及其实现机制的理论框架和模式。笔者将首先根据相关研究识别影响满意度的直接因素和间接因素,结合最优尺度分析和路径分析方法,建构一个路径分析模型;然后,利用中国社会科学院"21世纪初中国少数民族地区经济社会发展综合调查(2014年)"课题组的问卷调查数据,运用这一分析模型,考察民族地区农户对相关扶贫开发项目绩效的满意度并进行审读分析,一方面尝试从满意度角度对民族地区农村扶贫开发政策实施绩效进行评价研究,另一方面也对分

---

[1] 王宏杰、冯海峰、李东岳:《贫困地区农村人口对"雨露计划"转移培训扶贫政策的满意度分析——基于湖北省松滋市241位农村居民的调查》,《经济论坛》2015年第3期。

[2] 杨夏林:《农户参与贫困村互助资金试点项目满意度的实证分析——基于对甘肃399户农户的调查》,《农村金融研究》2014年4月。

析理论、方法和模型进行初步检验。

二 研究策略与数据来源

（一）研究策略

政府主导的扶贫开发，主要通过扶贫工程项目的实施带动贫困地区及贫困人口脱贫。扶贫项目主要有专项扶贫项目及综合扶贫开发项目。专项扶贫项目，主要包括整村推进、产业开发、异地搬迁、以工代赈、金融扶贫、技能培训与就业指导等扶贫项目。综合扶贫开发项目则是指政府主导、多部门、多行业协同，采用多种干预措施在解决贫困地区群众的吃、穿、住、行各方面问题的基础上发展基础设施、产业发展、科技、文化教育、社会保障、劳动就业等问题，以带动区域发展及脱贫的扶贫活动。[①]

根据笔者在民族地区进行田野调研时了解到的情况，国家在广大民族地区实施的扶贫开发政策，主要包括6个大类15个小类。

（1）移民搬迁工程。主要目的是通过把生态环境条件恶劣地区的农村居民搬迁到更适合人类生存发展的地方，来解决他们长期以来难以依靠本地和自身发展脱贫的问题。

（2）教育扶贫工程。主要目的是实质性提高民族地区农村贫困人口的受教育水平和素质，增强他们参与市场和获得更好发展机会的能力。具体包括"两免一补"政策、资助儿童入学和扫盲教育项目以及教育扶贫项目。

（3）扶贫培训工程。主要目的是通过技术培训提高贫困农户家庭劳动力的技能素质和技术水平，增强他们在劳动力市场的竞争能力和创业能力，以及为相关技术推广创造有利条件，从而帮助贫困农村居民家庭走出贫困。具体包括扶贫培训项目、技术推广及培训项目评价。

（4）产业扶贫工程。主要目的是通过帮助贫困地区和贫困农户发

---

① 参见国家统计局住户调查办公室《中国农村贫困监测报告（2011）》，中国统计出版社2011年版。

展适合当地的产业项目，发展贫困地区和贫困农户经济，从而实现脱贫。具体包括扶贫工程生产项目、种植业、养殖业、林业扶贫金、退耕还林、还草补助工程、基本农田建设工程等项目。

（5）基础设施扶贫工程。主要目的是改善贫困地区基础设施状况，为贫困地区经济社会发展提供良好的基础条件。具体包括道路修建和改扩工程、电力设施建设工程、"村村通"工程（广播电视、道路、通信网络）。

（6）卫生健康扶贫工程。旨在通过开展系列化公益服务项目，推动中国基层及农村贫困地区的医疗卫生保健事业，缩小城乡居民的健康差距，改善弱势人群的生存质量，彰显"人人健康"的社会公平与公正，逐步消除因病致贫与因病返贫。具体包括卫生设施建设项目和人畜引水工程。

如上所述，本章的主要分析方法是路径分析。扶贫工作满意度评价研究的主要目的，从本质上说，就是要了解不同的人群对扶贫开发工作的满意度评价以及他们的满意度评价差异背后的成因，所谓"不同人群"，归根结底是根据他们的各种相关的人口和社会特征来界定的，这些人口和社会特征就成为要引入分析的主要自变量，在路径分析中也叫初始变量。满意度评价主体（被访者）对扶贫开发工作的总体满意度评价，则是我们要研究的"因变量"。这种总体评价一般是基于评价主体对扶贫开发工作的总体印象，但同时也会通过他们对各项具体工程的评价（或印象）而影响他们的总体满意度评价，被访者对各大工程项目的满意度评价就成为所谓的中间变量的理由所在。这样一种机理表明，采用路径分析方法是合适的。

运用这一方法，首先要识别和提炼相关自变量（初始变量），并根据理论和实践的逻辑确定不同变量之间的关系。根据已有的研究，以及运用定量数据进行初步观察，笔者发现，满意度评价主体所在的区域，他们的年龄、性别和健康状况，他们的受教育程度、民族身份、政治面貌和职业状况，以及他们家庭的人口规模和人均收入状况，构成对他们的扶贫开发工作总体满意度评价的初始变量。同时，这些初始变量还会通过对他们关于各项扶贫开发工程的满意度评价的影响来间接影响他们的总体满意度评价，后者也就是上述中间变量。

中国民族地区全面小康社会建设研究

受有关研究启发,① 笔者把民族地区农村居民对移民搬迁工程、教育扶贫工程、扶贫培训工程、产业扶贫工程、基础设施扶贫工程、卫生健康扶贫工程这六个大类工程的满意度评价作为中间变量。由此,构建总体分析框架如图3—1所示。

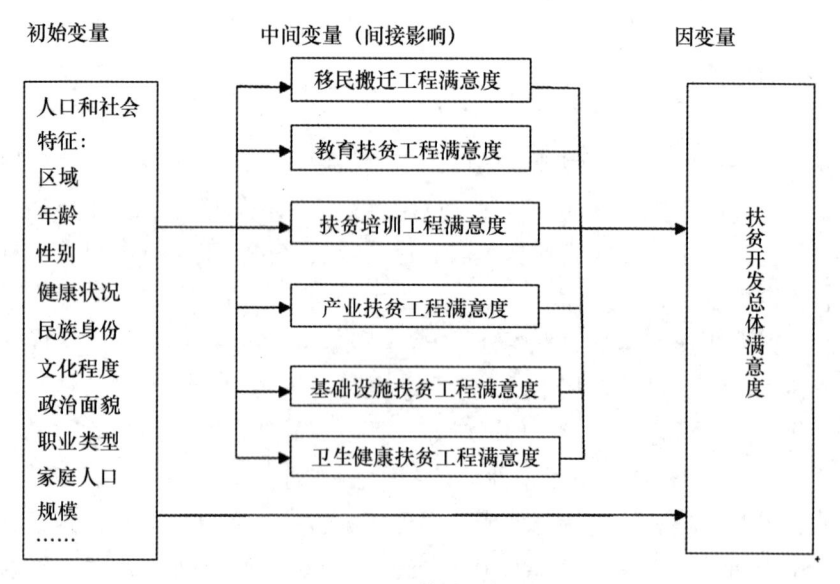

图3—1 总体分析框架

在本章中,因变量原本是一个分类变量,在实际调查中设置的测量尺度为两级测量,即不满意与满意两个尺度,另外附加一个"不好说"的选项。在实际分析时,选择"不好说"这一答案的样本被舍弃,然后按照最优尺度回归模型的要求,对答案直接赋值,即对"不满意"赋值1,对"满意"赋值2。调查对中间变量的测量采用五级测量尺度,即很不满意、不满意、一般、满意、很满意,按照1—5分给这五级测量尺度赋值,即"很不满意"的赋值为1,"很满意"的赋值为5。对六个中间变量的测量,除了移民搬迁工程满意度外,

---

① 参见王延中、江翠萍《农村居民医疗服务满意度影响因素分析》,《中国农村观察》2010年第4期;徐礼来、闫祯、崔胜辉《在城市生活垃圾产量影响因素研究的路径分析——以厦门市为例》,《环境科学学报》2013年第4期。

其余均通过对一系列次级工程或项目的满意度测量的综合得分形成。其中，教育扶贫工程评价由义务教育"两免一补"政策、资助儿童入学和扫盲教育项目、教育扶贫工程的评价构成；扶贫培训工程评价由扶贫培训工程、技术推广及培训工程的评价构成；产业扶贫工程评价由扶贫工程生产项目、种植业、养殖业、林业扶贫金、退耕还林、还草补助工程、基本农田建设工程的评价构成；基础设施扶贫工程评价由道路修建和改扩工程、电力设施建设工程、"村村通"工程（广播电视、道路、通信网络）的评价构成；卫生健康扶贫工程评价由卫生设施建设项目、人畜引水工程的评价构成。初始变量主要是被访者的个人社会、人口特征变量、家庭特征等，包括被调查者的年龄、性别、民族、文化程度、政治面貌、职业；家庭规模、家庭收入水平（收入按贫困与非贫困分类，并分别赋值1、2）；家庭所处地域（分为西部民族县、中部民族县、东部民族县，按1—3分赋值）。

基于本章中因变量、初始变量、中间变量中有一些是分类变量（如职业）、无序多分类变量（如民族），结合研究的问题与实际变量类型，本章采用最优尺度回归（optimal scaling regression）模型进行分析。最优尺度回归分析专门用于解决在统计建模时对分类变量进行量化分析的问题，其基本思路是基于希望拟合的模型框架，分析分类变量各级别对因变量影响的强弱情况，采用一定的非线性变换方法进行反复迭代，从而为原始分类变量的每一个类别找到最佳的量化评分，然后使用量化评分代替原变量进行回归分析，并拟合一个最佳方程。[①]

（二）数据来源

本章所使用的微观数据来自国家社科基金特别委托项目暨中国社会科学院创新工程重大专项"21世纪初中国少数民族地区经济社会发展综合调查"于2014年在内蒙古、吉林、浙江、湖北、广西、四川、西藏、青海、宁夏和新疆10个省区的18个市县进行的城乡问卷

[①] 参见张文彤、钟云飞编《IBM SPSS 数据分析与挖掘实战案例精粹》，清华大学出版社2013年版；卢子敏《浙江省养老机构服务人员工作满意度影响因素的最优尺度回归》，《经济师》2015年第2期。

调查（简称"2014年'民族地区大调查'"）。本次调查由中国社会科学院民族学与人类学研究所主持，通过与新疆师范大学、中央民族大学等单位合作，以民族学和社会学专业研究生、本科生为主组建专业调查队开展城乡居民入户调查，调查对象采用分层随机抽样方法产生。在18个调查市县内，参照城乡不同经济发展状况（高、中、低）和民族人口分布状况，分别选取调查的城镇社区和乡村社区，根据当地的城镇化率确定被调查住户的城乡划分，在确定的社区或行政村层面对住户进行随机等距抽样选定具体样本，总计开展400—500份的入户问卷调查。调查问卷内容包括了经济发展、社会事业、民族文化、民族政策、民族关系、社会安全与社会和谐等方面，共获得7341户城乡居民家庭的受访信息。本章只采用其中的农业户口样本。由于本调查没有采取在全国所有民族地区范围内随机抽样的方式，所以，研究结果并不能推论民族地区总体，但希望能在一定程度上说明民族地区农村扶贫开发绩效的情况。

三 扶贫开发工程绩效满意度评价影响因素统计分析结果

（一）描述统计分析

1. 农村居民对扶贫政策实施绩效的整体满意度评价

从调查结果来看，民族地区农村居民对当前参与过的扶贫政策的整体效果满意度还不太高。具体而言，在4316位回答了满意情况的被访者中，表示"满意"的占60.8%，表示"不满意"的占10.6%，表示"不清楚"的占28.6%。也就是说，六成的被访者明确表示对其参与过的扶贫政策或扶贫活动的整体效果表示满意，约四成的被访者持不满意或不清楚的态度。

2. 初始变量统计描述

表3—1报告的是初始变量的统计描述。由表3—1可知，在5018位农业户口被访者中（含以前为农业户口的居民户），84.7%的人位于西部的民族县，以30—59岁的中年人为主；男性比女性多12.2个百分点；少数民族比汉族多53.6个百分点；不健康的占一成多；中

共党员占了14.1%；接近六成的被访者学历为小学至初中；接近一半的人主要从事农业生产；接近七成的被访者家庭人口为4人及以上。所有被调查户，基于调查时他们所报告的收入水平和当年农村贫困线，被划分为贫困户与非贫困户两类，其中贫困户所占比重略超1/5。

表3—1　　　　　　　　初始变量的统计描述

变量		赋值	频数（位）	百分比（%）
区域	西部民族县	1	4251	84.7
	中部民族县	2	431	8.6
	东部民族县	3	336	6.7
年龄分组	16—29岁	1	750	15.0
	30—39岁	2	1034	20.7
	40—49岁	3	1322	26.5
	50—59岁	4	1007	20.2
	60岁及以上	5	884	17.7
性别	女性	1	2199	43.9
	男性	2	2805	56.1
民族	少数民族	1	3855	76.8
	汉族	2	1163	23.2
健康状况	不健康	1	579	11.6
	一般	2	1318	26.5
	健康	3	3084	61.9
政治面貌	非中共党员	1	4293	85.9
	中共党员	2	704	14.1
教育程度	未上学	1	1207	24.1
	小学至初中	2	2980	59.5
	高中	3	544	10.9
	大学及以上	4	277	5.5

续表

变量		赋值	频数（位）	百分比（%）
主要职业	家务劳动等其他	1	711	15.5
	只是务农	2	2172	47.3
	兼业	3	911	19.8
	只从事非农工作	4	801	17.4
家庭规模	1人户	1	141	2.9
	2人户	2	537	10.9
	3人户	3	865	17.6
	4人及以上户	4	3379	68.7
收入状况	贫困户	1	822	20.7
	非贫困户	2	3153	79.3

注：本表中，由于部分变量存在缺失值，各变量的样本之和有可能不相等且不一定等于有效样本数（5018位）。以下各表中均存在这个问题。本章保留了有缺失值的个案记录，并在最优尺度回归中将缺失值样本纳入回归模型中。

3. 中间变量的统计描述

如上所述，在民族地区，笔者在调查中发现大体有15类扶贫开发工程或项目，这些工程和项目按性质可以被归纳为六个大类。首先描述被访者对15类具体工程或项目的绩效的满意度评价情况（见表3—2）。

总的来说，被访者对各项具体工程或项目的实施绩效的满意度都比较高。在15类工程中，平均评价得分最低的为3.65分（退耕还林、还草补助工程），考虑到最高评分（亦即满分）是5分，3.65分相当于满分的73%，也就是说，按百分制换算，退耕还林、还草补助工程的满意度评价得分为73分。平均评价得分最高的为4.22分（"两免一补"政策），同样，按百分制换算，"两免一补"政策的满意度评价水平达到84.4分，可以说是良好了。在全部15类工程中，按满意度评价平均得分排序，位列前五的工程项目为"两免一补"政策、"村村通"工程（广播电视、道路、通信网络）、教育扶贫项目、资助儿童入学和扫盲教育项目以及道路修建和改扩建工程；而排在后五位的项目包括技术推广及培训项目、人畜饮水工程、扶贫培训项目、移民搬迁工程以及退耕还林、还草补助工程。观察表3—2，有两个趋势值得注意。一是具有普惠性的工程项目获得的满意度评价相对更高，如位列第1的"两免一补"政策和排第2的"村村通"工程等，满意度评价的平均得分超过4分（按百分制换算超过80分），另外，儿童入学资助和扫盲教育项目、道路修建和改扩建项目也具有较强的普惠性，因而它们的满意度评价得分也相对较高。这些项目一方面确实直接帮助贫困人口（例如，通过以工代赈的方式使贫困农户劳动力获得收入），另一方面一旦实施也能使工程所在地区的几乎所有人都得益（表明它们具有很强的多重正外部性）。二是满意度评价平均得分排位相对较低的扶贫开发项目，或者表示很不满意、不满意的被访者比重较高，如被访者中对排在第10位以后的几项工程或项目的实施绩效表示不满意或很不满意的人所占比重大都超过了10%，最高达到17.4%（人畜饮水工程）；或者感到一般的被访者所占比重较高，如被访者中表示感觉其绩效"一般"的人所占比例超过20%的工程或项目的平均得分，都排在了后五位。

表3—2　　　　　　16类工程实施绩效满意度评估分布

工程	很不满意（%）	不满意（%）	一般（%）	满意（%）	非常满意（%）	平均得分（分）	得分排序	样本（个）
移民搬迁工程	0.9	9.1	24.6	49.5	16.0	3.71	13	1225
"两免一补"政策	0.1	3.1	5.6	56.3	34.8	4.22	1	3500
资助儿童入学和扫盲教育项目	0.7	6.0	15.0	59.6	18.8	3.90	4	1637
教育扶贫项目	0.6	6.9	9.7	58.0	25.0	4.00	3	2007
扶贫培训项目	1.0	9.9	23.7	47.6	17.8	3.71	13	1218
技术推广及培训项目	0.8	8.8	21.1	55.0	14.4	3.73	11	1515
扶贫工程生产项目	0.8	8.9	16.4	57.4	16.5	3.80	9	1879

续表

工程	很不满意(%)	不满意(%)	一般(%)	满意(%)	非常满意(%)	平均得分(分)	得分排序	样本(个)
种植业、养殖业、林业扶贫金	0.8	10.1	18.6	55.2	15.4	3.74	10	1308
基本农田建设工程	0.7	9.4	10.7	61.4	17.8	3.86	7	1774
退耕还林、还草补助工程	2.3	13.1	16.3	54.7	13.7	3.65	15	1868
道路修建和改扩建工程	1.2	11.9	4.9	60.0	22.0	3.90	4	3393
电力设施建设工程	1.8	12.0	5.1	63.7	17.5	3.83	8	2718
"村村通"工程	0.5	6.9	4.1	59.3	29.3	4.10	2	3248
卫生设施建设项目	1.5	10.9	6.3	62.2	19.2	3.87	6	2328
人畜饮水工程	4.3	13.1	6.5	57.7	18.4	3.73	11	2613

在运用前文提出的分析框架时，笔者提到的作为所谓中间变量的扶贫工程或项目是六大项。除了其中的移民搬迁工程在笔者所使用的调查数据中有直接的绩效满意度评价外，其余五大项都没有直接的评价数据。在变量数据整理过程中，笔者采用了合并同类项的方法，即把属于其余五大类工程或项目的具体工程或项目分别合并为一个相应的大项，形成一个新的变量，新变量的数值，是各大项之下的具体工程项目绩效满意度评分的均值。从表3—2可以看到，不同的具体工程或项目的满意度评价参与者数是不同的，这意味着同一个被访者对其中一些工程或项目进行了满意度评价，对另一些项目没有做出满意度评价，在数据库中存在缺失值。如何处理缺失值是一个非常复杂的问题。为了保证有足够的样本进入统计分析模型，本章采取了简单的处理办法，即对每一个样本，在构建新变量时，只考虑有满意度评分的具体工程或项目的得分，其中隐含的做法（假设）是，将其中的缺失值视为这些得分的均值。新建变量（亦即所谓中间变量）的简单统计描述结果，见表3—3。

第三章 民族地区农村扶贫开发绩效评价研究

表3—3　　　　　　　　中间变量统计描述

	最小值	最大值	综合均值	按百分制换算的综合得分	综合排序
移民搬迁工程	1	5	3.71	74.2	6
教育扶贫工程	1	5	3.84	76.8	2
扶贫培训工程	1	5	3.75	75.0	5
产业扶贫工程	1	5	3.76	75.2	4
基础设施扶贫工程	1	5	3.96	79.2	1
卫生健康扶贫工程	1	5	3.81	76.2	3

总的来看，经过综合处理之后，六大类工程或项目绩效的被访者满意度评价的差异不是很大，最高的综合得分均值比最低的综合得分均值仅高出6.7%。按百分制换算的综合得分，在74分到80分之间，接近良好的水平。从排序来看，仍然是本身的普惠性程度越高的项目，获得的满意度评价位序越高。

（二）基于中间变量的农村扶贫开发工程总体满意度回归分析

按照研究策略，首先基于中间变量对扶贫开发工程总体满意度评价结果进行多元回归分析，模型的解释程度为22.7%（见表3—4），具有比较良好的拟合优度。分析结果表明，教育扶贫工程、基础设施扶贫工程、卫生健康扶贫工程评价没有通过显著性检验。[①] 移民搬迁工程满意度评价、扶贫培训工程满意度评价和产业扶贫工程满意度评价均通过了显著性检验，其中，影响最大的是扶贫培训工程满意度评

---

① 基础设施扶贫工程、教育扶贫工程、卫生健康扶贫工程对扶贫开发总体满意度评价的影响没有通过显著性检验，并不表示基础设施扶贫工程、教育扶贫工程、卫生健康扶贫工程不重要，而仅仅表示其对扶贫工程总体满意度评价分布没有产生具有统计显著性的影响。其原因可能是基础设施扶贫工程、教育扶贫工程、卫生健康扶贫工程均具有一定普惠性，受益的不仅仅是贫困户，贫困地区农村居民均普遍受益，因此其参与度与满意度均比较高，其对扶贫开发总体满意度评价的分布差异的影响就不显著了。

价,其标准化回归系数为0.316;其次是产业扶贫工程满意度评价,其标准化回归系数为0.164;最后是移民搬迁工程满意度评价,其标准化回归系数是0.039。因此,在后面的路径分析中,不再将教育扶贫工程、基础设施扶贫工程、卫生健康扶贫工程评价纳入回归模型中。

表3—4 中间变量对扶贫开发满意度的多元回归分析

	非标准化系数	标准化系数
移民搬迁工程	0.019 *	0.039 *
教育扶贫工程	0.005	0.010
扶贫培训工程	0.158 ***	0.316 ***
产业扶贫工程	0.097 ***	0.164 ***
基础设施扶贫工程	0.038	0.062
卫生健康扶贫工程	0.003	0.006
常数项	0.817 ***	
F	20.384	
R^2	0.20	

注:***、**、*分别表示0.001、0.01和0.05的显著性水平。

(三) 初始变量对中间变量和因变量影响的多元回归分析

如上所述,本章所采用的多元回归方法是最优尺度回归分析。表3—5报告的是初始变量对中间变量和因变量影响的多元回归分析。可以看到,4个回归模型均具有较好的拟合优度。初始变量对几个中间变量的解释程度都在13%以上;初始变量直接对因变量的解释程度为15.5%,明显低于中间变量对因变量的解释程度。这表明,直接用初始变量解释因变量存在一定的缺陷,初始变量主要是通过中间变量来影响因变量的。因此,前面的预设总体分析框架是合理的。

表 3—5　　　初始变量对中间变量和因变量影响的
多元回归分析（标准化回归系数）

	中间变量			因变量
	移民搬迁工程满意度评价	扶贫培训工程满意度评价	产业扶贫工程满意度评价	扶贫开发工程总体满意度
区域	-0.132***	0.161***	-0.122***	-0.049***
年龄	0.069	-0.073***	-0.055***	0.097***
性别	-0.047	0.034***	0.055	-0.023
民族	-0.094***	-0.004	0.039	-0.068***
健康状况	0.064	0.044***	-0.007	0.046***
政治面貌	0.016***	0.081	-0.057***	0.048***
教育程度	-0.082***	0.065	0.114***	0.053***
主要职业	-0.077***	0.047***	-0.067***	0.031***
家庭人口规模	-0.144***	-0.116***	-0.141***	-0.119***
家庭收入状况	-0.087***	-0.106***	-0.144***	-0.075***
F	15.224	15.266	18.856	11.113
R^2	0.176	0.176	0.194	0.155

注：＊＊＊、＊＊、＊分别表示 0.001、0.01 和 0.05 的显著性水平。

从表 3—5 的结果来看，区域因素在四个模型中都有统计上显著的影响，但对移民搬迁工程、产业扶贫工程以及扶贫开发工程总体满意度评价的影响是负向的，也就是说，随着地区经济社会发展水平的提升，被访者在这几个方面的满意度评价趋于降低；唯有对于扶贫培训工程满意度评价的影响是正向的，表明经济社会发展水平越高的地区的被访者（包括贫困人口和非贫困人口）越发青睐此类项目，也就是说，在这样的地区，授之以鱼不如授之以渔的意义更加凸显。反过来，在经济社会发展水平相对较低的地区，移民搬迁和产业开发式扶贫的意义更加突出一些。另外，区域因素对扶贫开发工程总体满意度评价的影响也是负向的，表明在经济社会发展水平相对较低的地区，扶贫开发工程的作用相对更加显著。年龄因素对移民搬迁工程满意度评价不具有统计上显著的影响，对其他三项满意度评价则具有统计显著的影响，但在扶贫培训工程以及产业扶贫工程方面的影响却是负向的。这也不难理解，年轻人比年龄较大的人更容易从扶贫培训和产业开发中获益。性别因素仅仅在扶贫培训工程满意度评价上有正向影响，也就是说，相对于女性被访者，男性被访者对这类工程更加满意。民族因素在移民搬迁和总体满意度评价上有负向影响，也就是说，相对于少数民族被访者，汉族被访者在这两个方面的满意度评价相对低一些，其中原因可能在于，汉族被访者较多地来自生态环境条件较好、经济社会发展水平较高的地区。健康因素同样在扶贫培训以及总体满意度评价两个方面有统计上显著的正向影响，这可能意味着，现有的扶贫工程或项目的实施对健康状况较好的人有更多积极的意义。政治面貌因素在四个模型中都有统计上显著的影响，并且除了在产业扶贫工程满意度评价方面的影响是负向的外，在其他三个方面的影响均为正向，也就是说，中共党员的态度更加积极，这究竟是因为他们在扶贫工程中更能获得益处还是因为他们作为党员对国家的扶贫政策更加拥护的政治考量，还需要进一步的研究。教育程度在四个方面都有统计显著的影响，但在移民搬迁工程满意度评价方面的影响是负向的。从具体实施的工程来说，移民搬迁对受教育程度高的被访者的意义显然不如对受教育程度低的被访者的意义大，与此同时，扶贫培训工程、产业扶贫工程对受教育程度越高的人意义越大，他们能够从中获得更多的帮助。职业状况在四个方面都有统计显著影响，其中，在移民搬迁工程、产业扶贫工程满意度评价方面的影响是负向的，这是因为，移民搬迁工程和产业扶贫工程更多地集中在农业产业领域，对于兼业被访者和非农就业被访者来说相关性会降低；相反，扶贫培训往往也包含有非农就业相关技术，因而对兼业人员和非农就业人员有积极作用。家庭人口规模对四个方面的满意度评价的影响都是显著的，并且都是负向的，表明现有这些扶贫工程还不能很好地满足家庭人口规模较大的农户的相关需要。但是，从家庭人均收入状况的影响来看，如果被访农户真正属于贫困户，则他们的满意度评价会更高一些，这也表明，总体上现有的民族地区农村扶贫开发工程起到了较好的扶贫作用。

(四)扶贫开发总体满意度评价影响因素的路径分析

在这里,笔者将利用路径分析方法分析初始变量和中间变量对扶贫开发总体满意度的总影响。表3—6报告的是自变量对于因变量的影响过程。其中,间接影响=自变量对各个中间变量的标准化回归系数×该中间变量对因变量的标准化回归系数;总影响=间接影响+直接影响。也就是说,表3—6的结果是基于表3—4和表3—5而产生的。另外,根据表3—5,显著性水平大于5%的标准化回归系数未纳入表3—6中。

表3—6　　基于初始变量和中间变量的扶贫开发总体满意度影响因素路径分析

	间接影响			直接影响	总影响
	移民搬迁工程满意度评价	技术推广、培训扶贫工程满意度评价	产业扶贫工程满意度评价		
区域	−0.0051	0.0509	−0.0200	−0.0490	−0.0233
年龄	—	−0.0231	−0.0090	0.0970	0.0649
性别	—	0.0107	—	—	0.0107
民族	−0.0037	—	—	−0.0680	−0.0717
健康状况	—	0.0139	—	0.0460	0.0599
政治面貌	0.0006	0.0256	−0.0093	0.0480	0.0649
教育程度	0.0059	0.0205	0.0187	0.0530	0.0981
主要职业	−0.0026	0.0149	−0.0110	0.0310	0.0323
家庭人口规模	−0.0203	−0.0367	−0.0231	−0.1190	−0.1991
家庭收入状况	−0.0161	−0.0335	−0.0236	−0.0750	−0.1482

路径分析的结果表明,对扶贫开发满意度评价的总影响最大(根据路径系数的绝对值)的初始变量是家庭人口规模,其次是家庭收入状况,再次为教育程度;性别、区域和主要职业的总影响相对较小。下面做进一步的解释。

作为初始变量的区域因素加上三大类工程满意度评价,对扶贫开发工程总体满意度评价产生了负向的总影响,其中,区域因素的直接影响做出了最大的贡献;而在其间接影响中,通过扶贫培训工程满意度评价产生的影响是唯一正向的影响。综合来说,移民搬迁工程和产业扶贫工程更有利于西部地区民族县农村住户(包括贫困户,下同),而扶贫培训工程则更受东部地区民族县农村住户的欢迎。

年龄因素除了不存在通过移民搬迁工程满意度评价而对扶贫开发总体满意度评价产生显著影响之外,通过其余两大类工程对总体满意度评价产生了显著的负向间接影响,但是,该因素对总体满意度评价的显著正向直接影响则要大很多,也就是说,年龄较大的被访者总体上对整个扶贫开发工作更加满意。要进一步提升民族地区农村居民对扶贫开发工作的满意度,需要增强扶贫培训工程和产业扶贫工程对年龄较大人群尤其是贫困人群的可及性和帮助。

性别因素对扶贫开发总体满意度评价没有显著的直接影响,并且只是通过扶贫培训工程满意度评价而产生不算很大的间接影响。由此可见,要消除性别因素的影响,关键在于增强扶贫培训工程对于女性的助益,这样也有助于进一步提高民族地区农村居民对扶贫开发工程的总体满意度。

民族因素既通过移民搬迁工程对扶贫开发工作总体满意度评价产生间接影响,也对后者有着直接影响,而且其直接影响远远大于其间接影响。其直接影响和间接影响都是负向的。也就是说,民族地区农村少数民族对扶贫工程的总体满意度评价明显高于汉族居民的满意度评价。总体上说,在民族地区农村,少数民族居民比汉族居民更加贫困一些,[1] 因此,一些扶贫项目会更多地向少数民族倾斜,少数民族受益也会更多,满意度评价也就更高。这种民族差异,恐怕是难以消除的,并且也不需要特意去消除这种差异,毕竟扶贫工程的帮助对象就是贫困人群。

健康状况因素对扶贫开发工作总体满意度评价存在直接显著正向

---

[1] 参见丁赛《农村汉族和少数民族收入差异的经验分析》,《中国劳动经济学》2006年第4期;刘小珉《民族视角下的民族地区农村贫困问题比较研究——以广西、贵州、湖南为例》,《民族研究》2013年第4期。

影响，同时也仅仅通过扶贫培训工程产生间接显著正向影响。也就是说，健康状况好的被访者的满意度平均总体高于健康状况差的被访者的满意度评价。要消除这种差异，关键在于扶贫开发工程还要更多地考虑健康状况相对较差的人群的需要，给他们提供可及的帮助。

政治面貌因素既通过三大类工程对总体满意度评价产生间接影响，自身也有直接影响。其中，只有通过产业扶贫工程产生的间接影响是负向的，其他间接影响和直接影响都是正向的，并且由此使得总影响也是正向的。总的来说，中共党员的满意度评价更加积极一些，这特别体现在其直接影响和通过扶贫培训工程满意度评价而产生的间接影响上。其背后的原因，如上所述，还待进一步研究。

教育程度因素对被访者的扶贫开发工作满意度评价，既具有显著的直接正向影响，也具有显著的间接正向影响。这表明，被访者的受教育程度越高，其对扶贫开发工作总体满意度评价的影响就越大。可以说，在各项扶贫开发工程或项目的实施过程中，受教育程度较高的可能处于更加有利的地位，或者他们对扶贫工作的理解和认知更多一些。

职业因素的直接影响和通过扶贫培训工程满意度评价产生的间接影响显著并且是正向的，而通过移民搬迁工程与产业扶贫工程满意度评价产生的间接影响也是显著的但方向为负，其总影响则是正向的。这再次表明，移民搬迁和产业扶贫工程对从事家务劳动和务农的被访者的帮助更大，而扶贫培训工程和产业扶贫工程对兼业被访者和非农就业被访者的帮助更大。这种差异在实际工作中可能很难消除，把各种不同目标人群指向的扶贫工程做好、做到位，都可以提高他们对扶贫工作的总体满意度评价。

家庭人口规模因素对被访者的扶贫工作总体满意度评价的直接影响和间接影响都是显著的，并且其影响都是负向的。因此，总的来说，被访者家庭人口规模越大，他们对扶贫工作的总体满意度评价就越低。考虑到民族地区农村贫困户的家庭人口规模往往较大，他们对扶贫帮助的需求也会更大，在扶贫助益总量一定的情况下，家庭人口规模较大的农户的人均获益便可能低于他们的预期。另外，家庭人口规模较大的农户往往面临劳动力抚养系数较大的压力，一些针对劳动年龄人口的扶贫工程或项目对此类农户的有效帮助会小于对家庭劳动力抚养系数较小的农户的有效帮助。

家庭收入状况因素对扶贫工作总体满意度评价的直接影响和间接影响都是显著的,并且是负向的。也就是说,民族地区农村非贫困农户对扶贫工作的总体满意度评价普遍低于贫困农户的总体满意度评价。这是可以理解的。惜乎我们所使用的调查数据未能区分被访者是否实际参与各项扶贫工程,也未能区分非贫困被访者是否通过扶贫工程的帮助而得以跻身非贫困户之列,因此难以进一步深入分析这些直接影响和间接影响的具体根由。

四 结论、讨论与建议

本章使用2014年"民族地区大调查"的农村居民家庭调查资料,运用路径分析法对当前民族地区农村居民的扶贫开发工作总体满意度评价的影响因素进行了定量分析。这一研究,也是对中央提出精准扶贫理念和新近发出的《省级党委和政府扶贫开发工作成效考核办法》关于把"满意度"作为"软指标"纳入考核指标体系的要求的一个学术响应。

总的来看,民族地区农村居民的扶贫开发满意度评价还不太高,也就是说扶贫开发绩效还有待提高。对于各项具体扶贫工程或项目的满意度评价,按百分制换算的平均得分超过80分的并不多见,大多数都只有70多分;而在归纳合并为六个大项的工程或项目之后,没有一个大项的百分制换算平均得分达到80分的水平。对于扶贫开发工作的总体满意度评价,在全部被访者中,表示"满意"的人所占比重只有60.8%,可以说是刚刚及格。运用路径分析模型考察扶贫工作总体满意度评价的影响因素的结果表明,所有纳入分析模型的"初始变量",即被访者的主要人口和社会特征因素,都对扶贫工作总体满意度评价产生了显著的直接影响,并且通过六大扶贫工程或项目的全部或部分对扶贫工作总体满意度评价产生了间接影响,从直接影响和间接影响之和所构成的总影响来看,绝对值最大的初始变量是家庭人口规模,其次是年龄,再次是家庭收入状况。这些结果与我们的日常观察是比较一致的,并且很好地诠释了这些因素影响扶贫工作总体满意度评价的方式和机理。

本研究的若干结果,具有比较明确的政策含义。习近平总书记2013年11月在湖南湘西考察时提出了"精准扶贫"战略。他表示,"扶贫要实事求是,因地制宜。要精准扶贫,切忌喊口号,也不要定好高骛远的目标"。① 习近平总书记还指出:"抓扶贫开发,既要整体联动、有共性的要求和措施,又要突出重点、加强对特困村和特困户的帮扶。"② 因此,"精准扶贫是解决扶贫开发工作中底数不清、目标不准、效果不佳等问题的重要途径。在实际工作中,应对贫困村、贫困户进行精准化识别、针对性扶持、动态化管理,扶真贫、真扶贫"。③ 从更好地落实习近平总书记关于精准扶贫的精神出发,要进一步提高扶贫工作的社会满意度评价水平,需要针对不同人群的需要和他们的人口、社会特征,更加精细和精准地设计扶贫工程或项目并提高其实施绩效。

(1)要进一步做好各种既具有直接扶贫效果又能产生普惠性影响的基础性扶贫工程或项目(包括基础设施扶贫工程、教育扶贫工程、卫生健康扶贫工程)。人们对这些项目的满意度评价相对较高,内部差异较小(以致其对扶贫工作总体满意度评价分布没有产生具有统计显著性的影响)。值得一提的是,2016年4月20日,国务院召开常务会议部署开展交通基础设施扶贫。4月27日召开国务院常务会议,确定加快中西部教育发展的措施。目前,从中央到地方,正在合力推动贫困地区包括基础设施、教育、卫生在内的公共服务水平的提高,增强贫困地区脱贫致富能力,为2020年贫困人口全部脱贫、贫困县全部摘帽,并解决区域性整体贫困夯实基础。

---

① 《习近平赴湘西调研扶贫攻坚》,2013年11月3日,新华网(http://news.xinhua-net.com/politics/2013-11/03/c_117984236.htm)。

② 《习近平在湖南考察时强调:深化改革开放推进创新驱动 实现全年经济社会发展目标》,2013年11月5日,央视网(http://news.cntv.cn/2013/11/05/ARTI1383649079486805.shtml)。

③ 刘永富:《打赢全面建成小康社会的扶贫攻坚战——深入学习贯彻习近平同志关于扶贫开发的重要讲话精神》,《人民日报》2014年4月9日。

中国民族地区全面小康社会建设研究

（2）要针对年龄较大贫困人群，设计对他们具有更大可及性和助益性的扶贫工程或项目，使得他们中的贫困群体能够更加容易地从这样的工程或项目中获得实际的有助于他们脱贫的好处，从而消除年龄差异对扶贫工作总体满意度评价的各种影响。

（3）扶贫工程或项目的设计和实施，要融入社会性别视角。现有的一些扶贫工程或项目，对民族地区农村的贫困妇女来说，可能存在可及性问题或帮助她们脱贫的效果不够理想的问题。解决好这样的问题，必将有助于消除扶贫工作总体满意度评价的性别差异，从而提高总体满意度评价。

（4）扶贫工程或项目的设计和实施，要增强对于受教育程度较低目标人群的针对性。对于他们来说，对知识和技能储备以及理解能力的要求较高的项目或工程，存在着明显的可及性问题。他们的主要优势是他们的体力和吃苦耐劳精神。应当设计实施与他们具有的优势相适应的扶贫工程或项目，从而在帮助他们脱贫的过程中产生立竿见影的效果。

（5）扶贫工程或项目的设计和实施，要更多地关注在健康状况方面面临难题的目标人群。不仅要帮助他们改善健康状况，还要提供对于他们来说是力所能及的工程或项目，保证他们也能从扶贫工作中直接获益。这样可以缩小健康状况差异对总体满意度评价的影响。

（6）在设计和实施扶贫工程或项目时，要对家庭人口规模较大的农户给予充分的关注。这样的家庭往往有着较高的劳动力抚养系数，一些主要针对贫困农户劳动年龄人口的扶贫工程或项目，可能使这样的贫困农户处于相对劣势的境地，使得他们从中获得的有效帮助低于工程项目的预期或他们自己的预期，从而降低他们对扶贫工作的总体满意度评价。

第四章　民族地区汉族与少数民族城乡贫困的比较

民族地区是贫困人口最多、贫困面积最大、贫困发生率最高的地区。2011年，民族八省区的农村贫困发生率是26.5%，高出全国12.7%的农村贫困发生率近14个百分点，是2006年至今的差距最高值[1]。2012年和2013年数据显示，民族八省区的农村贫困发生率同全国农村平均水平之差从10.9个百分点下降至8.6个百分点。[2] 自2013年底至今，全国已完成8900万贫困人口的建档立卡工作，精准扶贫在各地广泛实施，现行标准下我国7017万的贫困人口将在6年时间内实现全部脱贫。[3] 长期以来，总体少数民族的农村贫困发生率要高于汉族已成为共识，而学界对此的论证主要基于民族地区的研究成果，鲜少针对族群的具体研究；尤其从城乡和民族两个维度对不同民族的贫困现状和贫困发生原因的分析在学界还不多见。

民族地区的农村贫困是学界长期关注的热点之一，Gustafsson and Ding（2009）利用中国家庭收入调查2002年数据（CHIP 2002）研究后发现，在2000年至2002年，民族地区的少数民族贫困发生率是同地区汉族贫困发生率的2倍，同时还证实了恶劣的自然地理条件是致贫的重要原因。[4] Hannum and Wang利用同样的数据，在全国范围内

---

[1] 《民委发布2010年少数民族地区农村贫困监测结果》（http://www.gov.cn/gzdt/2011-07/29/content_1916420.htm）。
[2] 宁亚芳：《西部民族地区人口政策缓贫效果检验》，《中国人口科学》2014年第6期。
[3] 黄俊毅：《7017万贫困人口将在6年内脱贫》，《经济日报》2015年10月13日。
[4] Gustafsson, B. and Ding, S, "Temporary and Persistent Poverty among Ethnic Minorities and the Majority in Rural China", *Review of Income and Wealth*, Vol. 55, 2009, pp. 588–606.

比较后得到，少数民族的农村贫困发生率是汉族的 6 倍。① 高梦涛、毕岚岚基于滇桂黔的农户面板数据研究发现，2003—2009 年该地区从收入角度看，兼具绝对意义和相对意义的亲贫增长；对于最贫困的穷人亲贫增长的影响比较低，经济增长对于西南民族地区减贫效应逐步递减，顽固性贫困现象突出。② 刘小珉采用与本章同一数据中的广西、贵州和湖南农村样本，研究证实少数民族农户贫困发生率、贫困深度和贫困强度都高于汉族农户；被调查农户拥有的人力资本、经济资本和社会资本均在不同程度上对贫困发生率产生作用，地区发展不平衡等也是重要的影响因素。③ Gradín 利用 CHIP 数据在对不同地区进行分解后发现，少数民族致贫的原因主要是居住地是山区、教育水平低和经济发展滞后。④

我国经济发展和社会转型过程中，城市贫困问题由隐性转变为显性并越来越受到关注。李实、John Knight 利用 1999 年覆盖六省市的家庭调查（CHIP）数据，通过综合考虑收入标准和消费标准，把中国城镇贫困分为三种类型，即持久性贫困、暂时性贫困和选择性贫困。⑤ 王有捐的研究发现，个人受教育水平、社会地位和工作收入越低，陷入贫困的概率越高，而失业是导致城市贫困最重要的因素。⑥ 此外，城市贫困人群具有地域特征，即贫困人口多集中在中西部地区，东部经济发达地区相对较少。叶响裙认为致贫原因主要是体制改革与经济转型产生了大量下岗和失业人员；社会保障制度尚不完善；

---

① Hannum, E. and Wang, M. "China. A Case Study in Rapid Poverty Reduction", in Hall, G. H. and Patrinos, H. A. (eds), *Indigenous Peoples, Poverty, and Development*, Cambridge: Cambridge University Press, 2012, pp. 149 – 204.

② 高梦涛、毕岚岚：《亲贫增长的测量——基于滇黔桂农村微观数据分析》，《中国人口科学》2004 年第 6 期。

③ 刘小珉：《民族视角下的农村居民贫困问题比较研究——以广西、贵州、湖南为例》，《民族研究》2013 年第 4 期。

④ Gradín, C, "Rural Poverty and Ethnicity in China", available as EQUALITAS Working Paper No. 32, 2015, http://equalitas.es/sites/default/files/WP%20No.%2032_0.pdf.

⑤ 李实、John Knight：《中国城市中的三种贫困类型》，《经济研究》2002 年第 10 期。

⑥ 王有捐：《对城市居民最低生活保障政策执行情况的评价》，《统计研究》2006 年第 10 期。

疾病和贫困人口的自身原因等。[①] 根据2010年人口普查数据，全国城市少数民族人数占总人口数的4.39%，远低于全国乡村少数民族人口所占的11.35%。[②] 由于城市人口中少数民族比例明显低于农村，而且成为城市居民的少数民族中很多是通过上学、参军等提高人力资本的方式[③]，因而和农村相比，城市少数民族的贫困问题并不突出，相应地针对民族地区城市尤其是不同民族的城市贫困的微观研究还不多见。

同上述成果相比，本章对贫困研究的视角是多重的，既有绝对贫困和相对贫困的划分；也有0—15岁儿童贫困人口、16—60岁劳动年龄贫困人口和60岁以上老年贫困人口的区别；此外还兼顾了城乡和民族的差异。

一 调查数据和研究方法

本章使用的是西部民族地区经济社会状况家庭调查数据（2011年）（Chinese Household Ethnicity Survey 2011，简称"民族地区家庭调查数据"）。该数据调查由中央民族大学经济学院和中国社会科学院民族学与人类学研究所民族经济研究室于2012年6月共同完成，调查期间得到了七个地区当地政府和统计部门的大力帮助，涵盖了新疆维吾尔自治区、内蒙古自治区、宁夏回族自治区、广西壮族自治区、青海、贵州黔东南苗族侗族自治州（简称"贵州"）和湖南七个地区的城镇、农村家庭调查样本。调查样本的抽样采用城乡分层随机抽样方法，强调对各个地区主体民族的家庭调查，同时考虑到使用数据分析研究时所需要的民族聚居区和非民族聚居区、不同自然地理条

[①] 叶响裙:《我国城市贫困问题与最低生活保障制度》,《经济研究参考》2013年第43期（总2531期），第70—75页。

[②] 根据国家统计局人口和就业统计司、国家民族事务委员会经济发展司编《中国2010年人口普查分民族人口资料》,（民族出版社2013年版）相关数据计算得到。

[③] 丁赛、李实、塞缪尔·迈尔斯:《中国城镇居民民族间收入不平等的跨期变化》,载李实、佐藤宏、史泰丽等《中国收入差距变动分析——中国居民收入分配研究Ⅳ》,人民出版社2013年版，第458—484页。

件、经济社会发展水平的差异等。①

民族地区家庭调查数据（CHES 2011）包括了35个民族的样本。根据2010年全国人口普查数据，少数民族人口规模排名前12位中有9个民族纳入了研究数据，具体为：壮族、回族、维吾尔族、苗族、土家族、藏族、蒙古族、侗族和瑶族。七个地区的农村家庭样本有7257户，个人样本共31671人；城镇家庭样本3259户，个人样本共9921人；农村少数民族样本占比62.95%，城镇少数民族样本占比44.78%，远高于2010年人口普查数据中七个地区农村少数民族人口35.38%的比例和城市少数民族16.34%的人口比例。② 考虑到少数民族调查样本量所占比重高于七个地区的少数民族人口比例，因而采用省区农村和城市不同民族人口加权的方法对家庭人均收入进行相应的调整。

本章对贫困的分析研究立足于贫困类型和不同年龄两个角度，对民族地区汉族和少数民族城乡贫困的度量采用FGT指数，即贫困发生率FGT（0），贫困差距率FGT（1）和平方贫困距FGT（2）。

表达式为：$FGT(\alpha) = \frac{1}{N}\sum_{i=1}^{q}\left(\frac{z-y_i}{z}\right)$ （$\alpha = 0, 1, 2$）

式中，N代表总人数，q代表家庭人均收入在贫困线下的人数，z是贫困线，y_i代表第i个人的家庭人均收入。

之后，采用Probit模型对城乡贫困发生的原因进行了分析。本章将城乡样本按年龄划分为0—15岁儿童人口、16—60岁劳动人口和60岁以上老年人口。与针对贫困群体的整体分析相比，这样的划分不仅有利于更清晰地了解不同年龄段下的贫困分布和发生影响因素，也符合我国目前大力推进的精准扶贫和精准减贫要求。为了能体现城乡一体，在贫困发生的解释变量上，均选择了以家庭为单位的人力资本和社会资本以及不同民族家庭和省区变量等。

---

① 丁赛：《西部民族地区经济社会状况家庭调查数据概述》，载李克强、龙远蔚、刘小珉主编《中国少数民族地区经济社会住户调查（2013）》，社会科学文献出版社2014年版，第1页。
② 根据《中国2010年人口普查分民族人口资料》计算得到。

二 民族地区汉族与少数民族的城乡贫困

(一) 绝对贫困和相对贫困的界定

1990年,世界银行根据1985年的购买力平价数据,将绝对贫困标准确定在每天1美元。2008年,世界银行将标准提高到1.25美元。目前,世界银行2美元/天的贫困线被认为是相对贫困线。本章中七个地区汉族和少数民族的农村贫困也从绝对贫困和相对贫困两个方面进行界定。首先,将国家2011年公布的家庭人均纯收入2300元的贫困标准作为绝对贫困线。对于2300元的贫困线在2011年到底对应多少美元,在学界有不同的意见,其主要原因是基于购买力平价的换算,同时还要考虑物价变动因素。归纳起来,主要有以下观点,一是2300元按照当年汇率计算只相当于0.99美元/天,约为1美元/天;二是2300元已经超过1.25美元/天[1];三是2300元根据2005年购买力平价计算已经达到1.6—1.8美元/天[2]。本章参照世界银行2美元/天作为七个地区农村汉族和少数民族的相对贫困标准。如果假定2300元的贫困线相当于世界银行1美元/天的绝对贫困标准,2美元/天的世界银行贫困标准对应的是4600元。对于相对贫困标准的确定还有一种通行的方法即收入均值的50%。如果以2010年全国农村居民人均纯收入5919元[3]的50%计算,应为2959.5元。考虑到后者与2300元的绝对贫困标准较为接近,本章以4600元作为相对贫困标准对民族地区的汉族和少数民族的农村贫困家庭和个人进行界定。

与农村不同,虽然2011年公布了全国统一的城市低保标准,但各个省区根据自身经济发展情况或高或低地自行确定了城市低保标准。本章对七个地区城市中汉族和少数民族贫困的分析也将通过绝对

---

[1] 谢雪琳、付晶晶:《年收入2300元成贫困线新标准 贫困人口或增至1亿》,《第一财经日报》2011年11月30日。

[2] 《外媒关注中国贫困线新标准》,《国际先驱导报》2011年12月12日,新华网(http://news.xinhuanet.com/herald/2011-12/12/c_131295645.htm)。

[3] 《2014年农村居民人均纯收入9892元》,2015年1月22日(http://www.chyxx.com/data/201501/305015.html)。

贫困和相对贫困两个标准加以界定。七个地区的城市绝对贫困标准采用各地的低保标准，相对贫困标准采用低收入标准。2011年全国31个省区大多根据2010年各地的城镇居民可支配收入的40%—50%来确定低收入家庭，因此本章也以各地城镇居民可支配收入的40%为相对贫困标准。[①]

从表4—1可看出，七个地区的低保和低收入家庭标准存在差异。内蒙古的城市低保和低收入家庭标准在七个省区中位居第一，新疆的低保和城市低收入家庭标准均位居最后；两者的低保标准相差49.7个百分点，低收入家庭标准相差22.5个百分点。

表4—1　　　七个地区城市低保标准和低收入家庭标准

	低保标准（省区）（元）	省区低保线与全国低保线的比值（全国低保线为100）	低收入家庭标准（以家庭人均可支配收入的40%为标准）（元）	地区低收入家庭标准与全国低收入家庭标准的比值（全国为100）
内蒙古	4122	119.4	8163	93.6
青海	2830	82.0	6241	71.5
宁夏	2932	84.9	7032	80.6
新疆	2405	69.7	6205	71.1
广西	2896	83.9	7542	86.4
贵州	3251	94.2	6598	75.6
湖南	2918	84.6	7538	86.4
全国	3451	100.0	8724	100.0

资料来源：表中数据根据《中国统计年鉴2011》计算得到。

（二）民族地区汉族和少数民族城乡贫困状况

1. 民族地区汉族和少数民族的城乡贫困差异

贫困人口主要集中在农村，而农村贫困人口主要集中在少数民族

---

① 参见各地2011年低收入家庭标准。

第四章 民族地区汉族与少数民族城乡贫困的比较

地区的现实自改革开放初持续至今。按照国家统计局对城乡家庭收入的定义,通过民族地区家庭调查数据(CHES 2011)发现,七个调查地区以国家农村贫困线衡量的少数民族家庭绝对贫困发生率FGT(0)和代表贫困深度的FGT(1)指数均高于汉族家庭;表明贫困强度的FGT(2)除内蒙古和贵州外其余五个地区也是少数民族高于汉族。三个指数相比,FGT(0)的汉族和少数民族差异最大,FGT(1)的民族差异居中,FGT(2)的民族差异相对最小。同时,新疆和广西两个地区的汉族和少数民族在三类贫困指数中的差异最为显著,而且新疆和广西农村汉族和少数民族在三类贫困指数上的差异基本一致,FGT(0)上都达到了30个百分点左右;FGT(1)的差异为17个百分点;FGT(2)的差异在两个地区也都是12个百分点左右。在相对贫困标准下,依然是少数民族的贫困发生率明显高于汉族,其总体状况和差异同绝对贫困标准下的七个地区基本一致(见表4—2)。

表4—2　　　　　城乡汉族和少数民族贫困状况

	农村							城市					
	2300元贫困线			4600元贫困线				城市低保标准			城市低收入家庭标准		
	FGT(0)	FGT(1)	FGT(2)	FGT(0)	FGT(1)	FGT(2)	样本量	FGT(0)	FGT(1)	FGT(2)	FGT(0)	FGT(1)	FGT(2)	样本量
七个地区														
总体	19.67	8.55	5.62	53.35	22.70	13.43	31671	2.48	1.03	0.70	14.38	4.84	2.48	9921
汉族	15.79	7.00	4.72	45.41	18.35	10.82	11494	2.55	1.04	0.70	13.93	4.76	2.49	5250
少数民族	25.75	10.97	7.04	65.80	29.52	17.52	19528	2.22	1.00	0.67	16.10	5.12	2.46	4671
内蒙古														
总体	11.02	5.09	3.51	37.05	13.56	7.81	3653	5.09	2.49	1.60	16.85	6.71	3.89	1284
汉族	10.99	5.08	3.52	37.48	13.62	7.81	2740	4.63	2.22	1.40	16.29	6.40	3.64	726
少数民族	11.56	5.19	3.30	30.56	12.66	7.73	879	7.67	3.99	2.73	19.96	8.50	5.29	558
青海														
总体	9.80	3.18	1.84	47.74	15.33	7.25	4867	1.45	0.30	0.20	12.59	3.58	1.52	1488

续表

	农村							城市					
	2300元贫困线			4600元贫困线				城市低保标准			城市低收入家庭标准		
	FGT(0)	FGT(1)	FGT(2)	FGT(0)	FGT(1)	FGT(2)	样本量	FGT(0)	FGT(1)	FGT(2)	FGT(0)	FGT(1)	FGT(2)	样本量
汉族	7.43	2.41	1.42	42.22	12.44	5.64	1762	1.42	0.30	0.22	12.30	3.50	1.50	1077
少数民族	14.14	4.60	2.61	57.84	20.62	10.21	2970	1.85	0.23	0.03	16.49	4.67	1.76	411
宁夏														
总体	17.64	6.52	3.9	49.72	20.68	11.59	4224	3.32	2.23	1.75	16.37	6.07	3.59	1547
汉族	15.58	6.15	3.88	44.70	18.16	10.37	2170	3.31	2.22	1.71	14.46	5.57	3.41	817
少数民族	22.04	7.32	3.93	60.40	26.04	14.20	1979	3.37	2.31	1.94	26.42	8.65	4.52	730
新疆														
总体	23.38	12.19	8.85	45.56	23.78	16.18	4118	1.92	0.74	0.49	5.57	2.36	1.44	1490
汉族	2.63	0.39	0.09	8.98	3.03	1.33	1180	1.39	0.61	0.49	1.39	1.08	0.88	649
少数民族	32.60	17.43	12.74	61.79	32.99	22.77	2913	4.22	1.33	0.51	23.67	7.87	3.88	841
广西														
总体	23.17	12.81	9.49	52.85	25.84	17.26	4806	2.21	0.31	0.07	16.73	5.38	2.55	1548
汉族	12.52	6.50	5.13	42.75	16.74	10.01	1614	2.51	0.36	0.09	17.41	5.60	2.69	1044
少数民族	42.29	24.12	17.30	70.97	42.15	30.25	3103	0.53	0.02	0.00	12.90	4.11	1.76	504
贵州														
总体	19.22	5.02	1.98	73.3	26.76	12.74	5487	0.17	0.04	0.01	8.31	2.20	0.75	917
汉族	13.49	4.38	2.09	69.25	21.98	10.12	956	0.00	0.00	0.00	12.65	3.52	1.21	299
少数民族	20.00	5.11	1.97	73.85	27.41	13.10	4398	0.29	0.06	0.01	5.44	1.33	0.45	618
湖南														
总体	46.25	21.55	14.33	83.28	43.89	29.27	4516	1.78	0.51	0.37	20.66	5.95	2.58	1647
汉族	45.52	21.38	14.28	83.12	43.55	29.01	1072	2.81	0.75	0.55	26.61	7.98	3.65	638
少数民族	53.93	23.36	14.92	85.05	47.56	32.01	3286	0.79	0.29	0.20	14.99	4.03	1.56	1009

注：表中由收入计算的贫困发生率经过了省区民族人口加权，在计算 FGT 指数时家庭人均纯收入为负值的视同 0 值。城市低保标准和城市低收入家庭标准见表 4—1。农村调查数据中民族身份缺失样本量为 649 人。

表4—2中的数据表明,七个地区城市低保线下的城市少数民族绝对贫困发生率略低于城市汉族;城市汉族与少数民族绝对贫困发生率均低于农村;而且两者差异较之农村明显缩小。在西北的四个省区中,宁夏城市少数民族和汉族的绝对贫困发生率差异不大,内蒙古、青海和新疆的城市少数民族绝对贫困发生率都明显高于城市汉族。在南方,除贵州的城市汉族没有绝对贫困人口而低于同地域少数民族的绝对贫困发生率外,广西和湖南的城市少数民族绝对贫困发生率都低于城市汉族。同西北相比,南方城市汉族和少数民族的绝对贫困发生率差异略小。

城市低收入家庭标准下,七个地区城市汉族相对贫困发生率低于城市少数民族。西北四个省区的城市少数民族相对贫困发生率都高于城市汉族;南方三地的城市汉族相对贫困发生率都高于城市少数民族。城市汉族和少数民族的相对贫困发生率差异在南方三地低于西北四省区。

七个不同地区的农村汉族和当地主体少数民族中,内蒙古的汉族和蒙古族的农村绝对贫困发生率几乎一样;贵州汉族和苗族、侗族的平均差异近6个百分点;青海的汉族和藏族、宁夏的汉族和回族之间的贫困发生率差异也都是6个百分点左右;湖南汉族和土家族的贫困发生率差异为12个百分点左右;广西汉族和壮族、新疆汉族和维吾尔族的贫困发生率差异最高,达到了30多个百分点。

在七个地区的城市中,内蒙古的蒙古族家庭绝对贫困发生率高出当地汉族该数值75%,其数值是七个地区中最高的;青海城市的藏族家庭绝对贫困发生率低于汉族,但城市回族的贫困发生率高于城市汉族家庭;宁夏城市汉族和回族家庭的绝对贫困发生率差异不大;新疆城市维吾尔族家庭的绝对贫困发生率高出城市汉族家庭的2.6倍,城市哈萨克族没有贫困家庭;湖南土家族城市家庭绝对贫困发生率较高,超出汉族家庭1.5倍;广西汉族城市家庭绝对贫困发生率高出当地壮族家庭绝对贫困发生率2.9倍;贵州汉族城市家庭的贫困发生率低于侗族家庭贫困发生率,苗族中也没有贫困家庭(见表4—3)。

表 4—3　　　　　　　汉族和具体民族的城乡贫困状况

	农村							城市						
	内蒙古	青海	宁夏	新疆	湖南	广西	贵州	内蒙古	青海	宁夏	新疆	湖南	广西	贵州
汉族	10.99	7.43	15.58	2.63	45.52	12.52	13.49	4.63	1.42	3.31	1.39	2.81	2.51	0
蒙古族	11.58							8.12						
回族		13.01	22.04	16.96					3.36	3.49				
藏族		13.72							0.91					
维吾尔族				33.48							5.01			
苗族					55.67	40.10	21.15					0	0	0
壮族						42.66							0.65	
侗族					29.78	40.08	16.82					1.15	0	1.82
瑶族						23.27							0	
土家族					57.88							7.04		
哈萨克族				7.20							0			
撒拉族		38.06												
其他少数民族	9.76	24.69	10.00	7.84	58.88	75.97	22.77	0	0	0	0	0	0	0
全体	11.02	9.80	17.64	23.38	46.25	23.17	19.22	5.09	1.45	3.32	1.92	1.78	2.21	0.17

注：表中由收入计算的贫困发生率经过了省区民族人口加权。

2. 民族地区不同年龄的汉族和少数民族城乡贫困

贫困人群中儿童和老年的贫困状况越来越引起关注。儿童贫困深刻影响其成长乃至成人后的健康、教育状况；贫困代际转移能否有效阻断，直接关系到今后的减贫成效。老年贫困因减贫可能性低，更需社会公共服务的有效跟进。在政策层面，儿童贫困人群、老年贫困人群和劳动人口贫困人群要对应不同的扶贫政策，以更好地精准扶贫、精准减贫。

本章将调查样本按年龄划分为三类，即年龄在 0—15 岁的儿童、16—60 岁的劳动人口和 60 岁以上的老年人。在绝对贫困标准下，民族地区农村 16—60 岁劳动人口的贫困发生率最低，七个地区整体上老年贫困发生率略高于儿童贫困发生率，但汉族中老年贫困发生率高于儿童贫困发生率近 5 个百分点；少数民族老年贫困发生率低于儿童贫困发生率近1个百分点。在具体的省区中,内蒙古、宁夏、广西的老年贫困发生率高于儿童贫困发生率;青海、新疆、湖南、贵州的老年贫困发生率低于儿童贫困发生率。分民族和地区看,内蒙古、宁夏、新疆、广西的农村汉族老年贫困发生率高于儿童贫困发生率,但贵州和湖南的农村汉族老年贫困发生率低于儿童贫困发生率;新疆少数民族的老年贫困发生率与儿童贫困发生率基本一样,内蒙古、宁夏、青海、广西、贵州和湖南的少数民族老年贫困发生率都低于儿童贫困发生率。七个地区不同年龄人群的汉族贫困发生率基本都高于少数民族贫困发生率,只有内蒙古60岁以上少数民族老年人的贫困发生率低于汉族老年人16个百分点;新疆和广西的三个不同年龄人群的贫困差异最大,汉族贫困发生率平均低于少数民族贫困发生率32个百分点和31个百分点。

在相对贫困标准下,三个不同年龄段的农村贫困发生率差异同绝对贫困标准下的情况大致相同。农村汉族和少数民族之间,除内蒙古汉族的贫困发生率在三个年龄段都明显高于少数民族;其余地区汉族贫困发生率都基本低于少数民族,尤其是新疆和广西的民族差异更为显著(见表4—4)。

表4—4　　汉族和少数民族不同年龄段下的城乡贫困发生率

	农村						城市					
	2300元贫困线			4600元贫困线			城市低保标准			城市低收入家庭标准		
	0—15岁儿童	16—60岁劳动人口	60岁以上老年人	0—15岁儿童	16—60岁劳动人口	60岁以上老年人	0—15岁儿童	16—60岁劳动人口	60岁以上老年人	0—15岁儿童	16—60岁劳动人口	60岁以上老年人
七个地区												
总体	23.28	17.97	24.74	60.21	50.68	59.05	3.04	2.40	2.27	18.45	13.75	13.03
汉族	17.92	14.33	22.78	51.06	43.00	53.53	3.07	2.45	2.53	17.61	13.22	13.58
少数民族	29.17	24.23	27.89	70.26	63.91	67.97	2.95	2.23	0.95	21.73	15.66	10.29
内蒙古												
总体	11.20	9.98	19.32	42.76	34.91	46.79	5.50	4.83	7.39	19.21	15.96	23.26
汉族	10.76	9.9	20.08	43.60	35.23	47.73	5.55	4.19	7.81	20.11	14.88	25.39
少数民族	15.69	11.26	3.69	34.25	29.91	27.51	5.04	8.11	3.98	11.08	21.55	5.97

续表

	农村						城市					
	2300元贫困线			4600元贫困线			城市低保标准			城市低收入家庭标准		
	0—15岁儿童	16—60岁劳动人口	60岁以上老年人	0—15岁儿童	16—60岁劳动人口	60岁以上老年人	0—15岁儿童	16—60岁劳动人口	60岁以上老年人	0—15岁儿童	16—60岁劳动人口	60岁以上老年人
青海												
总体	11.81	9.08	10.74	55.43	44.79	52.48	0.83	1.64	1.20	19.36	11.80	9.29
汉族	8.33	7.08	8.20	51.79	38.94	46.99	0.60	1.64	1.26	18.08	11.61	9.43
少数民族	17.22	12.92	15.39	61.09	56.03	62.53	5.39	1.60	0	45.04	13.96	6.18
宁夏												
总体	21.79	15.61	22.38	58.78	46.32	51.68	4.52	3.21	1.24	21.76	15.96	6.46
汉族	18.54	14.03	21.24	51.95	42.21	48.19	4.91	3.08	1.45	18.41	14.21	7.25
少数民族	26.24	19.50	25.36	68.10	56.41	60.87	2.87	3.93	0	36.11	25.67	1.85
新疆												
总体	28.80	21.32	25.36	52.13	43.41	44.88	3.34	1.70	0.59	7.85	5.33	1.77
汉族	3.02	2.40	3.74	8.54	8.70	12.15	1.92	1.39	0	1.92	1.39	0
少数民族	36.19	30.69	36.92	64.62	60.62	62.36	8.08	3.11	5.39	27.64	22.89	16.17
广西												
总体	25.33	22.17	27.11	56.55	51.13	59.60	3.21	1.77	3.69	19.67	16.36	16.10
汉族	14.14	11.77	15.44	46.80	40.64	52.21	3.12	2.07	4.12	19.76	16.99	17.39
少数民族	48.07	40.73	44.31	76.37	69.85	70.50	3.93	0.22	0	19.00	13.16	5.31
贵州												
总体	23.19	17.44	21.71	79.41	71.16	74.03	0.31	0.18	0	9.47	8.11	8.17
汉族	18.89	12.19	12.50	75.00	66.51	75.00	0	0	0	16.99	11.92	12.59
少数民族	23.69	18.17	23.01	79.92	71.81	73.90	0.47	0.28	0	5.44	5.75	2.81
湖南												
总体	57.05	43.41	48.88	86.94	83.47	79.00	1.90	1.88	1.13	26.16	19.47	21.00
汉族	56.86	42.53	48.52	86.93	83.33	78.70	3.49	3.11	1.00	36.00	25.76	22.09
少数民族	58.65	52.81	53.49	87.02	84.97	82.83	0.44	0.77	1.29	17.04	13.81	19.58
样本量	6418	21960	3293	6418	21960	3293	1653	7262	1006	1653	7262	1006

和农村相比，在绝对贫困标准下，七个地区的城市中不同民族和不同年龄间的差异都明显缩小，且汉族的贫困发生率高于少数民族贫困发生率。总体上说，少数民族老年贫困发生率最低，劳动人口贫困发生率居中，儿童贫困发生率相对最高；汉族劳动人口贫困发生率最低，其次是老年贫困发生率，儿童贫困发生率也是相对最高。不同地区三个年龄段和不同民族的贫困发生率表现出不一致，内蒙古汉族与少数民族三个年龄段的贫困发生率情况有所区别，前者的老年贫困发生率最高，劳动人口贫困发生率最低；而少数民族家庭的老年贫困发生率最低，劳动人口贫困发生率最高。青海城市汉族的贫困发生率从高到低排序依次是劳动人口、老年和儿童；少数民族贫困发生率的排序为儿童、劳动人口和老年。宁夏城市汉族和少数民族老年的贫困发生率较之劳动人口和儿童都是最低的，汉族儿童的贫困发生率最高，少数民族劳动人口的贫困发生率最高。新疆城市汉族和少数民族在三个年龄段的差异于七个地区中最明显，尤其是新疆城市少数民族儿童贫困发生率位居七个地区所有年龄段之首。

相对贫困标准下七个地区的总体趋势与绝对贫困标准下的状况表现出了一致性，虽然相对贫困标准下的差异值略大于绝对贫困标准下的差异。此外，只有青海汉族、宁夏少数民族、广西汉族、贵州汉族和湖南少数民族的三个年龄段的贫困发生率差异同绝对贫困标准下的贫困发生率排序有所不同。

三 民族地区城乡汉族和少数民族贫困的影响因素

对贫困影响因素的分析大多使用Probit或Tobit模型，本章也采用基于Probit模型的边际效应分析方法。贫困标准（Probit模型的被解释变量）是城乡绝对贫困标准。农村三个年龄段人群的贫困发生解释变量包括了六类因素：人力资本、社会资本、农业生产状况、民族家庭类型、地理条件和所在省区；城市三个年龄段人群的贫困发生解释变量包括了五类因素：人力资本、社会资本、就业状况、民族身份和所在省区。其中，城市和农村所在省区变量完全一致。

农村儿童、劳动人口和老年人口贫困影响的解释变量中都包括了表示家庭特征的家庭劳动人口中的男性比例和家庭劳动人口中不健康成员的比例；代表社会资本的家庭劳动人口中党员比例和乡村干部比例；以汉语方言掌握能力和家庭劳动人口教育水平来衡量的人力资本变量；居住地位于平原、丘陵或山区的自然地理条件变量；以及以贵州为参照的六个省区虚拟变量。相对不同的是，分析1634位儿童贫困发生的解释变量还包括了父母平均受教育年限、家中劳动人口平均年龄、家中儿童数量、儿童是否与父母同住以及将汉族家庭为参照的10类少数民族家庭虚拟变量。4638位劳动人口贫困发生的解释变量另有其自身的受教育年限、家中劳动人口的平均年龄、家庭人口规模以及将汉族家庭为参照的12类少数民族家庭虚拟变量。对880位老年贫困者的解释变量除三类人口共同的解释变量外，还涉及了家庭劳动人口平均受教育年限、家中劳动人口平均年龄、老人是否和子女及孙子女共同生活。由于老年贫困人口的样本量较少，因而只是针对汉族家庭划分了北方少数民族家庭和南方少数民族家庭。

表4—5中的数据显示，对三类不同年龄的人口，教育对贫困发生都有显著的负作用，这也与很多研究成果相一致。家庭人均耕地面积对贫困的显著负作用得到了证实。农村居住地的自然地理条件对儿童、劳动人口和老年人口的贫困发生影响都很显著。相对于山区，居住在平原或丘陵地区的贫困发生可能性都要低，其中居住在平原的可能性最低。家中儿童数量、家庭人口规模以及老人与子女或孙子女共同居住都对贫困发生有显著的正向作用。相对于汉族家庭，少数民族家庭的贫困发生概率更高。劳动人口中的社会资本变量都对贫困发生有显著的负作用，老年人口中该变量不起作用，家庭劳动人口中乡村干部的比例在儿童贫困发生中也有显著的负作用。语言能力差只会提高老年人口的贫困发生概率。

表4—5 民族地区基于Probit模型下的农村不同年龄段人群贫困的边际效应

	0—15岁儿童		16—60岁劳动人口		60岁以上老年人	
	dy/dx	Std. Err.	dy/dx	Std. Err.	dy/dx	Std. Err.
受教育年限			-0.0036***	0.0011		
家庭劳动人口平均受教育年限					-0.0103***	0.0034
父母平均受教育年限	-0.0063***	0.0027				
家中劳动人口平均年龄	-0.0029**	0.0013	-0.0018***	0.0006	-0.0013	0.0009
家中儿童数量	0.0425***	0.0062				
家庭人口规模			0.0436***	0.0021		
老人是否和子女或孙子女共同居住					0.2598***	0.0420
家庭劳动人口中的男性比例	-0.0001	0.0005	-0.0004	0.0002	-0.0013***	0.0004
家庭劳动人口中的党员比例	-0.0007	0.0008	-0.0014***	0.0004	-0.0006	0.0008
家庭劳动人口中乡级或村级干部比例	-0.0015***	0.0004	-0.0010***	0.0002	-0.0007	0.0005
家庭劳动人口中不健康的比例	0.0004	0.0003	0.0007***	0.0002	-0.0003	0.0004
家庭人均耕地面积	-0.0093***	0.0026	-0.0032***	0.0010	-0.0250***	0.0055
家庭人均耕地面积的平方	0.0001***	0.0000	0.0000**	0.0000	0.0003	0.0002
有本民族语言的少数民族家庭劳动人口中汉语方言能力差的比例	-0.0002	0.0003	0.0001	0.0002	0.0009**	0.0004
儿童是否与父母同住	0.0106	0.0265				
居住地是平原（0，1）	-0.2054***	0.0282	-0.1321***	0.0157	-0.1981***	0.0427
居住地是丘陵（0，1）	-0.0686***	0.0228	-0.0547***	0.0117	-0.1392***	0.0302
蒙古族家庭			0.0067	0.0256		
回族家庭	0.0648**	0.0256	0.0580***	0.0156		

续表

	0—15岁儿童		16—60岁劳动人口		60岁以上老年人	
	dy/dx	Std. Err.	dy/dx	Std. Err.	dy/dx	Std. Err.
藏族家庭	0.1064**	0.0424	0.0773***	0.0242		
维吾尔族家庭	0.3760***	0.0568	0.3573***	0.0313		
苗族家庭	0.0887***	0.0262	0.1303***	0.0140		
壮族家庭	0.2286***	0.0349	0.2354***	0.0172		
侗族家庭	0.0219	0.0306	0.0256	0.0161		
土家族家庭	0.1291***	0.0463	0.1159***	0.0225		
哈萨克族家庭	0.1122*	0.0674	0.1685***	0.0222		
撒拉族家庭			0.0519	0.0449		
北方其他少数民族	0.1714***	0.0337	0.1845***	0.0315		
南方其他少数民族	0.1563***	0.0361	0.3189***	0.0191		
北方少数民族					0.0222	0.0327
南方少数民族					0.1020***	0.0284
六个地区虚拟变量						
样本量	1634		4638		880	

注：＊＊＊表明在1%的显著水平；＊＊表明在5%的显著水平；＊表明在10%的显著水平。不同民族家庭中以汉族家庭为参照。

城市0—15岁儿童、16—60岁劳动人口和60岁以上老年人口的贫困发生解释变量包括了家庭人力资本、家庭社会资本、就业者所在单位的性质、少数民族家庭（由于样本量的限制，按南北划分的少数民族身份）。在农村，家庭收入以家庭生产经营为主要来源，而城市家庭中基本以就业收入为家庭主要收入来源；因此，农村贫困发生的解释变量包括了代表农业生产情况的耕地和所在地势两个变量，而在城市则以在何种性质单位工作为就业变量。城市儿童和老年人口的解释变量与农村儿童和老年人口有一些出入（比如城市老年人口的贫困发生解释变量包括当年是否就业、是否有养老金或离退休金收入、家中是否有劳动人口等虚拟变量）（见表4—6）。

表4—6 民族地区基于 Probit 模型下的城市不同年龄段人群贫困的边际效应

	0—15 岁儿童		16—60 岁劳动人口		60 岁以上老年人	
	dy/dx	Std. Err.	dy/dx	Std. Err.	dy/dx	Std. Err.
受教育年限			-0.0018 ***	0.0006	-0.0028 *	0.0017
家中劳动人口平均受教育年限	-0.0082 ***	0.0019				
家中劳动人口平均年龄	0.0134 *	0.0075	0.0011	0.0025		
家中劳动人口平均年龄的平方	-0.0002 *	0.0001	0.0000	0.0000		
家中儿童数量	0.0029	0.0077				
家庭人口规模			0.0087 ***	0.0019	0.0121 *	0.0064
孩子是否和父母同住	-0.0058	0.0126				
老人是否和子女或孙子女同住					-0.0427 ***	0.0172
当年是否就业					-0.0056	0.0186
养老金或离退休金收入					-0.0000 ***	0.0000
家庭劳动人口中的男性比例	-0.0884 ***	0.0359	-0.0347 ***	0.0124		
家庭劳动人口中的党员比例	-0.0263	0.0281	-0.0436 ***	0.0133		
家中是否有劳动人口					0.0008	0.0185
家中成员是否有党员					-0.0295 **	0.0143
家庭劳动人口中户口不在本市的比例	-0.0005	0.0140	0.0048	0.0064		
家庭劳动人口中不健康的比例	0.0050	0.0147	0.0177 ***	0.0065		
有本民族语言的少数民族家庭劳动人口中汉字书写能力差的比例	0.0362 *	0.0195	0.0229 **	0.0094	0.0296	0.0291
家庭劳动人口中在党政机关工作的比例	-0.0270	0.0375	-0.0874 ***	0.0243		
家庭劳动人口中在国有单位工作的比例	-0.0707 ***	0.0231	-0.0576 ***	0.0104		

续表

	0—15岁儿童		16—60岁劳动人口		60岁以上老年人	
	dy/dx	Std. Err.	dy/dx	Std. Err.	dy/dx	Std. Err.
家庭劳动人口中在私营企业或从事个体经营的比例	-0.0471***	0.0182	-0.0505***	0.0103		
	dy/dx	Std. Err.	dy/dx	Std. Err.	dy/dx	Std. Err.
北方少数民族	0.0067	0.0128	0.0070	0.0055	-0.0244	0.0221
南方少数民族	-0.0377*	0.0199	-0.0367***	0.0079	-0.0640*	0.0248
六个地区的虚拟变量						
样本量	1626		7265		749	

注：＊＊＊表明在1%的显著水平；＊＊表明在5%的显著水平；＊表明在10%的显著水平。不同民族家庭中以汉族家庭为参照。

表4—6中的数据表明，人力资本的两个变量中，同农村一样，三个年龄段的城市人口受教育水平提升会减少贫困的发生；对于城市少数民族儿童和劳动人口而言，其汉字书写能力对家庭的减贫作用尤其显著。代表社会资本变量所包括的家庭劳动人口中党员的比例，在党政机关、国有单位或私营个体经营的比例以及老年人口家庭中有党员都明显会减少家庭贫困的发生。城市少数民族三类人群相对于汉族家庭在贫困方面不存在弱势，特别是南方城市少数民族相对于汉族的贫困发生可能性低；家庭人口特征中只有家庭劳动人口中不健康的比例会显著影响劳动人口贫困的发生。老年人口中，与儿女或孙子女同住、有养老金或离退休金收入会降低贫困发生的概率。

四　简要结论

民族地区通常是指五个自治区、三个多民族省，通常称为"民族八省区"[1]，本章使用的民族地区家庭调查数据（CHES 2011）包括了民族八省区的六个省区，即新疆、内蒙古、宁夏、青海、广西和贵

---

[1] 丁赛、刘小珉、龙远蔚：《全面建成小康社会指标体系与少数民族地区发展》，《民族研究》2014年第4期。

州，以及民族八省区之外的土家族聚居的湖南。虽然缺少了西藏和云南，但这七个地区也足以代表西部民族地区。通过分析研究七个地区的汉族和少数民族城乡贫困分布状况和贫困发生的影响因素，得到的主要结论有：

第一，绝对贫困标准下，民族地区农村少数民族贫困发生率高于汉族，城市少数民族贫困发生率低于汉族；城市汉族和少数民族的贫困发生率都较之农村要低，城市少数民族的贫困发生率因不同地区与汉族贫困发生率呈现出高低不等的分布，且两者差距低于农村。

农村少数民族贫困发生率FGT（0）和代表贫困深度的FGT（1）指数均高于汉族；表明贫困强度的FGT（2）除内蒙古和贵州外其余五个地区也是少数民族高于汉族，其中广西农村汉族和壮族、新疆农村汉族和维吾尔族的绝对贫困发生率差异显著。城市中，湖南、广西的城市少数民族绝对贫困发生率低于汉族，其余五个地区少数民族绝对贫困发生率略高于汉族；同西北相比，南方城市汉族和少数民族的绝对贫困发生率差异略小。

第二，相对贫困标准下，农村依然是少数民族的贫困发生率明显高于汉族，其总体状况和差异同绝对贫困标准下的七个地区基本一致。城市相对贫困标准即低收入家庭标准下，七个地区城市汉族相对贫困发生率低于城市少数民族。西北四个省区的城市少数民族相对贫困发生率都高于城市汉族；南方三地的城市汉族相对贫困发生率都高于城市少数民族。城市汉族和少数民族的相对贫困发生率差异在南方三地低于西北四省区。

第三，将贫困人群按年龄划分后发现，民族地区农村16—60岁劳动人口的贫困发生率最低，儿童贫困发生率和老年贫困发生率因不同地区和民族表现出了差异性。新疆和广西的三个不同年龄人群的贫困差异最大。在相对贫困标准下，农村三个不同年龄段的贫困发生率差异同绝对贫困标准下的情况大致相同。农村汉族和少数民族之间，除内蒙古汉族的贫困发生率在三个年龄段都明显高于少数民族，其余地区汉族贫困发生率都基本低于少数民族，尤其是新疆和广西的农村民族贫困发生率差异更为显著。

城市绝对贫困标准下，七个地区的城市中不同民族和不同年龄间的差异都明显缩小，且汉族的贫困发生率高于少数民族贫困发生率。总体上，少数民族老年贫困发生率最低，劳动人口贫困发生率居中，儿童贫困发生率相对最高；汉族劳动人口贫困发生率最低，其次是老年贫困发生率，儿童贫困发生率也是相对最高。相对贫困标准下七个地区的总体趋势与绝对贫困标准下的状况表现出了一致性。

第四，教育水平的提高、家庭人均耕地面积增加以及相对于山区的平原和丘陵居住地都会减少农村0—15岁贫困儿童、16—60岁劳动年龄的贫困人口和60岁以上的贫困老人的贫困发生概率。家中儿童数量、家庭人口规模以及老人与子女或孙子女共同居住都对贫困发生有显著的正向作用。相对于汉族家庭，少数民族家庭的贫困发生概率更高。劳动人口中的社会资本变量都对贫困发生有显著的负作用，老年人口中该变量不起作用，家庭劳动人口中乡村干部的比例在儿童人口中也有显著的负作用。

城市劳动人口的人力资本、社会资本的提高和就业会减少贫困发生的可能性；家庭人口规模和不健康的家庭成员比例的上升会增大贫困发生的概率。与农村不同的是，南方城市少数民族家庭相对于汉族家庭的贫困发生可能性更低，而北方少数民族没有表现出比汉族家庭更高的贫困发生可能性。

第五章 民族地区农村学龄儿童基础教育现状和影响因素

全面提高少数民族和民族地区教育发展水平,对于推动少数民族和民族地区经济社会发展具有重大深远的意义。但是少数民族人口的基础教育仍然十分薄弱。《国家中长期教育改革和发展规划纲要(2010—2020年)》已经提出了要逐步普及高中教育的目标,然而少数民族人口义务教育离普及还有相当一段距离,根据全国2010年第六次人口普查数据分析,6—17岁少数民族儿童中7.2%没有按照国家规定接受或完成义务教育。在此背景下,本章利用"中国西部少数民族地区经济社会状况家庭调查"(CHES)数据,研究我国西部民族地区适龄儿童基础教育现状及成因,为政府和学界了解当前少数民族基础教育现状提供依据,进而为我国促进少数民族地区教育和经济发展的相关政策提供借鉴和参考。

有关少数民族和民族地区基础教育方面的研究文献中,大量研究以宏观数据为基础对民族教育的发展状况进行了描述性的分析,这一文献的数据支持主要来自历次人口普查,比如黄荣清对西部少数民族的教育发展状况做了定量描述分析[1],徐世英和李楠对人口百万以上民族的教育程度的研究[2],孙百才等人对各民族人口的教育成就与教

---

[1] 黄荣清:《中国西部少数民族人口受教育状况分析》,《教育文化论坛》2009年第2期。

[2] 徐世英、李楠:《我国百万人口以上少数民族教育进步程度的度量与预测分析》,《民族教育研究》2009年第2期。

育公平的比较研究①,还有何立华和成艾华对民族地区的教育平等问题的研究②。比较而言,以微观数据为基础、以探索影响机制目标的实证研究则比较缺乏③。其中,洪岩璧从教育社会学的视角切入,利用2004年"西部省份社会与经济发展检测研究"微观数据,全面考察了城乡地域区隔、职业、文化和政策变迁等因素对西部地区少数民族教育获得的影响,作者认为总体而言西部少数民族的教育获得更多地受到城乡和阶层的影响。④谭敏和谢作栩利用在校大学生的调查数据分析了家庭背景和民族身份对高等教育机会获得的影响,发现在控制家庭背景的情况下,少数民族学生更容易获得本科教育机会。⑤同样研究民族身份对教育机会的影响,陈建伟的研究结论则有所不同,他利用中国社会科学院"2011年中国社会状况综合调查"(CSS 2011)数据研究了民族身份对少数民族教育机会获得的影响,认为虽然少数民族学生的升学享有国家优惠政策,但少数民族身份并没有显著地帮助少数民族获得更高层级的教育机会。

可以发现民族教育方面的定量研究中,以大样本的微观数据为基础的定量研究比较缺乏,导致学界对少数民族儿童教育整体现状的了解和把握缺乏来自人口普查数据以外的微观数据的支持,信息的丰富程度受到限制;而且由于研究视角和数据基础的不同,现有的为数不多的文献在影响机制方面的探索还有不全面的地方:现有文献重视家庭背景和民族身份的影响,但忽略了地区教育资源分布的限制和约束。因此,本章将利用CHES调查数据,聚焦于西部民族地区农村,呈现西部民族地区农村基础教育现状;同时纳入家庭

---

① 孙百才、张洋、刘云鹏:《中国各民族人口的教育成就与教育公平——基于最近三次人口普查资料的比较》,《民族研究》2014年第3期。

② 何立华、成艾华:《民族地区的教育发展与教育平等——基于最近三次人口普查资料的实证研究》,《民族研究》2015年第4期。

③ 孙百才、张洋、刘云鹏:《中国各民族人口的教育成就与教育公平——基于最近三次人口普查资料的比较》,《民族研究》2014年第3期。

④ 洪岩璧:《族群与教育不平等——我国西部少数民族教育获得的一项实证研究》,《社会》2010年第2期。

⑤ 谭敏、谢作栩:《家庭背景、族群身份与我国少数民族的高等教育获得》,《高等教育研究》2011年第10期。

背景因素和教育资源分布因素，探讨对民族地区农村基础教育机会获得的影响。

一 数据来源

本章使用的数据为"中国西部少数民族地区经济社会状况家庭调查"（CHES），由中央民族大学经济学院与中国社会科学院民族学与人类学研究所民族经济教研室共同组织实施，于2012年3—6月在新疆、内蒙古、宁夏、青海、广西、贵州和湖南七个省区开展。CHES的调查对象覆盖了被调查七个省区的城乡社区和住户，共调查了10516户家庭中的41733个人。①

在农村地区，CHES调查抽取了757个行政村，共调查了7257户家庭中的31671个人，同时还在这些行政村收集了村级社区问卷，村级社区问卷调查了该村拥有的教育资源信息。本章将结合使用农村地区的家户调查数据和社区调查数据中有关教育资源分布的信息展开研究。通过数据清理，删掉了在关键变量上缺失或异常的数据以后，本研究纳入分析的农村社区问卷样本量为734个，农村地区个人样本量为30804个，其中，有2834户汉族家庭的11460个个人样本，4702户少数民族家庭的19344个个人样本。

另外，掌握全国的基础教育状况，对于我们客观评价西部少数民族地区的基础教育现状至关重要。因此，本章还将利用第六次人口普查的相关资料，包括《中国2010年人口普查资料》和《中国2010年人口普查分民族人口资料》来计算全国的汉族和少数民族学龄儿童基础教育的相关指标。

---

① CHES问卷调查点包括内蒙古、宁夏、新疆、青海、广西、湖南、贵州七个省区，其中内蒙古、宁夏、新疆、青海、广西、贵州都属于西部民族地区，湖南的调查点有湘西土家族苗族自治州、邵阳市、永州市和怀化市，大部分是民族地区。为了简便，本章将被调查的这七个省区简称为"民族七省区"。CHES调查方法、样本分布等详细情况参见李克强、龙元蔚、刘小珉主编《中国少数民族地区经济社会住户调查（2013）》，社会科学文献出版社2014年版。本章数据清理时，共删掉了关键变量缺失的23个村样本。

二 民族地区农村基础教育现状描述分析

(一) 民族地区农村基础教育现状

从全国来看(见表5—1),我国人口受教育水平显著提高,义务教育基本普及,小学和初中学龄人口在校率分别为98.1%和94%,而且在义务教育学龄阶段在校率不存在明显的城乡差异和性别差异。然而,本章基于民族七省区调查数据的分析表明,西部七省区农村人口的义务教育水平明显低于全国,小学学龄人口样本在校率仅为92.7%,初中学龄人口样本在校率更低,仅为89.5%。西部七省区农村内部,还存在较大的民族差异,在小学阶段的在校率指标上汉族与少数民族基本持平,但是在初中阶段差距明显拉大,少数民族初中学龄人口样本在校率不足90%,比汉族人口样本相应比例低5个百分点。

在高中阶段,不能像义务教育一样获得国家"两免一补"的政策优惠,需要家庭投入更多的资源;与此同时,高中学龄人口已经进入劳动年龄,他们上学还意味着更高的机会成本。从全国人口的在校率趋势可以发现,全国高中学龄人口的平均在校率出现"断崖式"下降,平均仅有80.6%[①]。本章基于CHES数据分析结果显示,民族七省区农村高中学龄人口样本的在校率仅为57.8%,其中少数民族人口样本在高中学龄阶段在校率下降得尤其迅速,仅有50.3%,比汉族人口样本低21.6个百分点,可见西部民族地区人口的高中教育机会存在明显的劣势,对于民族地区的少数民族人口来说,尤其如此。

表5—1　7—18岁人口的在校比例,民族七省区农村 & 全国　　　单位:%

民族七省区农村	全部	汉族	少数民族
7—18岁	81.8	86.8	79.3
其中:小学适龄7—12岁	92.7	93.4	92.5

[①] 联合国儿童基金会、国家统计局:《中国儿童人口状况——事实与数据》,2013年。

续表

	全部	汉族	少数民族
初中适龄 13—15 岁	89.5	92.8	87.8
高中适龄 16—18 岁	57.8	71.9	50.3
全国			
7—18 岁	88.5	89.0	83.7
其中：小学适龄 7—12 岁	98.1	98.3	96.6
初中适龄 13—15 岁	94.0	94.7	87.9
高中适龄 16—18 岁	69.0	70.5	55.0

注：（1）全国数据根据第六次人口普查长表数据计算，民族七省区的数据根据 CHES 数据计算；后文图表中的数据如没有特殊说明，都来源于 CHES 数据。

（2）虽然国家义务教育法规定年满 6 周岁的儿童应该开始义务教育，但是考虑到西部民族地区农村教育条件相对落后，推迟到 7 周岁入学的情况较为常见，因此本章对民族七省区的儿童的学龄划分往后推 1 岁，7—12 岁为小学适龄人口，13—15 岁初中适龄人口，16—18 岁为高中适龄人口。为了与全国儿童的比较具有可比性，计算全国学龄儿童的在校比例时也将学龄相应往后推 1 岁。

除了少数民族与汉族之间的差异，少数民族之间的差距也不容忽视。表 5—2 计算了民族七省区农村主要民族适龄人口的在校比例，分析结果表明，这些地区中壮族、侗族和蒙古族的在校比例在少数民族中位于前列；土家族、维吾尔族和瑶族的在校比例则相对较低。

表 5—2　7—18 岁人口的在校比例，分民族、民族七省区农村　　单位：%

	小学适龄 7—12 岁	初中适龄 13—15 岁	高中适龄 16—18 岁	7—18 岁
汉族	93.4	92.8	71.9	86.8
蒙古族	89.9	90.0	67.5	83.9
回族	95.5	86.4	44.1	79.2
藏族	95.9	85.5	61.5	82.0
维吾尔族	88.3	82.6	32.2	70.2
苗族	91.5	89.2	49.4	80.9
壮族	94.9	100.0	67.2	88.0

续表

	小学适龄 7—12岁	初中适龄 13—15岁	高中适龄 16—18岁	7—18岁
侗族	95.0	93.3	62.2	85.6
瑶族	80.0	73.1	57.9	71.1
土家族	97.9	88.9	30.8	68.3
其他民族	90.9	87.1	56.7	79.1
合计	92.7	89.5	57.8	81.8

(二) 农村教育资源分布

从2001年开始，我国农村地区启动新一轮中小学布局调整，也就是通常所称的"撤点并校"。2000年全国有农村小学44万所，农村中学将近4万所，到2010年，全国农村小学剩下21万所，农村初中仅剩下2万余所。[1] 十年下来，约一半的农村中小学被撤并。根据2009年华中师范大学课题组对全国11个省市进行的调查数据显示，撤并前后学生上学平均距离从1.6公里延长至4.0公里。[2] 西部民族地区农村基础教育资源分布受到"撤点并校"的影响较大。在民族七省区农村调查数据的村样本点中（见表5—3），有47.6%的村庄有完整的小学教育机会，另有14.8%的村庄有初小或教学点；受撤点并校的影响，30.9%的村庄曾经有小学教育机构，但是现在没有。从撤销的时间分布来看，82%的学校是2000年以后被撤销。对于没有完小教育体系的村庄来说，适龄儿童则需要到临近村庄或者乡镇中心接受完小教育，他们上学距离的中位数是3公里，平均距离是5.8公里。分省来看，湖南和内蒙古有完小的村庄比例小，不到30%，这两个省区被撤掉的小学教育机构的村庄比例超过50%，学生到最近的完小上学距离的平均值相对较高，湖南省达到5.3公里，内蒙古更是高达11.4公里。与此同时，可以发现，广西壮族自治区撤销小学教育机构的村庄比例较低（为11.8%），同时现在有完小的村庄比例

---

[1] 数据引自《中国教育统计年鉴2000年》和《中国教育统计年鉴2010年》。
[2] 雷万鹏、徐璐：《农村校车发展中的政府责任——以义务教育学校布局调整为背景》，《中国教育学刊》2011年第1期。

最高（为72.5%），农村适龄儿童到最近的完小上学距离的平均值也最短，为3公里。

与"撤点并校"同步，我国在西部地区加强了寄宿制学校的建设。① 从2004年开始，在国务院领导下，中央财政投入100亿元，联合西部各省开始实施"农村寄宿制学校建设工程"，农村中小学寄宿制学校增加迅猛。根据民族七省区农村调查数据（见表5—3），西部七省小学教学机构的村庄中40.6%有学生宿舍，尤其在教育资源分布比较匮乏的湖南省和内蒙古自治区，寄宿小学比例达到了最高（超过60%）；在有完小比例较高的宁夏、青海和新疆，寄宿学校的比例相对较低，相应比例不到30%；贵州省有完小的比例也相对较高（55%），同时有寄宿小学的比例也相对较高（44.8%）。

学校硬件设施和配置对教育机会和结果都有着重要的影响，其中，学校食堂关系着学生的营养健康，是最为重要的学校设施之一。根据CHES数据，民族七省区农村样本点附近的完小中，70.3%的学校有食堂，湖南省的比例最高（为88.7%）；青海省最低（仅43.1%）。

表5—3　　民族七省区农村样本点的小学教育资源分布

	曾经有小学，现在没有（%）	现在有初小或教学点（%）	现在有完小（%）	最近完小距离（公里）	有寄宿（%）	有厨房（%）
湖南	53.5	24.2	21.2	5.3	69.8	88.7
广西	11.8	15.7	72.5	3.0	34.4	73.2
贵州	22.5	18.3	55.0	3.5	44.8	78.4
宁夏	24.7	15.5	55.7	4.5	20.0	74.7
青海	18.7	14.6	56.1	4.0	22.0	43.1
新疆	33.3	5.4	43.0	4.5	25.4	60.6

---

① 国务院《关于进一步加强农村教育工作的决定》中提到："继续推进中小学布局结构调整，努力改善办学条件，重点加强农村初中和边远山区、少数民族地区寄宿制学校建设。"

续表

	曾经有小学，现在没有（%）	现在有初小或教学点（%）	现在有完小（%）	最近完小距离（公里）	有寄宿（%）	有厨房（%）
内蒙古	56.4	8.9	25.7	11.4	65.6	76.8
合计	30.9	14.8	47.6	5.8	40.6	70.3

注：（1）在调查中，当本村有完小的时候，最近完小的距离默认为0公里，因此最近完小的距离平均值的计算条件与本村没有完小的385个村。

（2）CHES调查集中在各省民族地区，可以反映各省主体民族的状况，但不具有省级人口的代表性。

三 民族地区农村适龄人口教育机会影响因素分析

为了系统分析家庭背景和教育资源分布对西部民族地区人口教育机会的影响，下面采用Logit回归分析方法，以人口的教育状态为因变量对家庭背景和地方教育资源等影响因素进行实证分析，结果如表5—4、表5—5、表5—6所示。表5—4中的模型①—模型⑥是对全体适龄个体分不同学龄阶段的教育状态指标所做的回归结果，表5—5和表5—6中的模型①—模型⑥是分别对汉族和少数民族个体在不同学龄阶段的教育状态指标所做的回归结果。教育状态根据个体的不同学龄阶段，分为以下两类指标：第一类为"是否在学"，对应的是表5—4、表5—5、表5—6中的模型①、模型②、模型④和模型⑥，对应的年龄阶段分别为7—18岁（全学龄段）、7—12岁（小学学龄）、13—15岁（初中学龄）和16—18岁（高中学龄）；第二种类为"是否升学"，对于完成了小学教育阶段的人口，考察其"是否升学继续读初中"，对应的是表5—4、表5—5、表5—6中的模型③的回归结果；对于完成初中教育的人口，考察"是否升学继续读高中"，对应的是表5—4、表5—5和表5—6中的模型⑤的回归结果。以"是否在学"为因变量的模型，侧重于考察适龄个体当前的教育状态；以"是否升学"为因变量的回归模型，侧重于考察个体教育递进的程度，是教育的累计指标。

第五章 民族地区农村学龄儿童基础教育现状和影响因素

表 5—4　教育机会影响因素的 logit 回归结果

	(1) 7—18 岁样本 因变量: 在校=1		(2) 7—12 岁样本 因变量: 在校=1		(3) 13—18 岁样本 因变量: 小升初=1		(4) 13—15 岁样本 因变量: 在校=1		(5) 16—18 岁样本 因变量: 初升高=1		(6) 16—18 岁样本 因变量: 在校=1	
	Coef.	Margin Effect	Coef.	Margin Effect	Coef.	Margin Effect	Coef.	Margin Effect	Coef.	Margin Effect	Coef.	Margin Effect
人口特征												
性别(女=1)	0.261*** (0.095)	0.028*** (0.010)	0.103 (0.192)	0.006 (0.011)	−0.140 (0.221)	−0.006 (0.009)	0.280 (0.214)	0.023 (0.018)	0.581*** (0.161)	0.113*** (0.031)	0.390*** (0.133)	0.077*** (0.026)
民族(少数民族=1)	−0.443*** (0.117)	−0.049*** (0.013)	−0.114 (0.231)	−0.007 (0.014)	−1.698*** (0.391)	−0.072*** (0.017)	−0.452* (0.270)	−0.037* (0.022)	−0.357* (0.188)	−0.070* (0.037)	−0.584*** (0.155)	−0.116*** (0.030)
家庭背景												
兄弟姐妹数量	−0.182*** (0.050)	−0.020*** (0.005)	−0.157 (0.108)	−0.009 (0.006)	−0.185* (0.107)	−0.008* (0.005)	−0.227** (0.108)	−0.019** (0.009)	−0.355*** (0.087)	−0.069*** (0.017)	−0.207*** (0.070)	−0.041*** (0.014)
父母教育年限	0.112*** (0.018)	0.012*** (0.002)	0.048 (0.039)	0.003 (0.002)	0.203*** (0.037)	0.009*** (0.002)	0.088** (0.037)	0.007** (0.003)	0.177*** (0.032)	0.035*** (0.006)	0.162*** (0.025)	0.032*** (0.005)
ln 人均收入	0.099 (0.069)	0.011 (0.008)	−0.169 (0.143)	−0.010 (0.009)	−0.081 (0.177)	−0.003 (0.007)	−0.086 (0.155)	−0.007 (0.013)	0.439*** (0.117)	0.086*** (0.022)	0.343*** (0.100)	0.068*** (0.020)
父亲外出非农(是=1)	0.140 (0.109)	0.015 (0.012)	0.049 (0.218)	0.003 (0.013)	0.064 (0.240)	0.003 (0.010)	0.466* (0.255)	0.039* (0.021)	−0.256 (0.189)	−0.050 (0.037)	−0.004 (0.154)	−0.001 (0.031)
父亲本地非农(是=1)	0.175* (0.105)	0.019* (0.012)	−0.048 (0.212)	−0.003 (0.013)	0.597** (0.265)	0.025** (0.011)	0.663*** (0.254)	0.055*** (0.021)	−0.188 (0.171)	−0.037 (0.033)	0.063 (0.145)	0.012 (0.029)
社区资源												
ln 最近乡镇距离	−0.145** (0.063)	−0.016** (0.007)	−0.108 (0.127)	−0.006 (0.008)	−0.388*** (0.142)	−0.016*** (0.006)	−0.217 (0.144)	−0.018 (0.012)	−0.113 (0.107)	−0.022 (0.021)	−0.128 (0.089)	−0.026 (0.018)

续表

	(1) 7—18岁样本 因变量: 在校=1		(2) 7—12岁样本 因变量: 在校=1		(3) 13—18岁样本 因变量: 小升初=1		(4) 13—15岁样本 因变量: 在校=1		(5) 16—18岁样本 因变量: 初升高=1		(6) 16—18岁样本 因变量: 在校=1	
	Coef.	Margin Effect	Coef.	Margin Effect	Coef.	Margin Effect	Coef.	Margin Effect	Coef.	Margin Effect	Coef.	Margin Effect
ln最近完小距离	0.054 (0.065)	0.006 (0.007)	−0.059 (0.138)	−0.004 (0.008)	0.189 (0.160)	0.008 (0.007)	0.166 (0.152)	0.014 (0.013)	−0.040 (0.102)	−0.008 (0.020)	0.026 (0.088)	0.005 (0.017)
学校寄宿 (是=1)	0.154 (0.119)	0.017 (0.013)	0.216 (0.247)	0.013 (0.015)	−0.424 (0.267)	−0.018 (0.011)	0.011 (0.285)	0.001 (0.024)	0.060 (0.200)	0.012 (0.039)	0.235 (0.161)	0.047 (0.032)
最近完小撤房 (有=1)	0.240** (0.119)	0.026** (0.013)	0.405* (0.240)	0.024* (0.014)	0.379 (0.273)	0.016 (0.012)	0.473* (0.261)	0.039* (0.022)	0.398** (0.203)	0.078** (0.039)	0.040 (0.169)	0.008 (0.034)
是否受撤并影响 (是=1)	0.053 (0.150)	0.006 (0.016)	−0.024 (0.268)	−0.001 (0.016)	0.448 (0.479)	0.019 (0.020)	0.201 (0.353)	0.017 (0.029)	0.380 (0.280)	0.074 (0.055)	0.127 (0.224)	0.025 (0.045)
年龄虚拟变量	Y		Y		Y		Y		Y		Y	
省份虚拟变量	Y		Y		Y		Y		Y		Y	
Constant	0.302 (0.655)		2.958** (1.334)		3.243** (1.592)		1.929 (1.410)		−4.011*** (1.076)		−3.092*** (0.923)	
Pseudo R2	0.2159		0.0524		0.2006		0.0738		0.1195		0.1320	
Prob > chi2	0.0000		0.0017		0.0000		0.0001		0.0000		0.0000	
Observations	4242		1887		2088		1128		867		1227	

注: (1) *** p<0.01, ** p<0.05, * p<0.1;
(2) 以上回归都纳入了单岁组年龄和省份的虚拟变量控制了年龄效应。

第五章 民族地区农村学龄儿童基础教育现状和影响因素

表5—5 教育机会影响因素的 logit 回归结果，仅限汉族儿童样本

	(1) 7—18岁样本		(2) 7—12岁样本		(3) 13—18岁样本		(4) 13—15岁样本		(5) 16—18岁样本		(6) 16—18岁样本	
	因变量：在校=1		因变量：在校=1		因变量：小升初=1		因变量：在校=1		因变量：初升高=1		因变量：在校=1	
	Coef.	Margin Effect	Coef.	Margin Effect	Coef.	Margin Effect	Coef.	Margin Effect	Coef.	Margin Effect	Coef.	Margin Effect
人口特征												
性别（男=1）	0.218 (0.188)	0.019 (0.017)	−0.401 (0.370)	−0.021 (0.020)	−0.217 (0.848)	−0.004 (0.016)	0.284 (0.478)	0.015 (0.026)	0.541* (0.319)	0.086* (0.050)	0.565** (0.268)	0.089** (0.041)
家庭背景												
兄弟姐妹数量	−0.246** (0.116)	−0.022** (0.010)	−0.201 (0.249)	−0.011 (0.013)	−0.502 (0.391)	−0.009 (0.008)	0.006 (0.293)	0.000 (0.016)	−0.532*** (0.187)	−0.085*** (0.028)	−0.377** (0.158)	−0.060** (0.025)
父母教育年限	0.077*** (0.036)	0.007** (0.003)	0.007 (0.087)	0.000 (0.005)	0.149 (0.180)	0.003 (0.003)	0.104 (0.098)	0.006 (0.005)	0.172*** (0.059)	0.027*** (0.009)	0.106** (0.047)	0.017** (0.007)
ln 人均收入	−0.116 (0.163)	−0.010 (0.014)	−0.097 (0.308)	−0.005 (0.016)	−0.199 (0.674)	−0.004 (0.013)	0.144 (0.452)	0.008 (0.024)	−0.019 (0.268)	−0.003 (0.043)	−0.156 (0.224)	−0.025 (0.036)
父亲外出非农（是=1）	0.115 (0.214)	0.010 (0.019)	0.231 (0.421)	0.012 (0.022)	0.690 (1.173)	0.013 (0.022)	−1.022* (0.557)	−0.055* (0.030)	0.130 (0.375)	0.021 (0.060)	0.176 (0.303)	0.028 (0.048)
父亲本地非农（是=1）	0.223 (0.198)	0.020 (0.018)	0.143 (0.414)	0.007 (0.022)	1.179 (1.176)	0.022 (0.023)	1.727** (0.675)	0.092** (0.038)	−0.490 (0.308)	−0.078 (0.048)	−0.012 (0.265)	−0.002 (0.042)
社区资源												
ln 最近乡镇距离	0.167 (0.127)	0.015 (0.011)	−0.032 (0.252)	−0.002 (0.013)	−0.915 (0.622)	−0.017 (0.012)	0.089 (0.324)	0.005 (0.017)	0.155 (0.214)	0.025 (0.034)	0.265 (0.180)	0.042 (0.028)

· 133 ·

续表

	(1) 7—18岁样本		(2) 7—12岁样本		(3) 13—18岁样本		(4) 13—15岁样本		(5) 16—18岁样本		(6) 16—18岁样本	
	因变量: 在校=1		因变量: 在校=1		因变量: 小升初=1		因变量: 在校=1		因变量: 初升高=1		因变量: 在校=1	
	Coef.	Margin Effect	Coef.	Margin Effect	Coef.	Margin Effect	Coef.	Margin Effect	Coef.	Margin Effect	Coef.	Margin Effect
ln 最近完小距离	-0.119 (0.119)	-0.011 (0.011)	-0.281 (0.253)	-0.015 (0.013)	0.068 (0.417)	0.001 (0.008)	-0.268 (0.310)	-0.014 (0.017)	-0.097 (0.175)	-0.016 (0.028)	-0.097 (0.157)	-0.015 (0.025)
学校寄宿 (是=1)	0.486** (0.246)	0.043** (0.022)	0.502 (0.527)	0.026 (0.028)	-2.536* (1.340)	-0.047* (0.028)	0.537 (0.677)	0.029 (0.036)	0.228 (0.384)	0.036 (0.061)	0.597* (0.330)	0.095* (0.052)
最近完小撤并 (有=1)	0.174 (0.226)	0.015 (0.020)	0.543 (0.464)	0.028 (0.024)	2.386* (1.293)	0.045* (0.027)	0.923* (0.535)	0.049* (0.029)	0.180 (0.378)	0.029 (0.060)	-0.240 (0.326)	-0.038 (0.052)
是否受撤并影响 (是=1)	0.135 (0.267)	0.012 (0.024)	0.564 (0.523)	0.030 (0.028)	0.821 (1.301)	0.015 (0.025)	0.919 (0.677)	0.049 (0.037)	1.075** (0.518)	0.171** (0.081)	-0.271 (0.392)	-0.043 (0.062)
年龄虚拟变量	Y		Y		Y		Y		Y		Y	
省份虚拟变量	Y		Y		Y		Y		Y		Y	
Constant	0.882 (1.483)		1.922 (2.830)		5.112 (6.471)		0.159 (3.972)		-0.857 (2.429)		0.813 (2.093)	
Pseudo R2	0.1999		0.0993		0.2155		0.1437		0.1582		0.1746	
Prob > chi2	0.0000		0.2045		0.5392		0.1339		0.0000		0.0000	
Observations	1427		611		385		388		310		428	

注: (1) ***p<0.01, **p<0.05, *p<0.1;
(2) 以上回归都纳入了单岁组年龄和省份的虚拟变量控制了年龄效应。

第五章 民族地区农村学龄儿童基础教育现状和影响因素

表5—6 教育机会影响因素的 logit 回归结果，仅限少数民族儿童样本

	(1) 7—18岁样本 因变量：在校=1		(2) 7—12岁样本 因变量：在校=1		(3) 13—18岁样本 因变量：小升初=1		(4) 13—15岁样本 因变量：在校=1		(5) 16—18岁样本 因变量：初升高=1		(6) 16—18岁样本 因变量：在校=1	
	Coef.	Margin Effect	Coef.	Margin Effect	Coef.	Margin Effect	Coef.	Margin Effect	Coef.	Margin Effect	Coef.	Margin Effect
人口特征												
性别（女=1）	0.263** (0.113)	0.031** (0.013)	0.294 (0.233)	0.018 (0.014)	-0.139 (0.232)	-0.008 (0.014)	0.343 (0.250)	0.032 (0.023)	0.484** (0.194)	0.100** (0.039)	0.261 (0.160)	0.055 (0.033)
家庭背景												
兄弟姐妹数量	-0.173*** (0.059)	-0.020*** (0.007)	-0.117 (0.130)	-0.007 (0.008)	-0.165 (0.113)	-0.010 (0.007)	-0.317** (0.123)	-0.030** (0.012)	-0.271** (0.105)	-0.056*** (0.021)	-0.172** (0.084)	-0.036** (0.017)
父母教育年限	0.126*** (0.021)	0.015*** (0.002)	0.069 (0.046)	0.004 (0.003)	0.212*** (0.039)	0.013*** (0.002)	0.097** (0.042)	0.009** (0.004)	0.189*** (0.040)	0.039*** (0.008)	0.180*** (0.031)	0.038*** (0.006)
ln 人均收入	0.091 (0.080)	0.011 (0.009)	-0.298* (0.173)	-0.018* (0.011)	-0.091 (0.185)	-0.005 (0.011)	-0.083 (0.174)	-0.008 (0.017)	0.513*** (0.138)	0.106*** (0.027)	0.417*** (0.119)	0.087*** (0.024)
父亲外出非农（是=1）	0.084 (0.130)	0.010 (0.015)	-0.078 (0.263)	-0.005 (0.016)	-0.005 (0.249)	-0.000 (0.015)	0.749** (0.304)	0.071** (0.029)	-0.419* (0.230)	-0.087* (0.047)	-0.174 (0.186)	-0.036 (0.039)
父亲本地非农（是=1）	0.160 (0.127)	0.019 (0.015)	-0.073 (0.255)	-0.005 (0.016)	0.550** (0.274)	0.033** (0.016)	0.479* (0.288)	0.046* (0.027)	-0.131 (0.213)	-0.027 (0.044)	0.100 (0.178)	0.021 (0.037)
社区资源												
ln 最近乡镇距离	-0.256*** (0.076)	-0.030*** (0.009)	-0.155 (0.153)	-0.010 (0.010)	-0.358** (0.148)	-0.021** (0.009)	-0.291* (0.164)	-0.028* (0.016)	-0.204 (0.130)	-0.042 (0.027)	-0.293*** (0.108)	-0.061*** (0.022)

续表

	(1) 7—18岁样本 因变量: 在校=1		(2) 7—12岁样本 因变量: 在校=1		(3) 13—18岁样本 因变量: 小升初=1		(4) 13—15岁样本 因变量: 在校=1		(5) 16—18岁样本 因变量: 初升高=1		(6) 16—18岁样本 因变量: 在校=1	
	Coef.	Margin Effect	Coef.	Margin Effect	Coef.	Margin Effect	Coef.	Margin Effect	Coef.	Margin Effect	Coef.	Margin Effect
ln 最近完小距离	0.082 (0.082)	0.010 (0.010)	0.046 (0.171)	0.003 (0.011)	0.184 (0.176)	0.011 (0.010)	0.236 (0.184)	0.022 (0.018)	−0.054 (0.137)	−0.011 (0.028)	−0.033 (0.117)	−0.007 (0.024)
学校寄宿 (是=1)	0.093 (0.143)	0.011 (0.017)	0.168 (0.293)	0.010 (0.018)	−0.321 (0.280)	−0.019 (0.017)	0.024 (0.329)	0.002 (0.031)	−0.061 (0.248)	−0.013 (0.051)	0.191 (0.196)	0.040 (0.041)
最近完小厨房 (有=1)	0.222 (0.145)	0.026 (0.017)	0.397 (0.292)	0.025 (0.018)	0.201 (0.291)	0.012 (0.017)	0.248 (0.312)	0.024 (0.030)	0.577** (0.254)	0.120** (0.052)	0.102 (0.209)	0.021 (0.044)
是否受撤并影响 (是=1)	−0.110 (0.192)	−0.013 (0.022)	−0.432 (0.323)	−0.027 (0.020)	0.288 (0.518)	0.017 (0.031)	0.055 (0.430)	0.005 (0.041)	−0.179 (0.372)	−0.037 (0.077)	0.205 (0.305)	0.043 (0.064)
年龄虚拟变量	Y		Y		Y		Y		Y		Y	
省份虚拟变量	Y		Y		Y		Y		Y		Y	
Constant	0.551 (0.738)		4.131** (1.561)		1.703 (1.593)		1.656 (1.535)		−4.880*** (1.222)		−3.979*** (1.042)	
Pseudo R2	0.2355		0.0742		0.1644		0.0807		0.1143		0.1225	
Prob > chi2	0.0000		0.0013		0.0000		0.0015		0.0000		0.0000	
Observations	2815		1276		1354		740		557		799	

注: (1) ***$p<0.01$, **$p<0.05$, *$p<0.1$;
(2) 以上回归都纳入了单岁组年龄和省份的虚拟变量控制了年龄效应。

第五章 民族地区农村学龄儿童基础教育现状和影响因素

基于全样本的回归结果显示（见表5—4），家庭的经济社会地位和兄弟姐妹数量对教育机会影响明显。兄弟姐妹的个数对是否在校影响显著为负，兄妹数量每增加1个，个体在校的概率就下降2%（见模型①）；分学龄阶段来看，高中在校率受负向的影响更大，下降幅度为4.1%（见模型⑥）；值得一提的是，兄弟姐妹的数量对初中毕业生升学读高中的概率影响更大，每增加1个兄弟姐妹，升学率则下降6.9%（见模型⑤）。父母的教育给子女的入学和升学率带来的都是正向的影响，家庭人均收入的影响只对高中升学率和在校率有显著的正向作用，对义务教育阶段的影响并不显著；父亲非农就业对教育机会有显著的正向影响，父亲外出非农就业只对初中在校率有正向的作用，本地非农就业对初中的入学率和在校率都是正向的影响，对其他则没有显著的影响。

在控制家庭背景影响的前提下，再考察当地教育资源分布的影响。个体所在村庄与乡镇中心的距离与在校率是显著的负相关，与乡镇距离每增加1%，在校率会降低1.6%，这说明越是偏远的地区个体的受教育机会越会受到影响；最近完小是否有寄宿对各阶段入学和在校率并未有显著的影响，而完小是否有厨房则代表着学校硬件设施的水平，最近完小有厨房的情况下，个体的小学入学率以及初中在校和高中入学率都有显著的提高。

全样本回归结果的边际效应计算结果显示出显著汉族和少数民族差异，控制其他条件下，少数民族个体在校的概率显著低于汉族。进一步地，我们对比汉族和少数民族进行分样本的回归结果（见表5—5和表5—6）。首先，相对于汉族，少数民族兄弟姐妹的数量负向的影响依然存在，但是影响程度相对更小。与此同时，少数民族对家庭经济社会地位的影响更为敏感，这表现为：（1）父母的受教育水平平均增加1年，读完初中的少数民族个体升读高中的概率显著增加3.9%，而汉族样本对应的概率仅为2.7%；（2）父母的受教育年限平均增加1年，少数民族高中学龄阶段的个体（16—18岁）在校的概率显著增加3.8%，而汉族样本对应的概率仅为1.7%；（3）家庭人均收入只对少数民族高中阶段教育机会的影响具有统计显著性，而家庭收入对汉族人口所有教育指标的影响都没有显著性。对比少数民族与汉族适龄人口教育机会与家庭背景的关系，可以发现少数民族人口的弹性更高，这意味着父母受教育和家庭收入的提高对少数民族的积极作用更为强烈。

对于当地的教育资源分布而言，最近完小距离的影响对汉族和少数民族都不显著，而最近乡镇的距离只对少数民族受教育机会有负向的影响。少数民族人口的教育机会不受"撤点并校"的显著影响，但汉族在受到撤点的政策影响以后，由初中升高中的概率显著地升高，这可能是因为"撤点并校"以后一些地区教育资源更集中，提供了更好的教育质量，使得汉族人口受益更多。对比少数民族与汉族适龄人口教育机会与当地教育资源分布的关系，可以发现少数民族对应的弹性更低，同样教育资源投入，对于少数民族适龄人口教育机会的推动作用小于汉族。

四 结论和讨论

本章利用西部七省民族农村大样本调查数据分析了少数民族地区适龄人口的教育状况，并尝试从家庭背景和教育资源分布两个角度分析影响教育状态的影响因素。本章从定量角度展开，补充了既有的以定性研究为主的文献，为政策和学术界了解民族地区农村基础教育提供了数据支持。本章分析结果显示，我国西部民族地区的发展与我国政策制定的教育目标仍然相差甚远，这表现为：

第一，民族七省区农村义务教育发展严重滞后于政策目标，基础教育仍需是扶持西部民族地区的重点。我国从 1986 年开始实行九年义务教育，规定"义务教育是国家统一实施的所有适龄儿童、少年必须接受的教育，是国家必须予以保障的公益性事业"，而且自 2006 年以来，我国义务教育阶段开始免收学杂费，这对于义务教育水平的巩固和提高起到了非常重要的作用。我国政府在 2002 年曾发布《国务院关于深化改革加快发展民族教育的决定》，提出了到 2010 年民族地区全面实现"两基"的目标。然而本章的分析表明，2011 年西部民族七省区农村小学适龄儿童在校率仅 92.7%，初中适龄儿童在校率仅 89.5%，仍然有约 7% 的小学适龄儿童和 10% 的初中适龄儿童没有

第五章　民族地区农村学龄儿童基础教育现状和影响因素

按照国家规定接受初中阶段的义务教育。我国西部民族地区的义务教育发展不仅没有达到此前2002年提出的目标，以当前的发展水平来看，要实现《国家中长期教育改革和发展规划纲要（2010—2020年）》提出的中长期目标，也颇具挑战。

第二，民族七省区农村高中适龄人口在校比例仅57.8%，离普及高中阶段教育有很大差距。高中阶段教育是我国当前重点发展的方向，《国家中长期教育改革和发展规划纲要（2010—2020年）》提出到2020年实现普及高中教育的目标。在此背景下，我国的高中教育在稳步发展，根据教育部公布的教育统计数据表明，2013年我国高中阶段的毛入学率达到86%，在2010年基础上增加了3.5个百分点。但是，我国高中教育存在严重的地区发展不均衡的情况，2011年西部七省高中适龄人口在校比例仅57.8%，比全国2010年第六次人口普查数据计算的相应比例低11个百分点。由此看来，要在全国实现普及高中教育的目的还面临地区发展不均衡的巨大挑战，西部民族地区是需要重点加强投入的地区。

第三，西部民族地区存在民族差距，针对部分少数民族的优惠和照顾政策也有必要。少数民族地区的发展并不等于少数民族人口的发展，正如李克强、龙远蔚和刘小珉等人所提及："在很多少数民族地区，拉动地区经济增长的现代经济与少数民族经济活动的关联度很低，一些少数民族甚至游离在地区经济发展的进程之外。"从本章研究结果来看，在西部民族地区教育状况普遍比较落后的情况下，还存在民族间的差距，一些少数民族的教育在西部民族地区也比较落后（如瑶族和维吾尔族），在各教育阶段的指标都表现得更差，尤其在初中和高中阶段差距更大。2005年以来，在内地拥有优质教育资源的地区和学校扩大了新疆班、西藏班的招生规模，这是针对单一的少数民族人口的教育政策倾斜。但是，内地新疆班、西藏班的招生规模十分有限，对于提升西部少数民族整体的教育水平仍然是杯水车薪。

第四，通过促进家庭发展的政策来促进少数民族儿童的教育，更具有效率。本章的回归分析结果证实了教育具有很强的代际传递效应，在西部民族七省区农村，家庭资源和背景对于教育机会获得的影响也非常重要。少数民族家庭的教育资源本身比较薄弱，而且子女数

· 139 ·

量更多，教育资源进一步被稀释，这些对于少数民族人口教育机会的获得都带来了负面影响。与汉族适龄人口相比，少数民族的教育机会对家庭背景的影响更为敏感，因此，针对单一少数民族的政策优惠和扶持的设计中，通过一系列家庭发展的政策为少数民族家庭提供更多赚取收入的机会、更好的社会保障等，进而为少数民族适龄人口提供更有力的家庭支持，可以更有效率地提升少数民族家庭中适龄人口的教育机会。

第六章 民族地区大学生就业难问题及对策

一 研究背景与研究问题

就业是民生之本。面对毕业大学生数量高峰和我国经济增速下降、经济结构调整的新局面，解决好大学生就业问题成为当前我国面临的一个突出矛盾。近年来，媒体不断渲染的大学生"最难就业季"，是这个突出矛盾的反映。与东部地区相比，中西部地区特别是民族地区由于经济总量较小，吸纳大学生就业的能力远远不能满足毕业大学生求职需求，面临的就业压力和困难更加突出。

我国大学生就业到底难不难，是一个值得讨论的问题。从就业形势上看，高校毕业生数量逐年走高。2002年仅为145万，2007年上涨为495万，2013年高达699万被媒体称为"最难就业季"，2014年高达727万更是被称为"史上最难就业季"，2015年毕业生预计将达到750万。但是，毕业生初次就业率逐年下降。有数据表明，毕业生初次就业率已从过去的90%跌落到65%左右。从学者的角度来看，目前大学生确有困难的表现，但初次就业率在客观上夸大了就业难度。劳动力市场分割使大学生就业难具有结构性和转型性的特点。初次就业率逐年降低、预期工资与实际工资的差距、选择传统非大学生就业领域就业是大学生就业难的具体表现。无论如何，在全国大学生就业形势严峻、民族地区经济发展落后和产业结构不合理的现实下，民族地区大学生的就业问题更为突出。有研究表明，在其他因素相同时，东部地区生源地毕业生的就业发生比是西部地区生源发生比的14.95倍。

国外多从供给、需求、供需匹配三个角度研究大学生就业问题的成因。首先，从供给视角看，大学生就业能力是核心问题；从需求视角说，岗位数量和就业结构影响大学生就业；从供需匹配的角度看，则主要是就业服务。其次，从人力资本、社会资本视角分析大学生的就业选择。不确定的人力资本投资风险直接影响大学生的就业选择；Granovetter在研究社会关系网络对个人求职的影响时提出"弱关系假设"，继而有学者在此基础上提出社会资源理论。

在国内，大学生就业难问题的成因是最主要的研究方向。大学生就业能力不足导致了就业困境的出现，但也有学者认为不平衡的城乡和地区发展、不合理的制度安排和政策措施、计划体制加供给导向、就业市场发育不良等因素共同导致了大学生就业难；涂思义则认为就业市场容量不足、就业壁垒重重、高校专业设置问题、大学生就业观念不当导致大学生就业难。其次，从政策视角分析大学生就业问题也是一个切入点。我国大学生就业政策的演变与社会主义市场经济体制完善密切相关，体现了就业政策利益取向的转变。杨伟国从需求促进、供给促进、供求匹配促进三个角度介绍了国外促进大学生就业的政策措施。当然，从微观角度探索大学生就业问题的研究也已经成熟。社会资本直接影响大学生的就业行为，父母具有较好的经济社会地位、文化背景对大学生获取就业机会和较高工资具有显著的正向影响。

民族地区大学生就业问题的研究开始晚，主要集中在少数民族大学生就业的研究上。少数民族大学生就业现状的突出表现是就业率逐年下降、就业等待期长、就业成本上升、地区性失衡、行业性失衡、就业收入不高、民汉大学生就业率差距显著等方面。招生政策和就业政策的不一致性、就业市场评价标准的不公平性、家长乡土观念浓厚、基础教育落后、汉语言能力弱等因素是导致少数民族大学生就业难的突出原因。总体来看，当前民族地区大学生就业问题的研究较少，并且主要集中在少数民族大学生的研究上，多基于某地区、某院校的问卷调查进行研究，缺少对民族地区大学生就业的研究，这成为本章研究的出发点。

第六章 民族地区大学生就业难问题及对策

本章在我国大学生就业普遍困难的背景下,主要研究民族地区[①]大学生就业难的问题。本章的组织安排如下。第二部分简单介绍了民族地区高等教育发展的现状,并利用民族地区2014年高校毕业生就业质量报告的数据,分析了民族地区大学生的就业现状。第三部分梳理评估了中央及民族地区政府在促进大学生就业方面的政策措施。第四部分着重分析了民族地区大学生就业面临的主要问题。第五部分提出了促进民族地区大学生就业的政策建议。

二 民族地区高等教育发展与大学生就业现状分析

(一)民族地区高等教育发展现状分析

1998年高校扩招以来,民族地区的高等教育快速发展,整体水平取得较大提升。高等教育招生规模、在校生人数等用于衡量高等教育发展水平的指标均有显著变化。

1. 在校生人数不断增加

在校生人数是最能反映高等教育发展规模水平的综合指标。民族地区高等教育在校生人数经历了从飞速增长到稳步增长的过程。从表6—1可以看出,1998—2005年,民族地区高等教育在校生人数从1998年的29.5万人增加到2005年的131.28万人,8年间增加了3.45倍,年均增长率为23.98%。这和高校扩招政策密切相关。2005—2013年,民族地区高等教育在校生人数增速放缓,年均增长率为8.49%,但比全国水平(5.92%)明显高出2.57个百分点。此外,民族地区高等教育在校生人数占全国的比重从1998年的8.66%增加到2013年的10.19%。总体来看,民族地区高等教育在校生人数增速高于全国水平,并在高校扩招政策趋于理性后保持了良好的发展态势。

---

① 根据国家民委关于民族地区的界定,本章所指的民族地区主要是指五个自治区和青海、贵州、云南8个省区。

表6—1　　1998—2013年民族地区及全国高等教育在校生人数分析

分类	民族地区高等教育在校生人数（万人）	民族地区高等教育在校生人数增长率（%）	全国高等教育在校生人数（万人）	全国高等教育在校生人数增长率（%）	民族地区高等教育在校生人数占全国高等教育在校生人数的比重（%）
1998	29.50	—	340.88	—	8.66
1999	35.09	18.95	408.59	19.86	8.59
2000	48.88	39.30	556.09	36.10	8.79
2001	63.43	29.77	719.07	29.31	8.82
2002	76.55	20.68	903.36	25.63	8.47
2003	92.89	21.35	1108.56	22.72	8.38
2004	112.47	21.08	1333.50	20.29	8.43
2005	131.28	16.72	1561.78	17.12	8.41
2006	146.06	11.26	1738.84	11.34	8.40
2007	161.44	10.53	1884.90	8.40	8.57
2008	178.92	10.83	2021.02	7.22	8.85
2009	196.42	9.78	2144.66	6.12	9.16
2010	210.87	7.36	2231.79	4.06	9.45
2011	224.09	6.27	2308.51	3.44	9.71
2012	236.39	5.49	2391.32	3.59	9.89
2013	251.57	6.42	2468.07	3.21	10.19

资料来源：根据《中国统计年鉴》（1999—2013）及2013年国民经济和发展统计公报整理计算得出。

2. 招生规模不断扩大

招生规模也是衡量高等教育发展水平的重要指标。从表6—2中可以看出，1998年到2013年，民族地区高等教育招生人数不断扩大，从1998年的9.43万人增加到2013年的76.49万人，增长近7.1倍，年均增速为15.66%，高于全国高等教育招生人数13.95%的年均增速。但是，2005年以来，民族地区招生规模增速显著放缓，2012年的增长率仅为0.91%，低于2012年全国高等教育招生人数的增长率。总体来看，民族地区招生人数增长率高于全国水平，招生规模不断扩大，将为民族地区培养大量人才，从长远上有利于民族地区经济和社会的发展。

表6—2　1998—2013年民族地区及全国高等教育招生人数分析

	民族地区高等教育招生人数（万人）	民族地区高等教育招生人数增长率（%）	全国高等教育招生人数（万人）	全国高等教育招生人数增长率（%）	民族地区高等教育招生人数占全国高等教育招生人数的比重（%）
1998	9.43	—	108.36	—	8.70
1999	13.19	39.87	154.86	42.91	8.52
2000	19.95	51.25	220.61	42.46	9.04
2001	24.58	23.21	268.28	21.61	9.16
2002	26.68	8.54	320.50	19.46	8.32
2003	32.51	21.85	382.17	19.24	8.51
2004	38.83	19.44	447.34	17.05	8.68
2005	43.05	10.86	504.46	12.77	8.53
2006	47.61	10.59	546.05	8.24	8.72
2007	51.00	7.12	565.92	3.64	9.01
2008	56.11	10.02	607.66	7.38	9.23
2009	61.24	9.14	639.49	5.24	9.58
2010	65.62	7.15	661.76	3.48	9.92
2011	69.05	5.23	681.50	2.98	10.13
2012	69.68	0.91	688.83	1.08	10.12
2013	76.49	9.77	699.83	1.60	10.93

资料来源：根据《中国统计年鉴》（1999—2013）及2013年国民经济和发展统计公报整理计算得出。

3. 教育保障机制不断健全

教育保障机制主要体现在资金投入和师资力量上。从资金投入使用上看，2012年，国家财政性教育经费支出22236.23亿元，占GDP的比例首次超过4%。[①] 在国家加大教育投入的背景下，民族地区普通高等学校生均教育经费支出不断增长，从2005年的14516元增加到

---

① 教育部、国家统计局和财政部：《关于2012年全国教育经费执行情况统计公告》。

2011年的26129元（见表6—3）。在资金分配上，2005—2009年，个人部分支出高于公用部分支出，基本建设支出不断走低，体现了民族地区更加注重人才发展和培养。从师资力量上看，民族地区高等院校专任教师不断增多，学历结构不断得到优化，少数民族教师所占比例也在稳步提高，为民族地区培养更多的人才创造了良好的软件支撑。

表6—3　　民族地区普通高等学校生均教育经费支出

年份	生均教育经费支出（元）	个人部分 金额（元）	个人部分 比重（％）	公用部分 金额（元）	公用部分 比重（％）	基本建设支出 金额（元）	基本建设支出 比重（％）
2005	14516	5876	40.48	5239	36.09	3400	23.43
2006	14840	6423	43.28	5552	37.41	2866	19.31
2007	14302	6852	47.91	5616	39.27	1834	12.82
2008	16094	8123	50.47	6846	42.54	1125	6.99
2009	16698	8509	50.96	7579	45.39	609	3.65
2010	19559	9063	46.34	9222	47.15	1274	6.51
2011	26129	10165	38.90	14567	55.75	1397	5.35

资料来源：根据《中国教育经费统计年鉴》（2006—2012）整理计算得出。

（二）民族地区大学生就业现状分析

本节将通过分析比较各民族地区发布的2014届高校毕业生就业质量分析报告，解构民族地区的大学生就业现状。考虑到西藏近年来通过就业援藏项目、增加公职人员岗位、购买公益性岗位、增强企业就业吸纳能力等措施，从2011年到2013年连续3年实现应届高校毕业生全就业。2014年，西藏自治区人民政府第四年提出西藏应届高校毕业生实现全就业目标。[①] 因此，本节重点分析除西藏以外的民族

---

① 《就业援藏拓宽毕业生发展之路　3年应届毕业生全就业》，2014年8月25日，新职业网（http：www.ncss.org.cn/zx/jydt/jyxsfx/285834.shtml）。

地区的大学生就业现状。

1. 民族地区大学生就业基本情况分析

（1）民族地区高校毕业生初次就业率①存在地区差异（见表6—4、表6—5）。从表6—5中可以看出，民族地区高校毕业生初次就业率的平均水平为87.44%，青海高校毕业生的初次就业率（90.65%）最高，其次是广西（88.55%）、贵州（88.05%）、云南（87.70%）。新疆、宁夏、内蒙古的初次就业率低于平均水平，尤其是新疆、宁夏，其高校毕业生初次就业率仅为72.36%、76.92%。不同民族省份的就业率不同，反映了经济发展水平、高等教育规模之间的差异。

（2）民族地区高校毕业生初次就业率存在学历差异。从表6—5中可以看出，民族地区普遍存在专科生就业率高于本科生、本科生就业率高于研究生的现象。内蒙古、新疆、宁夏、贵州的研究生初次就业率分别为49.34%、54.46%、60.24%、66.08%，说明研究生面临较大的就业压力，这可能和民族地区盲目扩大研究生规模、地区经济结构不需要素质较高的研究生有相关关系。研究生高不成、低不就的就业观念也拉低了其初次就业率。宁夏专科毕业生初次就业率高达93.45%，而研究生、本科生的初次就业率仅为60.24%、65.15%，这突出反映了高校人才培养、专业设置与地区经济结构、就业结构不相匹配的矛盾。

表6—4　　民族地区分学历2014年高校毕业生人数统计　　单位：人

名称	广西	贵州	云南	内蒙古	新疆	宁夏	青海	民族地区
研究生	—	4454	9389	5322	4899	1347	831	
本科	—	52603	75231	52441	33145	13796	7458	
专科	—	46633	67653	55912	34223	11193	5695	
总计	181000	103690	152273	113675	77166	26336	13984	654140

资料来源：根据《2014年高校毕业生就业质量年度报告》（新疆、内蒙古、云南、广西、青海、宁夏、贵州）整理得出。

---

① 初次就业率，即截至2014年9月1日统计的就业率。

表6—5　　民族地区分学历2014年高校毕业生初次就业率统计　　单位:%

名称	广西	贵州	云南	内蒙古	新疆	宁夏	青海	民族地区
研究生	85.79	66.08	85.10	49.34	54.46	60.24	85.56	—
本科	86.64	85.54	87.10	85.67	65.99	65.15	88.28	—
专科	90.07	92.98	88.80	89.65	83.66	93.45	94.49	—
总计	88.55	88.05	87.70	85.93	72.36	76.92	90.65	87.44

资料来源:根据《2014年高校毕业生就业质量年度报告》（新疆、内蒙古、云南、广西、青海、宁夏、贵州）整理得出。

2. 民族地区高校毕业生就业单位流向分析

民族地区大学生就业单位流向分析，主要是通过分析民族地区大学生就业单位流向的数据，考察民族地区大学生的就业单位选择，是选择党政机关、事业单位就业，还是选择去企业就业，还是选择自主创业。

（1）企业成为接收毕业生的主要渠道，非公有制企业吸纳毕业生人数最多，研究生在企业就业的比重偏低。一是企业成为吸纳高校毕业生的生力军，突出表现在宁夏、新疆、内蒙古、广西、云南、贵州毕业生选择企业的比重分别为70.19%、68.70%、68.58%、67.35%、64.42%、45.93%（见表6—6）。二是非公有制企业吸纳五成毕业生就业。从表6—7中可以看出，宁夏、广西、云南、新疆的非公有制企业分别吸纳58.04%、55.50%、55.21%、49.79%的毕业生就业，这不仅受益于国家鼓励高校毕业生到小微企业就业的优惠政策，也反映了大学生就业观念的变化。三是研究生在企业就业的比重偏低。从表6—8中可以看出，宁夏、广西、云南研究生在企业就业的比重分别为25.00%、34.88%、45.77%，远低于本科生和专科生。企业成为吸纳毕业生主渠道，这可以解释民族地区研究生初次就业率为什么普遍偏低。

（2）党政机关吸纳毕业生偏少，事业单位成为第二大吸纳毕业生的部门，研究生更倾向也更可能到党政机关、事业单位工作。一是党政机关吸纳毕业生偏少。在党政机关就业的毕业生比重一般在1.5%—3%（见表6—6），但贵州毕业生在党政机关就业的人数占比为4.84%，远超平均水平。二是事业单位成为第二大吸纳毕业生的部门。贵州、云南、新疆、广西、宁夏、内蒙古毕业生在事业单位就业的比重分别为34.93%、19.18%、18.70%、18.25%、18.15%、14.24%，仅在企业之后（见表6—6）。三是研究生更倾向也更有可能到党政机关、事业单位工作。虽然本科生、专科生在党政机关、事业单位就业的人数多，但本科生、专科生在党政机关、事业单位就业人数所占的比重，远远低于研究生。宁夏70%的研究生在事业单位就业，而只有9%的专科生在事业单位就业（见表6—9、表6—10）。这也证明了学历层次越高的毕业生去党政机关、事业单位、国有企业工作的概率越高的研究结论。

表6—6　民族地区高校毕业生就业单位性质流向分析

名称	广西		贵州		云南		内蒙古		新疆		宁夏	
就业去向	已就业人数（人）	占比（%）	已就业人数（人）	占比（%）	已就业人数（人）	占比（%）	已就业人数（人）	占比（%）	已就业人数（人）	占比（%）	已就业人数（人）	占比（%）
党政机关	3008	1.87	4419	4.84	5942	4.02	1664	1.70	816	1.50	571	2.82
事业单位	29324	18.25	31891	34.93	28356	19.18	13907	14.24	9924	18.70	3677	18.15
各类企业	108206	67.35	41934	45.93	95265	64.42	66990	68.58	36505	68.70	14219	70.19
基层服务项目	—	—	—	—	4512	3.05	1128	1.15	943	1.80	34	0.17
参军入伍	332	0.21	475	0.52	1057	0.71	410	0.42	345	0.60	122	0.60
自主创业	1450	0.90	794	0.87	1810	1.22	49	0.05	60	0.10		
其他（灵活就业）	8836	5.50	8628	9.45	4551	3.08	5478	5.61	1047	2.00	1635	8.07
出国、升学	9519	5.93	3159	3.46	6379	4.31	8053	8.24	3532	6.60		
总计	160675	100	91299	100	147872	100	97679	100	53172	100	20258	100

资料来源：根据《2014年高校毕业生就业质量年度报告》（新疆、内蒙古、云南、广西、贵州、宁夏）整理得出。

表6—7 民族地区分企业类型就业情况

名称	广西		云南		新疆		宁夏	
企业类型	已就业人数（人）	占比（%）	已就业人数（人）	占比（%）	已就业人数（人）	占比（%）	已就业人数（人）	占比（%）
各类企业	108206	67.35	95265	64.42	36505	68.70	14218	70.19
国有企业	14848	9.24	13623	9.21	10033	18.87	2182	10.77
非公有制企业	89172	55.5	81642	55.21	26472	49.79	11757	58.04
三资企业	4186	2.61	—	—	—	—	280	1.38

资料来源：根据《2014年高校毕业生就业质量年度报告》（新疆、云南、广西、宁夏）整理得出。

表6—8 宁夏、广西、云南三地区不同学历毕业生在企业从业情况统计　　　单位：%

名称	综合			研究生			本科生			专科生		
	宁夏	广西	云南	宁夏	广西	云南	宁夏	广西	云南	宁夏	广西	云南
企业	70.19	67.35	64.42	25.00	34.88	45.77	68.00	59.52	61.54	78.00	74.83	70.13
非公有制企业	58.04	55.00	55.21	17.00	19.10	32.51	51.00	48.93	51.76	70.00	62.44	62.10
国有企业	10.77	9.24	9.21	7.00	12.75	13.27	15.00	7.62	9.78	7.00	10.66	8.03
三资企业	1.38	2.61	—	1.00	3.03	—	2.00	2.97	—	1.00	2.33	—

资料来源：根据《2014年高校毕业生就业质量年度报告》（云南、广西、宁夏）整理得出。

表6—9 广西、云南、宁夏不同学历毕业生在党政机关就业情况统计

（单位：人）

党政机关	综合		研究生		本科		专科	
	已就业人数（人）	分项比率（%）	已就业人数（人）	分项比率（%）	已就业人数（人）	分项比率（%）	已就业人数（人）	分项比率（%）
广西	3008	1.87	208	3.12	1076	1.76	1724	1.86
云南	5942	4.02	568	6.38	4030	5.52	1344	2.04
宁夏	—	2.82	—	3	—	4	—	2

资料来源：根据《2014年高校毕业生就业质量年度报告》（云南、广西、宁夏）整理得出。

表6—10 广西、云南、宁夏三地区不同学历毕业生在事业单位就业情况统计

事业单位	综合 已就业人数（人）	综合 分项比率（%）	研究生 已就业人数（人）	研究生 分项比率（%）	本科 已就业人数（人）	本科 分项比率（%）	专科 已就业人数（人）	专科 分项比率（%）
广西	29324	18.25	3378	50.62	13196	21.58	12750	13.74
云南	28356	19.18	3551	39.86	14288	19.57	10517	15.94
宁夏	—	18.15	—	70.00	—	21.00	—	9.00

资料来源：根据《2014年高校毕业生就业质量年度报告》（云南、广西、宁夏）整理得出。

（3）民族地区毕业生自主创业占比极低，存在地区差异、学历差异。民族地区高校毕业生自主创业人数少，总体占比不超过1%。内蒙古、新疆的自主创业人数占比仅为0.05%、0.1%，相比之下，云南自主创业的毕业生占总体就业人数的1.22%，比内蒙古高1.17个百分点（见表6—6）。说明云南毕业生的创新意识较强，敢于尝试，敢于创业。这和云南地处边境、边疆贸易发达、经济开放程度较高存在一定的关系。从表6—11中可以看出，本科生是大学生自主创业的活跃群体，专科生其次，研究生处于末位。

表6—11 广西、云南不同学历毕业生自主创业情况统计

自主创业	综合 已就业人数（人）	综合 分项比率（%）	研究生 已就业人数（人）	研究生 分项比率（%）	本科 已就业人数（人）	本科 分项比率（%）	专科 已就业人数（人）	专科 分项比率（%）
广西	1450	0.9	30	0.45	732	1.2	688	0.74
云南	1810	1.22	63	0.71	1154	1.58	593	0.90

资料来源：根据《2014年高校毕业生就业质量年度报告》（云南、广西）整理得出。

3. 民族地区高校毕业生就业地区流向分析

在就业地区流向上，民族地区生源和非民族地区生源有着不同的

就业选择，此外，学历高低也影响着民族地区高校毕业生的就业地区流向。

（1）民族地区大学生区内就业多，区外就业少，区外就业的毕业生多选择和该民族地区所毗邻的经济发达省份就业。2014年云南省内就业的毕业生为126150人，占就业总人数的85.31%；区外就业21722人，占就业总人数的14.69%。区外就业中，云南省毕业生流向最多的省区为广东（1.71%），其次为贵州（1.40%）、四川（1.14%）；而就业流向中均不到200人的省区为宁夏、吉林、黑龙江、西藏、甘肃。宁夏2014届高校毕业生在宁夏就业的人数占就业总人数的74.72%，其次为内蒙古和甘肃，占比分别为3.85%和1.77%。内蒙古2014年已就业毕业生为92201人，区内就业76263人，占已就业总数的82.71%；区外就业15938人，占已就业总数的17.29%。2014年广西壮族自治区内区内就业的毕业生人数为110693人，占就业总人数的68.89%。珠三角地区对广西毕业生仍具有就业吸引力，前往珠三角地区就业的广西毕业生为21960人，占就业总人数的13.67%。新疆82.02%的已就业毕业生选择在新疆就业，疆内就业人数达43611人，而内地就业的毕业生为4770人，仅占就业总人数的8.97%。

（2）民族地区大学生大多选择在省会城市和经济发达城市就业。在云南，昆明就业的大学生占省内就业总人数的55.1%，而到怒江州和迪庆州的毕业生均不足1000人。在宁夏，64%的宁夏籍毕业生在银川市实现就业，而固原市、中卫市吸纳毕业生的比例分别为3.88%、3.93%。在内蒙古，呼和浩特、包头、鄂尔多斯三市接收毕业生总数占已就业毕业生总数的58.96%。在广西，区内就业毕业生主要流向南宁、柳州、桂林三个城市，其中南宁吸引51523名毕业生就业，占区内就业人数的46.55%。在新疆，选择在乌鲁木齐就业的毕业生达21970人，占留疆就业人数的一半之多，而吐鲁番地区、哈密地区、巴州、阿克苏地区、和田、阿勒泰地区、博州、克州吸纳高校毕业生就业的比重都不及2%。区域内就业分布不均衡，这将加剧区域空间发展不协调、区域人才配置不合理、人才资源浪费等问题。

（3）生源地影响民族地区大学生的就业地区选择。区内生源倾向于在区内就业，区外生源倾向于在区外就业。在宁夏，区内就业的毕业生将近89%为宁夏籍毕业生。宁夏籍毕业生区外就业982人，区外就业仅占宁夏生源总数的5.46%。在贵州，贵州省内生源88907人，占毕业生总数的85.74%，就业率为89.10%；省外生源14783人，占毕业生总数的24.26%，就业率为81.69%。在内蒙古，区内生源出区就业9354人，北京、天津、河北、辽宁、山东共接收内蒙古区内生源6035人，占出区就业毕业生总数的31.57%。内蒙古毕业生出区就业主要在周边省市就业，说明民族地区大学生的乡土观念较重，希望在离家近的地方就业。

4. 民族身份就业差异分析

民族身份对大学生就业产生一定的影响，不同民族的大学生就业率有所不同。在青海，少数民族大学生的就业率在90%以上，与汉族大学生相差不大；在西藏，藏族大学生受惠于政策导向，都可以实现充分就业。但在新疆，民族身份对大学生就业率的影响显著。

（1）新疆民汉大学生就业率差距较大。汉族大学生的平均就业率（78.55%）比少数民族大学生（64.21%）高14.34个百分点。新疆15市（地区、自治州）汉族大学生的就业率都要高于少数民族大学生就业率。其中，哈密地区的少数民族大学生就业率只有55%，与当地汉族大学生77.4%的就业率相差22.4个百分点（见表6—12）。有数据表明，2009—2011年，新疆初次就业率处于68.3%—71.2%之间，少数民族毕业生就业率处于52.7%—77.0%之间（孙嫱等，2012），这说明少数民族大学生就业更为困难。这与少数民族普通话表达能力差、专业知识不扎实有直接关系。

（2）少数民族大学生就业率存在地区差异。石河子市、塔城地区的少数民族大学生就业率在70%以上，是新疆少数民族大学生就业率最高的地区。哈密地区的少数民族大学生就业率最低，仅为55%。大多数地区的少数民族大学生就业率在61%—65%之间。但乌鲁木齐市的少数民族大学生就业率只有61.8%（见表6—12）。说明经济发展水平高、城镇化速度高，并不意味着少数民族大学生容易就业。

表6—12　　新疆15个市（地区、自治州）民汉学生就业情况

名称	总毕业生（人）	汉族毕业生（人）	少数民族毕业生（人）	少数民族学生占比（%）	总就业率（%）	汉族就业率（%）	少数民族就业率（%）	民汉就业率差异（%）
石河子市	2651	2499	152	5.73	79.25	79.60	73.70	5.90
昌吉回族自治州	6157	4977	1180	19.17	77.51	79.80	67.70	12.10
塔城地区	4415	3239	1176	26.64	78.82	82	70	12.00
博尔塔拉蒙古自治州	2067	1468	599	28.98	75.91	80.10	65.60	14.50
哈密地区	1998	1429	569	28.48	71.02	77.40	55	22.40
乌鲁木齐	7134	5064	2070	29.02	71.22	75.10	61.80	13.30
巴音郭楞蒙古自治州	4301	2916	1385	32.20	71.45	76.10	61.60	14.50
克拉玛依市	724	417	307	42.40	74.45	79.60	67.40	12.20
伊犁哈萨克自治州	7986	4478	3508	43.93	75.17	80.40	68.40	12.00
阿勒泰地区	2148	998	1150	53.54	69.55	81.90	61.10	20.80
阿克苏地区	4306	1957	2349	54.55	70.99	80	63.50	16.50
吐鲁番地区	1892	682	1210	63.95	68.87	80.50	62.30	18.20
喀什地区	6863	1788	5075	73.95	65.83	78.90	61.20	17.70
和田地区	1489	282	1207	81.06	65.55	72.30	64	8.30
克孜勒苏柯尔克孜自治州	1746	200	1546	88.55	61.51	74.50	59.80	14.70
总计	55877	32394	223483	42.03	71.81	78.55	64.21	14.34

资料来源：根据《2014年高校毕业生就业质量年度报告》（新疆）整理得出。

5. 专业就业差异分析

分析不同学科、不同专业的就业差异旨在考察学科设置、专业设置与经济发展相适应的程度。就业市场上的遇冷专业说明该专业不符合市场需求，培养出的人才将出现无业可就的问题。

（1）民族地区不同科类的毕业生就业存在显著差异。从表6—13、表6—14中可以看出，民族地区就业形势较为乐观的都是符合地方经济发展需要和社会发展需要的学科。本科毕业生分科类就业情况中，工科、理学、经济学、医学、管理学的就业率都在85%以上，哲学、法学、历史学、农学的就业情况相对较差。哲学类毕业生在贵州、内蒙古的初次就业率为50%左右，农学类毕业生在贵州、青海、内蒙古的初次就业率分别为73.06%、70.72%、78.01%，法学类毕业生在贵州、广西、内蒙古的初次就业率不及80%。高职（专科）毕业生的就业形势要好于本科生，但不同科类的高职（专科）毕业生的就业情况也不同，不同省区因经济发展水平、经济结构的不同，同一科类的高职（专科）毕业生在不同省份存在差异。如内蒙古法律大类专科毕业生的初次就业率只有31.91%，而青海法律大类专科毕业生的初次就业率则为89.50%。

表6—13　贵州、广西、青海、内蒙古本科分科类就业情况

名称		贵州		广西		内蒙古		青海	
序号	科类	毕业生人数	初次就业率	毕业生人数	初次就业率	毕业生人数	初次就业率	毕业生人数	初次就业率
1	哲学	97	50.52%	45	91.11%	90	52.22%	16	87.50%
2	经济学	2053	86.26%	4128	82.05%	2474	80.44%	367	88.01%
3	法学	3741	78.51%	2223	79.31%	2594	77.60%	457	87.31%
4	教育学	4086	85.63%	2792	87.93%	3240	84.04%	442	90.05%
5	文学	13061	81.44%	17188	84.96%	11355	82.60%	1257	90.37%
6	历史学	933	84.57%	349	86.25%	715	66.29%	68	79.41%
7	理学	7881	86.56%	6098	84.55%	6786	81.37%	1223	88.72%
8	工学	7666	84.76%	17778	87.71%	14689	84.14%	2113	89.26%
9	农学	1043	73.06%	641	86.58%	2128	78.01%	362	70.72%
10	医学	7973	86.37%	5572	92.93%	4419	81.96%	876	84.70%
11	管理学	8003	85.82%	13794	88.32%	9273	83.72%	1108	90.43%
12	军事学	469	81.66%	0	0.00%	0	0.00%	0	0.00%

资料来源：根据《2014年高校毕业生就业质量年度报告》（贵州、广西、青海、内蒙古）整理得出。

表6—14　贵州、广西、青海、内蒙古高职（专科）分科类就业情况

序号	科类	贵州 毕业生人数（人）	贵州 初次就业率（%）	广西 毕业生人数（人）	广西 初次就业率（%）	内蒙古 毕业生人数（人）	内蒙古 初次就业率（%）	青海 毕业生人数（人）	青海 初次就业率（%）
1	农林牧渔大类	790	95.57	1942	90.47	704	88.49	604	89.57
2	交通运输大类	1481	96.69	5108	90.43	3315	94.12	833	99.88
3	生化与药品大类	1442	93.76	1133	91.44	2072	91.46	0	0.00
4	资源开发与测绘大类	1051	92.58	636	88.52	1887	88.66	128	100.00
5	材料与能源大类	601	88.69	1810	92.32	1596	89.54	0	0.00
6	土建大类	3814	92.48	15567	88.84	7687	92.06	1136	98.15
7	水利大类	208	93.27	550	84.36	384	96.88	0	0.00
8	制造大类	3318	90.75	12840	90.86	8647	91.96	215	92.09
9	电子信息大类	3744	94.34	7731	89.91	3810	89.58	461	97.40
10	环保、气象与安全大类	151	90.07	201	93.03	252	71.83	0	0.00
11	轻纺食品大类	102	100.00	1184	91.89	1336	90.42	0	0.00
12	财经大类	7278	96.63	25228	90.84	9193	93.24	284	90.85
13	医药卫生大类	12277	93.47	8796	91.36	6194	90.73	1047	93.60
14	旅游大类	2046	93.74	3241	90.90	1289	92.55	251	95.62
15	公共事业大类	644	80.90	1028	92.32	438	65.75	30	30.00
16	文化教育大类	4597	89.06	10413	88.44	5108	81.32	463	85.53
17	艺术设计传媒大类	1228	96.34	3331	89.61	1221	82.56	0	0.00
18	公安大类	87	74.71	683	92.53	146	100.00	62	83.87
19	法律大类	1816	85.96	1628	81.20	633	31.91	181	89.50

资料来源：根据《2014年高校毕业生就业质量年度报告》（贵州、广西、青海、内蒙古）整理得出。

（2）民族地区就业冷门专业反映了高校专业配置的结构性错位问题。2014年10月15日，教育部高教司公布近两年（2012年、2013年）就业率较低的本科专业名单。在全国范围内，食品卫生与营养

学、生物科学、旅游管理、市场营销、动画、表演等本科专业就业率偏低。但民族地区也有自己的冷门专业（见表6—15）。比如，内蒙古计算机科学与技术专业毕业生就业难，原因在于高等院校师资薄弱、专业授课停留在计算机基础知识普及上，导致毕业生专业应用能力和项目开发能力弱，在市场上缺乏竞争力；贵州、内蒙古播音与主持艺术专业毕业生就业遇冷；广西、云南、内蒙古英语专业毕业生就业遇冷。民族地区就业遇冷专业各不相同，但其共性原因是专业配置不符合地方经济发展需求。

表6—15　　　　　　　民族地区冷门专业一览

全国	食品卫生与营养学、生物科学、旅游管理、社会体育指导与管理、市场营销、动画、知识产权、广播电视编导、表演、艺术设计学、播音与主持艺术、音乐表演、电子商务、贸易经济、公共事业管理
内蒙古	播音与主持艺术、社会学、农村区域发展、生态学、蒙古语、艺术设计学、法学、英语、计算机科学与技术、会计学
广西	市场营销、英语、计算机科学与技术、国际经济与贸易、社会体育指导与管理、法学、化学、应用心理学
贵州	播音与主持艺术、行政管理、土地资源管理、运动训练、工业设计
云南	动画、体育教育、生物科学、教育技术学、物理学、美术学、英语、汉语言文学、思想政治教育、公共事业管理
西藏	档案学、历史学
青海	音乐表演、经济学、旅游管理
新疆	应用物理学、法学、社会体育、小学教育、物理学、应用化学、美术学、生物技术、计算机科学与技术、新闻学
宁夏	农业水利工程、数学与应用数学、日语、工商管理、信息管理与信息系统、公共事业管理、广告学、信息与计算科学、美术学、信息工程

资料来源：根据教育部高教司《近两年全国各地就业率较低的专业名单》整理制表。

三　促进民族地区大学生就业的政策及效果分析

（一）高校大学生就业促进政策

我国大学生就业促进政策始于2002年。2002年，国务院办公厅转发了教育部等部门《关于进一步深化普通高等学校毕业生就业制度改革有关问题意见的通知》，明确提出建立市场导向、政府调控、学校推荐、学生与用人单位双向选择的就业机制，引导高校毕业生到基层、到中小企业就业。2014年11月28日，教育部发布《关于做好2015年全国普通高等学校毕业生就业创业工作的通知》（教学〔2014〕15号），部署做好2015年高校毕业生就业创业工作。经过12年发展，我国形成由城乡基层就业、中小企业就业、自主创业、应征入伍、离校未就业高校毕业生就业、就业服务与就业援助六大部分组成的大学生就业政策体系。具体政策内容见表6—16。

表6—16　　　　　　　国家高校毕业生就业促进政策

名称	主要内容
城乡基层就业	（1）"大学生志愿服务西部计划"（团中央、教育部等四部门；2003年）；（2）"三支一扶"（支教、支农、支医和扶贫）计划（中组部、原人事部、教育部等八部门，2006年）；（3）"农村义务教育阶段学校教师特设岗位计划"（教育部等四部门，2006年）；（4）"选聘高校毕业生到村任职工作"（中组部、教育部等四部门，2008年）
小微企业就业	（1）对小型微型企业新招用毕业年度高校毕业生，签订1年以上劳动合同并按时足额缴纳社会保险费的，给予1年的社会保险补贴，政策执行期限截至2015年底。（2）科技型小型微型企业招收毕业年度高校毕业生达到一定比例的，可申请最高不超过200万元的小额担保贷款，并享受财政贴息。（3）开展岗前培训，给予岗前培训补贴
自主创业政策	实施大学生创业引领计划（2014—2017）；推动完善落实扶持创业的优惠政策：对高校毕业生创办的小型微型企业，按规定落实好减半征收企业所得税、月销售额不超过2万元的暂免征收增值税和营业税等税收优惠政策。对从事个体经营的高校毕业生，按规定享受相关税收优惠政策；加大创业基地建设和创业资金扶持力度；加强创业教育和创业服务
应征入伍政策	学费补偿政策：本专科生每人每年最高不超过6000元，硕士研究生每年最高不超过8000元，博士研究生每人每年最高不超过1万元
离校未就业高校毕业生就业	纳入公共就业人才服务范围；做好未就业高校毕业生离校前后信息衔接和服务接续；各地区要结合本地产业发展需要和高校毕业生就业见习意愿及需求，扩大就业见习规模；推动离校未就业高校毕业生技能就业专项行动
就业服务与就业援助	（1）就业服务：加强网络信息服务，建立健全全国公共就业信息服务平台；开展公共就业人才服务进校园活动；组织民营企业招聘周、高校毕业生就业服务月、就业服务周等专项服务活动；加强就业指导课程和学科建设。（2）就业援助：加大对就业困难毕业生的帮扶力度，实行"一生一策"动态管理、精准帮扶。做好低保家庭毕业生的求职补贴发放工作

大学生就业促进政策作为一项公共政策，就是以政府为主体，通

过政策引导的方式，实现市场化充分就业。从表6—16来看，我国大学生就业政策的基本导向是鼓励到基层就业、到小微企业就业、自主创业。国家引导高校毕业生到基层就业的初衷是好的，有利于增加农村地区、西部地区、民族地区的人力资源积累，但基层就业、西部地区就业并不符合就业转型和容量扩充的一般规律。因为农村地区、西部地区的城镇化水平不高，市场规模和消费能力有限，第三产业发展不充分，只能是转移劳动力而不是吸收劳动力。因此，当前逆城镇化的就业促进政策，只能是短期的就业促进政策，并不能从根本上实现大学生的充分就业和高质量就业。

（二）促进少数民族大学生就业的特殊政策

1. 国家高度重视少数民族大学生就业问题

从国务院办公厅、教育部、人社部出台的政策文件来看，少数民族大学生就业政策开始于2009年，主要是把少数民族大学生当作就业困难群体进行就业援助，这个政策措施发展到现在，已经从"重点针对困难家庭毕业生、残疾人毕业生以及少数民族毕业生等群体开展就业帮扶工作"转变为"做好少数民族毕业生就业工作"，从原则性规定到比较细致的政策内容，体现了中央对少数民族大学生就业的高度重视。

2. 促进少数民族大学生就业政策内容

促进少数民族大学生的就业政策主要包括以下内容：（1）摸清就业困难的少数民族毕业生底数；（2）加强对少数民族学生的国家通用语言培训、就业技能培训；（3）开发农牧业技术、医疗卫生、治安管理以及双语教师、幼儿园教师等公共服务岗位；（4）实施未就业毕业生赴对口支援省市培养计划，对口支援的中央企业要结合援助项目建设，积极吸纳当地高校毕业生就业；（5）通过发放求职补贴、专场招聘、重点推荐、"一对一"指导、兜底就业等方式，帮助少数民族毕业生尽早落实工作岗位；（6）适应当地经济社会发展的需要，适时调整少数民族地区高校的学科专业结构；（7）开发基层医疗卫生服务、农牧业生产指导等基层公益性岗位，并给予社会保险补贴和公益性岗位补贴；（8）各专门项目招募人员时要向少数民族高校毕业生予以倾斜；（9）少数民族地区招录公务员和招聘事业单位工作人员，以及在少数民族地区的国有大中型企业招用员工，同等条件下优先招录少数民族高校毕业生。

3. 促进少数民族大学生就业政策执行情况

促进少数民族大学生就业政策的执行情况，将从中央、地方两个层面进行分析。一是中央促进少数民族大学生就业政策执行情况。人社部2013年在青海玉树州开展高校毕业生就业工作试点，探索促进少数民族高校毕业生就业的长效机制。人社部指导对口支援西藏、青海、新疆任务的地区将到本地求职的受援地高校毕业生纳入就业扶持政策范围，承担对口支援任务的中央企业要结合援建项目积极吸纳当地毕业生就业。2012年以来，通过会同国资委、教育部、国家民委等部门举办了3次面向青海、西藏、新疆高校毕业生的央企专场招聘会，公共就业服务得到强化。规定中央、地方在公务员招录中要积极对少数民族考生予以照顾。二是地方促进少数民族大学生就业政策执行情况。2012年，青海省针对藏区高校毕业生，实行放宽年龄限制和学历要求、提高定向藏区考录招聘比例等18项政策措施，考录招聘3118名毕业生充实到藏区基层机关和事业单位；新疆每年体制内就业毕业生数量约占毕业生总数的40%；南疆四地州公务员招考中本地毕业生名额占总数的50%，4万多个特岗教师中的80%都是少数民族毕业生（孙嫱等，2012）。这说明政府对少数民族大学生就业的政策支持力度大，在很大程度上主导了少数民族大学生的就业选择。

（三）民族地区大学生就业促进政策效果分析

按照我国的行政体制和政策路径，大学生就业政策执行遵循自上而下的政策，即地方层面的大学生就业政策都遵循基层就业、小微企业就业、自主创业的政策导向，但因为地方财力和经济发展水平的不同，在自主创业财税政策支持、小微企业就业政策补贴、大学生就业困难群体弱势补助上有所不同。对口支援建设使得民族地区大学生就业具有民族特色。

1. 城乡基层就业

城乡基层就业，主要是通过"三支一扶"计划、特岗教师招聘计划、大学生村官计划、大学生志愿服务西部计划、免费师范生等计划，鼓励高校毕业生到城乡基层、到西部地区、到民族地区就业。

2014年，民族地区鼓励大学生到城乡基层就业政策效果显著。贵州省基层项目共计招收毕业生18834人，占毕业生总数的18.16%；①云南推行"走下去"基层服务计划，4512名毕业生通过志愿服务西部计划、"农村特岗教师"和"三支一扶"计划等基层就业项目就业；广西2014年招募基层项目人员共计11124人，近三年招募人数年均增幅为21.85%；②青海全面落实高校毕业生到艰苦边远地区县以下基层单位就业的学费补偿和助学贷款代偿政策，并规定高校毕业生到县以下和六州从事专业技术工作，申报相应职称时，可免试职称外语；③宁夏鼓励有条件的高校出台校内基层优惠政策，如北方民族大学对参加各类基层就业项目的毕业生一次性给予500元现金补贴。

2. 小微企业就业

小微企业就业，就是通过社会保险补贴、岗前培训补贴、小额担保贷款等政策措施，鼓励中小企业吸纳高校毕业生就业。云南结合城镇化进程和公共服务均等化的要求，鼓励和引导毕业生到城乡基层、艰苦边远地区和中小微企业就业。截至12月30日，云南省选择县及以下基层和中小企业就业的毕业生超过8.5万名，占已就业毕业生人数的57.5%。④青海及时兑现企业新增就业岗位吸纳高校毕业生的社保补贴及一次性奖励等政策，进一步加大藏区大学生就业创业扶持力度。据统计，用于促进就业的社保补贴和一次性奖励资金约为2010万元，职业培训补贴达1551万元。在新疆注册的各类企业，以及在新疆承揽生产经营和工程项目的企业，自2011年1月1日起，新招用持《就业失业登记证》的南疆三地州、少数民族或女性大中专毕业生，与其签订一年以上期限劳动合同并按规定缴纳社会保险费，在国家规定的金融机构取得贷款的，可享受每人每年5万元贷款额度的贴息。

---

① 贵州省教育厅：《贵州省2014届普通高等学校毕业生就业质量年度报告》，2015年1月。
② 广西壮族自治区教育厅：《2014年广西高校毕业生就业质量年度报告》，2014年12月。
③ 青海省教育厅：《2014年青海省高等学校毕业生初次就业情况》，2014年12月。
④ 云南省教育厅：《云南省2014年高校毕业生就业质量年度报告》，2014年12月。

3. 自主创业

自主创业政策，就是通过就业指导、创业培训以及扶持大学生创业的优惠政策，鼓励大学生创业。云南把就业创业教育列入教学计划，全面实施"云岭大学生创业引领计划"，推动创业教育与创业实践结合、创业指导服务与创业项目结合、政策扶持与创业平台建设结合。2014年云南省级和高校共举办创业大赛107场，举办创业讲座和论坛820多场，参加学生超过18万人次，1810名毕业生通过政策扶持成功实现创业；广西通过评选广西高校大学生创业示范基地（获评高校奖励20万元，共计奖励经费260万元）、建立创业基地、举办广西大学生创业大赛等活动，加强高校毕业生自主创业教育；新疆实施高校毕业生创业培训计划，提高创业培训补贴额度至每生600元，启动新疆大学生职业发展与就业指导精品课程建设；青海对高校毕业生创办的小型微型企业，按规定落实好减半征收企业所得税、月销售额不超过2万元的暂免征收增值税和营业税等税收优惠政策。

4. 就业服务

就业服务，主要是指各高校在开拓就业市场、提供岗位信息等方面的服务。在宁夏，截至2014年7月，共组织毕业生就业双选洽谈活动18场，提供就业岗位2.8万个，各高校累计举办专场宣讲会367场，提供岗位1.58万余个。在贵州，截至2014年12月，共组织大小校园招聘会1200余场，提供就业岗位近18万个；云南省积极开展校地合作、校产合作、校企合作。2014年已举办各类校园招聘活动超过3400场，提供就业岗位信息超过33万条。从2013年起，省财政每年设立500万元专项资金，对高校开展的校园招聘活动给予补助。在广西，截至7月15日，广西壮族自治区人社厅举办全区性现场"双选会"和网上"双选会"共17场，共有3416家用人单位参会，提供岗位88281个。全区高校举办各类校园"双选会"239场，参会企业共计9359家，提供岗位近30万个。[①] 新疆组织指导各高校举办校园招聘会和各类专场招聘活动1086场，毕业生与岗位数的比

---

① 广西壮族自治区教育厅：《广西2014年高校毕业生初次就业率超八成》，2014年7月28日。

为1:1.4。积极推进免费师范生安置工作，完成了2014届669名国家免费师范生、1347名自治区定向培养免费师范生任教工作。

5. 就业援助

就业援助主要是对城乡困难家庭毕业生、城镇零就业家庭毕业生、在校期间获得助学贷款的毕业生提供的求职补贴和就业指导。2013年，贵州开始对就业扶助对象一次性给予每人500元的求职补贴，截至目前，对全省1.3万余名符合求职补贴发放条件的高校毕业生，共发放求职补贴650余万元；2014年，云南省共有8737名低保家庭、3个藏区县、8个人口较少民族和残疾毕业年度高校毕业生，享受到每人1000元的一次性求职补贴，广西建立"双困"毕业生档案，举办2期"特困毕业生就业培训班暨现场招聘会"，提供岗位1000多个，并为参加培训的毕业生提供每生300元的求职补贴，广西师范大学按"双困"生每人600元、残疾毕业生每人800元的比例发放就业补贴，2014年共发放扶助资金6.02万元；新疆建立困难毕业生群体就业信息数据库，并提供免费技能培训或求职补贴等援助；青海从2014年起，将残疾高校毕业生纳入高校毕业生求职补贴的范围，给予每人一次性求职补贴900元。

6. 就业支援

民族地区就业支援主要是指各对口支援省市、各央企对民族地区开展的就业援助政策体系。目前，就业支援主要包括就业援藏、就业援疆、就业援青三部分，对西藏、新疆、青海的高校毕业生就业给予支持。

一是就业援藏。2010年，中央第五次西藏工作座谈会提出"高度重视就业援藏，对口支援西藏的省、市、企业每年吸纳一定数量的西藏籍高校毕业生就业"。就业援藏成为西藏籍高校毕业生就业的重要渠道。其一，就业援藏工作成效显著。据统计，自2012年2月就业援藏正式启动以来，3年来，各援藏省市、援藏央企为西藏籍高校毕业生提供就业岗位2.2万多个（包括事业单位259个），共计949名高校毕业生到区外就业。其二，自治区政府政策扶持到位。自治区就业援藏工作部门规定，到区位就业的西藏籍高校毕业生可以领取1000元路途补贴和3600元的生活补贴，3年累计兑现区外就业毕业生路途、生活补贴116.6万元。① 其三，就业援藏工作机制日渐成熟。北京、江苏等大部分省市将西藏籍高校毕业生纳入本省（市）生源毕业生扶持政策范围；上海市对招录西藏籍高校毕业生的用人单位按每人每年13000元的标准实行补贴等。② 总体来说，就业援藏项目以高校毕业生为重点，有力拓宽了西藏高校毕业生就业渠道。配合基层就业、小微企业就业等政策，西藏连续四年实现高校毕业生全部就业的政策目标。

二是就业援疆。2014年5月召开的第二次中央新疆工作座谈会上明确提出，要有序扩大新疆少数民族群众到内地就业规模。人力资源和社会保障部部长尹蔚民表示今后将把促进新疆就业作为对口援疆的第一任务，大规模扩大当地就业、积极鼓励到内地就业。③ 政策执行上，新一轮对口援疆期间，新疆共组织2.3万名未就业普通高校毕业生赴对口援疆省市培训陆续上岗就业。④ 2014年10月29日，489名新疆籍劳动者赴粤就业，这是第二次中央新疆工作座谈会后，粤新两地首次组织专列成规模输出劳动力。⑤ 总体来看，就业援疆工作的重点是有序转移农业富余劳动力到内地就业，在鼓励新疆籍高校毕业生到内地就业的工作力度不够强。

三是就业援青。就业援青项目通过对口支援省市、部委的资金支持、职业技能培训、专门招聘会，为促进青海大学生就业提供了有力支撑。国务院国资委会同教育部、人力资源和社会保障部、国家民委，于2012年6月和2013年1月两次举办中央企业面向西藏青海新疆高校毕业生专场招聘活动，提供近7600个就业岗位，为三地高校毕业生就业和职业发展提供了良好机遇和广阔舞台。⑥ 2014年，天津市在黄南藏族自治州举办藏区高校毕业生就业能力提升培训班和汽车

---

① 《对口援藏省（市）开展就业援藏工作成效纪实》，《西藏日报》2014年11月11日。
② 《对口援藏省（市）初步建立就业援藏工作机制》，《西藏日报》2014年11月13日。
③ 《人社部：促进新疆就业成对口援疆第一任务》，《人民日报》2014年9月9日。
④ 《筹备中央民族工作会议经济发展调研组材料汇编（民族地区材料）》，国家民委经济发展司，2014年3月，第357页。
⑤ 刘熠：《489名新疆籍劳动者赴粤就业》，《南方日报》2014年10月30日。
⑥ 《去年央企援青累计投资228亿提供7600个就业岗位》，2013年3月8日，中国经济网（http：//www.ce.cn/xwzx/gnsz/zg/201303/08/t20130308_ 24182416.shtml）。

维修班，参加培训的未就业高校毕业生达 100 余人；江苏省为海南藏族自治州落实高校毕业生就业能力提升及农牧民职业技能培训款 324 万元。① 2010 年以来，果洛藏族自治州、海南藏族自治州组织 200 余名藏区高校毕业生赴上海市、江苏省，参加职业技能培训和就业见习。② 青海省 2010 年提出援青省市加大对各州高校毕业生就业工作的对口帮扶意见，加强与援青省市相关部门工作衔接，争取援青省市提供更多的大学生实习、就业见习、技能培训机会和更多的就业岗位。

四 民族地区大学生就业面临的主要问题

（一）民族地区大学生就业能力不足

少数民族大学生在基础知识、专业素质、语言表达等方面缺乏优势，在就业市场中处于弱势地位。究其原因，主要是由民族地区基础教育质量不高、双语教育效果不佳等导致的。

1. 基础教育质量不高

民族地区多处于边远贫困地区，教育投入不足，师资力量薄弱，这在一定程度上制约了民族地区中小学生学习潜能的发挥和基本知识的全面掌握。教育资源分配的不公平导致民族地区大学生与非民族地区大学生的起点不同，并且在日后学习中很难消除这种差距。

2. 双语教育效果不佳

双语教育效果不佳，语言成为少数民族大学生求职的最大障碍。新疆、西藏、内蒙古农牧区的基层中小学，汉族老师少，他们可以教学生汉语但不能和家长沟通，少数民族老师可以和家长沟通但汉语却半生不熟，不能保证汉语言的教学质量，也不能给孩子打下良好的语言基础，直接影响其大学阶段的专业知识学习和未来劳动力市场上的竞争力。此外，行政化、"一刀切"的推进模式，没有充分考虑少数民族群众的接受程度和双语教师的师资力量，导致双语教育没能取得

---

① 《完成投资 8.13 亿元 340 多个就业援青项目相继落地》，2014 年 11 月 25 日，青海新闻网（http://www.qhnews.com/newscenter/system/2014/11/25/011565783.shtml）。

② 辛勤：《京津沪鲁苏浙援青省市为毕业生就业提供平台》，《青海日报》2013 年 10 月 17 日。

预期的效果。

（二）民族地区高等教育水平落后

高等教育的发展为城市化发展提供强有力的人力资源支撑。15年来，民族地区高等教育取得快速发展，但总体水平依旧落后。以每10万人拥有的大学生数量为例，2012年，民族地区每10万人拥有大学生为1647人，而全国、中部地区、东部地区每10万人拥有的大学生数量分别为2335人、2407人、2924人。[1] 民族地区高等教育水平总体落后，影响了民族地区大学生就业能力的提高，直接影响其就业成功与否。

1. 高等教育经费投入不足

教育经费投入不足成为影响民族地区教育发展的重要因素。高等教育经费投入不足的原因在于教育产业化使政府压缩甚至放弃了政府在教育领域应承担的财政保障责任，政府教育投入并没有随着经济和财力的提高而提高。分税制改革后，地方财政成为提供高校教育经费的主要来源，教育财政投入日益具有强烈的"地方属性"或"属地化"特点，其直接后果是经济发达地区对教育的财政投入多，经济欠发达地区尤其是民族地区的教育欠账多。高等教育经费投入不足，直接导致民族地区的普通高校缺乏足够的物力、人力支持，表现在学科专业少，师资力量薄弱，学校实验室供给不足，实习基地建设跟不上课堂教学的要求，不能为学生提供更多的社会实践和科学实验平台，从而影响学生的动手操作能力和社会适应能力。

2. 优秀教师流失严重

民族地区平均工资水平低，高等院校薪酬机制缺乏激励作用，导致民族地区高等院校难以留住优秀的教师和人才，无法形成稳定的高质量教学队伍，导致教学质量不高。比如，受历史、自然条件和社会经济等因素的制约，青海省人才流失严重，加之高校扩招后学生人数猛增，使得师资短缺矛盾更加突出，这已成为制约青海省高等教育实现内涵式发展的重要因素。新疆近20年来人才流失达20多万人，其中高级教师、学术带头人、技术创新骨干、中青年专业技术人才占到

---

[1] 根据《中国统计年鉴》（2012）整理计算得出。

一半以上。① 这极大地影响了教师的工作热情，造成一些学校的优秀青年骨干教师流失。优秀教师流失严重，直接影响着高等教育的教学质量，影响着大学生的就业能力。

3. 高校专业设置与经济结构不匹配

民族地区高等院校专业设置与经济结构不匹配，既有共性原因，也有特殊原因。共性原因在于高校不具备专业设置自主权，在于高校求大求全发展的利益动机。现行体制下高校的专业设置由国家教育行政主管部门审批，审批需要一个时间过程，从而导致专业调整滞后于劳动力市场需要。民族地区高等院校追求高等教育的规模化发展，在专业设置时没有充分考虑所在区域的产业结构、经济结构、劳动力需求等因素，盲目求大求全，导致专业设置脱离于地方经济发展。特殊原因在于民族地区高校特色专业不适应地区经济发展需求。民族地区高等院校的特色专业或重点学科多为民族与民俗等问题研究，与地方经济发展相关的专业课程和科研任务很少受到重视。如青海急需各类应用型、操作型的专业技术人才，但青海高校基础理论研究的专业种类过大且数量过多，应用型专业少得可怜；新疆理工科专业毕业生供给远远不能满足当地用人单位需求。专业结构错位势必导致民族地区出现严重的人才过剩与人才紧缺并存的结构性矛盾。此外，在课程设置和人才培养上，简单套用学术性人才的培养方案，授课模式以被动听课为主，培养出的学生缺乏创新能力和动手能力，难以满足企业的用人需求。

4. 职业技术教育发展滞后

职业教育总体发展水平较低，表现在"双师"型教师极缺，实训设备不能满足实训需求。一些民族地区的地方政府倾向于发展普通高等院校，大学盲目扩招导致更多的人青睐普通高校而轻视职业技术教育，使普通高校招生人数增长速度超过了民族地区经济发展的速度，大学毕业生人数超过了国家政府机关和事业单位所能提供岗位的数量，造成公共部门劳动力供需严重失衡。而企业生产部门所需的中高等专业技术人才供不应求，专科生就业率显著高于本科生和研究生就

---

① 国家民委经济发展司：《筹备中央民族工作会议经济发展调研组材料汇编（民族地区材料）》，2014年3月。

是最好的例证。职业技术教育发展滞后于普通高等教育发展,导致中等职业教育人才的供给不能有效满足民族地区经济发展的需要。

（三）民族地区经济发展水平落后

由于复杂的历史、社会、政治原因和自然资源与生态环境条件的限制,民族地区经济发展总体水平不高,加之长期实行资本密集型、能源密集型的发展战略,确立了高资源消耗、投资推动型的粗放型经济增长方式,产业结构和经济结构不合理的问题没有得到解决,民族地区经济增长对劳动力的吸纳能力有限。

1. 民族地区经济发展水平落后

经济总量、产业结构决定了经济体的就业吸纳能力。民族地区经济总量从1998年的7512.98亿元上升为2012年的58518.52亿元,15年间增长了6.79倍,其占全国GDP的比重从1998年的8.9%上升到2012年的11.8%[①],但相对于民族地区所占有的国土面积,民族地区GDP总量占全国GDP总量的比重偏小;和东部地区相比,民族地区GDP的增长速度明显慢于东部地区。因此,民族地区能够提供的就业机会相对有限。由于文化观念、乡土观念、饮食习惯等因素的影响,新疆、西藏的少数民族大学生多选择回乡就业,这必然加剧返乡就业大学生的就业难度。

2. 民族地区产业结构不合理

2012年,全国三大产业从业人员的构成为:第一产业33.6%,第二产业30.3%,第三产业36.1%。民族地区三大产业的分布为:第一产业50.1%,第二产业16.6%,第三产业33.3%（见表6—17）。对比之下,民族地区第一产业从业人员占比偏高,第二产业从业人员占比远低于全国水平,第三产业从业人员占比和全国差距不大。第二产业吸纳劳动力最低,原因在于第二产业以采掘、能源、原材料工业为主,吸纳高素质劳动者的就业空间有限。民族地区第三产业从业人员占比偏高,但都集中在党政机关、事业单位等传统服务业,金融、物流等生产性服务业发展不足,第三产业对大学生就业吸纳能力不足。

---

① 根据《中国统计年鉴》（1999、2013）计算得出。

第六章 民族地区大学生就业难问题及对策

表6—17　　　2012年末八个民族省份三大产业从业分布

省份	就业人员	三大产业从业人员（万人）			三大产业从业人员构成（％）		
		第一产业	第二产业	第三产业	第一产业	第二产业	第三产业
贵州	1825.82	1189.04	238.1	398.68	65.1	13.1	21.8
广西	2768	1481	520	767	53.5	18.8	27.7
云南	2881.9	1636.57	388.65	856.68	56.8	13.5	29.7
西藏	202.06	93.6	27.1	81.36	46.3	13.4	40.3
新疆	1010.44	492.36	157.71	360.37	48.7	15.6	35.7
内蒙古	1304.9	583.4	236.1	485.4	44.7	18.1	37.2
宁夏	344.5	167.1	56.9	120.5	48.5	16.5	35
青海	310.89	115.09	74.52	121.28	37	24	39
民族地区	10648.51	5758.16	1699.08	3191.27	50.1	16.6	33.3
全国	76704	25773	23241	27690	33.6	30.3	36.1

资料来源：根据《中国统计年鉴2013》整理得出。

3. 民族地区城镇化水平不高

城市是经济增长的空间载体，是解决劳动力就业、提升专业分工的重要推动力量。我国民族地区普遍面临着产城分离、产业支撑能力不强、城镇化水平不高、区域空间发展不协调的问题。如新疆，人口主要集中在乌鲁木齐市、伊犁州、阿克苏地区、喀什地区，而非农化水平最高的是克拉玛依市、乌鲁木齐市、石河子市、哈密地区等区域。区域空间发展不协调的突出表现是南疆、北疆的城镇化差异显著，南疆地区城镇化率低，贫困人口众多。如青海面临城镇化滞后于工业化发展、土地城镇化快于人口城镇化、不完全的城镇化问题。民族地区产城分离的现象严重，工业园区选址远离城镇基础设施和人口腹地，城镇难以为园区建设提供公共服务支持，高校毕业生也不愿意到城镇化水平低、基础设施落后的地方工作。

（四）民族地区就业服务体系不健全

20世纪90年代中期以前，我国实行统招统分的大学生就业分配政策。90年代后期，高等教育大规模扩招，大学生的人数大幅度增加，加之国企改制和精简国家机构，大学生就业渠道开始出现不畅通的情况，随之建立了大学生就业服务体系。但该体系发展缓慢，没有充分发挥为大学生提供就业服务的功能。

1. 高校就业指导流于形式

民族地区高校就业指导流于形式的突出表现是：一是就业指导和服务内容单一。高校就业指导机构主要负责组织校园招聘会、收集就业信息、统计毕业生及就业单位、派发档案等，在职业指导和规划、简历写作和面试技巧辅导等方面做得不够，较少涉及学生潜能的开发和创业能力的培养。高校就业指导课程虽然普遍开设，但一般采用灌输式教学，理论联系实际少，实际效果不明显。二是就业指导人员专业化不强。高校就业指导队伍行政化严重，缺乏系统的业务培训，在信息占有和知识储备上都明显不足，无法提供高水平的指导服务。这导致相当一部分学生对劳动力市场的运行状况、就业形势不了解，不知道毕业后到底该做什么，职业发展前途在哪里。

2. 就业服务网络信息化水平低

我国至今没有全国统一的、专门的公共就业服务网站，公共就业服务信息网络呈地区分布、部门分布，无法实现就业信息共享，阻碍了供需信息的对接。高校普遍建立起就业网络信息平台，但各高校发展极不平衡，处于经济发达地区的、就业优势明显的重点大学的大学生就业信息网络发展好，为本校学生就业提供充分信息支持；而地方普通院校尤其是民族地区院校在使用大学生就业信息网上明显滞后，无法为毕业生提供充分的信息支持。

3. 就业服务主体间协调性不强

就业服务主体协调不够、就业管理体制不顺导致公共就业服务资源分散，人事、劳动、教育及其他主管部门的就业服务机构各自为政，停留在"头痛医头、脚痛医脚"的层面，不能从系统性、协调性、整体性的角度对大学生就业创业服务体系进行研究和分析，导致就业服务的各个环节不相衔接，难以系统性地解决毕业生就业难的问题，弱化了公共就业服务的社会效果。

五 促进民族地区大学生就业的对策建议

（一）优化大学生就业服务体系建设

公共就业服务包括为劳动者提供就业信息、工作搜寻帮助、劳动力流动协助等内容。优化大学生就业服务体系建设，有助于打破二元化的劳动力市场分割、促进人力资源自由流动、实现公共就业服务均等化。

1. 建立信息化的就业服务体系

加快大学生就业信息网络平台建设，利用网络、媒体、微信等现代化信息技术支持，收集、整合就业信息，确保毕业生时时处处可以收到就业信息。尝试建立包括用人单位招聘信息、大学毕业生求职信息在内的、全国联网的公共工作银行，免费对所有的招聘者和求职者开放，降低大学生的工作搜寻成本；建立统一、开放的人力资源供求信息网络系统，优化整合就业信息资源；打破各高校就业信息网站各自为政的局面，实现开放与联合，实现就业信息的互通共享。

2. 提高就业服务主体的协调性

政府要发挥资源整合功能，协调整合人事、劳动、教育等部门的公共就业服务资源，实现对高校毕业生就业服务的无缝对接。要调动市场力量，发展职业中介机构，在招聘登记环节及服务收费方面都应由国家做出统一规定，拓宽人才流动渠道。政府对提供实习岗位的企业给予各项优惠政策，引导校企之间建立大学生见习机制和创业平台，为大学生打造良好的就业创业环境。

3. 提升高校就业指导的实际效果

提升高校就业指导的实际效果，要从人员专业化、指导多样化、指导全程化上做起。一是提高就业指导人员的专业化水平。管理培训现有就业指导人员，聘请企业家、心理学家加入就业指导队伍，实现理论和实践相结合。二是提供多样化的就业指导服务。实行校企联合培养制，建立实习导师制度，建设实习与就业一体化的实践基地；联合社会机构和用人单位，开设创业讲座及论坛，组织创业大赛或企业实训课程。三是就业指导全程化。针对大学生所处的不同阶段进行职业指导，对毕业后未就业的大学生也要做好就业信息服务和求职辅导等工作。

（二）调整产业结构，提高城镇化水平，发展区域特色经济，提高就业吸纳能力

民族地区就业吸纳能力弱的根本原因在于产业结构布局不合理，第二、第三产业发展滞后，经济总量不足，城镇化水平低。民族地区经济总量的增长、就业容纳能力的提升，需要调整产业结构，提高城镇化水平，发展区域特色经济。

1. 加快产业结构调整

加快产业结构调整是提高民族地区就业吸纳能力的根本依托。民族地区要贯彻落实促进就业创业的产业政策，鼓励发展劳动密集型产业的支持政策，通过差别化产业政策来促进民族地区的产业结构调整，通过承接产业转移示范区建设引导具有市场前景的产业和技术装备先进企业向民族地区转移。内蒙古要以资源优势为依托，建设现代煤化工生产示范基地、绿色农畜产品生产加工输出基地建设。新疆要坚持以就业、民生改善促进社会稳定，发展纺织业、食品加工业等轻工业，重点吸收本地高校毕业生、本地劳动者就业。青海要加快建设新能源、新材料、盐湖化工、有色金属和生物资源精深加工等循环产业链，扩大就业吸纳能力。

2. 提高城镇化水平

城镇是民族地区实现充分就业的空间载体。民族地区城市化进程的推进，有利于加快民族地区市场化进程、提高资源使用效率与经济效益。国家要取消民族地区基础设施建设地方配套资金，全额资助教育、卫生、文化、基础设施等社会发展类和公益性项目建设，加强民族地区基础设施建设，提高城市公共服务能力和保障能力。要促进产业集聚和产城融合发展，积极培育小微企业，发展轻工产业等劳动密集型产业，积极开拓城市现代服务业发展岗位，增强城镇对人口和就业的吸纳能力。

3. 发展区域特色经济

发展特色经济是民族地区转变经济增长方式的必经之路。民族地区要从区情出发，制定符合地区实际的经济发展战略，走地区经济发

展的特色道路。比如，开发民族地区旅游资源，利用当地的风俗民情、自然资源发展旅游业，带动就业和经济增长；发展边境贸易，以此促进就业、提高群众生活水平；新疆要以丝绸之路经济带为契机，将新疆建设成丝绸之路经济带上重要的交通枢纽中心、商贸物流中心、金融中心、文化科技中心、医疗服务中心；内蒙古要发挥我国向北开发的桥头堡作用，以沿边开放战略和兴边富民政策为抓手，发展边疆贸易和国际通道建设。

（三）促进民族地区基础教育均衡发展，提高双语教育实际效果

1. 促进民族地区基础教育均衡发展

实现民族地区均衡发展需要解决地区间的教育不公平问题。要制定有利于民族地区基础教育发展的政策体系，更加注重提高民族地区基础教育的办学水平、师资力量和教育质量。一是增加基础教育财政投入。中央政府要主动承担起财政责任，建立完善的财政转移支付制度，加大对民族地区基础教育的投入力度。二是建立民族地区基础教育教师工资保障机制，杜绝民族地区优秀教师因为工资水平低而出现的流失现象，保证师资队伍的稳定。三是民族地区要推行高中阶段免费教育，提高大学升学率。

2. 提高双语教育实际效果

双语教育开始时间、双语教师队伍质量是影响双语教育效果的重要因素。首先，双语教育要从幼儿园抓起。人类学习语言的最佳时期就是牙牙学语的时期，因此，双语教育宜早不宜晚，从幼儿园开始，让孩子在学前阶段就接受普通话学习。其次，加强"双语"教师队伍建设。实施"双语教师特岗计划"，适当增加编制名额；强化双语教师培训，扩大定向培养免费师范生规模；提高农村教师、特岗计划教师的生活补助标准。最后，双语教育的推行要避免行政化手段。要做好通用语言教育宣传工作，提高民族地区尤其是新疆、西藏少数民族群众对双语教育的接受程度。

（四）加大高等教育经费投入，高校专业课程设置要与经济结构相适应，促进职业技术教育发展

要加大高等教育经费投入，调整高校专业课程设计，从民族地区经济社会发展的实际出发，把高等教育的重点放在职业教育和应用型

人才培养上，促进职业技术教育发展，为民族地区承接东部地区产业转移提供人才支撑。

1. 加大高等教育经费投入

教育不仅仅是经费投入问题，还必须考虑投入的公平性，尤其是向穷困人群倾斜的问题。一方面要考虑基本公共服务的可及性、公平性；另一方面又要考虑不断提高服务质量，满足人们多层次的教育需求。教育财政投入的属地化特征导致民族地区高等教育经费投入不足，直接制约着学校建立实验室、提高师资力量的水平。因此，中央财政要向民族地区高等教育倾斜，为民族地区高等院校的发展提供经济支撑，通过教学环境、师资力量的改善，提高学生的动手操作能力和社会适应能力，增进学生的就业能力。

2. 调整高校专业、课程设置

高等教育大众化时代，高校的专业设置、培养模式应坚持自主性和灵活性。首先，专业设置自主权要回归高校。民族地区普通高校要根据就业冷热门专业、地区产业结构、区域劳动力市场需求等因素，适当减少就业冷门专业，适量增加适应地区产业结构调整需要的新兴学科、专业，注重技术型、应用型人才的培养。其次，特色专业或重点学科要适应地区经济发展需求。要减少基础理论的课题研究，增加与地方经济发展相关的专业课程和科研任务。最后，课程设置要凸显灵活性与实践性，增加大学生的企业见习机会，使其提前了解企业的用人需求和所需就业技能。

3. 建立有吸引力的高校教师薪酬机制

建立有吸引力的高校教师薪酬机制的目的在于留住优秀人才。要提高高校教师的工资水平，建立科研奖励机制，并在住房、教育、工作环境上给高校教师良好的福利，确保其愿意留在这里。同时，建立高校教师培训进修机制，提高教师的专业技能和综合素质。鼓励民族地区高校的专业教师前往内地参加进修学习，不断提升教师的专业水平、知识水平和教学水平，进而提高民族地区高等教育的质量。

4. 促进职业技术教育发展

职业技术教育发展的关键是要消除地方政府发展普通高等院校的动机，抑制普通高等院校求大求全的利益动机。要减少普通高校的招生数量，提高中高等职业技术教育的招生规模。要抓好以职业教育为重点的基础能力和师资力量建设。中高等职业技术学校要围绕民族地区的优势资源和特色经济，发展开拓具有当地民族文化特色、符合民族地区特色经济发展的专业，培养诸如少数民族工艺品加工、少数民族乐器等方面的应用型技术人才，为民族地区特色经济的发展提供人才支撑。

（五）深化公职人员人事体制改革，实施民族地区人才战略，加大财政倾斜力度，切实解决民族地区人才流失问题

1. 深化公职人员人事体制改革

计划经济时代下，中央政府通过采用强制性的财政手段，即要求沿海发达地区缴纳较高比例的财政收入，通过"削峰填谷式"的财政制度安排，中央财政对中西部欠发达地区给予财政补贴，国家基本建设投资和布局也向中西部地区倾斜，并且在工资、福利上给予高的待遇，加上精神嘉奖，优秀人才愿意在民族地区就业。但是市场经济条件下，国家鼓励一部分人、一部分地区先富起来，地区之间经济差距日益加大，但中央财政转移支付却不如计划经济时期向西部地区倾斜，在区域经济发展失衡的态势下，优秀人才留在民族地区的收入无法保证，而且面临很多其他困难，从而导致优秀拔尖人才留不住、进不来。过去多年来积累的一些比较优秀的人才，也大规模外流。援助中西部的干部队伍数量有限，缺乏长期扎根地区发展的愿望。要深化公职人员人事体制改革，建立民族地区工作长效激励机制，实行"职级与待遇挂钩"，建立制度化的津贴补贴机制，逐步提高民族地区、艰苦地区生活津贴，加大艰苦边远地区津贴占收入总额的比重，以财政保障解决好民族地区人才外流、公职队伍稳定等问题。

2. 出台专项政策帮助少数民族大学生就业

中央要出台特殊政策，重点解决新疆少数民族大学生就业问题。要以引导少数民族大学生在民族地区就业为主，鼓励支持少数民族大学生前往内地就业。首先，引导少数民族大学生在当地就业。中央驻疆企业、内地在疆企业、援疆项目要以吸纳少数民族大学生为主，每年必须招录一定比例的少数民族大学生。其次，鼓励支持少数民族毕业生前往内地就业。要扩大对口援疆省市属院校在疆招生规模，鼓励

引导新疆籍少数民族毕业生毕业后在对口援疆省市就业；要实施新疆少数民族高校毕业生内地就业定向计划，国家机关事业单位、对口援疆省市机关事业单位、中央企业优先录用和单独招录新疆少数民族高校毕业生；内地企业接收新疆少数民族高校毕业生给予社会保险补贴、税收减免等政策。[1]

---

[1] 国家民委经济发展司：《筹备中央民族工作会议经济发展调研组材料汇编（民族地区材料）》，2014年3月，第55页。

第七章 民族地区城乡居民对流动人口与外来人员态度研究

改革开放以来，中国城乡劳动力流动加剧，尤其是农村劳动力到城市经商、务工，已成为势不可当的历史潮流。伴随着数量庞大的农村人口流动到城镇，中国的城镇化发展迅速，2011年中国城镇化率达51.27%，首次超过50%，标志着中国发展进入了一个新的成长阶段，城市化成为继工业化之后推动经济社会发展的新引擎。[①] 西部民族地区是中国欠发达地区。2012年，民族八省区人均GDP为全国平均水平的80.04%，城镇化率（城镇人口比重）除了在内蒙古高于全国平均水平外（见图7—1），在广西、贵州、云南、西藏、青海、宁夏及新疆都低于全国平均水平。因此，相对于全国，民族地区不仅经济发展水平落后，城镇化进程也滞后。进入这个新的成长阶段，民族地区要赶超全国，必须加速城镇化。因此，如何促进西部民族地区的城镇化，通过政府部门的社会整合，以及流动人口的自我调适和流入地居民的认同，顺利促进农民工的"市民化"进程，[②] 并借此防止可能发生的"社会裂隙"，[③] 应成为中国学术界及政府部门的重要关切点。

[①] 参见汝信、陆学艺、李培林主编《2012年中国社会形势分析与预测》，社会科学文献出版社2011年版。

[②] 文军：《论农民市民化的动因及其支持系统》，《华东师范大学学报》（哲学社会科学版）2006年第4期。

[③] 张翼：《农民工"进城落户"意愿与中国近期城镇化道路的选择》，《中国人口科学》2011年第2期。

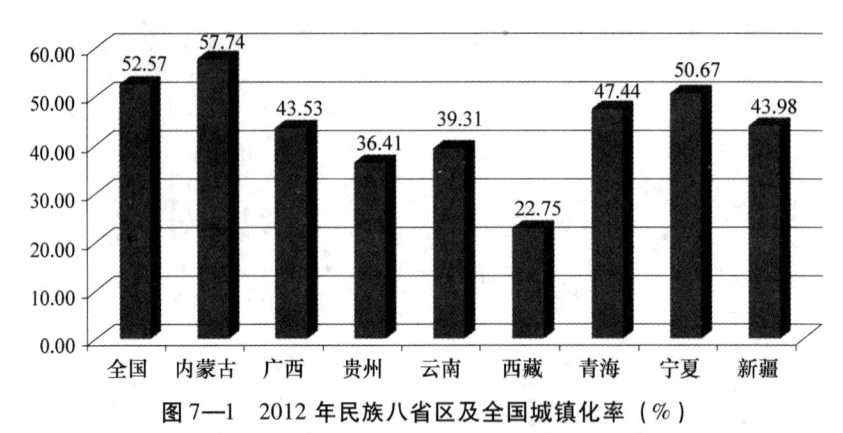

图7—1 2012年民族八省区及全国城镇化率（%）

资料来源：根据国家统计局网站"国家数据"相关数据整理、计算得出。

一 研究问题与假设

就全国而言，伴随着数量庞大的人口流动，一些新的社会现象和社会问题日益凸显。因此，劳动力转移就业问题，成为近20年国际、国内学者研究的热点。既有文献对中国劳动力转移问题的研究可谓汗牛充栋，笔者在梳理了众多的文献后将其概括为三个方面。

其一，关于劳动力流动机制的研究。主流的观点认为，由于城乡二元结构这一制度安排，割裂的城乡二元经济是中国农民工外出决策的基础因素。[①] 这一观点，与刘易斯的学说大体一致。

其二，关于外出劳动力在转移目的地的生活、工作状况和影响的研究。这类研究主要关注外来劳动力对本地劳动力市场的客观影响，以及外来劳动力所遭遇的不公平对待。蔡昉对外来劳动力在其劳动所在地遭遇的职业分割与工资差异、社会保障歧视、生活和人文劣势地

---

① 参见蔡昉、都阳、王美艳《户籍制度与劳动力市场保护》，《经济研究》2001年第12期；李强《中国城市中的二元劳动力市场与底层精英问题》，《清华社会学评论》2000年特辑；《转型时期中国社会分层结构》，黑龙江人民出版社2002年版；《影响中国城乡流动人口的推力和拉力因素分析》，《中国社会科学》2003年第1期；孙立平《资源重新积累下的底层社会形成》，《战略与管理》2002年第1期。

第七章 民族地区城乡居民对流动人口与外来人员态度研究

位进行了刻画。① 李培林、田丰、王桂新、罗恩立、刘传江、周玲、李树茁、任义科、靳小怡等社会学者和经济学者亦基于转移劳动力的立场和逻辑，描述了流动劳动力在流入地社会的融入现状和阻碍因素。② 叶俊焘、蒋剑勇和钱文荣认为，如果从社会融合和社会认同的视角出发，转移劳动力融入流入地的过程应该是双向的互动过程，一方面是转移劳动力对劳动力流入地生活的适应和融入，另一方面是流入地居民接受、接纳外来劳动力。③ 王春光认为转移劳动力对流入地社区是否有认同，既取决于他们是否认同当地社区为自己的家园，也取决于当地社区是否认同转移劳动力为本地居民。④

其三，关于流入地城市居民对农民工群体的态度、评价的研究。这也是本章所关注的问题。目前，流入地居民（当地居民）对外来劳动力群体的态度、评价的研究，主要聚焦于城市居民对外来农民工的态度、评价。研究大体有两类。一类是有关流入地城市居民对外来农民工态度的描述，另一类则是有关流入地城市居民对外来农民工态度影响因素的分析。

第一，流入地城市居民对外来农民工的态度。既有研究大多是从社会认同、社会距离、社会融合等理论视角来研究城市居民对外来农民工的态度。社会距离是"存在于集团与个人之间的亲近程度"，⑤是一种可以测量个人和一般社会关系的理解、同情与亲密的程度和等级。⑥ 社会距离可以分为社会接触的等级和主观感受的等级。因此，

---

① 蔡昉：《边缘化的外来劳动力》，《开放导报》2004年第6期。
② 李培林、田丰：《中国农民工社会融入的代际比较》，《社会》2012年第5期；王桂新、罗恩立：《上海市外来农民工社会融合现状调查研究》，《华东理工大学学报》（社会科学版）2007年第22期；刘传江、周玲：《社会资本与农民工的城市融合》，《人口研究》2004年第5期；李树茁、任义科、靳小怡：《中国农民工的社会融合及其影响因素研究——基于社会支持网络的分析》，《人口与经济》2008年第2期。
③ 叶俊焘、蒋剑勇、钱文荣：《城市居民对进城农民工态度的影响因素研究》，《浙江社会科学》2011年10月。
④ 王春光：《新生代农村流动人口的社会认同与城乡融合的关系》，《社会学研究》2001年第3期。
⑤ 刘易斯·A.科塞：《社会学思想名家》，石人译，中国社会科学出版社1991年版。
⑥ 卢国显：《我国大城市农民工与市民社会距离的实证研究》，《中国人民公安大学学报》（社会科学版）2006年第4期。

部分学者用社会距离来测量城市居民对外来农民工的态度。社会认同是一个人自我概念的重要组成部分，会影响到他们的社会态度和行为，[①] 社会认同是在多种社会关系网络中，个人和群体对其社会身份和社会角色的自我认定和他者认可。[②] 社会融合是个体和个体之间、不同群体之间、不同文化之间互相配合、互相适应的过程，并以构筑良性和谐的社会为目标。[③]

根据 J. L. 弗里德曼等人的定义，态度是个体对某一特定事物、观念或他人稳固的，由认知、情感和行为倾向三个成分组成的心理倾向。[④] 随着劳动力市场化的深入，城市居民对农民工的态度是矛盾的。一方面，城市居民在一定程度上主动或被动接纳农民工，认可他们在城市的存在；另一方面，城市居民对农民工总体呈负面态度。

卢国显将市民对农民工的态度划分为两类。一是市民对农民工的积极的、肯定性的同情态度，二是市民对农民工的偏见与歧视（偏见就是市民与农民工的社会距离）。他通过对北京市海淀区的 212 位居民的调查发现，在同情性态度上，有超过 80% 的市民认同农民工为城市做出了贡献、为市民提供了便利，有接近一半的市民认为北京市的各项政策对农民工限制太多。在歧视性态度上，70% 的市民认为是农民工扰乱了城市治安、破坏了城市环境；有超过一半的人认为是农民工造成了交通堵塞；还有接近 40% 的市民认为农民工抢了市民的饭碗。进一步，他应用社会距离理论分析市民与农民工的关系，得出的结论是：大部分市民对农民工持排斥态度，双方交往具有非对称性。农民工与市民的社会距离属于远距离等级的泛泛之交，双方交往

---

① Tafel H., Turner J. C., "The Social Identity Theory of Inter-group Behavior", In Worchel S., Austin W. (eds), *Psychology of Intergroup Relations*, Chicago: Nelson Hall, 1986, pp. 7 – 24.

② 郑航生：《中国社会发展研究报告 2009——走向更有共识的社会：社会认同的挑战及其应对》，中国人民大学出版社 2009 年版。

③ 任远、邬民乐：《城市人口的社会融合：文献评述》，《人口研究》2006 年第 3 期。

④ J. L. 弗里德曼、D. O. 西尔斯、J. M. 卡尔史密斯：《社会心理学》，高地、高佳等译，黑龙江人民出版社 1986 年版。

机会很少，主观距离比较大。① 景志铮和郭虹应用个案研究方法，考察了成都市若干社区新移民的融入情况。结论是，城市社区居民对外来移民普遍存在不包容或漠不关心的态度。城市居民不仅不关心外来移民的生活状况，还对他们的身份和职业持歧视性态度。②

刘林平调查了居住在广州市老城区的约500位市民，问卷中提出包含5个正面评价和6个负面评价的有关农民工的11个陈述，用以分析市民对这些陈述的同意程度，结果发现市民对农民工的评价总体"一般"偏下。③ 张雪筠通过向621名天津市区户籍常住人口的问卷调查发现，市民与农民工之间存在明显的心理疏离与情感距离，市民对农民工是"群体性排斥与部分的接纳"。市民基本认可农民工的制度身份，但支持限制农民工的权利。相当比例的市民缺乏对农民工的理解与同情，认为农民工的权利缺损是正常的。另外，市民对农民工的评价比较负面，认为农民工给城市带来了一系列社会问题。④ 叶俊焘、蒋剑勇、钱文荣通过对杭州市389名成年市区户籍居民的调查发现，46.1%的杭州居民对农民工群体持正面态度，18.8%的杭州居民持完全负面态度，其余则介于两者之间，杭州居民对农民工的总体印象是负面的。⑤

胡荣、王晓将"社会距离"操作化为城市市民与外地人的交往意愿，也即对待外地人的态度和行为倾向性。研究结果为，城市居民中大部分人都愿意和外地人聊天（60.63%）、工作（58.41%）、做邻居（53.65%）及成为亲密朋友（50.08%），但本人/子女愿意与外地人成亲的则不足四成。⑥ 唐有财、符平对2005年全国综合社会调查

---

① 卢国显：《我国大城市农民工与市民社会距离的实证研究》，《中国人民公安大学学报》（社会科学版）2006年第4期。
② 景志铮、郭虹：《城市新移民的社区融入与社会排斥——成都市社区个案研究》，《西北人口》2007年第2期。
③ 刘林平：《交往与态度：城市居民眼中的农民工》，《中山大学学报》（社会科学版）2008年第2期。
④ 张雪筠：《"群体性排斥与部分的接纳"——市民与农民工群际关系的实证分析》，《广西社会科学》2008年第5期。
⑤ 叶俊焘、蒋剑勇、钱文荣：《城市居民对进城农民工态度的影响因素研究》，《浙江社会科学》2011年第10期。
⑥ 胡荣、王晓：《社会资本与城市居民对外来农民工的社会距离》，《社会科学研究》2012年第3期。

数据进行了分析。分析发现，城市居民和外来人口保持着较远的社会距离，但这在不同社会关系和社会交往上存在差异。随着社会关系与社会交往程度的深入，城市居民的态度也就越来越保守。大多数城市居民都愿意和外来人口保持一般性的社会关系，但是当涉及家庭或亲缘型的社会关系，这一比重就迅速降低，只有四成多的城市居民愿意与外来人口有更加亲密的社会关系。①

第二，城市居民态度的影响因素。城市居民对农民工的态度，在居民个体经济社会特征方面存在差异（如性别、职业、教育水平、经济社会阶层、社会资本等），也与居民所在城市的经济社会环境相关。

张雪筠的研究发现，个体特征对市民与农民工之间的关系存在一定的影响。相对收入低的市民，收入高的市民更同情农民工，对农民工的接纳和包容程度高，排斥和偏见较少；相对职业身份低的市民，职业身份高的市民对农民工的排斥和偏见更少，更愿意接纳他们；处于上层的市民对农民工的偏见与排斥较小。②

王嘉顺基于2005年全国综合社会调查数据（CGSS），构建了区域差异背景下的城市居民是否愿意外来人口迁入的多层线性模型。他发现，市民个体的社会经济特征和城市的制度环境对他们的态度有显著影响。那些生活在户籍人口数量较多城市的、住房保障度高的、主观社会经济地位层次较低的、年龄较大的女性市民更不愿意外来人口迁入。另外，那些公共产品供给压力较大、公共产品服务水平较高的城市的市民更不同意外来人口迁入。③

唐有财、符平以社会认同视角实证研究了城市居民对外来人口的态度。结论是，越是处于城市上层的居民，对外来人口越亲和、越宽容，两者之间的主观社会距离越显接近；越是城市下层的居民，反而越表现出排斥倾向，两者的主观社会距离也越显疏远。他们将这种现

---

① 唐有财、符平：《"同类相斥"？——中国城市居民与外来人口的社会距离问题》，《华东理工大学学报》（社会科学版）2012年第5期。
② 张雪筠：《"群体性排斥与部分的接纳"——市民与农民工群际关系的实证分析》，《广西社会科学》2008年第5期。
③ 王嘉顺：《区域差异背景下的城市居民对外来人口迁入的态度研究——基于2005年全国综合社会调查数据》，《社会》2010年第6期。

第七章 民族地区城乡居民对流动人口与外来人员态度研究

象归纳为"同类相斥"悖论,即同质性程度越高、越是属于或接近于同一阶层地位的不同社会人群,他们之间就越呈现出疏远和排斥倾向。①

虽然已经有部分学者研究了流入地城市居民对农民工群体的态度、评价,但这些研究还存在一些不足:一是对不同研究地区关注的失衡,即缺乏对西部民族地区,尤其是西部民族地区县域的研究;二是重要的观察角度的缺失,即鲜有研究当地农业户口居民对外来者的态度、评价。第一个问题产生的主要原因可能是,相对于西部民族地区,东、中部地区的流动人口规模更大。相对于县域,大城市的流动人口更多更集中。因此,东、中部地区及大城市的流动人口的相关问题更容易得到关注。但是,随着近年我国产业转移的变化,受土地、人工成本的因素影响,近年来劳动密集型行业逐步转移到中西部,显示从东部到中西部的产业与劳动力转移的大格局已逐步成型。② 与此同时,经过多年发展后,从2011年起,中国经济增速从10%以上降为不到8%,而西部大部分省区仍保持10%以上增速,中西部开始逐步取代传统的东部成为拉动经济增长的新引擎。可预见的未来是西部民族地区外来劳动力规模会越来越大。而且,西部民族地区与东、中部地区、县域与大城市在经济、社会、文化发展方面差异很大,因而西部民族地区的县域在劳动就业环境、条件、容量方面基础不同,因此西部民族地区县域外来人口的相关问题值得关注。第二个问题产生的原因主要是对流入地(当地)人口所涵盖的人群没有做具体的划分。如果按照户口性质分为城镇户口和农业户口,即可将当地人口分为城镇户口人口和农业户口人口。城、乡两类居民在社会、经济特征等方面存在明显的差异,因而其对外来劳动力的态度、评价也可能存在差异。

正是基于这样的认识,本章所关注的重点是,在经济社会欠发达的西部民族地区,一旦劳动力的转移和流动机制发挥效用,外出就业

---

① 唐有财、符平:《"同类相斥"?——中国城市居民与外来人口的社会距离问题》,《华东理工大学学报》(社会科学版)2012年第5期。
② 《农民工开始向中西部转移》,《新商报》2010年3月22日;《农民工增量重心连续三年向中西部转移》,《北京商报》2013年5月28日。

的劳动力对转移目的地的社会、经济环境造成了怎样的影响,而当地居民①在主观上又是如何认知这些影响的。本章基于微观调查数据,将西部民族地区的县域城乡居民作为考察对象,研究他们对外来人口的态度、评价,借此防止可能发生的"社会裂隙"。

基于以上简要的文献梳理以及初步的观察思考,笔者认为,被调查民族地区16个县市的城乡居民对外来人员的态度不仅受被调查者个体社会经济特征的影响,还会受到不同县市经济资源条件、社会文化环境的影响。借此,本章提出如下研究假设。

假设1:本章研究的西部民族地区的当地居民对外来人员的态度存在差异,相对于农业户口、女性、受教育程度较低、年龄较大、收入水平较低者,非农业户口、男性、受教育程度较高、年轻、收入水平较高的被调查居民对外来人员的态度越倾向正面。

根据经济自利理论,②感知外来人员会与自己竞争工作机会和资源的当地居民会更倾向于持有负面的态度。③一般而言,相对于非农业户口、男性、受教育程度较高、年轻、收入水平较高的被调查居民,农业户口、女性、受教育程度较低、年龄较大、收入水平较低的被调查居民主要在低技能工作领域就业,由于外来人员与本地人口就业替代与竞争主要是在低技能工作领域,④因此农业户口、女性、受教育程度较低、年龄较大、收入水平较低的被调查居民对有可能要来争夺资源和就业机会的外来者会持比较消极的态度。

假设2:相对于少数民族,汉族被调查居民对外来人员的态度更积极。

考虑到研究的对象是西部民族地区各族当地居民,当地居民对外来人员态度的民族差异值得关注。一方面,研究表明西部民族地区汉

---

① 本章中的当地居民,指拥有本县城镇、农业户口的居民。
② Burns, P. and Gimpel, J., "Economic Insecurity, Prejudicial Sterotypes, and Public Opinion on Immigration Policy", *Political Science Quarterly*, Vol. 115, 2000, pp. 201 – 225.
③ 叶俊焘、蒋剑勇、钱文荣:《城市居民对进城农民工态度的影响因素研究》,《浙江社会科学》2011年第10期。
④ 王桂新、沈建法、刘建波:《中国城市农民工市民化研究》,《人口与发展》2008年第1期。

族和少数民族之间的收入存在差距,少数民族收入低于汉族收入。[①]上述文献表明,收入水平对外来农民工的态度有显著的影响。另一方面,各少数民族拥有不同的语音、民族文化、习俗及价值观、生活观,他们对外来人员在短时间内达到认同,在客观上存在难度。

假设3:相对于非中共党员、共青团员的被调查者,中共党员和共青团员被调查者对外来人员的态度更正面。

一方面,中共党员和共青团员被调查者的社会资本相对更有优势。另一方面,当前,国家对人口流动越来越宽容,并且不断出台相关政策对流动人口尤其是农村流动人口提供各种支持。众所周知,原则上,支持党和国家的政策是中共党员、共青团员的一种责任,他们中的被调查者对外来人员的态度更正面,应当是可以预期的。

假设4:资源积聚力越强的县(市、旗),外来人员会越多,但其居民对外来人员的态度会越负面。

根据美国经济学家保罗·克鲁格曼提出的空间经济学,区域间发展不平衡会产生一种资源的集聚效应,各种资源(包括人口资源)会向资源积聚力强的地方(经济发达的城市和地区)积聚,进而导致更多资源在发达地区积聚,其结果便是经济发达区域越发的发达。[②]据《2013年全国农民工监测调查报告》,2013年全国农民工总量26894万人,其中外出农民工16610万人。东部地区外出农民工以省内流动为主,中西部地区外出农民工以跨省流动为主,且西部地区跨省流出农民工的82.7%流向东部地区。[③] 即外出劳动力主要流向东部地区。上述文献中研究的基本都是东部地区城市居民对外来劳动力的态度,可以说,资源积聚力强、经济发达的东部地区接纳了相当规模

---

① Jorn Gustaffson and Li Shi,"The Ethnic Minorit-Minority Income CaP in Rural China during Transition", *Economic Development and Cultural Change*, Vol. 51, No. 4, July 2003;丁赛:《农村汉族和少数民族收入差异的经验分析》,《中国劳动经济学》2006年第4期;刘小珉:《民族视角下的民族地区农村贫困问题比较研究——以广西、贵州、湖南为例》,《民族研究》2013年第4期。

② Krugman P. "Increasing Returns, Monopolistic Competition, and International Trade", *Journal of International Economics*, No. 9, 1979.

③ 国家统计局:《2013年全国农民工监测调查报告》,国家统计局网站(http://www.stats.gov.cn/tjsi/zxfb/201405/t20140512_551585.html),2014年5月12日发布。

的外来劳动力，但当地居民对外来劳动力总体呈负面态度。

在西部大开发政策的实施过程中，各民族地区都以自身拥有的优势资源作为基础，大力发展优势产业，以寻求跨越式发展。对于经济欠发达的民族地区而言，如果本地的资源积聚力弱，经济发展水平较低，本地非农就业机会就会很少，那么本地的剩余劳动力可能更倾向于到距离更远的地方寻求就业机会，如贵州剩余劳动力主要流向东南沿海等发达省市，农村剩余劳动力在省内就业的比例很小，[1] 因此本地城乡居民有亲属外出经商务工的概率就会更大，按照心理学上的"同理心"，[2]他们对外来劳动力的态度可能会更加正面。相反，如果本地资源积聚力强，就业机会相对较多，那么劳动力对本地就业市场的依赖就更大，他们会将本地资源和本地户籍视作一种比较优势，而将外来劳动力视作资源和机会的竞争者，对外来劳动力持较为消极的态度。因为一个地区的资源积聚力强，意味着其经济发展水平相对较高，本章用县人均 GDP 代表该县的资源集聚力。

二 数据来源及样本分布

本章所使用的微观数据来自中国社会科学院民族学与人类学研究所的国家社科基金特别委托项目"21 世纪初中国少数民族地区经济社会发展综合调查"，该项目 2013 年设立了 16 个子项目，分别对内蒙古的伊金霍洛旗、鄂温克族自治旗，青海互助土族自治县，甘肃肃南裕固族自治县，云南的丽江市、沧源佤族自治县、大理市、盈江县，新疆的喀什市、塔什库尔干塔吉克自治县、墨玉县和和布克赛尔蒙古自治县，贵州的镇宁布依族苗族自治县、凯里市、台江县、三都水族自治县等 16 个县（市、旗）进行了经济社会发展综合调研。同时，项目组对这 16 个县（市、旗）的城镇、农村家庭及所对应的社区进行了问卷抽样调查，每个县（市、旗）的家庭样本是 400 户左

---

[1] 李志龙：《贵州劳动力单向流动的原因、影响与解决途径》，《贵州财经学院学报》2009 年第 3 期。

[2] 魏源：《同理心：心理咨询与治疗关系中的特质概念》，《中国临床康复》2005 年第 40 期。

第七章 民族地区城乡居民对流动人口与外来人员态度研究

右，16个县（市、旗）的家庭总样本是6535户，入户调查时由这些住户在家主要家庭成员之一回答调查。调查样本系采用城乡分层随机抽样方法取得。因本章关注的是被调查各县（市、旗）城乡居民对外来劳动力的态度及评价，因此只关注本地户口的6290位被访者。[①] 这6290位被访者的基本情况如表7—1所示。

表7—1　　　　　　　被访者基本情况分布　　　　　　　单位：%

变量	比例	变量	比例	变量	比例
性别		**民族**		**政治面貌**	
男性	58.6	汉族	23.8	中共党员	18.0
女性	41.4	少数民族	76.2	共青团员	5.8
样本量	6161	样本量	6059	民主党派	0.1
年龄		**婚姻状况**		群众	75.9
0—15	0.8	未婚	8.0	其他	0.3
16—29	13.2	初婚有配偶	80.3	样本量	6120

---

① 根据全国第六次人口普查资料，全国居住在本县、户口在县外、离开户口登记地半年以上的外来人口占总人口的12.8%，东部地区的该比例大多高于全国平均水平，西部地区的该比例大多低于东部地区，尤其是西藏、云南、广西、贵州、甘肃，该比例分别为8.68%、8.56%、8.16%、7.50%及6.36%（根据《中国2010年人口普查资料》表1—2、表1—4相关数据计算、整理）。另据统计，2013年外出农民工16610万人中，有5250万人流入到西部，占外出农民工的31.61%，其中1135.11万人流入到西部的小城镇（包括县、镇），占外出农民工的6.83%（此处外出农民工的口径是指在户籍所在乡镇地域外从业的农民工，如果换算成在户籍所在县地域外从业的农民工，该比例会小很多）（根据国家统计局《2013年全国农民工监测调查报告》相关数据计算、整理，国家统计局网站）。综上，西部民族地区外来劳动力占当地人口比例，比东部相应比例低，且西部外来劳动力主要在县（市、旗）以上城市（占78.4%）。因此可以推断，包括外来劳动力以及跟随外来劳动力一起来的家属的外来人口，在县（市、旗）以上城市比在县（市、旗）级城市的多很多，因此西部民族地区县（市、旗）级城市外来人口占当地总人口比例，比县（市、旗）以上城市外来人口占当地人口比例小很多。概言之，综合考虑6个被调查民族省区16个县（市、旗）外来人口占本地人口比例（超过3%）及六普和《2013年全国农民工监测调查报告》得出的西部民族地区县（市、旗）级城市外来人口占当地总人口比例情况，应该说，本章的数据具有代表性。另外，虽然在调查样本户中，非本地户口户不多，但本章研究的对象是当地居民，因此不会影响研究结果。

续表

变量	比例	变量	比例	变量	比例
30—39	21.9	再婚有配偶	2.5	**教育程度**	
40—49	29.6	离婚	2.2	未上学	9.9
50—59	17.0	丧偶	6.9	小学	28.3
60岁以上	17.5	同居	0.1	初中	
样本量	6290	样本量	6124	高中	16.6
户口性质				大专及以上	13.3
农业户口	60.6			样本量	6135
非农户口	39.4				
样本量	6151				

注：由于各变量都存在缺失值，因此各变量的样本量不一样。

表7—1大致勾勒出了受访者的人口、社会、经济特征。他们的平均年龄为45岁，男性约占六成，中共党员及共青团员不到两成，八成以上已婚，受教育程度六成为小学及初中，六成为农业户口，七成多为少数民族。

本章关注的重点是当地居民对外来人员的态度，并不直接以"社会距离""社会认同"等词语来抽象地分析当地居民对外来人员的态度，而是通过问卷中的两个题目来考察：一是"如果您是当地户籍住户，对于到本地的外来流入人员，您的态度是：（1）非常欢迎；（2）比较欢迎；（3）不欢迎；（4）非常不欢迎；（5）无所谓、不知道"。二是"如果您持不欢迎态度，您的理由是（请按重要性次序选择三个）：（1）看不惯他们的行为举止；（2）他们到来后本地人的就业机会减少；（3）他们赚走了当地人的钱，但对当地没有贡献；（4）他们破坏了当地的生活环境；（5）他们破坏了当地的资源和自然环境；（6）不知道；（7）价值观冲突"。受刘林平等的启发，[1] 笔者在之后的考察中，采用给欢迎程度赋值的方法，然后进行多元线性回归分析。为了能够

---

[1] 刘林平：《交往与态度：城市居民眼中的农民工》，《中山大学学报》（社会科学版）2008年第2期。

更好地区分开本地城乡居民对外来流入人员态度的程度,对当地户籍住户对外来流入人员的态度,按如下规则赋值:非常欢迎计3分,比较欢迎计1分,不欢迎计-1分,非常不欢迎计-3分,而无所谓和不知道均计0分。因此,对于任何一个分样本而言,其打分平均值介于-3分到3分之间,0分意味着中立态度,得分为正意味着欢迎态度,反之亦然。①

三 数据分析结果

(一) 当地城乡居民对外来流入人员态度的描述性分析

1. 不同省区城乡居民对外来流入人员的态度

被调查各省本地住户对外来流入人员的态度如表7—2所示。统计分析结果显示,在内蒙古、青海、甘肃、云南、新疆、贵州6个民族省区②,被调查的本地住户对外来流入人员的态度非常正面:78.76%的被访者对外来流入人员持比较欢迎或非常欢迎的态度,11.1%的持不欢迎或非常不欢迎的态度,还有10.14%的被访者的回应是"视情况而定"或"无所谓"。可以说,绝大多数被访者是欢迎到本地的外来流入人员的。

由表7—2还可以看出,不同省区城乡居民对外来流入人员的欢迎程度有显著差异。其中,对外来流入人员态度持"比较欢迎"或"非常欢迎"的比例最低的被调查者来自内蒙古,他们当中只有50.73%的人持有这种态度,远远低于78.76%的总体平均水平;而且内蒙古被访者中持"不欢迎"或"非常不欢迎"态度的比例达到31.27%,为其他各省区被访者中该比例的2—10倍。甘肃被调查者中对外来流入人员态度持"比较欢迎"或"非常欢迎"的比例为53.28%,略高于内蒙古被调查者的相应比例。对外来流入人员态度持

---

① 一个与此相类似例子是国际足联"金球奖"评选的打分统计规则,即每个评委评选的3个人分别赋分为5分、3分、1分。
② 此次被调查地区包括内蒙古、青海、甘肃、云南、新疆、贵州6个民族省区的16个县(市),为了简便,下文将内蒙古、青海、甘肃、云南、新疆、贵州6个民族省区简称为"民族六省区"。

"比较欢迎"或"非常欢迎"的比例最高的省区是贵州（93.1%），而且，贵州被访者对外来流入人员的态度持"非常不欢迎"的比例为0。很显然，内蒙古、甘肃的被访人员与贵州的被访人员对外来流入人员的态度差异，与被调查地区自然资源条件的大相径庭及经济结构和经济发展水平的差异是相关的。青海、云南、新疆三省区被调查城乡居民对外来流入人员的态度则介于内蒙古和贵州之间。

表7—2　　　被调查各省本地住户对外来流入人员态度　　　单位：%

	内蒙古	青海	甘肃	云南	新疆	贵州	总体
非常欢迎	16.56	35.93	17.93	35.08	34.21	50.99	35.56
比较欢迎	34.17	52.51	35.35	49.42	41.81	42.11	43.2
不欢迎	29.04	9.3	2.53	12.49	7.21	3.07	10.03
非常不欢迎	2.23	0.25	0.51	0.74	2.29	0	1.07
视情况定、无所谓或不清楚	18	2.01	43.69	2.28	14.48	3.83	10.14
合计	100	100	100	100	100	100	100
样本量	761	398	396	1625	1526	1565	6271

2. 不同户籍、性别居民对外来流入人员的态度

本地住户对外来流入人员的态度在户籍、性别上的差异显著，如表7—3所示。可以发现，分户籍看，非农户口本地居民持"非常欢迎"态度的比例比农业户口的更高（高5个百分点），其欢迎态度更鲜明。农业户口本地居民对外来流入人员持"不欢迎"和"非常不欢迎"的负面态度的比例比非农业户口的高（高4.47个百分点）。从态度赋值来看，农业户口的被访者平均得分达到1.5，高于非农业户口被访者的1.32。分性别看，男性本地居民持"非常欢迎"态度的比例比女性更高（高约3个百分点），其欢迎态度更鲜明。对外来流入人员持"不欢迎"和"非常不欢迎"的负面态度的性别差异不大。

第七章　民族地区城乡居民对流动人口与外来人员态度研究

表7—3　　　不同户籍、性别居民对外来流入人员态度分布　　　单位:%

	农业户口	非农业户口	总体1*	男	女	总体2
非常欢迎	33.98	39.04	35.98	37.25	34.3	36.03
比较欢迎	44.56	41.77	43.46	43.4	43.42	43.41
不欢迎	10.82	6.78	9.23	9.48	8.96	9.26
非常不欢迎	1.13	0.7	0.96	1	0.9	0.96
无所谓或不清楚	9.5	11.7	10.37	8.87	12.42	10.34
合计	100.0	100.0	100.0	100.0	100.0	100.0
样本量	3714	2418	6132	3597	2545	6142

注：由于有些样本的户口、民族、男女、年龄、受教育程度等变量存在不同的缺失，因此分城乡、民族、性别、年龄、受教育程度的汇总样本与总体样本有不一致的地方，导致分城乡、民族、性别、年龄、受教育程度等的比例与总样本的比例有不一致的现象。

3. 不同民族、政治面貌居民对外来流入人员的态度

被调查者对外来流入人员的态度具有民族、政治面貌的差异，如表7—4所示。可以看出，分民族看，少数民族被调查者对外来流入人员中持"不欢迎"和"非常不欢迎"的负面态度的比例比汉族中的高（高2.74个百分点），其不欢迎态度较为明显。对外来流入人员持"非常欢迎"和"比较欢迎"的正面态度的民族差异不大。从态度赋值来看，汉族被调查者平均得分达到1.41，少数民族被调查者平均得分1.39。分政治面貌看，中共党员、团员被调查者中持"非常欢迎"及"比较欢迎"态度的比例比非中共党员、团员中的相应比例高3.65个百分点，持"不欢迎"与"非常不欢迎"态度的比例比非中共党员、团员中的相应比例低1.64个百分点。概言之，相对于少数民族、非中共党员、团员，汉族、中共党员、团员居民对外来流入人员的态度更正面。

表7—4 不同民族、政治面貌居民对外来流入人员态度分布　　单位:%

	汉族	少数民族	总体1	非中共党员、团员	中共党员、团员	总体2
非常欢迎	35.12	36.2	35.95	34.53	40.11	35.86
比较欢迎	44.3	43.19	43.45	43.97	42.04	43.51
不欢迎	7.93	9.7	9.28	9.68	8.13	9.31
非常不欢迎	0.21	1.19	0.96	0.99	0.9	0.97
无所谓或不清楚	12.45	9.72	10.36	10.84	8.82	10.36
合计	100.0	100.0	100.0	100	100	100
样本量	1438	4693	6131	4651	1451	6102

4. 不同受教育程度居民对外来流入人员的态度

从表7—5可以看出,大专及以上受教育程度的被调查者对外来流入人员持"非常欢迎"的态度的比例是最高的。但同时,对外来流入人员持"不欢迎"和"非常不欢迎"的负面态度比例最高的也是大专及以上受教育程度的本地居民。因此,本地住户对外来流入人员的态度在受教育程度方面存在一定差异,但不显著。

表7—5 不同受教育程度居民对外来流入人员态度分布　　单位:%

	未上学	小学	初中	普高、中专及职高	大专及以上	总体
非常欢迎	35.04	33.33	37.45	34.68	40.32	35.97
比较欢迎	44.3	46.3	42.83	43.65	37.87	43.43
不欢迎	9.42	9.61	9.02	8.57	10.17	9.3
非常不欢迎	0.33	1.1	0.72	1.18	1.47	0.96
视情况定、无所谓或不清楚	10.91	9.66	9.99	11.92	10.17	10.33
合计	100	100	100	100	100	100
样本量	605	1728	1952	1015	816	6116

第七章 民族地区城乡居民对流动人口与外来人员态度研究

5. 不同年龄被调查者对外来流入人员的态度

被调查者对外来流入人员的态度具有年龄差异，如表7—6所示。可以看出，0—15岁及60岁以上的被调查者中持"非常欢迎"及"比较欢迎"态度的比例分别为95.75%、80.58%，是所有年龄段居民中比例最高的，相应地，其"不欢迎"及"非常不欢迎"的比例是最小的。这说明年轻的和年龄较老的居民对外来流入人员的欢迎态度更为明显。其他年龄段的居民态度差异不太大。

表7—6　　　　不同年龄居民对外来流入人员态度分布　　　　单位:%

	0—15	16—29	30—39	40—49	50—59	60岁以上	总体
非常欢迎	38.3	35.7	35.93	36.32	36.27	35.93	35.56
比较欢迎	57.45	44.65	42.31	43.05	42.36	44.65	43.2
不欢迎	0	10.7	10.2	9.57	8.61	7.41	10.03
非常不欢迎	0	1.24	1.65	0.95	0.39	0.47	1.07
视情况定、无所谓或不清楚	4.26	7.71	9.9	10.12	12.38	11.54	10.14
合计	100	100	100	100	100	100	100
样本量	47	804	1333	1798	1034	1066	6082

（二）被调查者对外来人员的态度与当地资源积聚力的关系

表7—7报告的是16个调查县（市、旗）的经济状况与城乡居民平均欢迎程度赋值情况。可以看出，在人均GDP相对较高的县（市、旗），其第二产业占比、城镇人口占比都相对较高，也就是说，经济发展水平较高的县（市、旗）的工业化、城镇化水平也相对较高。本章用16个被调查县（市、旗）的人均GDP作为其经济发展水平变量，来考察当地经济发展水平与城乡居民对外来流入人员欢迎程度的关系。

可以发现，当地居民对外来流入人员持最不欢迎态度的调查点为内蒙古鄂温克族自治旗，其平均欢迎程度得分仅为0.307，但其县人均GDP在16个县中排第二，达到64387元。相比之下，贵州的三都水族自治县、台江县、镇宁布依族苗族自治县被调查者对外来流入人员的态度得分都接近2，而其县人均GDP却比较低。

表7—7　16个调查县（市、旗）的经济状况与城乡居民平均欢迎程度打分

省	县（市）	第一产业	第二产业	第三产业	人均GDP（元）	城镇人口占比（%）	平均欢迎程度打分*
内蒙古	伊金霍洛旗	1.12	62.75	36.13	268758	63.57	0.722
	鄂温克族自治旗	7.91	69.34	22.75	64387	81.25	0.307
青海	青海互助土族自治县	21.42	44.57	34.01	17622	16.13	1.783
甘肃	肃南裕固族自治县	15.06	68.29	16.65	64500	31.09	0.849
云南	丽江市	17.25	42.28	40.47	16870	28.58	1.767
	沧源佤族自治县	27.32	40.81	31.87	13145	23.97	0.838
	大理市	7.63	50.28	42.09	38774	56.30	1.525
	盈江县	29.67	48.30	22.03	18663	30.96	1.703
新疆	喀什市	3.94	34.37	61.69	24042	61.28	1.176
	塔什库尔干塔吉克自治县	14.68	52.86	32.46	18248	27.79	2.109
	墨玉县	46.04	8.61	45.35	4741	5.96	0.667
	和布克赛尔蒙古自治县	18.13	59.97	21.90	52323	55.12	1.239
贵州	镇宁布依族苗族自治县	13.77	31.68	54.55	15562	24.52	1.907
	凯里市	6.91	34.54	58.55	25606	57.39	1.671
	台江县	23.51	23.64	52.86	13934	22.88	1.934
	三都水族自治县	23.97	16.45	59.58	9795	12.79	2.095

注：*对16个调查点的城乡居民对外来流入人员的平均欢迎程度得分做ANOVA单变量方差分析，F值为79.87，差异在1%的水平上显著。

资料来源：平均欢迎程度打分是根据本章的问卷调查数据计算得出；城镇人口占比来自国务院人口普查办公室、国家统计局人口和就业统计司编：《中国2010年人口普查分县资料》；其他数据来自《新疆统计年鉴2013》《内蒙古统计年鉴2013》《甘肃统计年鉴2013》《贵州统计年鉴2013》《云南统计年鉴2013》《青海统计年鉴2013》相关数据计算、整理得出。

为了更直观地考察调查县（市、旗）经济资源条件与其居民对外来流入人员的态度之间的关系，以各个调查点的县人均GDP的排名

第七章 民族地区城乡居民对流动人口与外来人员态度研究

（从低到高1—16）为横轴，其被调查者对外来流入人员的态度得分的排名（从低到高1—16）为纵轴作散点图，如图7—2所示。在图7—2中，越靠左的调查点，其人均GDP的排名越靠后，反映其经济资源条件越差；而越靠上的调查点，则其居民对外来流入人员态度的排名越靠前，其对外来流入人员的态度越是正面。

在图7—2中左下角的两个调查点，即新疆维吾尔自治区的墨玉县和云南省的沧源佤族自治县，其位置与散点图的总体趋势有一定差异。墨玉县处于新疆维吾尔族人口最为集中的南疆和田地区，而沧源佤族自治县也是一个少数民族人口非常集中的地方，当地佤族人口比例超过80%。统计结果显示，尽管墨玉县的人均GDP仅为4741元，为16个调查县中最低的，沧源的人均GDP也不高，但此两处调查点被调查者对外来流入人员的态度是非常负面的。另外，塔什库尔干塔吉克自治县的人均GDP的排名在16个调查点中仅居于中间，但其居民对外来流入人员的欢迎程度居所有16个县之首，事实上，在新疆各少数民族中，哈萨克族就是以其格外热情好客而著称。

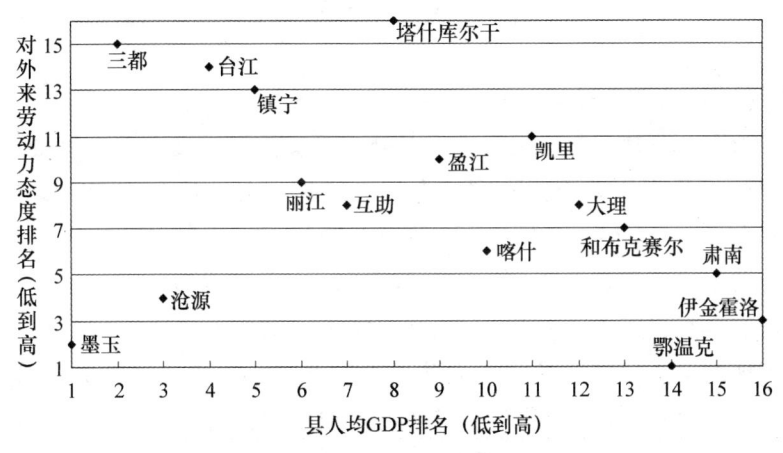

图7—2 各调查点县人均GDP排名与其居民对外来劳动力态度排名（1—16名）

如果把墨玉县和沧源县样本作为特例舍弃，则情况如图7—3所示，可以发现，14个被调查县的人均GDP与其当地居民对外来流入人员的态度呈现明显的负相关,调查县(市、旗)的经济水平越高,则其当地居民对外来流入人员的态度就越负面。也就是说,调查县(市、旗)的经济资源条件越好,当地居民对外来流入人员的态度越消极。这个结论反证了假设1。

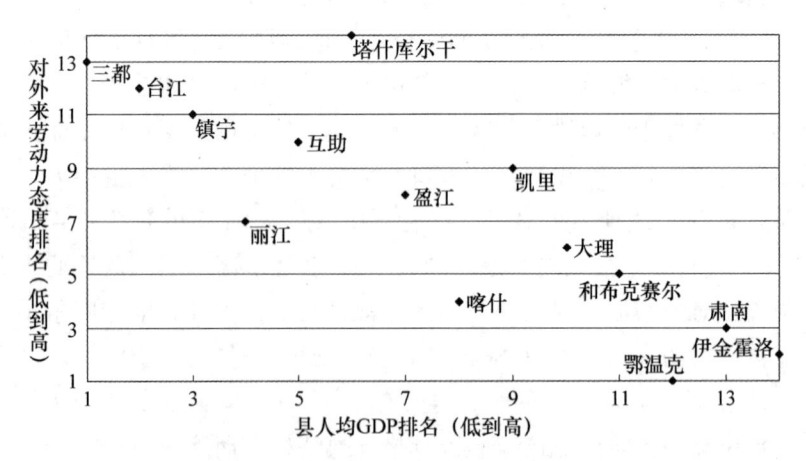

图7—3 各调查点县人均GDP排名与其居民对外来劳动力态度排名(除去墨玉与沧源二县)

(三)被调查者对外来人员持不欢迎态度的理由

为了搞清楚部分居民为什么对外来人员持不欢迎态度,笔者在问卷中询问了"如果您持不欢迎态度,您的理由是什么(请按重要性次序选择三个)",并给出了7个原因选项。我们可以把这7项原因,归为两类:一类是"资源、经济因素",包括"他们到来后本地人的就业机会减少""他们赚走了当地人的钱,却没有贡献""他们破坏了当地的生活环境"及"他们破坏了当地的资源和自然环境"。另一类是"社会文化因素",包括"看不惯他们的行为举止""价值观冲突"及"不知道,就是不欢迎"。问卷中,每个被调查者都被要求从7个不欢迎外来劳动力的理由当中按重要性次序挑选出三个最重要的不欢迎理由。为了重点考察被调查者所认同的最重要的不欢迎理由,本研究对各个理由进行打分,规则如下:最重要的理由得5分,较重要理由得3分,次要理由得1分。因此,对于任何样本,某项理由打

第七章 民族地区城乡居民对流动人口与外来人员态度研究

分的平均值需要超过1，才是较为明确的理由。本地居民不欢迎外来人员的理由的得分情况见表7—6。

通过分析可知，被调查居民对外来人员持不欢迎态度最重要的理由是"挤压就业市场"及"破坏自然环境"，得分分别达到1.74和1.55（见表7—8）；然后是"破坏生活环境""赚走钱却对当地没贡献""看不惯行为举止""价值观冲突"及"不知道，就是不欢迎"得分分别为1.44、1.40、1.13、0.41、0.31。因此，可以说，被调查地区城乡居民对外来劳动力不欢迎态度的主要原因是资源、经济因素，而不是社会文化因素。

分省区看，被调查地区城乡居民不欢迎外来人员的原因存在省际差异。内蒙古受访者对于"生活环境被破坏"和"自然环境被破坏"非常敏感，得分为1.94和1.90，可能的原因是内蒙古被访地区草原、矿产等资源条件比较优越，这些资源环境是当地居民赖以生产、生活的基础，外来人员到当地经商、务工，一定程度上加大了对自然资源的利用或者破坏。而新疆被访地区居民对于"看不惯言行举止"和"就业市场被挤压"的敏感度较高，得分为1.56和2.27，这也与我们的直观经验相符。

表7—8　　　　　　各省不欢迎外来人员理由得分

	内蒙古	青海	甘肃	云南	新疆	贵州	总体
看不惯言行举止	0.75	1.68	1.09	1.21	1.56	1.08	1.13
挤压就业市场	1.38	1.79	1.00	1.85	2.27	1.65	1.74
赚走钱却对当地没贡献	1.36	1.47	1.00	1.67	1.18	1.04	1.40
破坏生活环境	1.94	0.87	1.18	1.16	1.24	1.27	1.44
破坏自然环境	1.90	0.97	1.73	1.56	0.99	1.73	1.55
不知道，就是不欢迎	0.22	0.39	0.00	0.38	0.25	0.59	0.31
价值观冲突	0.40	0.82	0.09	0.33	0.26	0.96	0.41
样本量	240	38	11	218	135	49	691

（四）被调查者对外来劳动力的态度的综合分析

参照刘林平等将态度赋值并用多元线性回归模型分析当地居民对农民工态度的影响因素的方法，[①] 以下，笔者也采用对态度赋值并利用多元线性回归模型，来测度当地资源积聚力以及被访者家庭经济条件和人口特征对于当地居民对外来人员态度的影响。

模型的被解释变量是各个被访者对外来劳动力的态度的赋值，而解释变量为被访者所在县人均 GDP、县城镇化率及被访者家庭人均收入，控制变量为被访者户籍、性别、民族、年龄、政治面貌、受教育程度。

OLS 线性回归模型（R1）如下：

R1：$\text{Attitude} = a + \sum \beta_i \cdot X_i$

如果将样本分为非农业户口样本（U）和农业户口样本（R）分别进行估计，回归方程为 R2 和 R3：

R2：$\text{Attitude}_u = a + \sum \beta_i \cdot X_i$

R3：$\text{Attitude}_r = a a + \sum \beta_i \cdot X_i$

在上述模型中，被解释变量 Attitude 为"居民对外来劳动力的态度得分"，β_i 为回归系数，X_i 为自变量，包括户口、民族、性别、教育、[②] 年龄、年龄平方、政治面貌、家庭人均收入的对数、县人均 GDP 的对数、县城镇化率。

模型的估计结果如表 7—9 所示。可以发现，3 个回归模型的线性拟合程度都比较高，并均在 1% 水平上显著。从回归结果可得出如下研究发现。

从总体看，其一，在其他条件给定的情况下，相对于非农业户口居民，农业户口居民对外来人员的态度较负面；相对于女性，男性居

[①] 刘林平：《交往与态度：城市居民眼中的农民工》，《中山大学学报》（社会科学版）2008 年第 2 期。

[②] "受教育程度"是按学历层次进行调查的，包括"1. 未上学；2. 小学；3. 初中；4. 高中；5. 中专；6. 职高技校；7. 大学专科；8. 大学本科；9 研究生"，在下面的分析中，为方便统计和计量，将其转换为受教育年限，即未上过学为 0 年、小学为 6 年、初中为 9 年、高中（中专、职高技校）为 12 年、大学专科为 14 年、大学本科为 16 年、研究生为 19 年。

第七章 民族地区城乡居民对流动人口与外来人员态度研究

民对外来人员的态度更积极，且差异具有统计显著性。这两个结果可与表7—3的相关结果相互印证，并与假设1一致。

其二，教育程度越高的居民，对外来人员的态度越正面。这个结论在方向上与本章的假设1相同，但显著性有差异。也就是说，如果仅以本章的样本而言，教育程度越高的居民，对外来人员的态度越积极，但不具有统计推论性。

其三，综合年龄和年龄平方的回归系数可以发现，年龄对于居民态度倾向的影响不是简单的线性关系。也就是说，当地居民随着年龄的增长对外来人员的态度起先较负面，随后又逐渐更正面，呈现出U形曲线式的影响趋势。但这个结论仅适合本章的样本，而不具有统计推论性。该结果与王嘉顺的相关研究结论一致。

其四，相对于非中共党员、共青团员的被调查者，中共党员和共青团员被调查者对外来人员的态度越正面。这个结论与表7—4结果相互印证，并与假设3一致。另外，从表7—9中可以发现，政治面貌变量不仅差异非常显著（1%水平上显著），其回归系数也是所有变量中最大的，也就是说被访居民政治面貌的差异对其对外来人员态度的影响相对是最大的。

其五，相对于少数民族居民，汉族居民对外来人员的态度更正面。这个结果可与表7—4的相关结果相互印证，并与假设2一致。但从表7—9可以发现，其差异的显著性不太高（10%的显著水平），回归系数不是特别大（0.0874）。可以说，相对于政治面貌、户籍差异，被访居民民族差异对其对外来人员态度的影响相对较小。

其六，被访居民收入水平越高，越倾向不欢迎外来人员，且具有统计显著性。这个结论与假设1中相关部分，在方向上相反。

其七，被访居民所在县的资源积聚力越强（人均GDP越高），对外来人员的态度越负面，且具有统计显著性。这个结论与假设4一致。

分户籍来看，其一，非农业户口居民中，汉族、男性、中共党员团员、家庭人均收入较低、所在县的人均GDP较低、城镇化率较低的居民对外来人员的态度更正面，教育、年龄的差异不显著。其二，农业户口居民中，教育程度较高、家庭人均收入较低、所在县的城镇化率较低的居民对外来人员的态度更正面，民族、性别、年龄、政治面貌、县人均 GDP 的差异不明显。其三，比较非农业户口、农业户口居民对外来人员的态度情况看，民族、性别、政治面貌、县经济发展水平差异在非农业户口居民中显著，在农业户口居民中不显著，教育、经济地位差异在农业户口居民中显著，在非农业户口居民中不显著，只有县城镇化率在非农业户口与农业户口中的差异都显著，但县城镇化率在农业户口居民中的差异与影响均比在非农业户口中的差异更显著（前者在 1% 的水平显著，后者在 5% 的水平显著），影响更大（回归系数更大）。

表 7—9　　当地居民对外来人员态度得分的多元回归分析

自变量	模型 1（R1）回归系数	标准误	模型 2（R2）回归系数	标准误	模型 3（R3）回归系数	标准误
户口（1＝农业户口）	－0.1485***	0.0475				
民族（1＝汉族）	0.0874*	0.0475	0.1341**	0.0602	－0.0129	0.0759
性别（1＝女）	－0.0785**	0.0396	－0.1030*	0.0594	－0.0525	0.0530
教育	0.0254	0.0222	－0.0366	0.0322	0.0803***	0.0312
年龄	－0.0078	0.0074	0.0192	0.0126	－0.0134	0.0095
年龄平方	0.0001	0.0001	－0.0002	0.0001	0.0001	0.0001
政治地位（1＝中共党员、团员）	0.1554***	0.0493	0.2929***	0.0678	－0.0021	0.0714
家庭人均收入的对数	－0.0732***	0.0197	－0.0059	0.0330	－0.1168***	0.0254
县人均 GDP 的对数	－0.1215***	0.0334	－0.1716***	0.0528	－0.0487	0.0461
县城镇化率	－0.0063***	0.0014	－0.0048**	0.0019	－0.0085***	0.0020
常数项	3.6909***	0.3608	2.9754***	0.6325	3.3363***	0.4629
R^2（Adj R^2）	0.0427（0.0408）		0.0464（0.0422）		0.0449（0.0422）	
Prob＞F	0.0000		0.0000		0.0000	
样本量	5179		2069		3110	

注：***、**、*分别表示双尾检验在 1%、5%、10% 水平上显著。

第七章 民族地区城乡居民对流动人口与外来人员态度研究

四 主要结论及讨论

一般而言，劳动力的大规模流动必然给劳动力流入地居民带来不同类别的外部效应。一方面，进入当地务工、经商的外来劳动力在一定程度上助推当地的经济、社会发展；另一方面，外来劳动力与本地居民存在就业替代的竞争关系，[1] 他们对当地的投资开发，可能造成当地资源、环境的破坏。因此，当地居民对外来人员的态度存在差异，且这种差异受其自身经济社会特征因素、其所在县（市、旗）经济社会发展水平等因素的影响。

通过上述计量分析，本章得到如下主要结论：（1）绝大部分当地居民对外来人员持比较欢迎或非常欢迎的态度。（2）相对于农业户口、女性、受教育程度较低、少数民族、非中共党员共青团员，非农业户口、男性、受教育程度较高、汉族、中共党员共青团员的被调查居民对外来人员的态度越倾向正面。（3）被访居民所在县的资源积聚力越强，其对外来人员的态度越负面。（4）被调查地区城乡居民对外来劳动力不欢迎态度的主要原因是经济因素，而不是社会文化因素。因此，本章提出的四个研究假设，在一定程度上得到了经验数据的支持，但显著性有差异。这里需要对与既往研究结论差异较大的结论及没有得到经验数据支持的假设略作讨论。

第一，既有相关研究的结论是，城市居民对外来劳动力的评价总体呈负面态度。而本章的结论是，绝大多数（78.76%）被访居民对外来人员持比较欢迎或非常欢迎态度。笔者发现，既有研究基本是在大都市进行的。一般而言，小城市（如县城）居民的工作、生活压力相对较小，工作、生活节奏较慢，与人相处更放松，况且民族地区经济发展水平相对较低，外来经商、务工人员客观上能够促进当地的发展，因而当地居民在整体上更加能够接受外来人员。另外，显而易见的是，大都市比西部民族地区县（市、旗）资源积聚力（经济发

---

[1] 王桂新、沈建法、刘建波：《中国城市农民工市民化研究》，《人口与发展》2008年第1期。

展水平）要强很多，这也从侧面印证了本章的假设4，资源积聚力越强的地区，其居民对外来人员的态度越倾向负面。

第二，被访者收入水平越高，越倾向不欢迎外来人员，且具有统计显著性。这个结论与假设1中相关部分在方向上相反。原因是，从上面的结论可知，比较非农业户口、农业户口居民对外来人员的态度情况看，被访者经济地位差异在农业户口居民中非常显著，在非农业户口居民中不显著，说明总体样本中得出的"被访者经济地位越高，越倾向不欢迎外来人员"的结论是由农业户口居民对外来人员的态度决定的。农业户口居民经济收入越高，他们自身到城镇经商、务工的概率就越大，他们与外来人员在就业市场上竞争的可能性就越大。因此，经济地位越高的农业户口居民，对外来人员的态度越负面。

2014年7月，国务院出台《关于进一步推进户籍制度改革的意见》，标志着进一步推进户籍制度改革开始进入全面实施阶段。可以预见的是，随着户籍制度改革的实施，社会开放程度加大，人口流动会成为社会常态。同时，为实现2020年西部与全国同步建成全面小康社会，各民族地区都会采取各种措施加速工业化、城镇化，因此西部民族地区外来人口规模也会越来越大。一方面，规模越来越大的外来人口的进入，一些新的社会问题会日益凸显。尤其是外来人口中汉族及非本地主体民族的进入，有可能因为经济资源、机会竞争引起民族之间的矛盾；另一方面，由于当地居民对外来人员的态度可能会对户籍制度改革有潜在影响，在户籍制度的作用下，当地居民同外来人口之间的利益分隔和心理区隔可能互相转化，并有可能对后续的户籍改革造成阻碍。因此，为了防止可能发生的"社会裂隙"，为了获取大多数人对户籍改革的支持，减少西部民族地区城镇化的障碍，我们应重视当地居民的态度，并特别注意以下几点：其一，提高西部民族地区弱势群体，包括妇女、年龄较大、受教育程度不高、农业户口居民的人力资本，以提高他们的就业竞争力。可以对他们开展有针对性的职业技术培训。其二，尊重当地少数民族的风俗习惯，切实保护少数民族的合法权益，加大对少数民族劳动力的技能培训，在当地各类企业（包括招商引资的

第七章 民族地区城乡居民对流动人口与外来人员态度研究

企业）中，规定一定比例的当地少数民族用工指标。对于还没进入劳动力市场的少数民族青少年，增加他们到内地读书、培训的机会,[①]为他们今后进入劳动力市场打好基础。

[①] 如新疆"内高班""西藏内地班"。新疆"内高班"全称为"内地高中班"，其目的是使新疆少数民族学生在内地接受更好的高中教育。"西藏内地班"其目的是使西藏藏族学生在内地接受更好的教育。

第八章　民族地区县域家庭房产的城乡和民族差异

我国经济改革和发展的同时,城乡居民收入和家庭财产不断增长。研究表明,1995—2002年城镇居民人均房产价值增加了近4倍。[①] 1998—2010年,全国商品房均价已上涨至期初的2.44倍。[②] 房价的上升趋势既是由房地产行业在中国国民经济中的重要地位所决定,同时也是我国人均GDP和城镇化水平也还远未到房地产市场饱和的阶段。在城镇房价全面高涨的同时,农村房地产市场的发展远远滞后,从而农村居民家庭的房产净值在其总财产净值中所占份额虽也持续上升但始终低于城镇居民家庭。[③] 随着生活水平的提高,住房作为家庭财富的重要形式,其住房质量和居住环境越来越受到人们的关注。《中国居住小康指数》显示,我国居住小康指数从2005年的62.0上升至2014年的74.2。[④] 伴随着我国收入分配差距不断扩大,财产分布(或分配)也正经历着一个高速积累和显著分化的时期,《中国民生发展报告2015》显示,中国家庭财产基尼系数从1995年的0.45扩大到2012年的0.73。顶端1%的家庭占有全国约1/3的财

[①] 李实、魏众、丁赛:《中国居民财产分布不均等及其原因的经验分析》,《经济研究》2005年第6期。

[②] 陈峰、姚潇颖、李鲲鹏:《中国中高收入家庭的住房财富效应及其结构性差异》,《世界经济》2013年第9期。

[③] 梁运文、霍震、刘凯:《中国城乡居民财产分布的实证研究》,《经济研究》2010年第10期。

[④] 鄂瑶:《中国居住小康指数》,《小康》2015年第11期。

产，底端25%的家庭拥有的财产总量仅在1%左右。[1] 而且有研究证实，家庭拥有房产的差异是导致家庭财产差距的主要原因。[2] 房产是我国传统的拥有财产的象征，在现阶段也是众多家庭最大的消费预期。居民住房的民生意义已在2000年以来的政府工作报告中得以体现，并被社会各界所关注；而房地产也是国家的支柱产业之一，直接影响到国民经济的发展。由于家庭房产数据的获得存在一定困难，迄今对民族地区不同民族家庭拥有房产差距的分析研究还未曾见到。本章将基于国家社科基金特别委托暨中国社会科学院创新工程重大专项"21世纪初中国少数民族地区经济社会发展综合调查"2014年18个县域的调查数据试图分析家庭人均房产价值的不均等，并从一定程度反映家庭人均财产的差距。具体将回答以下问题：首先，民族地区县域内的家庭人均房产均值及在城乡内部、不同民族间的数量差距究竟有多大？其次，民族地区县域内的家庭人均房产及在城乡内部、不同民族间的不均等程度是怎样的？最后，通过分解方法探究民族地区县域内家庭人均房产的不均等有多大程度归因于地区和民族因素的影响？

一 研究文献回顾

在全面建成小康社会的关键期，人们的生活质量和幸福感不仅取决于收入状况也取决于财产状况。总体上，收入指的是个人或家庭在一定时期内（通常为一年）的全部货币进账，是单位时间内的流量；而产权自有的住房不仅用于家庭居住也是家庭资产，其价值表现为某一时点该房屋所对应的货币净值，是一个时点上的存量。收入和房产之间存在互动的关系；过去的流量必然影响到当今的存量；而当今的存量又必然影响今后的流量。在大多数国家，家庭投资的最重要资产就是房产。随着全国住房资产规模的不断扩大和分布格局的变化，居

---

[1] 参见李建新、任强、吴琼、孔涛《中国民生发展报告2015》，北京大学出版社2016年版。

[2] 赵人伟、丁赛：《中国居民财产分布研究》，载李实、史泰丽、别雍·古斯塔夫森《中国居民收入分配研究Ⅲ》，北京师范大学出版社2008年版，第259页。

民家庭房产的拥有情况和差距,不仅对房地产市场进而对宏观经济的稳定都会产生重要影响,同时也会作用于今后收入分配的长期变化。

自我国城镇住房市场化改革后,住房作为一项重要的不动产,私有化使得长期以来靠制度因素累积起来的城市资本通过住房的形式固化在城市市民的身上。城市住房价格的飞速上涨与乡村住房的人为固化的价值之间的差距越来越大,城乡居民有了巨大的资产差异。[①] 与此同时,我国城镇居民的住房不平等也在不断扩大,其原因是过快的房价上涨引起房产收益率居高不下时,投资性住房需求的增加又会进一步推高房价,增加净资产水平较低的家庭的购房难度。投资性住房需求的不对称放大并叠加于消费性住房需求不对称,因而住房不平等被放大。[②]

李实等使用中国家庭收入分配调查数据(CHIP)分析研究后得到,1995年农村家庭人均净房产基尼系数为0.47;城镇家庭人均净房产基尼系数是0.82;全国家庭人均净房产基尼系数是0.64。2002年农村和城镇的家庭人均净房产基尼系数都是0.54,全国家庭人均净房产基尼系数是0.67。而且,家庭房产的差距是家庭财产不平等的最重要的影响因素。[③]

家庭结构对住房资产影响的研究表明,家庭收入是决定城市家庭住房面积最重要的因素,家庭平均受教育年限越高、家庭劳动人口比例越高、户规模越大,住房面积和资产价值越大;家庭性别结构、流动结构与住房价值负相关[④]。

黄友勤等以1995年1%的北京人口普查数据和2000年北京人口普查数据对住房不平等进行分析研究后得到的结论是:教育程度高、国有企事业单位就职、拥有北京户口的人群,其家庭住房条件远远好

---

① 申明锐:《城乡二元住房制度:透视中国城镇化健康发展的困局》,《城市规划》2011年第35卷第11期。
② 陈彦斌、邱哲圣:《高房价如何影响居民储蓄率和财产不平等》,《经济研究》2011年第10期。
③ 李实、魏众、丁赛:《中国居民财产分布不均等及其原因的经验分析》,《经济研究》2005年第6期。
④ 郭琳:《家庭结构对家庭实物资产的影响研究——以住房为例》,《当代经济管理》2013年第35卷第8期。

第八章 民族地区县域家庭房产的城乡和民族差异

于其他人群。[①]

约翰（John R.）等利用2000年人口普查数据，对北京、上海、重庆、西安、哈尔滨、南京、天津、西安这八个大城市的住房数据分析后发现，我国的家庭房产不平等同收入不平等一样，源于改革开放初期的宏观政策倾向。国有企事业单位职工所获得的福利房，以及房地产市场价格的快速上涨使得房产分布差异越来越明显。[②]

国外学术界对房产不平等的研究由来已久，研究视角不断丰富，不仅关注不平等的变化趋势，也同收入分配、贫困、种族、教育、居住地选择等进行交叉分析研究。安德森和思蒙（Isobel Anderson & Duncan Sim）通过对英国房地产市场和政府住房政策实施效果的研究后发现，由于家庭房产分布不平等的不断扩大致使英国的收入分配和财产的不平等已成为30年之最。[③]

克瑞夫和考夫曼（Lauren J. Krivo and Robert L. Kaufman）以生命周期理论，针对美国黑人、西班牙裔、亚裔和非西班牙裔白人的居住质量和房产分布进行分析研究，表明白人和其他人群的居住质量和房产不平等是现实存在的，白人和黑人及西班牙裔的居住质量和房产不平等差距呈现了逐渐扩大的趋势。而黑人及西班牙裔家庭获得各项住房贷款的概率低于白人，是导致其房产增值缓慢的重要原因。[④]

布瑞森顿（David M. Brasington）等使用美国2000年普查的城市房产数据对不同种族的住房选择研究后证实，住房价格是美国城市中不同种族家庭择地聚居所形成的居住区域分割的重要影响因素，其价格弹性系数是0.19，影响居住区域分割的收入弹性系数是-0.23，

[①] Youqin Huang and Leiwen Jiang, "Housing Inequality in Transitional Beijing", *International Journal of Urban and Regional Research*, Vo. 33, 2009, pp. 936–956.

[②] John R. Logan, Yiping Fang and Zhanxin Zhang, "Access to Housing in Urban China", *International Journal of Urban and Regional Research*, Vol. 33, 2009, pp. 914–935.

[③] Isobel Anderson & Duncan Sim eds., *Housing and Inequality*, Routledge, 2012.

[④] Lauren J. Krivo and Robert L. Kaufman, "Housing and Wealth Inequality: Racial–Ethnic Differences in Home Equity in the United States", *Demography*, Vol. 41, No. 3, August 2004, pp. 585–605.

教育弹性系数是 -0.21，而房产的弹性系数是 -0.15。[①]

我国目前学界对房产价值不平等的研究成果并不是很多，大样本数据获得的高成本所致的数据缺乏是重要原因。另外，我国改革开放40年而住房制度改革始于20世纪90年代，家庭房产的积累不会一蹴而就，需要相当长的时间，随着家庭财富的逐渐增加，家庭间的住房和房产所引起的经济行为差别正不断显现。

同上述研究成果相比，本章的研究范围限定在民族自治地方的县域，并从城乡和民族两个视角探究居民家庭自有住房资产的具体差异。由于房产是目前家庭财产尤其是城市家庭的最主要的构成部分，进而可大致了解不同地域和民族家庭的财产分布的差距。

二 研究数据和方法

国家社科基金特别委托暨中国社会科学院创新工程重大专项 "21世纪初中国少数民族地区经济社会发展综合调查" 于2014年在内蒙古、吉林、浙江、湖北、广西、四川、西藏、青海、宁夏和新疆10个省区的18个县域[②]进行了城乡问卷调查（简称 "民族地区大调查"）。本次调查由中国社会科学院民族学与人类学研究所主持，通过与新疆师范大学、广西民族大学、西藏大学、中央民族大学共同合作，以有调查经验的民族学或社会学专业的研究生和本科生为主体组建了调查队，具体采用分层随机抽样方法。首先，在民族自治地方选取18个调查县市。其次，县市内的城乡调查社区或行政村以能代表当地城乡不同经济发展状况（高、中、低）和主要民族为依据。最后，每个县市400—500份问卷根据当地的城镇化率进行城乡划分，

[①] David M. Brasington, Diane Hite and Andres Jauregui, "House Price Impacts of Income, Education, and Age Neighborhood Segregation", *Journal of Regional Science*, Vol. 55, No. 3, 2015, pp. 442–467.

[②] 18个调研县为：西藏的白朗县、那曲县、拉萨市、洛扎县；内蒙古的莫力达瓦达斡尔族自治旗达斡尔族自治县；新疆的吐鲁番地区鄯善县、富蕴县、克孜勒苏柯尔克孜自治州乌恰县；青海的循化县、果洛州达日县；宁夏的红寺堡区；广西的隆林各族自治县、龙胜各族自治县、金秀瑶族自治县；湖北的长阳土家族自治县；四川的阿坝州茂县；吉林的长白朝鲜族自治县；浙江景宁畲族自治县。

在确定的社区或行政村层面对住户进行随机等距抽样。为了减少替换率,各地调查队的调研人员付出了很大的努力。[①] 调查问卷内容包括了经济发展、社会事业、民族文化、民族政策、民族关系、社会安全与社会和谐等方面,共获得 7341 户城乡居民家庭的受访信息。具体样本情况如表 8—1。

表 8—1　　　　　　　大调查 2014 年样本分布情况

	样本量（个）	在总样本中所占比例（%）	农村样本所占比例（%）	城镇样本所占比例（%）
地区				
内蒙古	471	6.4	63.48	36.52
吉林	461	6.3	44.69	55.31
浙江	436	5.9	77.06	22.94
湖北	427	5.8	52.69	47.31
广西	1203	16.4	68.50	31.50
四川	400	5.4	63.00	37.00
西藏	1507	20.5	78.90	21.10
青海	843	11.5	80.14	19.86
宁夏	400	5.4	79.00	21.00
新疆	1193	16.3	58.51	41.49
合计	7341	100	68.39	31.61
受访家庭				
汉族	1959	26.7	59.37	40.63
回族	449	6.1	80.36	19.64
藏族	1741	23.7	75.65	24.35
维吾尔族	279	3.8	75.63	24.37
苗族	149	2	79.87	20.13
壮族	363	4.9	69.15	30.85

---

① 抽样方法详见《2013 年调查问卷分析·综合卷》,中国社会科学出版社 2015 年版,第 3—5 页。

续表

	样本量（个）	在总样本中所占比例（%）	农村样本所占比例（%）	城镇样本所占比例（%）
朝鲜族	85	1.2	47.06	52.94
侗族	118	1.6	79.66	20.34
瑶族	343	4.7	74.05	25.95
土家族	283	3.9	48.76	51.24
哈萨克族	220	3	51.82	48.18
畲族	63	0.9	88.89	11.11
柯尔克孜族	272	3.7	47.79	52.21
达斡尔族	180	2.5	67.78	32.22
羌族	352	4.8	66.19	33.81
撒拉族	378	5.2	95.24	4.76
其他民族	105	1.4	54.29	45.71
合计	7339	100	68.39	31.61

注：其他民族是指在实际调查中个案总数低于30个的民族，具体而言包括：蒙古族、彝族、布依族、满族、白族、哈尼族、黎族、拉祜族、东乡族、纳西族、土族、仫佬族、毛南族、仡佬族、乌孜别克族、鄂温克族、珞巴族。另有2个受访家庭没回答民族分类。

表8—1中的样本量分布说明，调查样本中城镇样本量大多低于农村样本量，只有吉林省长白朝鲜族自治县的城镇样本高于农村样本；湖北长阳土家族自治县的城镇样本和农村样本差异不大，只有约5个百分点；新疆的吐鲁番地区鄯善县、富蕴县、克孜勒苏柯尔克孜族自治州乌恰县三地总样本中农村样本量超过城镇17个百分点；其他地区的城乡样本量差距较为显著。上述样本分布情况与抽样地区的城镇化率较低相一致。

本章对城乡和不同民族的居民家庭房产差异分析仅限于拥有房屋产权的群体。在估算房产分布不平等程度时，本章将使用相关的不平等指数。其一是基尼系数，也是国内外最常用的测量不平等程度的指数；其二是十等分组法，可从数值上直观地展示差距。在此基础上，本章还将采用泰尔指数的分解方法分析房产的总体不平等究竟在多大程度上缘于不同群组之间的差异（与之相对的是组内差异）。而且使用泰尔指数的优点是分解结果不取决于是先计算组间贡献还是组内贡献，而且所用权数的和为1，当使用其他不平等指数时这些优点就会丢失。① 泰尔指数实际是一组参数不同的指数，本章只是使用了参数为0值的一个指数，它又被称为平均对数离差（MLD）。平均对数离差（MLD）指数通常可以分解为组内差距和组间差距，在本章可用于分析城乡、汉族与少数民族相互之间及同一组内的差距和对整体差距的贡献率。

三 实证结果及其分析

（一）民族自治地方县域城乡和不同民族受访家庭的房产分布

本章对家庭房产的分析是基于调查问卷中受访家庭对拥有产权的自有住房的市场价格估算。问卷调查期间，调查员事先了解和掌握当地的房价分布情况，确定调查社区后进一步了解不同户型在当地的房产价值。进入家庭调查时，如果受访者对家庭房产价值很了解即可自行报告填写；如果受访者无法清楚回答家庭房产价值时，调查员可根据家庭住房的面积、建筑质量和当地房价进行估算并征求受访者意见；如果无法估算或意见不统一，房产价值即为空缺，并在本章分析时作为缺失值处理。根据调查得到的受访家庭人口可计算得到家庭人均房产。从房产市值的调查数据可看出，虽然调查得到的估算价值大多以千元为单位进行核计，但房产作为家庭最大的资产，其市场价值也通常被人们所关注，可信度较高，可用于不同区域和不同族群的差异分析。根据房产价值分布情况，为减少误差本章采用了截尾方法，将最大和最小的5%的极值予以剔除。国际上对家庭财产的分析和比较大都以家庭人均为衡量单位，但现实中人们通常也关注家庭整体的房产价值。因此，表8—2给出了家庭房产和家庭人均房产在县域城乡之间和不同民族间的具体分布情况。

---

① Shorrocks, A. and G. Wan, "Spatial Decomposition of Inequality", *Journal of Economic Geography*, Vol. 5, No. 1, pp. 59 – 82.

表 8—2　民族自治地方县域城乡和不同民族家庭的房产分布情况

		家庭总体				家庭人均		
	房产均值（元）	标准差	农村/城镇（%）	样本量（个）	房产均值（元）	标准差	农村/城镇（%）	样本量（个）
全体	197466	172432		4778	54037	57525.3		4754
农村	180579	165528.4	75.95	3367	44967	50406.9	59.52	3344
城镇	237764	181707.5		1411	75547	66904.1		1410
北方汉族	139858	103677.1		748	51427	51363.8		748
农村	122726	100111.7	76.56	407	38922	39679.4	58.66	407
城镇	160306	104295.4		341	66352	59208.8		341
南方汉族	291360	221549.1		444	92923	90608.9		442
农村	257346	213827.5	76.11	257	82908	93636.2	77.70	256
城镇	338107	224007.5		187	106706	84591.6		186
北方少数民族	165896	148492.6		1436	44104	47810.2		1429
农村	162082	153025.9	92.08	1043	39423	43799.1	69.85	1036
城镇	176018	135393.8		393	56443	55238.3		393
南方少数民族	219205	182753.5		2150	53549	53280.3		2135
农村	194500	170976.5	64.21	1660	44050	44235.5	51.56	1645
城镇	302898	196239		490	85439	66986.9		490
藏族	191159	180058.2		1118	42907	50547.8		1104
农村	177076	167819.7	68.46	925	37494	41426.5	54.77	911
城镇	258659	218045		193	68455	75824.8		193
壮族	224661	184600		247	54135	46482.5		246
农村	197369	173153.7	68.99	171	43633	39017	56.21	170
城镇	286067	195688.9		76	77625	53090		76
土家族	281767	172711		215	86531	68847		215
农村	249818	167264.7	79.25	110	65561	46724.7	60.43	110
城镇	315238	172759.5		105	108499	80701		105

续表

	家庭总体				家庭人均			
	房产均值（元）	标准差	农村/城镇（%）	样本量（个）	房产均值（元）	标准差	农村/城镇（%）	样本量（个）
哈萨克族	196803	143754.7		183	52375	45684.8		183
农村	187250	169514.1	89.89	100	44630	47138	72.33	100
城镇	208313	104543.9		83	61706	42289.4		83
柯尔克孜族	93262	70140.7		118	30644	25991.9		118
农村	76155	59051.2	63.94	71	26288	24313.2	70.62	71
城镇	119106	77927.3		47	37225	27298.8		47
回族	212457	156674		350	57077	52407		350
农村	200603	151812.8	75.28	287	51495	46665.9	62.41	287
城镇	266460	168066.6		63	82507	67920.3		63
瑶族	182261	147255.8		225	43300	36824.3		225
农村	167183	135553.5	73.40	169	37583	32223	62.07	169
城镇	227762	171409		56	60552	44132		56
羌族	270659	186731.1		267	69671	54486.5		267
农村	246368	185489.4	74.52	160	63935	55527.7	76.27	190
城镇	330597	177092.3		77	83823.3	49374.3		77

注：根据民族地区大调查数据计算得到。

表8—2给出的受访家庭房产均值中，十省区18个县域内的农村受访家庭或家庭人均房产均值小于城镇受访家庭或家庭人均房产均值，家庭房产的城乡差距小于家庭人均房产的城乡差距。4778户受访家庭的家庭人均房产均值为54037元；农村受访家庭的家庭人均房产均值是44967元，相当于城镇受访家庭的59.52%；而家庭房产的城乡之比是75.95%。汉族和少数民族相比，北方汉族家庭人均房产均值的城乡差距大于南方汉族家庭；北方少数民族家庭人均房产的城乡差距大于南方少数民族家庭。北方汉族的农村和城镇受访家庭的房产均值都低于北方少数民族的农村和城镇受访家庭；但南方汉族的农村和城镇受访家庭的房产均值都大于南方少数民族的农村和城镇受访家庭房产均值；北方汉

· 213 ·

族家庭人均房产是南方汉族家庭人均房产的55.34%，北方农村汉族家庭人均房产是南方农村汉族家庭人均房产均值的46.95%，北方城镇汉族家庭人均房产均值是南方城镇汉族家庭人均房产均值62.18%。北方少数民族家庭人均房产均值是南方少数民族家庭人均房产均值的82.36%；北方农村少数民族家庭人均房产是南方少数民族家庭人均房产均值的89.50%；北方城镇少数民族家庭房产是南方城镇少数民族家庭房产的66.06%。北方农村少数民族家庭人均房产数量大于北方农村汉族家庭人均房产数量；南方城乡汉族家庭人均房产都高于少数民族家庭。

具体到藏族、壮族、土家族、哈萨克族、柯尔克孜族、回族、瑶族和羌族的城乡受访家庭，同样也是城镇受访家庭的人均房产均值高于农村受访家庭的人均房产均值。南方的土家族、羌族的受访家庭房产均值位居前两位，北方的藏族和柯尔克孜族受访家庭的房产均值城乡差异为倒数两位。

由于城乡和不同民族家庭的人口规模差异，家庭房产均值同家庭人均房产均值相比，虽然也同样是城镇大于农村，南方大于北方，但城乡差异更小，不同民族之间也呈现差别。

（二）民族自治地方县域内城乡和不同民族受访家庭的房产不均等程度

民族地区大调查2014年数据证实农村受访家庭的房产价值和家庭人均房产价值都低于城镇受访家庭的房产价值和家庭人均房产价值。其原因有房屋建筑结构的差异，但可能更多地受房地产市场价格不同的影响。本章仅试图通过基尼系数和泰尔指数法衡量十省区18个调查县内城乡和不同民族受访家庭的具体房产差异（见表8—3）。

表8—3　　调查地区家庭和家庭人均房产价值的不均等情况

	家庭房产		家庭人均房产	
	基尼系数	样本量	房产基尼系数	样本量
全体	0.451	4778	0.494	4754
农村	0.463	3367	0.499	3344
城镇	0.408	1411	0.435	1410

续表

	家庭房产		家庭人均房产	
	基尼系数	样本量	房产基尼系数	样本量
北方汉族	0.390	748	0.457	748
农村	0.420	407	0.472	407
城镇	0.345	341	0.401	341
南方汉族	0.421	444	0.484	442
农村	0.450	257	0.520	256
城镇	0.372	187	0.426	186
北方少数民族	0.454	1436	0.495	1429
农村	0.470	1043	0.495	1036
城镇	0.406	393	0.465	393
南方少数民族	0.440	2150	0.481	2135
农村	0.450	1660	0.478	1645
城镇	0.361	490	0.397	490
藏族	0.479	1118	0.521	1104
农村	0.473	925	0.496	911
城镇	0.461	193	0.527	193
壮族	0.431	247	0.448	246
农村	0.450	171	0.458	170
城镇	0.366	76	0.365	76
土家族	0.343	215	0.398	215
农村	0.362	110	0.379	110
城镇	0.311	105	0.374	105
哈萨克族	0.375	183	0.417	183
农村	0.434	100	0.453	100
城镇	0.281	83	0.341	83
柯尔克孜族	0.392	118	0.440	118
农村	0.356	71	0.440	71
城镇	0.368	47	0.406	47

续表

	家庭房产		家庭人均房产	
	基尼系数	样本量	房产基尼系数	样本量
回族	0.377	350	0.448	350
农村	0.383	287	0.442	287
城镇	0.323	63	0.448	63
瑶族	0.408	225	0.440	225
农村	0.397	169	0.434	169
城镇	0.403	56	0.395	56
羌族	0.376	267	0.393	267
农村	0.405	160	0.425	190
城镇	0.288	77	0.303	77

注：根据民族地区大调查数据得到。

表8—3中十省区18个民族自治地方县域的家庭房产基尼系数都小于家庭人均房产基尼系数。其中，家庭房产基尼系数是0.451，家庭人均房产的基尼系数为0.494。同国家统计局公布的2013年全国居民收入基尼系数0.473[1]相比，民族地区大调查的2014年县域家庭房产基尼系数低于该值，但家庭人均房产基尼系数高于该值。通常情况下，实行市场经济的国家，其居民家庭财富不平等程度大都高于居民收入分配的不平等程度。[2] 分城乡看，民族自治地方县域农村家庭房产基尼系数是0.468；城镇家庭房产基尼系数是0.408；农村家庭人均房产基尼系数为0.499；城镇家庭人均房产基尼系数是0.435。之前利用中国家庭收入调查（CHIP）数据得到：1995年全国农村家庭人均净房产基尼系数为0.47；城镇家庭人均净房产基尼系数是0.82；全国家庭人均净房产基尼系数是0.64；2002年全国农村和城镇的家

---

[1] 《2013年中国收入基尼系数为0.473 创9年来最低》，2014年1月20日，http://money.163.com/14/0120/10/9J1B601E00255O09.html。

[2] D. G. Champernowne and F. A. Cowell Eds, *Economic Inequality and Income Distribution*, Cambridge University Press, 1998, p. 202.

庭人均净房产基尼系数都是0.54，全国家庭人均净房产基尼系数是0.67。[①] 与之相比，十余年之后的民族地区县域家庭人均房产不均等程度同全国相比更低，均等化程度更高。而且值得特别注意的是，2014年民族地区大调查数据计算结果表明，民族自治县域内农村家庭房产或家庭人均房产的不均等程度大于城镇家庭房产或家庭人均房产的不均等程度。

城乡比较后发现，北方城乡汉族家庭人均房产的不平等程度小于南方城乡汉族家庭；但北方少数民族的家庭人均房产同南方相比却恰好相反。除了藏族城镇受访家庭人均房产的不平等程度大于农村受访家庭；回族农村家庭人均房产的基尼系数略小于其城镇家庭人均房产的基尼系数；其他族群的农村家庭人均房产的不均等程度都大于其各自对应的城镇家庭人均房产的不均等程度。

不同民族家庭房产不均等程度也表现出差异，藏族受访家庭的房产不均等程度最大，其基尼系数达到了0.479，之后的排序依次为：北方少数民族、南方少数民族、壮族、南方汉族、瑶族、柯尔克孜族、北方汉族、回族、羌族、哈萨克族和土家族的受访家庭。家庭人均房产不均等程度最高的也是藏族受访家庭，其后的排序同家庭房产次序有所不同，具体为：北方少数民族、南方汉族、南方少数民族、北方汉族、壮族、回族、瑶族、柯尔克孜族、哈萨克族、土家族和羌族。

为了更直观地了解民族地区县域房产不均等的分布情况，对家庭人均房产采用了惯用的十等分组法（见表8—4）。

表8—4　　　　　民族地区家庭人均房产十等分组情况

	1	2	3	4	5	6	7	8	9	10	样本量
家庭人均房产十等分组分布的份额比例											
全体	1.09	2.14	4.09	3.34	5.85	12.66	5.97	13.32	17.58	33.96	4754

[①] 李实、魏众、丁赛：《中国居民财产分布不均等及其原因的经验分析》，《经济研究》2005年第6期。

续表

	1	2	3	4	5	6	7	8	9	10	样本量
农村	1.31	2.57	3.31	3.81	5.66	8.07	12.86	10.03	20.85	31.53	3344
城镇	1.13	2.83	3.58	9.74	3.35	8.37	10.50	13.30	17.65	29.54	1410

家庭人均房产十等分组中不同民族家庭所占比例

全体

	1	2	3	4	5	6	7	8	9	10	样本量
北方汉族	8.02	10.56	11.76	6.95	11.36	17.38	5.08	11.9	10.29	6.68	748
北方少数民族	14.21	10.85	15.12	7.77	9.66	15.54	5.18	8.12	7.42	6.16	1429
南方汉族	4.98	4.98	9.05	5.43	7.24	12.22	3.39	12.44	15.16	25.11	442
南方少数民族	8.95	10.77	11.76	7.82	10.49	15.13	6.18	9.7	9.27	9.93	2135
藏族	15.13	13.77	14.22	8.15	10.24	13.5	5.62	7.07	5.43	6.88	1104
壮族	8.54	8.94	9.35	7.32	10.57	17.89	6.5	10.57	10.57	9.76	246
土家族	1.86	3.26	5.12	4.19	9.3	16.74	5.12	13.95	18.6	21.86	215
哈萨克族	4.92	7.1	15.85	9.29	6.56	18.03	9.84	11.48	10.93	6.01	183
柯尔克孜族	18.64	14.41	16.95	7.63	11.02	16.1	4.24	5.93	4.24	0.85	118
回族	8	4.57	9.14	9.43	10.86	21.71	6	10	10	10.29	350
瑶族	7.11	11.56	17.78	8.89	12.89	13.78	6.67	7.11	8.89	5.33	225
羌族	3	5.99	6.37	5.24	10.11	14.61	8.24	17.6	15.73	13.11	267

农村

	1	2	3	4	5	6	7	8	9	10	样本量
北方汉族	11.55	12.78	8.85	9.58	10.32	11.55	14.0	7.37	9.58	4.42	407
北方少数民族	13.42	10.91	11.39	8.98	10.42	10.71	13.32	5.5	9.56	5.79	1036
南方汉族	5.47	4.3	7.81	6.64	8.59	8.59	10.55	7.81	15.63	24.61	256
南方少数民族	9.42	11.55	9.3	8.57	10.03	11.31	12.4	8.45	11.06	7.9	1645
藏族	12.95	13.5	11.64	9.33	9.66	10.1	11.64	8.01	7.57	5.6	911
壮族	10.00	9.41	10	5.88	12.94	11.18	12.94	7.06	11.76	8.82	170
土家族	2.73	2.73	1.82	7.27	5.45	15.45	16.36	12.73	19.09	16.36	110
哈萨克族	4.0	7.0	11.0	12.0	17.0	14.0	10.0	8.0	9.0	8.0	100
柯尔克孜族	18.31	16.9	12.68	11.27	11.27	11.27	9.86	0.0	7.04	1.41	71
回族	8.71	3.83	5.92	6.97	12.54	11.15	19.86	7.32	14.98	8.71	287

续表

	1	2	3	4	5	6	7	8	9	10	样本量
瑶族	7.69	12.43	10.06	13.02	8.88	14.79	12.43	4.73	10.65	5.33	169
羌族	3.16	7.37	5.26	4.21	8.42	10.53	13.16	12.63	21.05	14.21	190
城镇											
北方汉族	8.21	12.9	10.56	19.35	4.11	9.38	12.61	10.85	6.45	5.57	341
北方少数民族	19.85	13.74	9.16	14.5	5.85	10.18	8.4	7.38	7.38	3.56	393
南方汉族	6.99	8.06	4.84	12.9	2.69	8.6	8.6	10.22	14.52	22.58	186
南方少数民族	5.92	8.78	7.96	16.53	3.88	9.59	9.59	11.63	13.47	12.65	490
藏族	23.32	11.4	7.77	14.51	3.11	5.7	7.25	6.22	9.33	11.4	193
壮族	6.58	5.26	10.53	18.42	10.53	6.58	9.21	9.21	13.16	10.53	76
土家族	1.9	7.62	6.67	12.38	0.0	7.62	10.48	17.14	16.19	20	105
哈萨克族	7.23	13.25	4.82	20.48	9.64	12.05	12.05	13.25	6.02	1.2	83
柯尔克孜族	25.53	14.89	12.77	21.28	6.38	6.38	8.51	4.26	0.0	0.0	47
回族	6.35	7.94	9.52	15.87	4.76	14.29	9.52	9.52	12.7	9.52	63
瑶族	10.71	16.07	12.5	10.71	8.93	12.5	7.14	5.36	12.5	3.57	56
羌族	0.0	6.49	6.49	15.58	3.9	16.88	11.69	20.78	11.69	6.49	77

注：表中十等分组按照家庭人均房产均值从低到高排列。

表8—4中的数据表明了每个等分组所拥有的家庭人均房产的相对份额，从价值数量上显示了家庭人均房产分布的不均等程度。调查的民族地区县域内家庭人均房产十等分组中最低组（1组）的10%的家庭人均房产总值只占到了全体家庭人均房产总额的1.09%；最高组（10组）的10%的家庭人均房产总值所占比例是33.96%，也说明第10组和第1组的数值差距为近32倍；最低的1/3，即第1—3组的总和占到了全体总值的7.32%，最高的1/3，即第8组至第10组的总和占到了全体家庭人均房产总值的64.85%；两者差距更为显著。分城乡来看，农村最低组所占比例是1.31%；最高组所占比例是31.53%；最低的1/3，即第1—3组所占比例是7.19%；最高的1/3，即第8组至第10组总和占到了农村家庭人均房产总值的

62.41%。城镇家庭人均房产十等分组中，最低组所占比例是1.13%，最高组所占比例是29.54%；其中最低的1/3，即第1—3组所占比例是7.54%；最高的1/3，即第8组至第10组所占比例是60.49%。数据证实，城镇家庭人均房产十等分组中的分布差距低于全体和农村地区。

为了对不同民族家庭的人均房产进行比较，表8—4中也分别给出了不同民族家庭在家庭人均房产十等分组中的分布情况。在全部城乡调查家庭中，北方汉族与北方少数民族同南方汉族与南方少数民族相比，后者的十等分组差距更为明显。其中，北方汉族有30.34%的受访家庭位于最低的1/3，即家庭人均房产十等分组中的第1组至第3组；有28.87%的北方汉族受访家庭处于最高的1/3，即第8组至第10组；分布较为平衡。北方少数民族有40.18%的受访家庭位于最低的1/3，即家庭人均房产十等分组中的第1组至第3组；有21.7%的受访家庭处于最高的1/3即第8组至第10组；和北方汉族相比，北方少数民族的分布更集中在低房产组中，高房产组中的分布比例较少。与此相对应的，北方的哈萨克族受访家庭在最低的第1—3组中的分布比例是27.87%，在最高的三个组中的分布比例是28.42%，分布也较为平均；柯尔克孜族受访家庭在最低的第1—3组的分布比例达到了50%，最高的第8组至第10组的分布比例是11.02%，其差距较为明显。南方汉族和少数民族相比，南方汉族在最高的第8—10组的受访家庭分布达到了52.71%；在最低的第1组至第3组的分布比例为19.01%；而南方少数民族受访家庭在最高的第8组至第10组中有28.9%；在最低的第1组至第3组为31.48%，分布较为均匀。南方受访的藏族和瑶族家庭其家庭人均房产的分布较为近似，都是在最低的第1组至第3组分布比例高于最高的第8组至第10组分布比例；土家族和羌族均是最高的第8组至第10组的受访家庭分布比例达到近一半，而最低的第1组至第3组分布比例约为10%和15%。南方的壮族受访家庭和南北均有分布的回族受访家庭在10个组中的分布比例较为均衡。

在农村和城镇受访家庭中，北方汉族和北方少数民族受访家庭的家庭人均房产分布状况大体一致，都是第1组至第3组中的受访家庭

第八章 民族地区县域家庭房产的城乡和民族差异

比例略高于第 8 组至第 10 组的家庭分布，呈现高、中、低较为均匀的分布。南方汉族的农村和城镇受访家庭也都是第 8—10 组中的分布比例接近一半，分别是 48.05% 和 47.32%，第 1—3 组的分布比例分别为 17.58% 和 19.89%。南方城乡少数民族受访家庭的分布都较为均衡，只是城镇的高房产组分布比例略高于农村的高房产组分布比例。

具体到农村和城镇的不同民族受访家庭，南方的藏族受访家庭在城乡的分布情况大致相同，因而和城乡总体的分布情况相近。壮族的农村受访家庭分布比例为高中低均匀分布，而城镇受访家庭的第 8 组至第 10 组分布比例为 32.9%，而最低的第 1 组至第 3 组分布比例是 22.37%。土家族城乡受访家庭都是第 8—10 组的分布比例达到了一半，最低的第 1 组至第 3 组只有 16.19% 和 7.28%。瑶族和羌族的受访家庭分布比例在城乡之间基本相同。瑶族城乡受访家庭中，最低的第 1 组至第 3 组的分布比例在 1/3 左右，高出最高的第 8 组至第 10 组分别约 18 个百分点和 10 个百分点。羌族城乡受访家庭也均是高房产组的分布高于低房产组的分布比例，只是农村的差距略高出城镇 6 个百分点。北方的哈萨克族城乡受访家庭呈现两头略小中间较大的分布形状，柯尔克孜族城乡受访家庭均是最低的第 1 组至第 3 组接近或超过一半，最高的第 8 组至第 10 组的分布比例不足 1/10。南北均有分布的回族受访家庭在南方和北方的分布情况大体一致，均是高房产组第 8 组至第 10 组的分布比例为 31% 左右，而低房产组第 1 组至第 3 组的农村受访家庭分布比例是 18.46%，城镇受访家庭是 23.81%。

（三）家庭人均房产不均等的分解

本章对民族自治地方县域家庭房产不均等的分析着重从城乡和民族两个视角展开，同时兼顾南方和北方的区别。也就是将县域家庭分为全体、农村和城市、全体和南北方的汉族和少数民族，并利用衡量家庭人均房产不均等的泰尔指数的分解得到了表 8—5 和表 8—6 的结果。

表 8—5　　县域家庭人均房产城乡分布差距的分解

	总体差距	农村与城镇之间的差距	农村和城镇内部差距	其中：农村内部差距	城镇内部差距
全体					
家庭人均房产泰尔指数	0.466	0.030	0.436	0.323	0.113
比重（%）	100	6.41	93.59	69.31	24.28
汉族					
家庭人均房产泰尔指数	0.468	0.017	0.451	0.292	0.159
比重（%）	100	3.63	96.37	62.39	33.98
少数民族					
家庭人均房产泰尔指数	0.454	0.030	0.424	0.326	0.098
比重（%）	100	6.61	93.39	71.81	21.59
北方汉族					
家庭人均房产泰尔指数	0.399	0.035	0.364	0.222	0.142
比重（%）	100	8.77	91.23	55.64	35.59
北方少数民族					
家庭人均房产泰尔指数	0.465	0.013	0.452	0.328	0.124
比重（%）	100	2.80	97.2	70.54	26.66
南方汉族					
家庭人均房产泰尔指数	0.470	0.008	0.462	0.305	0.157
比重（%）	100	1.7	98.3	64.89	33.40
南方少数民族					
家庭人均房产泰尔指数	0.439	0.043	0.396	0.324	0.072
比重（%）	100	9.79	90.21	73.80	16.41

民族自治地方家庭人均房产的不均等程度可分解为城乡之间、城镇内部和农村内部三方面。表8—5的结果表明，无论是全体、汉族、少数民族、北方汉族、北方少数民族、南方汉族和南方少数民族的家庭人均房产差异都主要来自农村和城镇内部：城乡内部的差距对总体的家庭人均房产差距贡献达到了90%以上。而城乡之间的差距对总

第八章 民族地区县域家庭房产的城乡和民族差异

体的家庭人均房产差距贡献在2%—10%，所起作用不是很大。城镇内部差距和农村内部差距相比较，城镇内部对总体差距的贡献介于16.41%—35.59%；农村内部对总体差距的贡献在55.64%—73.8%；这不仅印证了之前所得到的农村内部的家庭人均房产差距大于城镇家庭人均房产差距，同时也证实了各类城乡总体的家庭人均房产不均等主要来源于农村内部较大的不均等程度，其次是城镇内部的不均等；城乡之间的不均等对总体的家庭人均房产不均等贡献率并不高。与北方相比，南方的家庭人均房产不均等程度更高，城乡差距更大，农村内部不均等程度和对总体家庭人均房产的不均等贡献也更显著。汉族家庭人均房产的不均等程度略高于少数民族整体，汉族家庭的城乡差距低于少数民族家庭，汉族家庭的农村内部差距小于少数民族家庭、城镇内部差距略高于少数民族，而城镇和农村内部差距对总体不均等的贡献相较于少数民族家庭更大；这一情况南方汉族和南方少数民族的差异几乎一致。与此不同的北方汉族和北方少数民族情况恰好相反，北方汉族家庭的城乡差距高于少数民族家庭；北方汉族家庭在农村和城镇内部的不平等对总体不均程度的贡献低于北方少数民族近6个百分点。

表8—6　　　　　**不同民族家庭人均房产分布差距的分解**

	总体差距	汉族与少数民族间差距	汉族和少数民族内部差距	其中：少数民族内部差距	汉族内部差距
全体					
家庭人均房产泰尔指数	0.466	0.009	0.457	0.340	0.117
比重（%）	100	1.93	98.07	72.96	25.11
农村					
家庭人均房产泰尔指数	0.459	0.007	0.452	0.348	0.104
比重（%）	100	1.53	98.47	75.82	22.65
城镇					
家庭人均房产泰尔指数	0.383	0.001	0.382	0.247	0.135
比重（%）	100	0.26	99.74	64.49	35.25

续表

	总体差距	汉族与少数民族间差距	汉族和少数民族内部差距	其中：少数民族内部差距	汉族内部差距
北方农村					
家庭人均房产泰尔指数	0.440	0.001	0.439	0.324	0.115
比重（%）	100	0.23	99.77	73.64	26.13
北方城镇					
家庭人均房产泰尔指数	0.390	0.003	0.387	0.242	0.145
比重（%）	100	0.77	99.23	62.05	37.18
南方农村					
家庭人均房产泰尔指数	0.462	0.027	0.435	0.364	0.071
比重（%）	100	5.84	94.16	78.79	15.37
南方城镇					
家庭人均房产泰尔指数	0.334	0.005	0.329	0.226	0.103
比重（%）	100	1.50	98.50	67.66	30.84

和表8—5相比，表8—6给出了城乡、南方城乡和北方城乡的汉族家庭和少数民族家庭之间，汉族家庭内部和少数民族家庭内部的不均等状况及对总体家庭人均房产不均等的贡献程度。总体上，无论南北城乡，汉族家庭和少数民族家庭之间在家庭人均房产上的差距都很小，只有南方农村的汉族和少数民族家庭之间的差距对总体家庭人均房产的不均等的贡献率达到5.84%，其他不同地域和城乡中的汉族和少数民族家庭间的家庭人均房产差距都低于2%，可忽略不计。而汉族家庭内部和少数民族家庭内部的泰尔指数也证实了之前基尼系数计算的结论，即少数民族家庭内部的不均程度明显超出了汉族家庭内部的不均等程度，且对总体家庭人均房产差距的贡献更为显著。农村少数民族家庭人均房产不均等程度高于城镇少数民族家庭人均房产的差距，这在北方和南方都表现出了一致性。

第八章 民族地区县域家庭房产的城乡和民族差异

四 简要结论与政策启示

本章采用国家社科基金特别委托暨中国社会科学院创新工程重大专项"21 世纪初中国少数民族地区经济社会发展综合调查"2014 年涉及十省区 18 个民族自治地方县域的调查数据,对县域内的家庭和家庭人均房产进行了分析研究,主要结论有以下几方面。

（1）对民族自治地方不同地域和民族家庭人均房产绝对数值进行比较后发现：调查的民族自治地方县域内家庭人均房产均值为 54037 元；农村受访家庭的人均房产均值是 44967 元,相当于城镇受访家庭的 59.52%。从民族看,汉族和少数民族相比,北方汉族家庭人均房产的城乡差距大于南方汉族家庭；北方少数民族家庭人均房产的城乡差距小于南方少数民族家庭。北方汉族的农村和城镇受访家庭的房产均值都低于北方少数民族的农村和城镇受访家庭；但南方汉族的农村和城镇受访家庭的房产均值都大于南方少数民族的农村和城镇受访家庭房产均值。具体到藏族、壮族、土家族、哈萨克族、柯尔克孜族、回族、瑶族和羌族的城乡受访家庭,同样也是城镇受访家庭的人均房产均值高于农村受访家庭的人均房产均值。南方的土家族、羌族的受访家庭房产均值位居前两位,北方的藏族和柯尔克孜族受访家庭的房产均值的城乡差异为倒数两位。

（2）民族自治地方县域受访家庭人均房产的基尼系数为 0.494；农村家庭人均房产基尼系数为 0.499；城镇家庭人均房产基尼系数是 0.435。这也说明,县域内农村受访家庭人均房产的不均等程度大于城镇受访家庭,但城乡家庭人均房产的不均等程度并不高。北方汉族无论是城乡一体还是城乡各自的不均等程度都低于北方少数民族；南方汉族恰恰相反,无论是城乡一体还是城乡各自的不均等程度都高于南方少数民族。调查的 12 个民族家庭人均房产均值的不均等程度依次为：藏族、北方少数民族、南方汉族、南方少数民族、北方汉族、壮族、回族、瑶族、柯尔克孜族、哈萨克族、土家族和羌族受访家庭。

（3）民族自治地区县域内受访家庭人均房产十等分组中最低组

(1组)的家庭人均房产总值只占到了全体家庭人均房产总额的1.09%;最高组(10组)的家庭人均房产总值所占比例是33.96%,也说明第10组和第1组的数值差距为近32倍。和北方汉族家庭相比,北方少数民族家庭的分布更集中在低房产组中,高房产组中的分布比例较少。南方汉族受访家庭有52.71%分布在第8—10组的高房产组,在最低的第1组至第3组的分布比例为19.01%;南方少数民族家庭相对于汉族受访家庭,其人均房产的分布呈现高、中、低均匀分布。

(4)利用泰尔指数对家庭人均房产不均等进行分解后证实:第一,城乡各自内部的差距对总体的家庭人均房产差距贡献达到了90%以上;而城乡之间的差距对总体的家庭人均房产差距贡献在2%—10%,所起作用不是很大。各类城乡总体的家庭人均房产不均等主要来源于农村内部较大的不均等程度,其次是城镇内部的不均等;城乡之间的不均等对总体的家庭人均房产不均等贡献率并不高。第二,总体上,无论南北地域和城乡,汉族家庭和少数民族家庭之间在家庭人均房产上的差距微不足道。而汉族家庭内部和少数民族家庭内部的不均等泰尔指数也证实了之前基尼系数计算的结论,即少数民族家庭内部的不均程度明显超出了汉族家庭内部的不均等程度,且对总体家庭人均房产差距的贡献更为显著。农村少数民族家庭人均房产不均等程度高于城镇少数民族家庭人均房产的差距,这在北方和南方都表现出了一致性。

民族自治地方县域范围不同地区和民族的家庭房产差异的研究意义和政策启示主要体现在以下三个方面:其一,阐释了不同区域和民族的家庭房产差异和不均等程度。众所周知,收入分配和家庭财产的差距对当地的经济发展、社会公平、社会稳定会产生重要影响,通过家庭房产的差距可在一定程度上了解家庭财产的差距。从基尼系数和家庭人均房产十等分组看,民族自治地方县域的家庭人均房产不均等程度目前还不是很大,小于全国总体水平。但研究证实的汉族与少数民族以及不同民族家庭的人均房产和不均等程度需引起学界和地方政府的关注。在民族自治地方全面建成小康社会的进程中,城乡家庭人均房产不均等程度不大,以及民族因素对城乡家庭人均房产不均等的

第八章 民族地区县域家庭房产的城乡和民族差异

影响微不足道的良好态势应继续保持，以利于民族自治地方的和谐与稳定。其二，从研究角度看，探究目前民族自治地方县域城乡和不同民族家庭的房产分布状况、差距、不均等程度可以利于今后的追踪比较研究，为今后进一步探究不同地区和不同民族家庭人均房产不均等的影响因素以及和收入分配的相互影响关系等奠定研究基础。其三，在政策实施层面，民族自治地方县域的农村地区家庭人均房产不均等程度大于城镇，这一方面说明农村在整体家庭人均房产低于城镇的前提下，存在贫困家庭住房极差的情况；在全面脱贫和建成小康社会的进程中如何改善贫困家庭的居住条件需纳入整体规划。此外，民族自治地方县域在大力推动城镇化的背景下如何促进农民进城买房，实现农民向市民转化的同时又帮助房地产行业去库存的政策层面设计要切实考虑到目前的家庭房产差距现状，并预期今后家庭房产不均等应控制的范围，尽可能避免家庭人均房产不均等程度的快速扩大。民族自治地方的各级政府应充分认识房产不均等快速扩大从而带来财产不均等快速扩大的危害，尤其不能在民族自治地方不同民族家庭间形成过大的不均等。另外，经过40年的改革开放，全国范围内以房产为核心的家庭财产不均等快速扩大，出于对当前发展和长远利益的综合平衡和考虑，政府应尽快出台实施房产税对家庭房产的不均等进行宏观调控。

第九章　民族地区社会保障反贫困研究

贫困是举世关注而又普遍存在的社会历史现象，也是人类必须面对并且与之斗争的政治、经济、社会与文化问题。近代以来的持续经济增长，为缓解和改善贫困问题提供了可能。作为世界最大的发展中国家，中国改革开放以来的高速经济增长，为消除绝对贫困、全面建成小康社会奠定了坚实的物质基础。但是，中国毕竟还处于向中等发达收入阶段迈进的关键时期，家底还比较薄。同时，作为一个幅员辽阔、地区发展很不平衡的大国，中国迈向全面小康社会的步伐还不一致。2014年全国还存在7000多万贫困人口。农村地区特别是民族地区的农村是贫困人口最集中的区域。如果进一步考虑边缘贫困人口，这个数字还会进一步增加。贫困问题与反贫困依然是我国面临的重大实践课题，也是理论界与学术界普遍关注的一个热点难点问题。

实践证明，扶贫开发与社会保障是解决贫困问题的两大利器。为提高扶贫开发战略的针对性和实际效果，习近平总书记在2013年考察湖南湘西时提出了"精准扶贫"思想，强调要实施精准扶贫，实现精准脱贫。在贵州调研期间，习近平提出扶贫要做到"六个精准"，并在当年"减贫与发展高层论坛"上特别强调："扶贫要坚持分类施策，因人因地施策，因贫困原因施策，因贫困类型施策"，提出了"四个一批"①的思路，到2020年要实现7000多万贫困人口全

---

① "四个一批"是指通过扶持生产和就业发展一批，通过易地搬迁安置一批，通过生态保护脱贫一批，通过教育扶贫脱贫一批，通过低保政策兜底一批。

第九章　民族地区社会保障反贫困研究

部脱贫。① 2015年11月，中央召开扶贫开发工作会议，进一步确定了2016年和"十三五"时期的脱贫攻坚目标任务与工作要求。② 可以说，全国扶贫开发的攻坚战已经打响。

由于民族地区③经济发展水平落后、生态环境比较脆弱、自然条件比较恶劣、基础设施薄弱、人力资本素质不高、社会保障制度供给不足，这些都导致民族地区反贫困的艰难性。民族地区贫困问题因为其边境性、民族性、资源富集性、生态脆弱性等特征，在国家反贫困总体格局中占据重要的战略地位。民族地区贫困问题是学界研究的重点问题之一。已有文献描述了民族地区贫困问题普遍性与自身特殊性。唐剑、李晓青认为西部少数民族地区的贫困存在多维贫困，不仅体现为收入贫困和消费贫困，还体现在知识技能的匮乏、社会保障制度供给不足、市场经济意识不足等方面。④ 庄天慧、张海霞和杨锦秀通过调研数据证明，自然灾害导致直接的经济损失和人员伤亡，是民族地区贫困的重要原因。⑤ 陈全功和程蹊认为少数民族的贫困与他们所居住的自然地理条件紧密相连，民族地区反贫困研究应重视空间贫困理论。⑥ 相关研究分析了民族地区农村贫困的多维原因，主要有自然环境决定论、制度供给不足论、人力资本决定论。针对自然环境致

---

① 习近平：《携手消除贫困，促进共同发展》，《2015减贫与发展高层论坛》（北京）2015年10月16日。
② 刘永富主任部署的四个方面的工作是：建设大数据、融资、整合管理、工作落实、扶贫对接五个平台，完善考核、评估、退出三项机制，开展教育扶贫、健康扶贫、金融扶贫、交通扶贫等七大行动，组织实施整村推进、职业教育培训、扶贫小额信贷、异地扶贫搬迁、电商扶贫、旅游扶贫、光伏扶贫、构树扶贫、贫困村创业致富带头人培训、龙头企业带动十项工程。见《2015年全国扶贫开发工作会议在京召开》，国务院扶贫办网站（http://zhanghz.com.cpad.gov.cn/art/2015/12/29/art_624_43221.html）。
③ 从制度上看，我国民族地区是指少数民族集中聚居、实行民族区域自治制度的地区。为便于从国家层面分析，一般主要指民族"八省区"，即五个民族自治省区和云南、贵州、青海三个少数民族人口较多的省份。
④ 唐剑、李晓青：《关于西部少数民族地区农村反贫困的战略性思考》，《甘肃农业》2006年第12期。
⑤ 庄天慧、张海霞、杨锦秀：《自然灾害对西南少数民族地区农村贫困的影响研究——基于21个国家级民族贫困县67个村的分析》，《农村经济》2010年第7期。
⑥ 陈全功、程蹊：《空间贫困理论视野下的民族地区扶贫问题》，《中南民族大学学报》（人文社会科学版）2011年第1期。

贫论，李茂林等提出民族地区贫困在很大程度上与自然资源禀赋相对较弱有关。① 曲玮和涂勤等从发展经济学和经济地理学的双重视角讨论自然地理环境对贫困的影响，认为经济社会发展可以缓解不利的自然地理环境对反贫困的负面影响，但自然地理环境仍旧是导致贫困的主要因素。② 针对制度供给不足论，刘明宇提出打破城乡二元结构，消除户籍制度及涉农的政策性垄断，可以有效破除"制度性贫困陷阱"。③ 杨颖认为农村贫困的根源是"制度不利"造成农民普遍发展机会和权利不均等，农民能力匮乏是导致贫困的主要原因之一。④ 针对人力资本致贫论，张利洁认为劳动力市场失灵、个体投资效益的预期风险、教育的低水平循环、封闭的自然环境是导致西部民族地区人力资本贫困的重要原因，而人力资本贫困是西部民族地区贫困的重要原因。⑤ 邵志忠从人力资源因素出发，认为人力资源数量不足、人力资源质量低、常住人口结构不合理并呈现女性化趋势、人力资源的"群体无意识"是导致红水河流域少数民族地区贫困的主要原因。⑥

针对上述问题，不少专家提出了反贫困的对策。赵曦认为西部农村反贫困的重点是提升农民的基本生存能力、生产能力与发展能力。⑦ 张亮晶等提出在新的形势下应从生态的角度选择生态型反贫困战略。⑧ 李晓辉等提出经济新常态下的社会扶贫机制创新思路与方法，即要特别注重社会扶贫、扶贫措施精准化和提升贫困人口能力，通过建立社

---

① 李茂林:《民族地区贫困农村的反贫困策略》，《经济导刊》2010年第2期。
② 曲玮、涂勤等:《自然地理环境的贫困效应检验——自然地理条件对农村贫困影响的实证分析》，《中国农村经济》2012年第2期。
③ 刘明宇:《分工抑制与农民的制度性贫困》，《农业经济问题》2004年第2期。
④ 杨颖:《从中国农村贫困的特征分析看反贫困战略的调整》，《社会科学家》2012年第2期。
⑤ 张利洁:《试论西部民族地区的反贫困与人力资本积累》，《宁夏大学学报》（人文社会科学版）2006年第2期。
⑥ 邵志忠:《从人力资源因素看红水河流域少数民族地区的贫困——红水河流域少数民族地区贫困原因研究之三》，《广西民族研究》2011年第2期。
⑦ 赵曦:《中国西部农村的反贫困治理研究》，《四川大学学报》（哲学社会科学版）2006年第6期。
⑧ 张亮晶、杨瑚、尚明瑞:《西部少数民族地区生态环境与反贫困战略研究——以肃南裕固族自治县为例》，《干旱区资源与环境》2011年第3期。

会扶贫动员机制、建立社会扶贫调查系统、对企业参与扶贫提供税收优惠推动社会扶贫机制创新。① 北京师范大学中国扶贫研究中心课题组从推进国家治理体系和治理能力现代化的角度探讨扶贫开发治理体系和治理能力现代化建设问题。② 韩小兵和喜饶尼玛认为边疆地区反贫困应建立和完善以培育和发展内生性减贫能力为主的贫困治理机制。③ 上述建议多侧重于扶贫开发，而且中国已经在这方面下足了工夫。如何发挥好社会保障反贫困的作用，研究还相对薄弱。姜锡明和王海芳认为要通过社会救助制度、农村最低生活保障制度、农村社会互助制度、农村养老保险制度、农村医疗保险制度的构建和完善，发挥社会保障在反贫困战略中的支撑作用。④ 张浩淼对贫困问题进行了社会保障学分析，社会保障可以预防和缓解贫困，但若运用不慎将导致依赖性贫困和"贫困陷阱"。⑤ 韦璞从贫困、贫困风险与社会保障的关联性出发，认为工业社会贫困风险的社会化催生了现代社会保障制度，现代社会保障制度对风险社会的贫困风险具有一定的补救功能。⑥ 龙玉其认为要通过加快实现民族地区农村社会养老保险的人群全覆盖目标、建立基于家计调查的非缴费型养老金制度、加大中央财政对民族地区农村养老保险的转移支付等方面完善民族地区农村养老保险反贫困的作用。⑦

当前，民族政策、人口较少民族发展扶持政策、兴边富民工程、社会保障制度、扶贫开发政策，以及其他的各类社会政策、经济和区域发展政策等构成了我国民族地区的反贫困政策体系，政府、市场、

---

① 李晓辉、徐晓新、张秀兰、孟宪范：《应对经济新常态与发展型社会政策2.0版——以社会扶贫机制创新为例》，《江苏社会科学》2015年第2期。

② 北京师范大学中国扶贫研究中心课题组：《论中国扶贫开发治理体系和治理能力建设》，《中国延安干部学院学报》2015年第1期。

③ 韩小兵、喜饶尼玛：《边疆地区治理创新与少数民族人权保障若干问题的思考》，《中央民族大学学报》（哲学社会科学版）2015年第1期。

④ 姜锡明、王海芳：《农村反贫困战略中的社会保障制度安排》，《农村经济》2007年第6期。

⑤ 张浩淼：《关于贫困问题的社会保障学分析》，《兰州学刊》2007年第5期。

⑥ 韦璞：《贫困、贫困风险与社会保障的关联性》，《广西社会科学》2015年第2期。

⑦ 龙玉其：《养老保险制度与民族地区农村反贫困》，《广西社会科学》2015年第2期。

社会、个人等多方主体共同参与形成反贫困合力,构建了我国当前的"大扶贫格局"。我们知道,因为各种因素的影响,通过经济发展与扶贫开发在全社会全部实现无贫困家庭、无贫困人口是非常困难的。国际经验表明,社会保障制度,是确保所有社会成员不陷入贫困境地的最后防线。为了全面实现贫困人口的脱贫,建立健全社会保障制度十分重要。民族地区尤其是西部民族地区农村是我国农村扶贫开发政策的最主要瞄准地区,我国农村贫困人口的大多数分布在西部民族地区的偏远山区和边疆地区。国家民委公布的数据显示,2014年民族八省区农村贫困人口为2205万人[1],民族八省区农村贫困人口占全国农村贫困人口的31.4%;2011—2014年,该比重均在30%以上。近年来,民族八省区的减贫速度呈加速放缓趋势,民族地区是打好扶贫攻坚战的"硬骨头"。[2] 在民族地区的反贫困政策体系中,社会保障制度作为一项由政府主要担责的反贫困制度安排,发挥着"托底"保障的基础性反贫困效果,尤其以城乡社会救助体系扮演了最主要的反贫困角色。在经济发展政策"涓滴效应"逐步减弱,农村扶贫开发政策减贫效应边际递减,社会力量扶贫规模效应不足的大背景下,政策待遇以个人(家庭)为瞄准对象的社会保障制度在民族地区的反贫困政策体系中的作用越来越受到重视。中央"十三五"规划在论述实施脱贫攻坚工程中要求实行低保政策、救助政策和扶贫政策衔接,对贫困人口应保尽保。[3] 社会保障制度将在与其他反贫困政策的有序衔接的基础上发挥更大的反贫困作用。基于对民族地区多年深入调查,特别是近些年连续不断的问卷调查,本章从社会保障的角度,分析研究社会保障制度在反贫困中的功能机理与反贫困效应,进而提出完善社会保障制度、进一步提升其反贫困效应的建议。

---

[1] 据国家统计局对全国31个省(自治区、直辖市)7.4万农村居民家庭的抽样调查,按年人均收入2300元(2010年不变价)的国家农村扶贫标准测算。

[2] 国家民委经济发展司:《2014年少数民族地区农村贫困监测结果》,2015年8月18日,国家民委官网(http://www.seac.gov.cn/art/2015/4/15/art_31_225897.html)。

[3] 新华社授权发布:《中共中央关于制定国民经济和社会发展第十三个五年规划的建议》,2015年11月4日,新华网(http://news.xinhuanet.com/fortune/2015-11/03/c_1117027676.htm)。

第九章 民族地区社会保障反贫困研究

一 社会保障的反贫困功能及作用机理

社会保障制度作为一项以个人或家庭为政策对象的收入再分配制度安排，在保障基本生存、缓解贫困、分散风险、提升福利水平等方面发挥着重要作用。社会保障政策的效果往往以实物、现金或提供服务等方式为政策对象提供支持。笔者曾经对社会保障在调节收入分配、缩小收入差距方面的作用和贡献做过认真的理论与实证研究，相关研究成果分别刊发在有关专著及学术论文中。[①]

从国际社会保障事业的发展态势来看，社会保障制度主要以社会救助、社会保险、社会福利三大制度为贫困人员或家庭、低收入劳动者或家庭、全体社会成员提供上述各类保障。从我国社会保障事业的发展进程来看，在过去一段相当长的时期内经历了以社会救助和社会保险为主体的社会保障制度建设阶段，而随着经济社会发展水平的提高、社会保障制度逐步趋于完善，我国在"十三五"期间将基本实现福利社会，社会福利制度将进一步完善，社会福利制度在社会保障制度中的重要性和地位将继续得到进一步提升，针对全体社会成员的社会福利水平也将逐步提高。21世纪以来，社会救助制度作为保障基本生存和缓解贫困人口贫困程度的兜底性制度安排，在社会保障制度反贫困进程中扮演了最基础、最重要的角色。这一特征在民族地区尤为明显。综合而言，在民族地区的反贫困进程中，社会保障制度与农村扶贫开发政策、民族政策、人口政策等相互衔接并形成反贫困合力，从不同的角度提升了民族地区的社会成员、家庭和地区的发展能力，最终实现地区与个人发展能力的共同提升。

社会保险、社会福利、社会救助是我国社会保障体系的三个核心组成部分。三个部分都具有一定的收入调节作用，但具体作用机理仍有所不同。总体来看，社会保障反贫困的作用机理如图9—1所示。

[①] 王延中主编：《中国社会保障发展报告（2012）：社会保障与收入分配》，社会科学文献出版社2012年版；王延中等：《中国社会保障再分配状况调查》，社会科学文献出版社2013年版；王延中等：《社会保障收入再分配效应研究》，《经济研究》2016年第2期。

| 中国民族地区全面小康社会建设研究

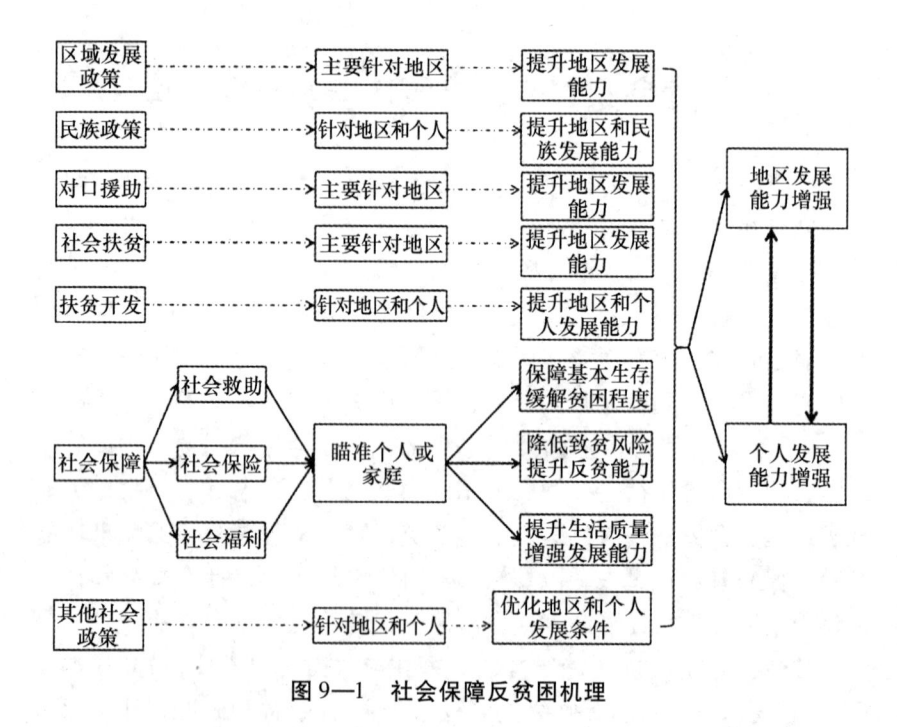

图9—1 社会保障反贫困机理

具体而言，社会保障的三个政策类别从各自不同的路径产生了不同的反贫困效果。

（一）社会救助制度通过保障贫困人群的生存和发展产生最直接的反贫困效果

社会救助处于我国社会保障体系的最底层，主要依靠政府财政投入来保障低收入群体的最低生活所需，包括现金救助、实物救助、服务救助等手段。由于它直接针对社会弱势群体和贫困人口，救助对象不需要承担任何缴费义务，只要符合救助条件就可以获得救助，具有权利义务的单向性。因此，其反贫困作用也最直接、最明显，反贫困效果则直接表现为保障绝对贫困人口的基本生存，降低绝对贫困人口和低收入贫困人口的贫困程度。

我国的社会救助体系主要由最低生活保障制度和专项社会救助项目共同构成。最低生活保障制度对家庭人均收入低于贫困线或者低保线的对象进行差额补助，保障受助对象的基本生活需要，对贫困者或家庭产生最直接的反贫困效果。最低生活保障制度是当前我国社会保障反贫困最为基础的制度安排。而医疗救助、教育救助、住房救助等则对处于贫困线边缘群体以及低收入群体面临的临时性贫困或"因病致贫""因教致贫""因住致贫"等的消费性贫困提供直接的现金援助，防止贫困线边缘的低收入群体陷入绝对贫困之中。从专项救助的具体目的来看，医疗救助是对贫困群体在疾病就医过程中的大量消费进行专项补助，目的是避免贫困群体因为疾病而导致生活陷入困境。教育救助为贫困家庭的子女在各类各级学习就学过程中提供学杂费减免、学费补助等，避免低收入家庭因子女教育费用支出而陷入绝对贫困，帮助这些家庭走出"因病致贫"和因家庭子女教育机会的缺乏而陷入贫困的恶性循环。住房救助的本质是解决低收入家庭因无法支付足够房租而导致居无定所的情况，由政府财政支付市场房租与居民支付能力之间的差额，保障贫困人员或家庭住有所居。

（二）社会保险以参保成员的互助共济降低致贫风险、提升社会保障主体制度的反贫困效果

社会保险处于我国社会保障体系的中间层，通过责任分担、互助共济的方式保证社会成员的基本生活所需。它强调权利与义务相结合，只有承担相应的缴费义务才能享受一定的保险待遇。但该制度不是缴费与待遇的完全对等关系，高收入者通常履行较多的缴费义务，低收入者通常可以获得与其缴费水平相比较多的保险待遇，从而发挥该制制度的互助共济特性，较好地调节收入差距，起到预防贫困的作用。它包括养老保险、医疗保险、失业保险、工伤保险等。

养老保险是社会保险制度的核心，它通过为退出劳动岗位的劳动者提供收入保障的方式增强其抵御老年风险的能力，起到预防贫困的作用。在我国"社会统筹＋个人账户"的养老保险制度中，个人账户部分采取积累形式，不具有再分配性质，现收现付式的统筹基金部分具有再分配性质，其资金来源主要为企业缴费，而非国家财政，但具有互助共济性质的养老保险统筹基金，可以在参保人范围内进行再分配。随着我国养老保险制度城乡统筹、制度整合步伐的加快，覆盖范围不断增加，待遇水平稳步提高，可以较好地实现城乡之间、代

际、不同收入群体之间的收入再分配，起到缩小城乡差距、地区差距、群体差距的效果。医疗保险作为疾病风险管理的重要手段，其收入再分配功能及互助共济特性主要源于疾病风险的不确定性及保险制度的设计原理。由于每个人的患病概率、患病时间、病种类型、治疗费用等是不确定的，一旦遭遇大病，极有可能出现因病致贫、因病返贫情况。因此，每一个人缴纳医疗保险费，组成一个大的医疗保险基金池，使得风险在所有参保群体之间进行分散，医疗资源在患大病者、患小病者及不患病者之间进行再分配。失业保险的反贫困机制主要通过提供失业保险金，保障失业者基本生活需求，缩小收入差距，促进失业者再就业，使其重返劳动力市场参与初次分配等来有效减少低收入群体的数量。工伤保险是在劳动者遭受职业伤害或者职业病的情况下，从国家或社会获得物质帮助的保险制度，具有工伤补偿、工伤预防、工伤康复的作用，对于劳动者重返劳动力市场，避免因工伤引起收入中断或减少而陷入贫困具有重要作用。

（三）社会福利以普遍公共服务及特殊福利提升全体居民的生活质量和发展能力产生普遍性的反贫困效果

社会福利是指国家和社会通过提供福利津贴、实物供给和社会服务的方式，满足社会成员的生活需要并提高其生活质量的社会保障制度。社会福利制度反贫困的机理和路径就在于通过福利津贴或服务等的供给，提高政策对象的生活质量和生活的安全预期，并在此过程中使政策对象拥有良好的发展环境，提升个人和家庭的发展能力。但是，由于其资金主要来源于国家财政和社会捐赠，通过转移支付的方式直接面向特定的受助对象，实现社会资源的再分配，提高社会弱势群体的收入水平，提高其生活质量和福利水平，因此其反贫困作用相对比较简单和有效。目前，我国社会福利制度主要由老年人福利、残疾人福利、妇女儿童福利制度构成。受制于社会保障制度整体发展阶段的影响，目前我国社会福利制度在反贫困方面的实际作用空间并不大，但是由于社会福利制度对老年人、残疾人、妇女儿童直接提供津贴或福利服务等，因此也对这些群体产生了直接的反贫困效果。随着我国社会保障制度深化改革进程中越发注重社会福利制度的建设，因此社会福利制度的反贫困空间必将进一步扩大。

对全体居民而言，社会福利还包括义务教育和政府扶持的教育体系、公共卫生及基本卫生服务制度以及一整套基本公共服务。这些服务是一个社会增进居民健康、提升劳动力素质和人力资本、促进社会发展的基本制度。这些公共产品或准公共产品不仅覆盖全体居民，而且尽量在一个国家的不同区域之间保持均衡发展，对于经济社会发展水平相对落后的地区还可以通过国家及不同级别、不同地区政府间的财政转移支付及相关举措得到帮助。

社会救助、社会保险和社会福利分别以不同的路径和不同的方式向政策对象（个人或家庭）提供现金、实物或服务等援助，帮助政策对象摆脱绝对贫困或相对贫困的困扰，提升个人和家庭的发展能力。并且，由于各个社会反贫困政策体系中各个政策的对象瞄准机制和价值理念存在差异，因此加强社会保障制度与其他反贫困政策的衔接整合并形成反贫困合力是未来几年内提升民族地区反贫困效果的重要努力方向。就目前民族地区的经济社会发展状况而言，社会保障制度仍将发挥最基础的兜底性反贫困作用，其中社会救助在援助农村贫困人口方面仍将扮演最重要的角色，而社会保险制度则将随着城乡就业结构的优化和制度优化扩大反贫困作用空间，社会福利制度在民族地区的反贫困空间将逐步扩大。

二 民族地区社会保障建设及其反贫困作用

民族地区自然条件恶劣、生态环境脆弱、基础设施薄弱、经济发展水平落后、人力资本质量不高等都导致民族地区反贫困的艰难性。民族地区经济社会发展具有经济发展总体落后、经济总量偏小，产业结构不合理、吸纳就业人员有限，教育发展落后、人力资本积累不足，自然条件恶劣、环境保护形势严峻等特点。民族地区贫困问题因为其边境性、民族性、资源富集性、生态脆弱性等特征，在国家总体格局中占据重要的战略地位。贫困面广、贫困发生率高，贫困程度深、脱贫难度大，返贫率高、解决贫困的难度大，多维度贫困状态极为普遍等特点使得民族地区的反贫困任务十分艰巨。我国在积极实施扶贫开发战略的同时，大力推进我国社会保障制度改革与建设，财政性社会保障投入快速增长,民族地区社会救助、社会保险、社会福利等民生保障体系不断完善,社会保障制度的反贫困功能日益凸显,为保障各族居民的基本生活水平,维护社会稳定和谐发挥了积极的作用。

(一)民族地区社会保障实现了制度全覆盖,为消除贫困群体的生存之忧提供了制度保障

近年来,我国社会保障制度建设步伐明显加快,随着社会保障制度逐步健全和完善,城乡居民在维持基本生活、养老、医疗等方面的需求得到了基本保障。就我国各省社会保障制度建设情况而言,中央和国务院都是采取统一推进、重点扶持的思路来推进全国各地社会保障制度。在此过程中,并没有根据经济发展水平而实行渐进式制度建设,相反一些西部民族地区省份的县、市是一些社会保障具体项目的试点地区。到2012年,民族地区的社会保障制度实现了全覆盖,这从根本上消除了贫困群体的生存之忧。民族地区具体通过农村最低生活保障制度和城镇居民最低生活保障制度来保障贫困群体最基本的生存权;通过新农合制度和城镇居民医疗保险制度来保障居民的健康权;通过农村社会养老保险制度和城镇居民社会养老保险制度来保障居民年老后的收入来源。由于最低生活保障制度的资金全部来源于政府的财政拨款,当居民处于最低生活保障线以下时,均可以申请最低生活保障,这保障了贫困群体不至于陷入生存险境。2015年第三季度,民族八省区享受城市最低生活保障的人数达到407.13万人,享受农村最低生活保障人数达到1789.53万人。在医疗保险方面,民族八省区主要通过资助参加医疗保险、资助参加合作医疗和直接进行医疗救助的方式来解决贫困群体的因病致贫风险。2015年第三季度,民族八省区共资助287.03万人参加城镇居民医疗保险,资助1315.91万人参加合作医疗保险,并直接进行医疗救助330.78万人次。在养老保障方面,民族八省区对参加农村社会养老保险制度的居民都进行了补贴,但其补贴标准不尽相同。总的来看,我国民族地区的社会保障制度实现了全覆盖,各项保障制度基本实现了应保尽保,从根本上消除了贫困群体的生存之忧。

(二)民族地区社会保障支出持续增加,社会保障的反贫困力度加大,在一定程度上降低了民族地区的贫困程度

21世纪以来,随着我国民族地区社会保障制度的改革与完善,社会保障总支出快速增长,占财政总支出的比重明显提高。2003年,民族八省区社会保障支出总额为150.72亿元,占民族八省区财政支出的5.90%;到2012年,民族八省区社会保障与就业支出总额达到1955.3亿元,比2003年增加了1804.58亿元,占民族八省区财政支出的10.63%,比2003年提高了4.7个百分点。其中民族地区的医疗卫生支出均明显增长,对于完善民族地区的医疗保障与医疗服务,减轻城乡居民的医疗负担具有重要作用。2003年,民族八省区医疗卫生支出121.44亿元,占民族八省区财政支出的4.76%;到2012年,民族八省区医疗卫生支出达到1187.27亿元,比2003年增加了1065.83亿元,占民族八省区财政支出的6.46%。无论是狭义的社会保障支出[①],还是广义的社会保障支出[②],均得到了明显增长。从民族地区社会保障支出的具体项目构成来看,社会救助支出大于社会福利支出,有利于强化社会保障反贫困的作用。民族地区的社会救助支出中主要是最低生活保障支出,占社会救助支出的80%左右,有利于缓解民族地区城乡居民的贫困状况。

由于民族地区社会保障支出持续增加,民族地区的贫困问题得到一定的缓解。《2011年我国农村贫困监测报告》的数据显示,民族八省区的贫困人口从2000年的3144万下降到2010年的1034万,十年间脱贫人口为2110万;民族八省区的贫困发生率从2000年的23.00%下降到2010年的7.00%。但是,随着2011年国家扶贫标准上调为2300元,民族八省区贫困人口数量从2010年的1034万上升为2011年的3917万,随后逐年开始下降,到2014年,民族八省区贫困人口数量下降至2205万人,贫困发生率从2011年的26.5%下降至2014年的14.7%。

[①] 仅指抚恤和社会福利救济支出、行政事业单位离退休支出、社会保障补助支出或社会保障与就业支出等生存型社会保障内容。

[②] 在狭义的基础上,还包括教育支出、医疗卫生支出、住房保障支出等发展型社会保障项目。

（三）民族地区社会保障待遇水平的不断提高加快了脱贫步伐

民族地区社会保障待遇水平的不断提高促进了城乡居民收入水平的提高，对于缓解民族地区贫困发挥了积极作用。具体来看，社会保险、社会福利、社会救助对于缓解贫困均发挥着不同程度的作用。社会保险体现权利与义务的结合，建立科学、合理的资金筹集机制和待遇补偿机制，发挥互助共济作用，促进收入分配。社会福利与社会救助无须个人缴费，完全依赖于政府财政投入，更加有利于低收入者和贫困人口享受社会保障，更加有利于反贫困。2010年第四季度，民族八省区农村最低生活保障标准平均为每人每月85.27元，城市最低生活保障标准平均为每人每月220.99元；到2015年第三季度，民族八省区农村最低生活保障标准平均每人每月上涨到180.39元，比2010年第四季度增长了111.55%，城市最低生活保障标准平均每人每月上涨到367.73元，比2010年第四季度增长了66.40%。在新农合方面，2010年，我国政府对新农合和城镇居民医保补助标准为每人每年120元，当居民生病住院时，可以报销住院费用的70%；2014年，我国政府对新农合和城镇居民医疗保险补助标准提高到了320元，住院报销比例也提高到75%以上。在养老保险待遇方面，城镇居民养老保险待遇水平和农村养老保险待遇水平均呈增长趋势。从收入水平来看，2003—2013年各民族地区的城乡居民收入均有大幅提高。其中，民族地区城镇居民人均可支配收入平均增长14910.1元；农村居民人均纯收入平均增长了4997.7元。随着民族地区社会保障水平的不断提高，民族地区贫困群众脱贫的步伐也在逐渐加快。

（四）民族地区城乡居民得到的各类专项转移收入持续增加，为缓解贫困提供了有利条件

中央政府一直重视民族地区社会保障制度的健全和发展，近年来，中央财政加大了对民族八省区转移支付的力度，使得民族八省区贫困城乡居民的转移性收入明显提高。从收入水平来看，2003—2013年各民族地区的城乡居民人均纯收入均有大幅提高，总体上翻了两番，其中民族地区农村居民收入上升的速度更快。十年间，民族地区城镇居民人均可支配收入平均增长14910.1元，人均总收入平均增长

16349.51元，人均转移性收入平均增长了3453.8元；农村居民人均纯收入平均增长了4997.7元，转移性收入平均增长了738元。相比而言，民族地区农村居民的收入增长更快，尤其是民族地区农村的转移性收入的增长速度明显快于城镇居民。2003年，民族地区的农村居民人均纯收入中的转移性收入非常少，2013年得到了大幅增长，民族地区八省区农村居民人均纯收入中转移性收入所占比重从2003年的3.4%上升到2013年的11.8%。民族地区城乡居民转移性收入的增加，更加有利于脱贫。

三 民族地区农村社会保障的减贫效应分析

本部分利用西部民族地区7个省区的农村调查问卷数据[1]，对农村社会保障待遇的减贫效果进行实证检验。文中样本数据来自国家社科基金特别委托项目暨中国社会科学院创新工程重大专项"21世纪初中国少数民族地区经济社会发展综合调查"分别于2014年和2015年进行的城乡问卷调查（简称"民族地区大调查"）。调查样本分布于内蒙古、广西、云南、西藏、青海、宁夏和新疆7个省、自治区[2]的24个县、市。本章根据需要抽取了5006份农村有效调查问卷数据，被访者来自34个民族。在收入结构中，农村家庭人均社会保障待遇[3]占家庭人均总货币收入的比重为4.1%（见表9—1）。社会保障待遇对少数民族农村家庭收入的贡献要比汉族更大，少数民族农村家庭人均社会保障待遇占比为5%，大约是同地区汉族居民的2.27倍，明显高于被调查的汉族农村家庭。就地区差异而言，广西、云

---

[1] 自2013年开始，中国社会科学院民族学与人类学研究所对民族地区经济社会发展状况进行了较大规模的实地调查与问卷调查。由于民族地区城镇化水平较低，农村居民问卷数量相对集中，本部分选择农村社会保障待遇作为实证检验的主要数据。在这里，笔者选择了2014年和2015年两年5000余份城乡居民入户调查数据，样本量来自西部民族七省区，大致可以说明我国西部民族地区的总体情况。

[2] 内蒙古、广西、云南、西藏、青海、宁夏、新疆的样本占比分别为11.7%、13%、11.4%、23.8%、10.5%、12.2%、17.4%。

[3] 本章的社会保障待遇由农村低保收入、新农合医疗报销额、新农保或养老金收入三者构成。

南、西藏、青海、宁夏的农村家庭收入中，社会保障待遇占比较高。从社会保障待遇的结构来看，新农合医疗报销金额占比普遍高于农村低保和新农保养老金，新农保养老金目前占农村家庭人均收入的比重最低。

表9—1　　　　　　被调查地区社会保障待遇构成情况

		家庭人均货币收入（元）	人均社会保障待遇占比（%）	人均农村低保待遇占比（%）	人均养老金待遇占比（%）	人均医疗报销额占比（%）
省份	内蒙古	14164	2.0	0.8	0.1	1.2
	广西	5805.7	5.8	1.6	0.5	3.7
	云南	5221.2	7.4	5.4	0.4	1.6
	西藏	6267.4	5.9	0.8	0.5	4.5
	青海	6181.7	4.5	1.0	0.8	2.7
	宁夏	6194.8	5.1	1.6	0.6	2.9
	新疆	9971.0	2.3	1.0	0.2	1.0
民族	汉族	12914.8	2.2	0.6	0.2	1.4
	少数民族	6412.7	5.0	1.8	0.4	2.8
合计		7638.4	4.1	1.4	0.4	2.4

　　基于FGT指数分解的实证检验表明，社会保障待遇对农村家庭被访者的贫困发生率产生积极影响，总体上能使贫困发生率从36.1%降至33%，降幅为8.6%（见表9—2）；社会保障待遇在减轻贫困者的贫困程度方面的作用更为明显，总体上使贫困差距指数（贫困程度）降低27.5%。社会保障待遇降低汉族被访者贫困发生率的幅度方面要略高于其降低少数民族被访者贫困发生率的幅度，在减轻汉族和少数民族贫困者的贫困程度方面也存在相同的特点。从地区差异来看，社会保障待遇对7个被调查省、区均在降低贫困发生率方面产生了积极效应。其中，社会保障待遇使内蒙古、云南的农村被调查者贫困发生率分别降低了18.1%和10.7%。在减轻贫困人员的贫困深度方面，社会保障待遇对内蒙古、云南、新疆的积极效应较大，分别使

三省、区的贫困差距指数降低了44.1%、30.9%和32.7%。

表9—2 社会保障收入对贫困程度的影响

		贫困发生率（FGT (0)）			贫困差距指数FGT (1)			贫困差距平方指数FGT (2)		
		未加入社会保障待遇	加入社会保障待遇	变动程度（%）	未加入社会保障待遇	加入社会保障待遇	变动程度（%）	未加入社会保障待遇	加入社会保障待遇	变动程度（%）
地区	内蒙古	0.094	0.077	-18.1	0.059	0.033	-44.1	0.050	0.024	-51.6
	广西	0.426	0.389	-8.7	0.211	0.164	-22.3	0.143	0.110	-23.1
	云南	0.532	0.475	-10.7	0.346	0.239	-30.9	0.275	0.192	-30.2
	西藏	0.405	0.371	-8.4	0.227	0.160	-29.5	0.169	0.136	-19.5
	青海	0.480	0.452	-5.8	0.320	0.258	-19.4	0.261	0.213	-18.4
	宁夏	0.325	0.302	-7.1	0.161	0.124	-23.0	0.108	0.086	-20.4
	新疆	0.271	0.251	-7.4	0.147	0.099	-32.7	0.108	0.076	-29.6
民族	汉族	0.143	0.129	-9.8	0.089	0.071	-20.2	0.072	0.052	-27.8
	少数民族	0.411	0.377	-8.3	0.234	0.193	-17.5	0.175	0.133	-24
合计		0.361	0.330	-8.6	0.207	0.150	-27.5	0.155	0.118	-23.9

注：(1) 变动程度=（加入社会保障待遇时的值-未加入社会保障待遇时的值）/未加入社会保障待遇时的值。(2) 我国2011年实行新的农村贫困线是农民人均纯收入2300元（2010年不变价），依据物价变动计算2013年和2014年的农村贫困线为2736元、2800元（详情参见国家民委网站，http://www.seac.gov.cn/art/2014/4/21/art_3_203179.html），由于调查数据采集的是2013年和2014年的数据（调查实施年份为2014年和2015年），而根据国家民委网站公布的，因此农村贫困线指标参考的是2736元和2800元，本章考虑到计算的方便性，将FGT指数计算公式中的贫困线标准设定为2800元。

利用上述数据，笔者对社会保障待遇对被访者的收入差距影响效应进行了检验，结果表明，社会保障待遇总体上使所有农村被调查对象的基尼系数降低了1.3%（见表9—3）。从民族来看，社会保障待遇在缩小少数民族农村被访者收入差距方面的效果更强，能够使基尼系数下降1.7%。社会保障待遇对汉族农村被访者的收入差距产生了略微的逆向调节，使汉族被访者的基尼系数提高了0.2%。从地区差异来看，社会保障待遇在缩小云南、广西、西藏的农村被访者收入差距方面的效果更为明显，分别使基尼系数降低了4.2%、2.8%和

2.6%。具体而言，社会保障待遇使云南少数民族农村被访者的基尼系数降低了4.8%。而对汉族农村被访者的收入差距没有产生影响。社会保障待遇对缩小汉族和少数民族农村被访者收入差距均起到了积极作用，但对少数民族农村被访者的积极效应更大。社会保障待遇对西藏汉族和少数民族被访者收入差距的影响则有所不同，在缩小汉族农村被访者收入差距方面的积极效应更大；但同样也能使西藏少数民族农村被访者基尼系数降低2.6%。

表9—3　　社会保障待遇对被调查者基尼系数的影响

		未加入社会保障待遇	加入社会保障待遇	变动程度（%）
总体		0.526	0.519	-1.3
内蒙古		0.428	0.429	0.2
广西		0.497	0.483	-2.8
云南		0.567	0.543	-4.2
西藏		0.495	0.482	-2.6
青海		0.583	0.586	0.5
宁夏		0.439	0.433	-1.4
新疆		0.504	0.510	1.2
少数民族		0.516	0.507	-1.7
汉族		0.463	0.464	0.2
内蒙古	少数民族	0.464	0.460	-0.9
	汉族	0.401	0.405	1.0
广西	少数民族	0.491	0.475	-3.3
	汉族	0.522	0.518	-0.8
云南	少数民族	0.563	0.536	-4.8
	汉族	0.537	0.537	0.0
西藏	少数民族	0.494	0.481	-2.6
	汉族	0.381	0.365	-4.2
青海	少数民族	0.586	0.589	0.5
	汉族	0.452	0.478	5.8

续表

		未加入社会保障待遇	加入社会保障待遇	变动程度（%）
宁夏	少数民族	0.46	0.453	-1.5
	汉族	0.371	0.366	-1.3
新疆	少数民族	0.461	0.466	1.1
	汉族	0.469	0.475	1.3

注：变动程度 =（加入社会保障待遇时的值 – 未加入社会保障待遇时的值）/未加入社会保障待遇时的值。

值得注意的是，内蒙古、青海和新疆的农村被访者的社会保障待遇并没有缩小其基尼系数，反而在一定程度上产生了逆向调节效应。具体而言，社会保障待遇使三省、区的农村被访者基尼系数分别增加了0.2%、0.5%和1.2%。具体而言，内蒙古农村被访者的社会保障待遇对少数民族被访者产生了积极的效应，使少数民族被访者的基尼系数降低了0.9%；但是拉大了农村汉族的收入差距，使这一群体的基尼系数提高了1.0%。青海和新疆的农村被访者社会保障待遇使汉族和少数民族被访者基尼系数均有所提升，但是相比而言，社会保障待遇拉大少数民族农村被访者收入差距的作用幅度要小于其对汉族农村被访者的影响幅度。因此，总体而言，社会保障待遇对西部民族地区农村被访者的收入差距产生了积极作用，但这种调节收入差距的作用幅度相对有限。具体而言，农村社会保障待遇调节少数民族收入差距的作用更大；社会保障待遇调节西南民族地区农村被访者收入差距的积极效果要好于西北民族地区。

此外，本章还采用Theil系数分解的办法，检验了农村社会保障待遇调节收入分配的实际效果。研究表明，社会保障待遇使被调查的7个西部民族省、区内部的收入差距缩小了1.9%，使各省、区间的收入差距缩小了10.5%（见表9—4）。这意味着社会保障待遇在缩小民族地区省份之间收入差距的作用要好于其缩小各个省份内部收入差距的作用。分民族来看，社会保障待遇使整个被调查地区的汉族和少数民族各自的收入差距分别缩小了2.7%和7.0%，进一步支撑了社会保障待遇在缩小少数民族收入差距方面作用更大的观点。

表9—4　　社会保障收入对地区间和民族间收入差距的
影响（基于 Theil 系数）

		未加入社会保障待遇	加入社会保障待遇	变动程度（%）
总体分省区	组内	0.4316	0.4234	-1.9
	组间	0.0675	0.0604	-10.5
总体分汉族和少数民族	组内	0.4474	0.4355	-2.7
	组间	0.0517	0.0481	-7.0
地区分民族和少数民族 / 内蒙古	组内	0.3130	0.3145	0.5
	组间	0.0028	0.0026	-7.1
广西	组内	0.4234	0.3980	-6.0
	组间	0.0044	0.0040	-9.1
云南	组内	0.5946	0.5443	-8.5
	组间	0.0100	0.0077	-23.0
西藏	组内	0.4183	0.3951	-5.5
	组间	0.0029	0.0026	-10.3
青海	组内	0.6549	0.6615	1.0
	组间	0.0003	0.0002	-33.3
宁夏	组内	0.3254	0.3142	-3.4
	组间	0.0065	0.0076	16.9
新疆	组内	0.3741	0.3825	2.2
	组间	0.0789	0.0799	1.3

注：变动程度=（加入社会保障待遇时的值－未加入社会保障待遇时的值）/未加入社会保障待遇时的值。

从具体各省、区内的汉族和少数民族收入差距变动情况来看，社会保障待遇使广西、云南、西藏的汉族和少数民族之间、汉族和少数民族各自的农村被访者收入差距均得到了显著缩小。此外，社会保障待遇缩小了内蒙古、青海汉族和少数民族之间农村被访者的收入差距，但是略微扩大了汉族和少数民族各自农村被访者的收入差距，Theil 系数变动幅度分别为0.5%和1.0%。社会保障待遇扩大了汉族和少数民族间农村被访者的收入差距，但是缩小了汉族和少数民族各自的收入差距。与其他省份不同的是，社会保障待遇并没有缩小新疆汉族和少数民族间、各民族内农村被访者的收入差距，反而略微拉大了收入差距；但拉大汉族和少数民族间农村被访者收入差距的作用幅度更小。

总体而言，社会保障待遇占目前西部民族地区家庭人均收入的比重仍然不高，但在降低贫困发生率和贫困者的贫困深度方面发挥了积极作用。FGT指数分解表明，社会保障待遇减贫效果更主要表现为减轻贫困者的贫困深度。从社会保障待遇调节收入分配的作用来看，社会保障待遇在缩小少数民族农村被访者收入差距方面的效果更强，在缩小西南地区农村被访者收入差距方面的效果更为明显。基于Theil系数的研究表明，社会保障待遇在缩小民族地区省份之间收入差距的作用要好于其缩小各个省份内部收入差距的作用。

四 民族地区社会保障制度的反贫困效果满意度评价

根据对我国民族地区经济社会发展状况"综合调查"的家庭问卷调查数据[①]，笔者设置了三个指标考察被访者对社会保障制度反贫困效果的主观评价，三个指标分别是制度的覆盖范围、保障水平以及管理水平。为了能够分析不同地区及城乡之间受访者在反贫困效果评价上的差异，笔者采用赋分办法计算出满意度评价得分，进行评价的社会保障项目包括新型农村社会养老保险制度、新型农村合作医疗制度、农村最低生活保障制度、城镇居民基本医疗保险制度、城镇居民社会养老保险制度、城镇居民最低生活保障制度等。

（一）民族地区农村居民对农村社会保障反贫困效果的满意度评价

从表9—5可以看出，我国民族地区农村居民对农村社会养老保险、新型农村合作医疗保险和最低生活保障制度的满意度均达到了

---

① 本部分的数据来源于2013年民族地区城乡居民入户调查问卷。覆盖地区为内蒙古、新疆、云南、贵州、甘肃、青海6省区的16个县市，共获取6536份城乡住户受访个人样本。

91.90%以上，对三项制度的满意度评分也均在3.32分以上，这充分说明我国农村社会保障在反贫困中扮演着非常重要的角色。从农村社会养老保险来看，有96.6%的农村被访者对新型农村社会养老保险制度的覆盖范围表示满意，其中表示"很满意"的被访者人数占比为48.5%，表示"很不满意"的被访者占比仅为0.6%。由此表明，新型农村社会养老保险制度在覆盖率的推进方面，总体上得到了被调查民族地区农村居民的认可。从新型农村居民社会养老保险保障水平的评价方面来看，总体而言，有95.5%的农村被访者表示"很满意"或"比较满意"。相比农村养老保险的覆盖范围评价而言，被访者对新型农村社会养老保险保障水平的评价相对较低。这一方面可能与我国社会保险制度在建制过程中"重覆盖、轻待遇"的思路有关；另一方面可能与西部民族地区省份在自身财政能力不足的背景下，更加倾向于选择"优先实现制度覆盖，待遇低起步再逐步提高"的策略有关。但值得注意的是，在待遇水平偏低的情况下存在总体满意度评价得分高的现象，一个可以解释的原因在于，新型农村社会养老保险制度"从无到有"增强了农村老百姓对社会保障制度反贫困效果的满意度评价。从农村社会养老保险的管理水平来看，有94.4%的农村被访者表示"很满意"或"比较满意"，仅有0.9%的被访者表示"很不满意"，对农村养老保险管理水平的评分为3.3818分。总的来看，被访者对农村养老保险制度的评价较为满意，其中对农村养老保险制度覆盖范围的评价要好于保障水平，而对农村养老保险保障水平的评价要好于管理水平。

表9—5　民族地区农村居民对农村社会保障反贫困效果的满意度评价

项目	指标	很满意（%）	比较满意（%）	不太满意（%）	很不满意（%）	总计（个）	满意度评价得分（分）
养老保险	覆盖范围	48.5	48.1	2.8	0.6	2678	3.4462
	保障水平	44.6	50.9	3.8	0.7	2660	3.3944
	管理水平	44.8	49.6	4.8	0.9	2603	3.3818

续表

项目	指标	很满意（%）	比较满意（%）	不太满意（%）	很不满意（%）	总计（个）	满意度评价得分（分）
新型农村合作	覆盖范围	50.3	47.1	2.0	0.5	3395	3.4725
	保障水平	46.7	49.5	3.0	0.9	3393	3.4203
	管理水平	46.4	49.2	3.4	1.0	3321	3.4092
最低生活保障	覆盖范围	45.7	49.1	3.4	1.7	989	3.3883
	保障水平	43.4	49.2	5.5	1.9	984	3.3404
	管理水平	43.3	48.6	5.8	2.4	966	3.3271

注：在计算满意度评价得分时，赋分办法为题目选项中，"很满意"赋4分，"比较满意"赋3分，"不太满意"赋2分，"很不满意"赋1分。

新型农村合作医疗保险通过互助共济的形式分散参保家庭的疾病风险，以减少患病家庭的医疗费用支出，减轻家庭的医疗支出负担。农村被访者对新型农村合作医疗覆盖范围表示"很满意"或"比较满意"的比例高达97.4%，其中有超过一半的人对该制度的覆盖范围表示"很满意"。在新型农村合作医疗保障水平评价方面，96.2%的农村被访者对保障水平表示满意，其中认为"很满意"的人数占比为46.7%，认为"很不满意"的人数占比仅为0.9%；该制度保障水平的总体满意度评价得分为3.4203分，低于被访者对新型农村合作医疗覆盖范围的评价。在新型农村合作医疗管理水平评价方面，95.6%的被访者对新型农村合作医疗管理水平表示"很满意"和"比较满意"。新型农村合作医疗保险的管理水平总体满意度评价得分为3.4092分，低于被访者对该制度覆盖范围和保障水平的评价。总的来看，被访者对新型农村合作医疗保险制度的满意程度较高。

农村最低生活保障制度是民族地区社会保障政策体系中旨在保障贫困人员基本生存的重要制度安排，在以农业为主的西部民族农村地区扮演了重要的基础性减贫角色，并发挥着不可替代的减贫作用，是当前我国农村贫困人员和家庭获得政府救助的最主要来源。在农村最低生活保障制度的覆盖范围方面，有92.8%的人表示"很满意"和"比较满意"，其中认为"很满意"的人数占比达到45.7%，被访者对农村最低生活保障制度覆盖范围的满意度评价得分为3.3883分。从农村最低生活保障制度的保障水平来看,有92.6%的被访者对当前农村最低生活保障制度的保障水平表示"很满意"和"比较满意",其中认为"很满意"的比例为43.4%,对保障水平的总体满意度评价得分为3.3404分,略低于被访者对覆盖范围的评价得分。从农村最低生活保障制度管理水平来看,有91.9%的被访者对农村最低生活保障制度的管理水平表示"很满意"和"比较满意",管理水平满意度评价得分为3.3271分。相比而言,管理水平的满意度评价得分比该制度的覆盖范围和保障水平的满意度评价得分更低。在调研中发现,由于受交通不便、管理人员队伍薄弱等因素的影响,民族地区农村的最低生活保障制度的管理运行难度要明显大于其他地区。由于在对象确定、家计调查、低保对象动态管理、保障待遇监督、待遇社会化发放等方面的管理能力较弱,使得农村最低生活保障制度在管理中更容易出现瞄准偏差、保障待遇公平性弱、低保对象获取待遇的成本较高问题,间接地影响着农村最低生活保障待遇对低保对象和家庭所产生的反贫困效果。

(二)民族地区城镇居民对城镇社会保障反贫困效果的满意度评价

表9—6描述了民族地区城镇居民对城镇社会保障反贫困效果的满意度评价,从表9—6可以看出,我国民族地区城镇居民对城镇养老保险、医疗保险和最低生活保障制度的满意度均达到了91.03%,对这三项制度评分均在3.24分以上,这说明我国城镇居民对城镇社会保障制度在反贫困中的效果是比较满意的。从城镇养老保险的覆盖范围来看,有94.8%的城镇被访者对城镇居民社会养老保险制度的覆盖范围表示满意,其中表示"很满意"和"比较满意"的人数占比分别为37.9%和56.9%,表示"很不满意"的比例仅为0.8%,对城镇养老保险制度覆盖范围总体满意度评价得分为3.3197分。从城镇居民社会养老保险制度管理水平的评价方面来看,有92.5%的被访者对城镇居民社会养老保险制度的管理水平表示满意,其中认为"很满意"的人数比例为34.4%。从城镇居民社会养老保险制度保障水平的评价方面来看,有91.9%的城镇被访者对城镇居民社会养老

保险制度的保障水平表示满意。但是，表示"很满意"的人数比例仅为35.3%，略超过1/3。这与该制度在建制初期采取"保基本"的模式有关，城镇居民社会养老保险待遇偏低是各个民族地区普遍面临的一个问题。

表9—6　民族地区城镇居民对城镇社会保障反贫困效果的满意度评价

项目	指标	很满意（%）	比较满意（%）	不太满意（%）	很不满意（%）	总计（个）	满意度评价得分（分）
养老保险	覆盖范围	37.9	56.9	4.3	0.8	1073	3.3197
	保障水平	35.3	56.6	6.6	1.4	1058	3.2590
	管理水平	34.4	58.1	5.8	1.6	1031	3.2532
医疗保险	覆盖范围	38.8	55.1	4.5	1.5	1195	3.3130
	保障水平	36.3	55.5	6.3	2.0	1183	3.2595
	管理水平	35.4	56.9	5.4	2.3	1158	3.2539
最低生活保障	覆盖范围	47.3	46.2	5.6	0.9	338	3.3994
	保障水平	39.3	50.2	6.9	3.6	331	3.2508
	管理水平	37.8	52.3	6.2	3.7	325	3.2431

在城镇居民基本医疗保险制度覆盖范围评价方面，有93.9%的城镇被访者对该制度的覆盖范围表示满意，其中对覆盖范围表示"很满意"的人数占比为38.8%，对覆盖范围总体满意度评价得分为3.3130分。在城镇居民基本医疗保险制度保障水平评价方面，有91.8%的城镇被访者对该制度的管理水平表示满意，仅有2.0%的受访者表示"很不满意"，保障水平总体满意度评价得分为3.2595分。在城镇居民基本医疗保险制度管理水平评价方面，有92.3%的被访者对管理水平表示满意，其中有35.4%的被访者认为"很满意"，管理水平总体满意度评价得分为3.2539分。总的来看，我国民族地区城镇居民医疗保险制度在分散居民患病风险、分担患病家庭在医疗费用方面的支出中起着较为重要的作用，大部分被访者对城镇医疗保险制度较为满意。

城镇最低生活保障制度作为城镇贫困家庭保障基本生存的重要社会保障项目，在缓解城镇贫困人员和家庭的贫困程度方面发挥着基础性的作用。总体而言，城镇最低生活保障制度覆盖范围的满意度评价较高，有93.5%的被访者对该制度的覆盖范围表示满意，其中有近一半的被访者对该制度的覆盖范围表示"很满意"，比例为47.3%。在城镇最低生活保障制度保障水平的评价方面，被访者中有89.5%的人对城镇最低生活保障制度的保障水平表示满意，明显低于被访者对覆盖范围"很满意"的评价。保障水平的总体满意度评价得分为3.2508分，也低于覆盖范围的3.3994分。在城镇最低生活保障制度管理水平的评价方面，有90.1%的被访者对该制度的管理水平表示满意，其中表示"很满意"的被访者比例为37.8%。

总体而言，社会保障制度的实施获得了民族地区城乡居民的认可，城乡被访居民均对社会保障具体项目给予了较高评价。

第一，城乡居民对于社会保障制度具体项目的反贫困效果评价中，普遍存在覆盖范围的评价要好于保障水平，保障水平的评价要好于管理水平的特点。这主要是因为，国家在推行养老保险、医疗保险、社会救助等社会保障具体项目时给予了财政上的支持，使得西部民族地区的社会保障制度建设步伐基本实现了与其他地区同步；优先考虑实现制度的全覆盖（例如最低生活保障制度的"应保尽保"）的思路使得城乡居民基本都纳入相应的社会保障项目中。但是社会保障制度的运行往往需要中央和地方政府共同负担财政供给，民族地区受制于地方财政能力薄弱的影响，在各项社会保障项目的待遇水平方面往往采取"保基本"的思路，保障水平的确定和提升相对更为保守。此外，西部民族地区，尤其是西南民族地区，普遍面临交通不畅、专业管理人员少等难题，社会保障制度在这些地区的有效运行更为艰难。因此，从政策受众的主观评价结果能发现对覆盖范围的评价较高，而对保障水平和管理水平评价偏低的特点。

第二，西北民族省份对社会保障制度反贫效果的评价总体上要好于西南民族地区的省份。在上述分析中发现，内蒙古和新疆的城乡居民在评价社会保障具体项目时"很满意"的人数比例和满意度评价得分普遍要好于云南、贵州。这种现象的原因也许在于：一方面，以畜牧业为主的新疆和内蒙古城乡经济发展水平总体上要好于云南和贵州，当然也好于同样处于西北地区的青海和甘肃。这也使得这两个地区用于社会保障制度的财政投入力度相对更大，使得社会保障制度的反贫困作用力度和空间更大。另一方面，根据我国农村贫困监测报告的统计，当前我国农村贫困人口越来越集中于西南民族地区的农村。相对于西北地区而言，西南民族地区的农村贫困问题更为严重，对社会保障制度发挥反贫困效果的需求更大，而这些省份的基层政府可以通过社会保障制度进行反贫困的能力却更弱。这种减贫需求和减贫能力之间的缺口使得西南民族地区省份的城乡居民对社会保障制度反贫困效果的评价要相对低于西北民族地区的省份。

第三，城乡居民对城乡最低生活保障制度的反贫困效果好评度较高，对医疗保险的评价要高于对养老保险的评价。具体而言，农村被访者的评价结果表明，农村居民对新型农村合作医疗的评价很高，要明显高于新型农村社会养老保险制度。这一方面与国家这几年大力优先推进新型农村合作医疗密切相关，无论是从各地的新型农村合作医疗参保积极性来看，还是从报销比例的逐步提升来看，都体现了农村居民对这项制度的高度认可和好评；另一方面则与两种不同制度的反贫困路径有关。新型农村合作医疗制度的反贫困路径是通过"当年缴费即期享受医疗费用报销"的方式为农村贫困家庭减轻医疗费用负担，体现了减贫效果的及时性。而养老保险则是通过"累计缴费退休后领取退休金"的方式为农村居民未来的老年生活提供经济保障，这种反贫困路径对于保险意识不强的少数民族而言相对难以完全认可。再加之当前新型农村社会养老保险基础养老金过低，使得农村居民对该制度的好评度并不像新型农村合作医疗那么高。农村最低生活保障制度的好评度同样较高。这一点则与民政部要求各地方推行最低生活保障制度"应保尽保"密切相关。

第四，民族地区城乡居民对社会保障制度反贫困效果的总体满意度较高，在一定程度上是与社会保障制度"从无到有"的纵向公平感，以及由此增强的国家认同感密切相关。社会保障制度是国家基于宪法对公民提供的生活保障，体现着国家对每个公民社会保障权利的尊重。西部民族地区，以及少数民族在经济社会发展方面往往面临着事实上的不平等和发展差距，为了缩小这种事实上的不平等，维护和保障各民族的平等团结共同进步，国家通过一系列民族政策和扶贫开发政策等扶持民族地区和少数民族的经济社会发展。而社会保障作为由国家依法推行的反贫困制度，以专项转移支付的方式直接为民族地区的贫困家庭提供援助和保障，这种方式要比经济发展所产生的"涓滴效应"更为直接和明显，已经成为民族地区反贫困政策体系中的重要组成部分。因此，对于民族地区城乡居民而言，一系列旨在保障当期基本生存和化解养老、医疗等风险的社会保障制度的建立，使得制度"从无到有"所带来的纵向公平感更加强烈，进而增强各民族的国家认同和中华民族认同。这种心理上的强烈感知使得他们会放大对社会保障制度实际反贫困效果的评价。因此，对于民族地区社会保障制度反贫困效果的好评度较高，要正确认识这种普遍较高的评价，更加注重提升制度的保障水平和管理水平，以增强社会保障制度的实际反贫困效果。

五 民族地区社会保障反贫困存在的问题

在社会保障制度建设进程方面，民族地区并不落后于东部、中部地区，而且部分民族地区的县往往是国家推行具体社会保障项目的试点地区。尽管国家出台了一系列民族政策、扶贫开发政策等提升民族地区和该地区社会成员的自身发展能力，但是在社会保障制度建设方面，国家并没有建立单独的针对民族地区的制度。因此，民族地区省份的社会保障制度在发挥反贫困效果的过程中往往面临着与其他地区相同的问题。由于民族地区省份，尤其是这些省份的基层县级政府大多面临自身财政能力弱、地理区位偏远、劳动力技能不足等制约，民族地区社会保障制度反贫困效果的发挥也会面临着一些特殊问题。

（一）地方财政能力弱制约社会保障待遇水平

就社会保障制度建设本身而言，受制于地方财政能力严重不足，我国大部分地区的社会保障项目的保障水平在相当长的一段时间内让位于制度覆盖面的推进。西部民族地区的省份，尤其是基层地方政府自身财政能力不足的问题更为严重。西部民族地区很多县级政府的财政收入十分有限，财政收入来源渠道单一，自身创造财政收入的能力很低。许多贫困县往往需要依靠中央政府和省级政府的专项转移支付才能维持政府职能的正常运转，财政收入结构失衡情况严重。大多属于"吃饭财政"和"财政只能保运转"的状态，能够用于配套实施社会保障项目的财政资金很少。再加上当前国家加大了地方政府债务清偿的力度，使得西部民族地区基层政府如果完全依靠本级财政来实施社会保障项目，地方政府的财政压力巨大。根据《中国统计年鉴2014》的数据计算，西部民族八省区的地方公共财政收入占全国平均水平的比重普遍偏低，其中内蒙古最高，也仅为77.3%；云南为72.4%，广西为59.2%，贵州和新疆分别为54.2%和50.7%，宁夏、青海和西藏则分别仅为13.9%、10.1%和4.3%。而民族八省区中用于社会保障和就业的公共财政支出占当年地方公共财政收入的比重则远远高于全国其他地区。

由于地方财政自我创收能力有限，民族地区的地方政府在制定农村最低生活保障待遇标准、农村五保户供养标准、农民基础养老金标准、医疗救助封顶金额标准等待遇标准时的动力不足，这些待遇标准的动态调整也相对滞后。总体而言，民族地区政府的公共财政收入的不足，直接制约了其用于社会保障项目方面的财政资金数额。社会保障待遇在民族地区贫困家庭的收入中，构成的比例很小，难以发挥出调节收入分配的反贫困效果。

（二）农村社会保障项目经办管理能力薄弱制约反贫困能力

民族地区社会保障制度的经办管理能力薄弱主要出现在农村地区的社会救助制度运行过程中。民族地区的社会保障制度经办管理能力薄弱，最主要表现为管理人员数量不够，管理的专业水平较弱。社会保障项目经办管理人员数量不够，一方面是由于民族地区基层政府的工作人员编制不够，人口数量较大或者贫困程度较深的县，这种矛盾更为明显；另一方面则是政府工作人员工资待遇太低难以招聘和留住专业管理人才。再加上民族地区交通条件恶劣，使得城乡最低生活保障制度、农村新型社会养老保险制度等从事经办管理业务的工作人员的办公成本高，但是这些成本往往需要个人承担，因而导致民族地区基层政府的社会保障项目经办管理人员工作的积极性不足。为了应对社会保障项目经办管理能力不足的难题，目前民族地区县级政府主要还是通过依靠乡（镇）、村干部以兼职的方式来解决。实际上，民族地区农村最低生活保障制度的申请、家计调查、动态管理等工作主要由乡、镇一级的民政助理人员负责，再加上这些工作人员还需要对其他未通过审核的低保申请者进行家计调查等，因此，民族地区乡镇一级的工作人员工作量与实际工作能力存在显著差距。一些民族地区县级政府也在尝试通过政府购买服务的方式招聘政府聘用人员以解决社会保障项目经办管理人员不足的问题，但是受工作待遇过低的影响，这一尝试在民族地区难以起到缓解作用。

农村社会保障项目经办管理能力薄弱会造成以下几个方面的隐患和问题。一是由于经办管理工作大多由乡镇干部兼职承担，经办管理的专业性不足很容易导致社会救助工作在入户调查、审核、审批过程中存在诸多不规范的地方。二是农村社会救助制度的监督实施难度大，社会保障待遇的公平性受损。以社会救助制度为例，县级民政部门受制于人员不够，只能对全县各个乡镇的最低生活保障救助对象的实施情况进行极为有限的抽查监督，这就导致最低生活保障制度救助对象的动态管理难以推行，制度的瞄准率存在偏差，保障待遇的公平性和反贫困效果面临挑战。在民族地区农村，由于缺乏对农村最低生活保障运行的监督，"全村轮流吃低保""整村平分低保金"的现象依然存在。这些现象意味着农村最低生活保障制度的自身运行规律遭遇了扭曲，反贫困效果大打折扣。而且，在以少数民族居民为主的农村，由于语言、文化背景、传统习俗差异等原因，在政策解释、与群众沟通方面需要做更多细致的工作。工作人员不足的问题，直接影响了救助工作的有效开展。

（三）医疗资源不足制约新型农村合作医疗制度反贫困效果

随着国家逐年提升缴费补贴水平和提升各级医院的报销比例，民族地区农村居民不敢看病的问题基本得到了消除。不同于农村最低生活保障制度和新型农村社会养老保险，新型农村合作医疗的反贫困效果的实现需要依托医疗服务的提供数量和质量。而农村地区医疗资源的不足则是制约该制度反贫困效果的一个重要因素。农村地区医疗资源的不足主要表现为高素质的基层卫生医疗技术人员不足。从农村每千人卫生技术人员数来看，西部民族八省区的卫生技术人员数、执业医师和注册护士三类人员的比值大多低于全国平均水平和东部地区的水平。其中，西南地区的云南、贵州、广西三省和西藏的每千人口执业医师数量均低于1，而西北地区的青海、宁夏两省和西藏、贵州的每千人口注册护士的数量也均低于1，远低于全国平均水平和东部地区水平。

从目前新型农村合作医疗制度的运行状况来看，尽管该制度为农村居民在村卫生室、乡镇卫生院看病给予了超过80%的报销比例，但是受制于基层医疗卫生服务资源不足，民族地区农村居民仍然难以接受高质量的医疗诊治和医疗服务。这则会引发两种情况出现，一是民族地区农村居民在高报销比例之下仍然难以治好病，甚至需要进行多次治疗；二是农村居民更倾向于选择更高一级的医院（如县级医院、省级医院）就诊。而这一情况会让民族地区的农村居民患者除了面临报销比例降低，还需要承担昂贵的就医成本。因此，应当加强基本公共卫生服务均等化建设，提高乡镇卫生机构的医疗卫生服务水平，切实提升民族地区偏远农村居民的就诊质量，使新型农村合作医疗制度在减轻患者家庭医药费用负担的效果方面有效发挥作用。

（四）劳动力流动对流出地区社会保险缴费造成冲击

劳动力流动对社会保险缴费造成冲击，换言之，也就是目前我国社会保险项目的统筹层次有待提高，以适应城镇化进程中的劳动力流动。我国民族地区县、市大多以农业或畜牧业为主，产业结构以第一产业为主。因此，农村有大量的剩余劳动力需要外出务工。由于我国的新型农村社会养老保险、城镇居民养老保险以县级统筹、资金暂由县级管理，因此外出务工的青壮年劳动力外出期间的养老保险缴纳很难进行跨行政区的转移接续，再加上长期不在流出地居住，因此民族地区城乡外出的劳动力缴纳养老保险的积极性很低。这就导致民族地区县、市养老保险的社会统筹资金水平很低，难以发挥分散风险的作用，养老保险的收入分配功能弱化。在医疗保险方面，劳动力流动对流出地的医疗保险缴费的冲击和影响则更大。医疗保险基金实行年度资金平衡，筹集的资金往往是在年轻人和老年人之间、健康者与非健康者之间进行再分配。而随着大量外出务工的青壮年劳动力停缴新型农村合作医疗的费用，劳动力流出地的医疗保险缴费统筹基金则仅剩下了留守老年人、儿童的缴费，而这两个群体往往是疾病风险最高的人群。劳动力外出引发的医疗保险停缴的现象，使得流出地的医疗保险制度的互助共济功能大为削弱。

在现有的社会保险项目统筹层次较低的背景下，民族地区，尤其是农村地区劳动力外出务工所引发的停止缴费等现象会直接影响医疗保险和养老保险资金的筹集，以及保险基金的可持续运行。社会保险项目互助共济和分散风险的功能逐步减弱，制约民族地区留守人员养老保障水平和医疗保障水平的提高。

（五）社会保障待遇水平地区与城乡差距大

社会保障待遇水平地区与城乡差距大的问题主要体现在社会救助制度之中。民族地区社会保障待遇水平的地区差距大一方面表现为不同省份之间某项社会救助项目的待遇存在很大差异，另一方面也表现为同一省份内不同县、市间的社会保障待遇水平存在差异，此外还表现为同一类型地区内社会保障待遇水平的差距。社会保障待遇的地区间和城乡间差异大，导致社会保障待遇的公平性受损。民族地区少数民族成员对于社会保障制度的横向公平感的期待更加迫切。因此，在上述问卷调查反映出的对于社会保障制度总体满意度高的同时，如何进一步缩小城乡间的社会保障待遇水平的差异，提升制度的公平性，是当前逐步推进城镇化建设过程中必须着力解决的问题。

（六）民族地区反贫困参与主体单一，制度瞄准率有待进一步提高

民族地区的社会保障资金主要来源于政府的财政拨款，民族地区的扶贫资金也多来源于各级政府财政拨款。民族地区的社会保障和反贫困政策过分强调政府的主导作用，社会组织、企业、公民和贫困人口的参与性不够。如农村合作医疗保险本属于社会保险，理应坚持以保险精算为基础，强调参保人的权利和义务对等原则，但由于民族八省区农村居民收入水平较低，政府给予了大量的补贴，2015年，各级政府对民族八省区新农合补助标准提高到了380元，农村居民仅需交纳120元，政府补贴占到了新型农村合作医疗保险缴费比例的76%，因此，从新型农村合作医疗保险的资金来源看，新农合更像社会福

利。民族八省区的最低生活保障资金全部来源于各级政府财政拨款，针对特殊人群的社会福利资金也大部分来源于各级财政，社会组织、企业和公民对民族八省区的社会保障参与较少。不论是过去以贫困县为瞄准对象，还是现在以村庄为瞄准对象整村推进，其本质都是以区域为瞄准对象，而不是以人、农户为瞄准对象。以县或村为单位的瞄准机制容易出现瞄准偏差，即瞄准的是富裕人口而非贫困人口，这直接影响反贫困政策的实施效果。由于某些社会组织、企业和公民在解决贫困问题方面更加专业和有效率，因此，政府可以把部分扶贫资金直接投给社会组织、企业或公民，以提高扶贫的效果。政府还可以通过减税等方式引导企业招聘和培训贫困群体，从而创造政府、企业和贫困群体共赢的局面。此外，政府应鼓励和引导社会组织、企业和公民共同关注民族地区的反贫困进程，争取实现早日脱贫。

社会保障制度反贫困除了存在以上问题，还面临着其他方面的挑战。例如，社会保障制度管理的规范性不足，待遇的社会化发放难，保障对象领取社会保障待遇成本高，社会保障待遇缺乏科学动态调整机制，社会保障制度与扶贫开发政策的衔接问题，老年人、残疾人和妇女儿童获取社会福利服务难，等等。这些问题从制度内部和制度外部两个方面都给社会保障制度在整个反贫困政策体系中反贫困作用的发挥制造了诸多消极影响。

六 提升民族地区社会保障制度反贫困效果的思考与建议

我国民族地区社会保障制度不断完善，社会救助制度通过为极端贫困群体提供必要的救助以保障其生存权和健康权；社会保险通过互助共济的形式预防和降低致贫风险；社会福利以提升生活质量和增强发展能力产生反贫困效果。近年来，在习近平总书记"精准扶贫，精准脱贫"思想的正确指引下，我国民族地区贫困人口规模不断减少，贫困强度不断弱化，民族地区的精准扶贫、精准脱贫工作取得了显著成效，民族地区的城乡居民对于社会保障具体项目的总体评价较高，社会保障具体项目建立所带来的"从无到有"的纵向公平感很强。

但同时我们也应该看到,我国民族地区的社会保障在反贫困中还存在待遇水平偏低、经费来源较为单一、制度瞄准率不精准、贫困人口自身发展能力不足、返贫率较高等问题。因此,在"十三五"期间,应从以下几个方面继续完善社会保障制度,加快实现精准扶贫和精准脱贫的步伐,争取到2020年实现全面建成小康社会的战略目标。

(一)厘清政府在反贫困中的职责,建立健全社会保障反贫困机制

各国政府在反贫困建设中无疑都起着非常重要的作用。但各国政府应根据本国的政治体制、执政理念、经济发展水平、人口结构、传统文化等因素,确定本国政府在反贫困中的具体职责。改革开放以来,我国经济社会取得了丰硕的成果,但由于我国仍处于社会主义初级阶段,贫困人口基数大、贫困程度深、贫困范围广等特点决定了我国反贫困的任务比较艰难,政府在反贫困中不能大包大揽,而应重点关注以下几个方面的反贫困工作。一是政府在反贫困中负有兜底的责任。无论居民因何种原因陷入极端贫困,政府都应及时通过最低生活保障和必要的社会救助来保障居民的生存权和健康权。最低生活保障和社会救助的资金应由财政兜底。二是政府作为公共服务提供的主体,应为贫困者和非贫困者提供均等化的公共服务,特别是均等化的教育服务。三是政府作为管理机构,负责社会保障、收入分配等相关政策的制定,政府在政策制定过程中应给予贫困者适当的政策倾斜,以使贫困者尽快脱贫。社会保障制度的制定应由政府主导,但不同的社会保障类型对贫困的作用机理不尽相同。如最低生活保障通过直接为贫困者提供最低生活保障金,以达到直接缓解贫困的目的,政府在最低生活保障制度中承担全部责任;而养老保险、失业保险、生育保险等则是通过间接的方式分散劳动者的相应风险,政府在社会保险中仅应承担管理责任。

(二)加快贫困地区服务型政府建设,积极承接发达地区的产业转移

我国农业生产效率与工业生产效率存在较大的差距,加上我国产业布局极不均衡,导致了我国部分地区极其贫困。总的来看,我国产业布局在东、中、西部存在一定的梯度,东部地区以服务业和中高端

第九章 民族地区社会保障反贫困研究

制造业为主，中部地区以中低端制造业为主，而西部地区以零星的低端制造业和传统农业为主。随着经济的发展，东部地区劳动者的工资水平和居民消费水平也相应提高，导致东部地区的中端产业与当地的经济发展水平不再相适应，必须进行产业转移，贫困地区应发挥廉价劳动力的优势，抓住这一产业转移契机，加快服务型政府建设步伐，积极承接发达地区的产业转移，以实现当地经济社会的快速发展。贫困地区积极承接产业转移有利于政府增加财政收入，企业通过廉价劳动力实现了又一次发展，居民通过获得就业机会实现了脱贫致富，因此，贫困地区积极承接发达地区的产业转移创造了三方共赢的局面。

（三）提高贫困地区的教育质量，提升贫困者的自我发展能力

缪尔达尔指出："社会和经济的不平等是一个国家贫困的一个主要原因。"[1] 经济和社会的不平等主要是由于教育不平等所造成的，所以教育是一个地区快速发展的基础，教育公平是社会公平的有力保证。过去，由于教育资源严重匮乏，有限的教育资源明显向大中城市倾斜，广大民族地区，特别是民族贫困地区受教育的机会相对较少。但随着经济的发展，我国在2006年实施了九年义务教育，大大提升了贫困地区少年儿童的受教育水平。近年来，我国加大了对教育的投资力度，贫困地区的教学设施得到了较大的改善，教师数量得到了有力的补充，但与发达地区相比，贫困地区的教育质量还存在较大的差距。教育作为政府提供的一种公共服务，应保证贫困者和非贫困者都能享受到同样优质的教育资源。良好的教育可以保障贫困者在未来的竞争中保持一定的优势，从而达到从根本上消除贫困的目的。对于成年的贫困群体，应免费对其进行职业技能培训，实现贫困者劳动生产率的提高，最终使其能通过就业的方式摆脱贫困。总之，只有贫困者的教育水平提高了，文化素质提高了，自我发展能力提高了，生产效率提高了，贫困者才能真正脱离贫穷，走向共同富裕。

（四）提高扶贫的精准度，鼓励社会各方共同参与

不论是过去以贫困县为瞄准对象，还是以村庄为瞄准对象进行整

---

[1] 参见［瑞典］冈纳·缪尔达尔《世界贫困的挑战——世界反贫困大纲》，北京经济学院出版社1991年版。

村推进，其本质都是以区域为瞄准对象，而不是以人、以农户为瞄准对象。以县或村为单位的瞄准机制容易出现瞄准偏差，即瞄准的是富裕人口而非贫困人口，这直接影响反贫困政策的实施效果。针对贫困问题，习近平提出扶贫要做到"六个精准"①。针对不同的贫困群体，采取适宜的扶贫方式。对具有劳动力的贫困群体，可以通过为其提供免费的技能培训，提升贫困群体的劳动技能和创业技能，使其最终能通过就业或创业的方式摆脱贫困。对于没有劳动力的贫困群体，政府可以通过最低生活保障政策来兜底。由于某些社会组织、企业和公民在解决贫困问题方面更加专业和有效率，因此，政府可以把部分扶贫资金直接投给社会组织、企业或公民，以提高扶贫的效果。政府还可以通过减税等方式引导企业招聘和培训贫困群体，从而创造政府、企业和贫困群体共赢的局面。此外，政府应鼓励和引导社会组织、企业和公民共同关注和参与到民族地区的反贫困进程中来，争取帮助贫困地区早日脱贫。

（五）完善多级政府财政责任分担机制，增强社会保障制度的财政支持能力

民族地区社会保障反贫困能力不足的一个主要制约因素在于地方财政能力不足，从当前的实际情况出发，民族地区的社会保障制度运行仍然离不开中央财政的专项转移支付和财政补贴。尤其是社会救助制度，中央财政要适当提高财政责任的分担比例，以及优化财政补贴结构。农村最低生活保障制度和医疗救助制度对于民族地区贫困县和农村地区的反贫困往往扮演着基础性的兜底救助角色。在很多民族地区的边境县和贫困县，地方财政连维持自身运转都极为困难，那么旨在改善民生的社会救助和社会保险项目在这些地区的运行中应当由中央财政给予更高的财政责任分担比例。而在社会保险制度方面，新型农村社会养老保险的基础养老金水平则有待进一步提升，而这也需要提高中央财政对西部民族地区的补贴标准和比例。此外，在中央财政给予的财政补贴结构中，应当考虑划拨一部分补贴用于推进基层民政

---

① 扶贫对象精准、项目安排精准、资金使用精准、措施到户精准、因村派人精准、脱贫成效精准。

和社会保障项目的经办管理人员的工资补贴,以此来调动偏远民族地区基层经办管理人员工作的积极性。此外,通过完善税制改革提升地方财政的自我创收能力则是增强社会保障制度财政支持能力的根本举措。完善社会保障项目资金,尤其是社会保险制度基金的保值增值能力也是增强社会保障制度内生财政支持能力的重要举措。

(六)加强社会保障政策宣传力度,树立和增强少数民族的现代社会保险意识

社会保障制度及具体政策内容在当前民族地区的宣传与推广仍然不够,应当发挥基层民政助理人员、乡镇干部、新农村建设指导员等工作人员在宣传和讲解社会保障具体政策内容方面的主体责任。在宣传工作的方式方面,需要将宣传内容编印成双语资料,并选派熟悉少数民族语言的各级政府工作人员进行宣传。同时可以充分利用"小喇叭"的传播途径,以及智能手机应用、电视等多种媒介平台进行社会保障政策宣传。在宣传内容方面,要以宣传养老保险的政策内容为主,使少数民族逐步认可和接受现代社会保险理念,了解新型农村社会养老保险的内容。帮助农村少数民族增强风险分散意识,最终能更好地适应市场经济和现代化进程。

(七)推进社会保障制度优化整合,构建多层次社会保障体系

21世纪以来,我国社会保障制度建制速度很快,已经步入了从建制走向制度定型的阶段。随着城镇化的推进和劳动力流动步伐的加快,以及城乡基本公共服务均等化的推进,我国农村居民、城镇居民和城镇职工分别参加不同养老保险、医疗保险制度的"碎片化"格局有待加速打破。通过具体制度的整合和优化,实现城乡居民参与更加公平、更可持续的社会保障制度。加快推进社会保障制度优化整合对于民族地区尤其重要。这一方面是由于民族地区劳动力的跨城乡和跨省流动日益频繁,重复参保问题较为严重,同时由于城乡居民分别由不同制度覆盖,阻碍了城乡劳动力外出就业过程中享受公平的社会保障待遇;另一方面是由于民族地区能够参与并胜任社会保障项目经办管理的人员数量严重不足,经办能力和监督力量均较薄弱,推动城乡社会养老保险和社会医疗保险进行整合优化是应对经办能力不足的重要举措之一。具体而言,包括实现整合城乡居民基本社会养老保险

制度及其经办办法和机构。整合城乡居民医保政策和经办管理。跨省异地安置退休人员住院医疗费用直接结算。统筹社会救助体系，强化政策衔接，推进制度整合。① 目前，我国城乡居民基本均参加了由政府负责举办的社会养老、医疗保险制度，但是保障层次较为单一，仅依靠政府举办的基本社会养老保险和医疗保险仍然难以完全化解城乡居民在年老、患病等方面的风险。充分调动政府、市场、社会和个人等主体的积极性，构建多层次的社会保障体系是提升当前民族地区社会保障反贫困效果和城乡居民生活质量水平的重要努力方向。在构建多层次社会保障体系方面，具体而言，在养老保障方面要积极发展多层次养老保险体系。在医疗保障方面要全面实施城乡居民大病保险制度。鼓励发展补充医疗保险和商业健康保险。

（八）增加专项技能培训，提升社会保障项目经办管理人员的业务能力

制约民族地区社会保障反贫困效果的另一个主要原因则是推动制度运行的经办管理人员业务能力较差，因此需要对基层的民政助理工作人员和社会保险经办管理人员提供定期的专项业务技能培训。例如，对民政工作人员就需要提供家计调查、低保人员动态管理、救助待遇和低保资金运行监督等方面的专业培训，以此来提升社会救助制度的瞄准率。同时，还需要对这些经办管理人员进行必要的双语培训，以更加熟练地掌握少数民族语言，以此来提升经办管理工作的实效性。对于经办管理人员不足的问题，一方面是建议政府增加民生事务领域政府工作人员的编制；另一方面则是建议政府能够提升民族地区基层政府工作人员的工资待遇水平，以确保社会保障项目的经办管理能够"留得住"和"引得进"专业管理人才。

（九）提高社会保险统筹层次，适应民族地区劳动力流动的需要

劳动力外出务工是民族地区城镇化建设和农村家庭增收的重要途径之一，社会保险项目应当积极适应民族地区劳动力自由流动的形势。提升养老保险和医疗保险的统筹层次，优化社会保险关系转移接

---

① 详见《中共中央关于制定国民经济和社会发展第十三个五年规划的建议》关于"建立更加公平更可持续的社会保障制度"的论述。

续的实施办法。这既能增强外出务工劳动力缴纳社会保险的积极性，同时也能为跨区域流动的劳动力在养老和医疗等方面提供稳定的安全预期，还能增强社会保险基金的收入分配效应，更好地发挥社会保险的互助共济、风险分散的反贫困作用。此外，加快推进民族地区职工基础养老金全国统筹，建立基本养老金合理调整机制。提高社会保险统筹层次，有利于缩小地区间和城乡间社会保险保障水平的差距，对缩小城乡家庭的收入差距产生积极影响。

（十）增强社会保障项目管理运行的规范性，提升社会保障反贫困效果的公平性

由于基层经办管理队伍能力弱的影响，民族地区社会保障制度运行的规范性不足，这种规范性不足既表现为社会保障具体项目的执行存在一定程度的偏差，也表现为社会保障具体项目的监管工作不足。由于这些问题，使得社会保障具体项目的公平性和可持续性在一定程度上受损。增强社会保障项目管理运行的规范性，重点需要从制度自身和制度外部两个方面采取措施。就制度自身而言，一方面应完善各项社会保障具体项目的经办管理办法和流程，增强管理运行的标准化；另一方面则需要增强制度管理运行的科学性，如制定科学合理的社会保障待遇调整机制，以适应各个民族地区经济社会发展水平的变动。就制度外部而言，重点需要增强社会保障主管部门的监管职责和监管能力，增加工作人员编制，提升社会保障项目监管的能力。

（十一）完善农村社会保障制度，增强社会保障转移性收入的整体性缓贫效应

民族地区，大多以第一产业为主，社会救助制度是整个农村社会保障制度体系中最主要的反贫困政策安排，而农村最低生活保障制度是社会救助制度最主要的构成部分。但是，贫困家庭的农村最低生活保障待遇占社会保障转移性收入的比重相对较低，在缩小贫困家庭与非贫困家庭之间收入差距方面的作用有限。当前民族地区农村贫困家庭的支出性贫困风险在加大且返贫率较高，更加需要完善农村社会救助体系，尤其是农村医疗救助、教育救助、住房救助等专项救助制度，化解民族地区农村贫困家庭的贫困风险。

(十二)加快社会福利服务建设，提升老年人、残疾人和妇女儿童享受福利服务的可及性

尽管民族地区的很多少数民族家庭属于多子女家庭，家庭养老的观念较重，而且受民族文化和习俗的影响，子女在家赡养老人的社会风气浓厚。但是随着年轻劳动力外出务工，参与现代化和市场经济下的劳动就业方式和生活方式之后，年轻劳动力希望外出务工改善生活的愿望也越来越强烈。这也对民族地区传统的家庭养老方式造成了冲击，民族地区城乡老年人的养老服务供给不足的问题逐步显现并日益严重。而且受制于社会保障制度的整体发展阶段和思路的影响，社会福利事业的发展水平总体不高，尤其是社会福利服务能力较低，民族地区的老年人、残疾人、留守儿童和妇女基本很难获得社会福利服务，照护服务、残疾康复、儿童日常照料等服务一方面大多处于缺位状态，另一方面也缺乏专业的机构和人员提供服务。社会福利服务的缺位直接影响了上述人群生活质量的提升和贫困状况的改善。积极应对人口老龄化，建设以居家为基础、社区为依托、机构为补充的多层次养老服务体系，推动医养结合，建立长期护理保险制度。政府应当充分通过购买社会服务的方式积极发展社会工作事业，为民族地区上述人群中增加社会福利服务的供给。

(十三)完善社会保障项目运行的配套改革，优化社会保障发挥反贫困效果的外部制度环境

社会保障制度反贫困效果的发挥也需要其他经济社会政策的协同配合，形成反贫困政策体系的合力。具体而言，当前民族地区社会保障制度需要加强与农村扶贫开发政策的衔接整合，在精准扶贫的思路下，尤其需要加强社会救助制度与农村扶贫开发的衔接，以提升反贫困的效果。此外，需要加强人口政策的基础性反贫困作用的发挥，打破民族地区农村家庭的代际贫困传递的恶性循环，降低贫困家庭的贫困发生率，减轻社会保障制度反贫困效果的压力。此外，还需要从增强农村社会事业建设的角度入手，提升农民的自我发展能力。例如，在民族地区将社会事业发展纳入政府绩效考核指标，各级政府实现行政理念向基于社会成员的真实需求为导向转变。加强边境民族地区、农村地区等欠发达地区的基本公共服务资源的配置，缩小同一地区内

各民族间社会事业的差距。培养和提升基层政府工作人员和教师、医生等公共服务提供者的素质与技能,畅通各项扶持政策和社会福利服务传递机制和路径,等等。

第十章　中国民族地区生态文明建设现状与建议

自2007年党的十七大报告第一次明确提出建设生态文明，并将其作为全面建设小康社会奋斗目标的新要求以来，生态文明建设在全国各地蓬勃推展开来。生态资源丰富多样但生态系统又相对脆弱的民族地区[①]有着自身特点。本章从民族地区生态环境的问题入手，研究民族地区生态文明建设的形势、展现民族地区生态文明建设中取得的进展与成就，指出其所面临的现实困难与问题，提出相应对策建议。

一　民族地区的生态环境状况与污染问题

（一）民族地区的生态环境状况

从地理位置来看，我国的民族地区多处于边疆或者接近边疆地区，无论是宁夏、新疆、内蒙古所处的西北地区还是青海、西藏所处的青藏高原，抑或云南、贵州、广西所处的西南地区，都是我国重要的自然生态功能区，蕴含着丰富的森林资源和淡水资源，对于全国的生态系统安全都有着至关重要的作用。生态系统的独特性与脆弱性使得这些地区一旦遭到破坏，短时间内很难恢复，因此生态保护的任务艰巨；但同时相对于东部地区，这些地区发展经济提高人民生活水平的任务却更为迫切。2012年，民族地区全面建成小康社会经济发展

---

① 本章中的"民族地区"指的是：内蒙古自治区、宁夏回族自治区、新疆维吾尔自治区、西藏自治区、广西壮族自治区五大少数民族自治区以及少数民族分布集中的贵州、云南和青海三省。

第十章 中国民族地区生态文明建设现状与建议

方面的实现程度为 66.17%，比全国落后 3 年，比东部地区落后 6 年，比中部地区落后两年，比西部地区落后 1 年。目前，民族八省区的生产总值加起来仅相当于广东一个省，民族地区人均 GDP 只有全国平均水平的 78%，城镇化率远低于全国平均水平。尤其是民族地区贫困面大，农村贫困人口占全国的 50.2%，不少群众生产生活条件仍然较差。全国 14 个集中连片特困地区有 11 个在民族地区，片区内的 680 个县有 351 个属于民族地区，其中 155 个属于主体功能区限制或禁止开发县。[①] 如果民族地区发展差距持续拉大的趋势长期得不到扭转，就会造成心理失衡乃至民族关系、地区关系失衡。[②] 因此，除了面临全国普遍性的困难，民族地区的生态文明建设还具有自身的特殊性，在涉及生态保护之外，还与经济开发、脱贫致富、城镇化、民族关系、国家生态安全、边疆国防安全等诸多问题紧密相连。

首先，整体而言，民族地区的资源储藏量在全国占有重要比例。在石油、天然气、煤炭三大主要能源方面，民族地区的储量 2013 年分别为 75479.36 万吨、18911.12 亿立方米、813.04 亿吨，占全国总储量的 22.42%、40.73%、34.41%；2014 年分别为 77081.90 万吨、19583.47 亿立方米、853.73 亿吨，占全国总储量的 22.45%、39.60%、35.57%。在黑色金属基础储量方面，民族地区的锰矿与铬矿储量 2013 年分别为 14899.01 万吨、273.20 万吨，占全国总储量的 69.14%、68.04%；2014 年分别为 15183.69 万吨、273.87 万吨，占全国总储量的 70.90%、65.24%。在有色金属基础储量方面，民族地区的铜矿、铅矿、锌矿、铝土矿储量 2013 年分别为 1168.97 万吨、934.27 万吨、2342.42 万吨、61321.97 万吨，占全国总储量的 42.48%、59.21%、62.20%、62.37%；2014 年分别为 1225.22 万吨、1084.16 万吨、2648.00 万吨、61443.88 万吨，占全国总储量的 43.20%、63.00%、65.64%、62.49%。在非金属矿基础储量方面，民族地区的磷矿与高岭土矿的储量 2013 年分别为 13.17 亿吨、

---

① 国家民族事务委员会编：《中央民族工作会议精神学习辅导读本》，民族出版社 2015 年版，第 137 页。
② 同上书，第 139 页。

28848.56万吨，占全国总储量的43.61%、58.10%；2014年分别为13.84亿吨、37053.77万吨，占全国总储量的45.08%、64.42%。在水资源方面，民族地区水资源总量2013年为11512.01亿立方米，占全国总量的41.18%；2014年为11415.6亿立方米，占全国总量的41.87%。在森林资源方面，民族地区以及全国2013年与2014年的各项数值一样，其中民族地区森林面积为9036.14万公顷，占全国总量的43.51%；森林蓄积量为64.97亿立方米，占全国总量的42.92%。在草原资源方面，2013年民族地区的草原总面积为285793.07千公顷，占全国总量的72.75%；可利用草原面积为238786.58千公顷，占全国总量的72.14%。在土地资源方面，2013年民族地区的耕地总面积为31857.60千公顷，占全国总量的23.57%；农用地总面积为33813.50万公顷，占全国总量的52.33%；建设用地总面积为666.00万公顷，占全国总量的17.78%。

其次，从民族地区八省区内部来看，不同地区的资源优劣势不尽相同。在石油与天然气储量方面，新疆、内蒙古、青海、宁夏北方省区优势明显，特别是新疆的石油储量遥遥领先。煤炭储量方面，内蒙古、新疆、贵州、云南占有明显优势，特别是内蒙古。在黑色金属方面，内蒙古的铁矿储量、西藏的铬矿储量远远高于其他省区；同时，广西、贵州、云南西南三省的锰矿储量，广西的钒矿储量，新疆的原生钛铁矿储量占压倒性优势。在有色金属方面，内蒙古在铜矿、铅矿、锌矿储量上都具有明显优势，其次为云南与新疆；广西、贵州、云南西南三省占有全部的铝土矿资源。非金属矿产资源方面，内蒙古、贵州、云南在硫铁矿储量方面占有优势，云南、贵州的磷矿储量远高于其他省区，广西的高岭土储量具有压倒性优势。水资源方面，西藏在水资源总量与人均水资源量方面占有绝对优势，除宁夏人均水资源量远低于全国整体水平外，其他省区的人均水资源量均高于全国水平。森林覆盖率方面，广西、云南、贵州西南三省远高于其他省区，新疆数值最低，其次为青海。草原资源方面，无论是草原总面积还是可利用草原面积，西藏、内蒙古、新疆、青海均排在前列。土地资源方面，内蒙古、云南、新疆的耕地面积排列前三，而耕地面积相对较少的青海、西藏的农业用地总面积占有相对优势（见表10—1、表10—2）。

第十章 中国民族地区生态文明建设现状与建议

表10—1　2013年民族地区的资源环境状况

指标	内蒙古	宁夏	青海	西藏	新疆	广西	云南	贵州	民族地区总和	全国	民族地区在全国的占比(%)
石油储量（万吨）	8339.35	2313.96	6284.94		58393.63	135.27	12.21		75479.36	336732.80	22.42
天然气储量（亿立方米）	8042.54	294.40	1511.79		9053.88	1.32	0.80	6.39	18911.12	46428.80	40.73
煤炭储量（亿吨）	460.10	38.47	12.17	0.12	156.53	2.26	60.10	83.29	813.04	2362.90	34.41
铁矿储量（亿吨）	20.99		0.03	0.17	4.56	0.30	4.13	0.13	30.31	199.20	15.22
锰矿储量（万吨）	567.74				567.17	8441.54	1074.79	4247.77	14899.01	21547.70	69.14
铬矿储量（万吨）	56.29		3.68	169.22	44.01				273.20	401.50	68.04
钒矿储量（万吨）	0.77				0.16	171.49	0.07		172.49	909.90	18.96
原生钛铁矿储量（万吨）					45.73				45.73	21957.00	0.21
铜矿储量（万吨）	400.27		25.63	274.36	168.20	3.33	296.90	0.28	1168.97	2751.50	42.48
铝矿储量（万吨）	508.02		55.96	46.91	81.01	25.98	210.66	5.73	934.27	1577.90	59.21
锌矿储量（万吨）	962.32		115.51	13.99	167.98	106.13	905.28	71.21	2342.42	3766.20	62.20
铝土矿储量（万吨）						46631.76	1485.24	13204.97	61321.97	98323.50	62.37

· 271 ·

续表

指标	内蒙古	宁夏	青海	西藏	新疆	广西	云南	贵州	民族地区总和	全国	民族地区在全国的占比(%)
菱镁矿储量(万吨)			49.90						49.90	120747.50	0.04
硫铁矿储量(万吨)	16039.32		50.08		59.36	837.06	4878.86	5594.47	27459.15	130194.10	21.09
磷矿储量(亿吨)	0.02	0.01	0.60				6.49	6.05	13.17	30.20	43.61
高岭土储量(万吨)	4814.68				9.93	23605.60	402.30	16.05	28848.56	49649.70	58.10
水资源总量(亿立方米)	959.81	11.40	645.61	4415.74	955.99	2057.33	1706.69	759.44	11512.01	27957.86	41.18
地表水资源量(亿立方米)	813.52	9.47	629.54	4415.74	905.63	2056.26	1706.69	759.44	11296.29	26839.47	42.09
地下水资源量(亿立方米)	249.33	22.13	290.77	991.73	560.15	478.12	573.29	235.63	3401.15	8081.11	42.09
地表水与地下水资源重复量(亿立方米)	103.04	20.19	274.72	991.73	509.79	477.05	573.29	235.63	3185.44	6962.75	45.75
人均水资源量(立方米/人)	3848.60	175.25	11216.59	142530.58	4251.88	4376.83	3652.24	2174.15		2059.69	
林业用地面积(万公顷)	4398.89	180.10	808.04	1783.64	1099.71	1527.17	2501.04	861.22	13159.81	31259.00	42.10
森林面积(万公顷)	2487.90	61.80	406.39	1471.56	698.25	1342.70	1914.19	653.35	9036.14	20769.00	43.51

续表

指标	内蒙古	宁夏	青海	西藏	新疆	广西	云南	贵州	民族地区总和	全国	民族地区在全国的占比(%)
人工林面积(万公顷)	331.65	14.43	7.44	4.88	94.00	634.52	414.11	237.30	1738.33	6933.38	25.07
森林覆盖率(%)	21.00	11.90	5.60	12.00	4.20	56.50	50.00	37.10		21.60	
活立木总蓄积量(亿立方米)	14.84	0.09	0.49	22.88	3.87	5.58	18.75	3.44	69.94	164.33	42.56
森林蓄积量(亿立方米)	13.45	0.07	0.43	22.62	3.37	5.09	16.93	3.01	64.97	151.37	42.92
草原总面积(千公顷)	78804.48	3014.07	36369.75	82051.94	57258.80	8698.34	15308.43	4287.26	285793.07	392832.67	72.75
可利用草原面积(千公顷)	63591.09	2625.56	31530.67	70846.78	48006.80	6500.35	11925.59	3759.74	238786.58	330995.42	72.14
耕地面积(千公顷)	9199.00	1281.10	588.20	441.80	5160.20	4419.40	6219.80	4548.10	31857.60	135163.40	23.57
农用地(万公顷)	8291.10	381.10	4510.80	8724.50	5168.70	1959.00	3299.50	1478.80	33813.50	64616.80	52.33
建设用地(万公顷)	157.60	30.00	33.70	13.80	150.10	118.10	99.40	63.30	666.00	3745.60	17.78

注：1. 石油、天然气的数据为剩余技术可采储量。

2. "人均水资源"中的人口数量按城区人口与城区暂住人口之和计算，以公安部门的户籍统计和暂住人口统计为准。

资料来源：本表格中"耕地面积""农用地""建设用地"指标数据参考《中国统计年鉴2015》的"8-23分地区耕地面积"、"8-24分地区土地利用情况"（http://www.stats.gov.cn/tjsj/ndsj/2015/indexch.htm），其他指标数据参考国家统计局国家数据网（http://data.stats.gov.cn/index.htm）的"年度数据"与"地区数据"整理计算而成。

表10—2　2014年民族地区的资源环境状况

指标	内蒙古	宁夏	青海	西藏	新疆	广西	云南	贵州	民族地区总和	全国	民族地区占全国百分比(%)
石油储量（万吨）	8354.40	2180.60	7524.50		58878.60	131.60	12.20		77081.90	343335.00	22.45
天然气储量（亿立方米）	8098.14	272.76	1457.94		9746.20	1.32	0.80	6.31	19583.47	49451.80	39.60
煤炭储量（亿吨）	490.02	38.04	11.82	0.12	158.01	2.27	59.47	93.98	853.73	2399.90	35.57
铁矿储量（亿吨）	25.32		0.03	0.17	5.21	0.29	4.18	0.13	35.33	206.60	17.10
锰矿储量（万吨）	567.55				560.17	8486.60	1152.27	4417.10	15183.69	21415.40	70.90
铬矿储量（万吨）	56.29		3.68	169.22	44.68				273.87	419.80	65.24
钒矿储量（万吨）	0.77				0.16	171.49	0.07		172.49	900.20	19.16
原生钛铁矿储量（万吨）					45.73		3.12		48.85	21611.20	0.23
铜矿储量（万吨）	415.67		25.08	274.40	210.87	3.33	295.59	0.28	1225.22	2836.40	43.20

第十章 中国民族地区生态文明建设现状与建议

续表

指标	内蒙古	宁夏	青海	西藏	新疆	广西	云南	贵州	民族地区总和	全国	民族地区占全国百分比(%)
铝矿储量（万吨）	584.78		51.58	92.93	87.37	44.54	213.43	9.53	1084.16	1720.80	63.00
锌矿储量（万吨）	1178.88		109.74	43.34	177.88	147.08	905.84	85.24	2648.00	4034.10	65.64
铝土矿储量（万吨）						46644.67	1476.94	13322.27	61443.88	98321.90	62.49
菱铁矿储量（万吨）			49.90						49.90	108367.00	0.05
硫铁矿储量（万吨）	14865.81		50.08		59.36	6141.93	4878.86	5721.90	31717.94	133859.90	23.69
磷矿储量（亿吨）	0.11	0.01	0.60				6.48	6.64	13.84	30.70	45.08
高岭土储量（万吨）	4813.18				7.84	31906.65	311.10	15.00	37053.77	57521.20	64.42
水资源总量（亿立方米）	537.79	10.07	793.86	4416.30	726.93	1990.90	1726.63	1213.12	11415.60	27266.90	41.87
地表水资源量（亿立方米）	397.61	8.16	775.97	4416.30	686.55	1989.65	1726.63	1213.12	11213.99	26263.91	42.70
地下水资源量（亿立方米）	236.26	21.32	349.39	985.11	443.93	402.97	558.44	294.43	3291.85	7745.03	42.50

· 275 ·

续表

指标	内蒙古	宁夏	青海	西藏	新疆	广西	云南	贵州	民族地区总和	全国	民族地区占全国百分比(%)
地表水与地下水资源重复量(亿立方米)	96.08	19.41	331.50	985.11	403.55	401.72	558.44	294.43	3090.24	6742.04	45.84
人均水资源量(立方米/人)	2149.89	152.98	13675.45	140200.00	3186.91	4203.31	3673.28	3461.12		1998.64	
林业用地面积(万公顷)	4398.89	180.10	808.04	1783.64	1099.71	1527.17	2501.04	861.22	13159.81	31259.00	42.10
森林面积(万公顷)	2487.90	61.80	406.39	1471.56	698.25	1342.70	1914.19	653.35	9036.14	20768.73	43.51
人工林面积(万公顷)	331.65	14.43	7.44	4.88	94.00	634.52	414.11	237.30	1738.33	6933.38	25.07
森林覆盖率(%)	21.00	11.90	5.60	12.00	4.20	56.50	50.00	37.10		21.60	
活立木总蓄积量(亿立方米)	14.84	0.09	0.49	22.88	3.87	5.58	18.75	3.44	69.94	164.33	42.56
森林蓄积量(亿立方米)	13.45	0.07	0.43	22.62	3.37	5.09	16.93	3.01	64.97	151.37	42.92

注：1. 石油、天然气资源中的数据均为剩余技术可采储量。
2. 人均水资源中的人口数量按城区人口与城区暂住人口之和计算，以公安部门的户籍统计和暂住人口统计为准。
3. 截至本章写作时，2014年"草原总面积""可利用草原面积""耕地面积""农用地面积""工业用地面积"指标的相关数值还未公布，故此表将其省略。
资料来源：本表格由中华人民共和国国家统计局国家数据网（http://data.stats.gov.cn/index.htm）的"年度数据"与"地区数据"整理计算而成。

第十章 中国民族地区生态文明建设现状与建议

最后，2014年与2013年相比，不同指标的变动程度有所区别。除铬矿和菱镁矿的储量保持不变之外，2014年民族地区能源、黑色金属、有色金属、非金属矿产的探明总储量都要高于2013年。水资源方面，2014年民族地区的水资源总量、地表水资源量、地下水资源量较2013年都有所下降。具体到各省区，内蒙古、新疆、广西呈明显下降趋势，贵州、云南、青海呈明显上升趋势，宁夏稍有下降，西藏变化不大。森林资源方面，2014年与2013年保持数值一致。

（二）民族地区的主要污染物排放

首先，从民族地区整体情况来看其排污情况以及与全国平均水平的对比。因为目前国家还未发布反映各省土地质量变化的数据，本章将从废水、废气、城市生活垃圾的排放方面进行数据整理（见表10—3、表10—4）。在所有条件能力完全均等的前提下，一个地区污染物排放量的全国占比应与其生产总值的全国占比相符合。如果污染物排放量的全国占比低于其生产总值的全国占比，则说明这一地区产生的污染物相对较少；反之则说明这一地区的污染物相对较多。2013年与2014年民族地区生产总值的全国占比分别为11.10%、11.13%，废水排放量的全国占比分别为10.76%、10.73%，貌似后者与前者基本符合甚至还要略低，但如果细看废水中主要污染物排放量的占比不难发现：除总铬、六价铬占比较低外，其他污染物特别是我国当前最主要的水体污染物化学需氧量、氨氮排放量的全国占比均高于生产总值占比。废气方面，主要废气污染物二氧化硫、氮氧化物、烟（粉）尘排放量的全国占比2013年分别为23.78%、20.04%、23.21%，2014年分别为23.96%、19.92%、19.97%，均远高于民族地区生产总值的全国占比。城市生活垃圾清运量方面，2013年与2014年民族地区的全国占比为10.33%、10.49%，与生产总值的全国占比基本符合。由此可见，与其他地区相比，在同样的产值下，民族地区要排出更多的水体污染物与大气污染物，从而说明目前民族地区的生产方式还比较粗放，减排和排污优化程度较低。

表10—3　2013年民族地区污染物排放情况

指标	内蒙古	宁夏	青海	西藏	新疆	广西	云南	贵州	民族地区总和	全国	民族地区全国占比(%)
生产总值（亿元）	16916.5	2577.57	2122.06	815.67	8443.84	14449.9	11832.31	8086.86	65244.71	588018.8	11.10
废水排放总量（万吨）	106920.47	38528.43	21953.03	5004.68	100720.29	225302.67	156583.28	93084.53	748097.4	6954432.7	10.76
化学需氧量排放量（万吨）	86.32	22.19	10.34	2.58	67.24	75.94	54.72	32.82	352.15	2352.7	14.97
氨氮排放量（万吨）	5.12	1.71	0.97	0.32	4.65	8.1	5.8	3.83	30.5	245.66	12.42
总氮排放量（万吨）	15.5	2.74	0.72	0.58	16.21	11.69	7.66	4.38	59.48	448.1	13.27
总磷排放量（万吨）	1.25	0.21	0.06	0.04	1.2	1.36	0.74	0.44	5.3	48.73	10.88
石油类排放量（吨）	947.77	153.44	342.37	0.55	1571.87	265.17	373.62	437.39	4092.18	18385.35	22.26
挥发酚排放量（吨）	241.5	6.92	1.28		15.99	12.93	2.73	0.27	281.62	1277.33	22.05
铅排放量（千克）	3746.86	19.09	631.29	2.57	135.03	6301.88	6248.39	265.71	17350.82	76111.97	22.80

· 278 ·

第十章 中国民族地区生态文明建设现状与建议

续表

指标	内蒙古	宁夏	青海	西藏	新疆	广西	云南	贵州	民族地区总和	全国	民族地区全国占比(%)
汞排放量（千克）	94.22	5.23	8.71	0.06	21.82	108.13	10.57	20.28	269.02	916.52	29.35
镉排放量（千克）	536.9	2.41	299.55	0.51	59.58	1075.89	1210.08	26.85	3211.77	18435.72	17.42
总铬排放量（千克）	152.53	241.59	13.2	1.03	2067.09	1780.4	117.58	63.92	4437.34	163117.68	2.72
砷排放量（千克）	6071.59	52.79	1480.14	8943.04	885.43	8290.96	8161.5	486.85	34372.3	112230.03	30.63
六价铬排放量（千克）	37.27	125.92	6.76		1638.99	154.58	19.33	30.56	2013.41	58291.45	3.45
二氧化硫排放量（吨）	1358691.7	389712.3	156694	4191.66	829431.08	471986.8	663091.24	986423.12	4860222	20439000	23.78
氮氧化物排放量（吨）	1377573.1	437439.67	132256.1	44327.6	886926.57	504306.91	523672.47	557292.49	4463795	22273587	20.04
烟（粉）尘排放量（吨）	822126.73	230619.65	173762.04	6750.75	755909.37	289473.82	386895.16	301301.56	2966839	12781411	23.21
城市生活垃圾清运量（万吨）	350.1	106	74.1	24.1	352.3	302.3	324.1	248.4	1781.4	17238.6	10.33

资料来源：本表格由中华人民共和国国家统计局国家数据网（http://data.stats.gov.cn/index.htm）的"年度数据"与"地区数据"整理计算而成。

·279·

中国民族地区全面小康社会建设研究

表10—4　2014年民族地区污染物排放情况

指标	内蒙古	宁夏	青海	西藏	新疆	广西	云南	贵州	民族地区总和	全国	民族地区全国占比(%)
生产总值(亿元)	17770.19	2752.1	2303.32	920.83	9273.46	15672.89	12814.59	9266.39	70773.77	635910	11.13
废水排放总量(万吨)	111916.93	37277.25	23001.19	5449.68	102748.31	219304.06	157544.15	110912.12	768153.69	7161750.53	10.73
化学需氧量排放量(万吨)	84.77	21.98	10.5	2.79	67.02	74.4	53.38	32.67	347.51	2294.59	15.14
氨氮排放量(万吨)	4.93	1.66	0.98	0.34	4.59	7.93	5.65	3.8	29.88	238.53	12.53
总氮排放量(万吨)	18.88	3.08	0.79	0.62	17.27	11.43	7.67	4.7	64.44	456.14	14.13
总磷排放量(万吨)	2.15	0.33	0.08	0.05	1.44	1.41	0.77	0.49	6.72	53.45	12.57
石油类排放量(吨)	1226.51	165.5	339.34	0.83	847.91	269.87	319.34	330.79	3500.09	16203.64	21.60
挥发酚排放量(吨)	183.52	156.88	0.97	5.41	26.76	9.97	2.12	0.57	386.2	1378.43	28.02
铅排放量(千克)	7057.93	30.52	692.69	5.03	125.08	5009.33	4846.39	396.62	18163.59	73184.74	24.82

· 280 ·

第十章 中国民族地区生态文明建设现状与建议

续表

指标	内蒙古	宁夏	青海	西藏	新疆	广西	云南	贵州	民族地区总和	全国	民族地区全国占比(%)
汞排放量（千克）	44.02	1.77	8.26	0.13	21.6	90.55	16.37	9.91	192.61	745.91	25.82
镉排放量（千克）	760.5	2.49	244.1	0.97	56.89	953.76	845.7	197.37	3061.78	17251.1	17.75
总铬排放量（千克）	88.67	105.28	12.62	2.05	1285.18	1353.37	189.67	9351.45	12388.29	132797.43	9.33
砷排放量（千克）	15637.91	69.97	1478.97	5203.48	847.11	5012.22	7354.07	276.3	35880.03	109729.85	32.70
六价铬排放量（千克）	37.13	20.09	5.54	0.62	1009.26	132.2	105.52	70.32	1380.68	34925.33	3.95
二氧化硫排放量（吨）	1312436.37	377055.54	154276	4249.87	852981.33	466588.74	636683.23	925787.1	4730058.18	19744159.85	23.96
氮氧化物排放量（吨）	1258281.03	404032.35	134518.07	48343.52	862792.27	442398.76	498879.94	491070.7	4140316.64	20780015.34	19.92
烟（粉）尘排放量（吨）	1021510.38	239170.83	239866.81	13889.88	813915.92	402934.62	366818.71	377856.14	3475963.29	17407507.58	19.97
城市生活垃圾清运量（万吨）	324.6	118.4	77.6	30.8	360.6	338.9	349.5	273.8	1874.2	17860.2	10.49

资料来源：本表格由中华人民共和国国家统计局国家数据网（http://data.stats.gov.cn/index.htm）的"年度数据"与"地区数据"整理计算而成。

其次，从民族地区内部来看各省区的排污程度与对比。为了更为直观地进行对比，在表10—3、表10—4的基础上计算出亿元生产总值的污染物排放量（见表10—5、表10—6）。本章选取了中国"十二五"时期重点控制的约束性指标——化学需氧量、氨氮作为水体污染物的代表，二氧化硫、氮氧化物作为大气污染物的代表。以产生1亿元国民生产总值为单位，单位化学需氧量排放量方面，2013年除西藏外，2014年除西藏、贵州外，其他各省区的排放量均高于全国平均数值，其中，宁夏排放量最多，两年均为同年全国平均数值的两倍多，其次是新疆。单位氨氮排放量方面，除内蒙古、西藏低于全国平均数值，其他省区均高于全国平均数值，其中最多的是宁夏，其次是广西。单位二氧化硫排放量方面，宁夏最多，是民族地区平均数值的两倍多，是全国平均数值的5倍左右；贵州、新疆、内蒙古、青海也均超过全国整体数值的5倍；西藏最低，其次为广西，两者均低于全国平均数值。单位氮氧化物排放量方面，宁夏最多，其次是新疆；唯一低于全国平均数值的广西排放量最低，其次为云南。单位城市生活垃圾清运量方面，2013年新疆最多，2014年宁夏为最多；内蒙古最少，其次为广西，云南也低于全国平均数值。整体而言，民族地区的排污优化程度不容乐观，大部分民族省区的排污数值都高于全国平均数值，其中宁夏的情况最为严重，其次是新疆；西藏相对情况最好。

表10—5 2013年民族地区亿元生产总值的单位污染物排放量　　单位：吨

指标	内蒙古	宁夏	青海	西藏	新疆	广西	云南	贵州	民族地区	全国
化学需氧量排放量	51.03	86.09	48.73	31.63	79.63	52.55	46.25	40.58	53.97	40.01
氨氮排放量	3.03	6.63	4.57	3.92	5.51	5.61	4.90	4.74	4.67	4.18
二氧化硫排放量	80.32	151.19	73.84	5.14	98.23	32.66	56.04	121.98	74.49	34.76
氮氧化物排放量	81.43	169.71	62.32	54.35	105.04	34.90	44.26	68.91	68.42	37.88
城市生活垃圾清运量	206.96	411.24	349.19	295.46	417.23	209.21	273.91	307.16	273.03	293.16

资料来源：本表格由中华人民共和国国家统计局国家数据网（http://data.stats.gov.cn/index.htm）的"年度数据"与"地区数据"整理计算而成。

第十章 中国民族地区生态文明建设现状与建议

表10—6　2014年民族地区亿元生产总值的单位污染物排放量　　单位：吨

指标	内蒙古	宁夏	青海	西藏	新疆	广西	云南	贵州	民族地区	全国
化学需氧量排放量	47.70	79.87	45.59	30.30	72.27	47.47	41.66	35.26	49.10	36.08
氨氮排放量	2.77	6.03	4.25	3.69	4.95	5.06	4.41	4.10	4.22	3.75
二氧化硫排放量	73.86	137.01	66.98	4.62	91.98	29.77	49.68	99.91	66.83	31.05
氮氧化物排放量	70.81	146.81	58.40	52.50	93.04	28.23	38.93	52.99	58.50	32.68
城市生活垃圾清运量	182.67	430.22	336.90	334.48	388.85	216.23	272.74	295.48	264.82	280.86

资料来源：本表格由中华人民共和国国家统计局国家数据网（http：//data.stats.gov.cn/index.htm）的"年度数据"与"地区数据"整理计算而成。

最后，纵观民族地区及各省区2014年与2013年的变化。在排污总量上来看，2014年民族地区的废水排放总量较2013年有所上升，但最主要水体污染物化学需氧量、氨氮的排放量有所下降；废气污染物中最主要二氧化硫与氮氧化物的排放量有所下降，烟（粉）尘的排放量有所上升；城市生活垃圾清运量有所上升。具体到各民族省份的排放总量，最主要水体污染物化学需氧量、氨氮的排放量方面，除青海、西藏有所上升外，其他六省区的排放量均有所降低；二氧化硫排放量方面，西藏和新疆有所上升，其他省区均有所下降；氮氧化物排放量方面，青海和西藏有所上升，其他省区有所下降；城市生活垃圾清运量方面，除内蒙古外的其他省份均有所上升。在亿元生产总值的污染物排放量方面，2014年民族地区整体以及各民族省份单位化学需氧量、氨氮、二氧化硫、氮氧化物的排放量都有所下降，在单位城市生活垃圾的清运量方面，除宁夏、西藏、广西数值有所上升外，其他各民族省份及民族地区整体都有所下降。

综上所述，民族地区整体的排污优化程度落后于全国平均水平，大部分民族省区的亿元生产总值的排污量都高于全国平均数值，尤其是宁夏与新疆引人注意。优化产业结构与能源消费结构，降低污染物的排放，提高排污优化程度是民族地区共同面临的问题。同时，与2013年相比，2014年民族地区水与大气的主要污染物排放总量与亿元生产总值的排污量都有所下降，虽然个别省区的个别指标污染物排放总量有所上升，但是所有民族省区的亿元生产总值的单位排污量均有所下降，排污优化程度呈提高态势。西藏地区虽然生态环境基础比较好，亿元生产总值的化学需氧量、氨氮、二氧化硫、氮氧化物单位排污量也呈下降趋势，但与其他民族省份降低排污总量的大趋势不同，2014年其化学需氧量、氨氮、二氧化硫、氮氧化物排放总量以及城市生活垃圾清运量都呈上升趋势，值得警惕。

（三）民族地区的突发环境事件与自然灾害

除了日常排污之外，突发的环境事件与自然灾害也会对生态环境带来某些突变性的破坏。2013年民族地区突发环境事件46次，占全国突发环境事件总次数的6.46%。其中广西发生次数最多，为16次；其次是新疆，发生10次；西藏发生最少，0次（见表10—7）。2014年民族地区突发环境事件34次，全国占比7.22%，其中广西发生次数依旧最多，为8次；其次是宁夏，发生7次；西藏发生最少，0次（见表10—8）。按照事件的严重程度，突发环境事件可以分为特别重大环境事件、重大环境事件、较大环境事件、一般环境事件、未定级环境事件五类，上述事件中除2013年宁夏发生1次较大环境事件，广西发生1次较大环境事件、1次重大环境事件，2014年宁夏发生1次较大环境事件外，其他事件均为一般环境事件。自然灾害方面，2013年民族地区受灾人口为6297.5万人次，占全国受灾人口人次的16.22%，民族地区直接经济损失626.6亿元，全国占比为10.79%；2014年民族地区受灾人口的人次数量有所下降，为5535.2万人次，全国占比有所上升，为22.73%，民族地区直接经济损失1144.9亿元，是2013年的近两倍之多，全国占比也大幅上升为33.94%。从民族地区各省区的数据来看，2013年与2014年自然灾害受灾人口人次最多的省区均为贵州、云南、广西西南三省，2013年直接经济损失最多的三个省区分别为云南、贵州、内蒙古，2014年直接经济损失最多的三个省区分别为云南、贵州、广西。自然灾害虽为天灾，但是诱发自然灾害的因素里却不乏人为因素，特别是西南地区的泥石流、山体滑坡等灾害。破坏生态环境会加重水土流失，容易引发自然灾害；而自然灾害也一定程度上加速环境的恶化，两者呈现恶性循环的关系。

第十章 中国民族地区生态文明建设现状与建议

表10—7　2013年民族地区突发环境事件及自然灾害情况

指标	内蒙古	宁夏	青海	西藏	新疆	广西	云南	贵州	民族地区总和	全国	民族地区全国占比（%）
突发环境事件次数（次）	4	3	2	0	10	16	2	9	46	712	6.46
自然灾害受灾人口（万人次）	565.6	188.7	167.5	151.5	197.1	764.8	1984.2	2278.1	6297.5	38818.7	16.22
自然灾害直接经济损失（亿元）	128.9	15.4	13.6	42	80.4	63.1	154.2	129	626.6	5808.4	10.79

资料来源：本表格中"全国突发环境事件次数"参考中华人民共和国环境保护部发布的《全国环境统计公报（2013年）》（http://zls.mep.gov.cn/hjtj/qghjtjgb/201503/t20150316_297266.htm），其他数据由中华人民共和国国家统计局国家数据网（http://data.stats.gov.cn/index.htm）的"年度数据"与"地区数据"整理计算而成。

表10—8　2014年民族地区突发环境事件及自然灾害情况

指标	内蒙古	宁夏	青海	西藏	新疆	广西	云南	贵州	民族地区总和	全国	民族地区全国占比（%）
突发环境事件次数（次）	2	7	6	0	5	8	3	3	34	471	7.22
自然灾害受灾人口（万人次）	644.5	220.6	129.8	17.6	513.6	1100.5	1414.8	1493.8	5535.2	24353.7	22.73
自然灾害直接经济损失（亿元）	113.1	16.6	9.3	1.9	170.1	191.7	444.2	198	1144.9	3373.8	33.94

资料来源：本表格中"全国突发环境事件次数"参考中华人民共和国环境保护部发布的《全国环境统计公报（2014年）》（http://zls.mep.gov.cn/hjtj/qghjtjgb/201510/t20151029_315798.htm），其他数据由中华人民共和国国家统计局国家数据网（http://data.stats.gov.cn/index.htm）的"年度数据"与"地区数据"整理计算而成。

二　民族地区的生态保护与生态文明建设

（一）民族地区的生态治理与保护

治污减排、植树育林、建立自然保护区，是生态治理与保护的重要途径。在城市生活垃圾的无害化处理方面,西藏暂无统计数据,2013年广西的处理率最高,为96.4%,其次是内蒙古、宁夏、贵州,均高于全国平均水平,云南、青海、新疆的处理率低于全国平均水平。2014年除广西的无害化处理率有所下降之外,其他六个民族省份及全国均呈上升状态,其中内蒙古的无害化处理率最高,为96.1%,其次为广西、宁夏、贵州、云南,均高于全国平均水平,青海和新疆仍低于全国平均水平。在工业污染治理方面,整个民族地区2013年完成投资1670341万元,占全国总投资的19.66%;2014年投资升至2057416万元,全国占比也提高至20.62%。从民族地区内部来看,2014年除广西与贵州的投资有所下降之外,其他民族省区均有所提高。从投资项目的比例来看,西藏地区比较特殊,其他民族省区及全国的工业污染治理总投资中的最大比例开支都为废气治理,而西藏的废水治理投资占据了总投资的最大比例,2013年为85.45%,2014年为70.24%。林业投资方面,整个民族地区2013年投资12347077万元,全国占比32.64%,其中生态建设与保护投资4029716万元,全国占比21.54%;2014年林业投资升至15046424万元,全国占比34.79%,其中生态建设与保护投资升至4196869万元,全国占比21.54%。民族省区中,2014年内蒙古、青海、新疆、广西、云南、贵州六省区的林业投资总额与生态建设与保护投资较2013年均有上升;宁夏林业投资总额有所下降,生态建设与保护投资有所上升;西藏林业投资总额有所上升,生态建设与保护投资有所下降。纵观工业污染治理投资与林业投资,如前文表10—3、表10—4所示,2013年民族地区生产总值的全国占比为11.13%,2014年为11.10%,而通过表10—9、表10—10可以看出:民族地区的工业污染治理投资与林业投资,无论是总额还是各单项额度的全国占比,均超过了其生产总值的全国占比,这也就意味着在民族地区治理与保护生态环境的经济投入要相对高于其他地区。

造林总面积方面,民族地区2013年造林2307.36千公顷,全国占比37.83%;2014年造林1873.50千公顷,全国占比33.76%;其中除西藏造林面积有所上升之外,其他民族省区均处于下降状态。关于自然保护区,民族地区2013年建有自然保护区642个,总面积

10203.30万公顷，其中国家级自然保护区110个，面积为7654.50万公顷；2014年建有自然保护区643个，总面积10106.50万公顷，其中国家级自然保护区115个，面积为7695.60万公顷。虽然2013年、2014年民族地区自然保护区总个数以及国家级自然保护区个数的全国占比分别在23%与27%左右，但其面积的全国占比分别为69%与80%左右，因此对全国的自然保护都起着至关重要的作用。民族省区中，2014年内蒙古、青海、广西、云南的自然保护区面积均有缩小，新疆、贵州的自然保护区面积有所扩大，宁夏与西藏保持不变。另外，西藏与青海的自然保护区占辖区面积比最高，2013年分别为33.9%与30.1%，即两省区近1/3的面积为自然保护区，再次凸显青藏高原的生态安全地位。

表10—9　　　　　　　　2013年民族地区环境治理与保护

指标	内蒙古	宁夏	青海	西藏	新疆	广西	云南	贵州	民族地区总和	全国	民族地区全国占比（%）
城市生活垃圾无害化处理率（%）	93.6	92.5	77.8		78.1	96.4	87.6	92.2		89.3	
工业污染治理完成投资（万元）	626746	165486	30456	9889	220054	183218	238930	195562	1670341	8496647	19.66
治理废水项目完成投资（万元）	53677	18947	2985	8450	37086	66235	35224	22867	245471	1248822	19.66
治理废气项目完成投资（万元）	477779	138889	27174	466	165143	110217	163633	170472	1253773	6409109	19.56
治理固体废物项目完成投资（万元）	27484	5176		845	8187	540	8768	198	51198	140480	36.45
治理噪声项目完成投资（万元）	101	6		15	38	276	3115	543	4094	17628	23.22
治理其他项目完成投资（万元）	67706	2469	297	113	9600	5950	28190	1483	115808	680608	17.02
林业投资（万元）	1500005	186810	268967	166755	695760	8283917	854863	390000	12347077	37822700	32.64

续表

指标	内蒙古	宁夏	青海	西藏	新疆	广西	云南	贵州	民族地区总和	全国	民族地区全国占比（%）
生态建设与保护本年完成投资（万元）	1046212	118161	201321	149535	424264	1250515	493739	345969	4029716	18705800	21.54
造林总面积（千公顷）	805.16	101.15	152.76	69.63	164.45	149.88	524.33	340	2307.36	6100.06	37.83
自然保护区个数（个）	184	14	11	47	31	78	154	123	642	2697	23.80
国家级自然保护区个数（个）	27	8	7	9	10	21	20	8	110	407	27.03
自然保护区面积（万公顷）	1368.9	53.3	2176.5	4136.9	1948.3	145.6	285.7	88.1	10203.3	14631	69.74
国家级自然保护区面积（万公顷）	416.7	43.9	2073.4	3715.3	1193.1	37.4	150.3	24.4	7654.5	9403.93	81.40
自然保护区占辖区面积比重（%）	11.6	10.3	30.1	33.9	11.7	6	7.5	5	14.8		

资料来源：表格中"林业投资""生态建设与保护本年完成投资"数据参考国家林业局《2013年全国林业统计年报分析报告》（http://www.forestry.gov.cn/main/225/content-677457.html），其他数据由中华人民共和国国家统计局国家数据网（http://data.stats.gov.cn/index.htm）的"年度数据"与"地区数据"整理计算而成。

表10—10　　2014年民族地区环境治理与保护

指标	内蒙古	宁夏	青海	西藏	新疆	广西	云南	贵州	民族地区总和	全国	民族地区全国占比（%）
城市生活垃圾无害化处理率（%）	96.1	93.3	86.3		81.9	95.4	92.5	93.3		91.8	
工业污染治理完成投资（万元）	775439	272967	74508	10283	316542	178909	244003	184765	2057416	9976511	20.62
治理废水项目完成投资（万元）	20939	30829	11752	7723	37007	32927	31218	13117	185512	1152473	16.10
治理废气项目完成投资（万元）	708403	219777	48768	1453	278911	106049	134079	169286	1666586	7893935	21.11

续表

指标	内蒙古	宁夏	青海	西藏	新疆	广西	云南	贵州	民族地区总和	全国	民族地区全国占比（%）
治理固体废物项目完成投资（万元）	17731	14840	3328	260	42	17201	33521	665	87588	150504	58.20
治理噪声项目完成投资（万元）	1042				38		215		1295	10950	11.83
治理其他项目完成投资（万元）	27325	7522	10659	847	543	22731	44971	1837	116435	768649	15.15
林业投资（万元）	1513615	164160	281662	188309	730509	10861358	904811	402000	15046424	43255100	34.79
生态建设与保护本年完成投资（万元）	1082552	132263	203853	128958	453909	1298740	544312	352282	4196869	19479700	21.54
造林总面积（千公顷）	559.25	84.19	132.04	82.67	151.34	143.65	400.36	320	1873.5	5549.61	33.76
自然保护区个数（个）	182	14	11	47	31	77	157	124	643	2729	23.56
国家级自然保护区个数（个）	29	9	7	9	11	22	20	8	115	428	26.87
自然保护区面积（万公顷）	1264.3	53.3	2166.5	4136.9	1971.2	142.1	283.2	89	10106.5	14699.15	68.76
国家级自然保护区面积（万公顷）	428.4	46	2073.4	3715.3	1218.9	38.9	150.3	24.4	7695.6	9651.63	79.73

资料来源：表格中"林业投资""生态建设与保护本年完成投资"数据参考国家林业局《2014年全国林业统计年报分析报告》（http://www.forestry.gov.cn/main/304/content-769221.html），其他数据由中华人民共和国国家统计局国家数据网（http://data.stats.gov.cn/index.htm）的"年度数据"与"地区数据"整理计算而成。

（二）民族地区的生态文明建设

生态文明建设作为一项全面性、系统性、整体性工程，除了上文提及的治污减排、植树育林、自然保护之外，还包含许多其他项目内容。自2010年，北京林业大学生态文明研究中心构建了一套中国省域生态文明发展指数评价指标体系，提出了对生态文明动态发展进行评估的生态文明发展指数（Ecological Civilization Progress Index，ECPI）以及反映静态生态文明水平的绿色生态文明指数（Green Ecological Civilization Index，GECI）。其中，前者反映各省区生态文明发展的相对速度，与后者相结合，更能全面反映出各地区生态文明建设现状。根据其所发布的最新数据，从整体建设水平而言，2014年民族省区中只有宁夏、青海与新疆低于全国平均水平，其他六省区均高于全国水平。从总体发展速度来看，内蒙古、宁夏、广西、贵州高于全国平均值，新疆、青海、西藏、云南低于全国平均值，其中西藏、云南还低于自身上年的总体发展速度（见表10—11）。从生态保护、环境改善、资源节约、排放优化四个指标来看，各省区生态文明发展各有特色，优劣势有所区别，各省区应该根据自身情况，因地制宜地找到符合自身发展的生态文明建设道路。

表10—11　　2014年民族地区生态文明发展的基本情况

地区	生态保护	环境改善	资源节约	排放优化	总体发展速度	建设水平
全国平均值	5.01	1.74	5.03	5.84	4.40	69.09
内蒙古	3.07	-5.46	69.76	23.74	22.78	69.50
宁夏	6.80	14.70	2.62	28.23	13.08	56.65
青海	1.52	1.20	1.02	5.82	2.39	68.37
西藏	-12.47	0.21	5.10	4.88	-0.57	77.00
新疆	0.10	-1.05	-1.40	18.23	3.97	66.02
广西	2.09	4.86	5.00	12.97	6.23	75.70
云南	0.99	0.54	-14.34	-2.16	-3.74	73.39
贵州	4.48	6.05	-3.33	13.00	5.05	70.26

注：生态保护、环境改善、资源节约、排放优化以及总体发展速度均用2013—2014年的进步率（%）表示，建设水平用绿色生态文明指数（GECI 2014）表示。

资料来源：本表格根据严耕等《中国生态文明建设发展报告2014》（北京大学出版社2015年版）第39、43、46、52页表格制作。

生态文明建设与社会经济的整体发展水平息息相关，特别是与可持续发展能力的关系密不可分。中国科学院可持续发展战略研究组自1999年开始推出《中国可持续发展报告》，近三年更是持续关注生态文明建设。报告从生存支持系统、发展支持系统、环境支持系统、社会支持系统、智力支持系统五个方面建构可持续发展能力评估指标体系，根据其2015年最新公布的数据①，2013年民族八省区的可持续发展能力综合评估结果及排序如表10—12。从整体得分来看，内蒙古最高，西藏最低，但民族八省区的可持续发展能力均低于全国平均水平，情况不容乐观。从我国31个省区（不含港澳台地区）的排序来看，民族地区整体排名较为落后，位居后10位的省区中有7个属于民族地区。从系统指标来看，除西藏外，其他各省区以及全国平均值中得分最少的均为环境支持系统，可见环境系统发展已经成为大部分民族地区以及全国整体可持续发展能力的最主要制约因素，特别是在宁夏和新疆，环境支持系统的得分不仅低于2013年的全国平均水平，甚至低于1995年的全国平均水平。除此之外，各个省区可持续发展能力的制约因素有所不同，比如西藏的生存支持系统与环境支持系统得分均高于全国平均水平，但发展支持系统与智力支持系统是明显的发展短板。因此，未来民族地区要有针对性地协调各系统全面提升可持续发展能力。

表10—12　　2013年民族地区可持续发展能力综合评估结果及排序

地区	生存支持系统	排序	发展支持系统	排序	环境支持系统	排序	社会支持系统	排序	智力支持系统	排序	可持续发展能力	排序
全国	105.5		115.0		102.2		111.6		111.9		109.2	
内蒙古	107.2	7	111.4	23	101.9	25	112.1	11	108.4	24	108.2	20
宁夏	101.4	30	108.1	27	98.7	31	111.1	19	108.8	22	105.6	30
青海	104.9	20	103.8	30	102.8	19	111.0	20	106.9	29	105.9	29
西藏	107.9	3	96.6	31	103.0	16	106.8	31	98.0	31	102.5	31
新疆	106.2	12	105.8	29	99.2	30	111.4	18	106.9	30	105.9	28
广西	106.8	11	112.3	22	103.7	12	109.3	29	107.8	28	108.0	22
云南	106.0	13	109.1	25	103.4	15	108.0	30	108.0	27	107.1	24
贵州	103.8	24	108.5	26	103.0	17	109.6	28	108.1	25	106.6	26

注：1995年全国=100.0。

资料来源：本表格根据中国科学院可持续发展战略研究组《2015中国可持续发展报告——重塑生态环境治理体系》（科学出版社2015年版）第212页表格制作而成。

---

① 参见中国科学院可持续发展战略研究组《2015中国可持续发展报告——重塑生态环境治理体系》，科学出版社2015年版。

上文所提的 ECPI 指标是对生态文明发展速度相对快慢的比较，北京林业大学生态文明研究中心通过计算生态文明发展速度的进步率，进一步探索生态文明发展趋势，其中少数民族省区的相关情况如表10—13。2012—2014 年，宁夏、内蒙古生态文明发展速度的进步率最快，分别为41.70%与22.87%，分列全国的前两名，其中，宁夏主要依靠排放优化和环境改善指标的进步率，内蒙古则主要依靠资源节约与排放优化指标的进步率。新疆的发展速度进步率为1.51，推动因素主要为排放优化。贵州、广西、西藏、青海、云南的生态文明发展速度放缓，进步率呈负增长趋势。这一时期，全国生态文明水平保持连年上升，但进步速度也显示出下降趋势。这恰恰说明治理污染、改善生态环境非一日之功，需要长期不懈地坚持与努力。

表10—13　2012—2014 年民族地区生态文明发展趋势

地区	ECPI进步率	生态保护进步率	环境改善进步率	资源节约进步率	排放优化进步率	排名
宁夏	41.70	-6.93	21.90	-2.61	154.45	1
内蒙古	22.87	0.37	-10.68	86.77	15.01	2
新疆	1.51	-2.58	-2.64	-6.73	17.98	11
贵州	-2.42	-3.36	5.98	-19.58	7.26	17
广西	-2.51	-4.08	1.52	-5.72	-1.75	18
西藏	-4.05	-22.27	-3.67	7.76	1.97	23
青海	-4.89	-1.69	1.33	0.79	-20.00	26
云南	-10.23	-0.79	-3.53	-21.36	-15.23	30

资料来源：本表格根据严耕等《中国生态文明建设发展报告 2014》（北京大学出版社 2015 年版）第 20 页表格制作而成。

三　促进民族地区生态文明建设的建议

民族地区的生态文明建设具有自身特殊性。民族地区大多位于我

第十章　中国民族地区生态文明建设现状与建议

国的中西部地区，地理上较为偏远，自然条件较差。2005年中央民族工作会议之后，国家从各方面持续加大对民族地区的支持力度，深入实施西部大开发战略，民族地区经济社会发展取得显著成就；但从全国范围看，民族地区整体落后的状况仍然没有改变。与此同时，民族地区多处于大江大河的源头和上游，是国家重要的生态屏障。近些年伴随以生态功能修复为主的天然林保护、三江源保护、退耕还林、退牧还草、防沙固沙、生态移民等重大生态工程的开展，民族地区的生态文明建设取得了一定进展，但生态系统整体质量仍然较低。[①] 因此，与东部地区相比，民族地区面临的发展社会经济与保护生态环境的双重压力都更为巨大。民族地区的资源储藏量在全国占有重要比例，是资源富集区，但部分资源特别是水资源2014年较2013年呈减少状态。虽然民族地区2014年减排与排污优化程度有所提高，但是仍落后于全国平均水平，大部分民族省区的亿元生产总值的废水、废气单位排污量都高于全国平均数值。民族地区受自然灾害影响明显，特别是贵州、云南、广西西南三省区，自然灾害与环境恶化呈现出互为诱因的恶性循环关系。民族地区治理污染与保护环境资金投入大，其中无论是在治理工业污染方面还是在生态建设与保护等林业投资方面，民族地区投入资本的全国占比都明显超过了其生产总值的全国占比，承担了全国超过1/3的造林任务，拥有全国面积近80%的国家级自然保护区，担负着重要的生态屏障作用。2014年民族八省区中除宁夏与新疆外，生态文明建设水平即绿色生态文明指数GECI均高于全国平均水平，但发展速度呈放缓趋势。环境生态脆弱，可持续发展能力不强，两者互相影响，成为民族地区未来发展的突出瓶颈。总之，民族地区的生态文明建设优势与劣势同在，为了建设生态文明，全面建成小康社会，结合相关调查，提出如下对策建议。

（一）贯彻落实国家的各项政策法规，建立健全民族地区的生态文明制度体系

生态文明建设作为一项需要融入经济建设、政治建设、文化建

---

① 国家民族事务委员会编：《中央民族工作会议精神学习辅导读本》，民族出版社2015年版，第133—138、216—219页。

设、社会建设各方面和全过程的系统工程,其开展推行离不开中央与地方的政策支持与制度保障。近些年国家连续出台一系列有关生态文明建设的政策法规。其中,2015年中共中央国务院印发的《生态文明体制改革总体方案》在阐述我国生态文明体制改革的目标时,明确指出构成生态文明制度体系的八项制度——"自然资源资产产权制度、国土空间开发保护制度、空间规划体系、资源总量管理和全面节约制度、资源有偿使用和生态补偿制度、环境治理体系、环境治理和生态保护市场体系、生态文明绩效评价考核和责任追究制度"[1]。因此,生态文明建设中央层面的顶层设计已经初步完成,关键的是地方上的贯彻与落实。民族地区要严格地按照中央要求,调整完善地方相关规划和政策法规,建立健全生态文明制度体系,为地方的生态文明建设保驾护航。

(二) 因地制宜、有的放矢地在民族地区开展生态文明建设

民族地区幅员辽阔,生态文明建设虽然面临着一些共同的问题,但各地情况也具有很大差异。比如在污染物的排放方面,西藏地区虽然生态环境基础比较好,亿元生产总值的化学需氧量、氨氮、二氧化硫、氮氧化物单位排污量也呈下降趋势,但与其他民族省区降低排污总量的大趋势不同,2014年其化学需氧量、氨氮、二氧化硫、氮氧化物排放总量以及城市生活垃圾清运量都呈上升状态,值得警惕。根据北京林业大学生态文明研究中心的中国省域生态文明发展指数评价指标体系,2014年的民族地区中广西属于生态文明水平较高,发展速度较快的领跑型省区;宁夏属于生态文明水平相对偏低,发展速度较快的追赶型省区;西藏、云南属于生态文明水平较高,发展速度偏慢的前滞型省区;内蒙古、贵州、新疆属于生态文明水平或速度接近于平均值的中间型省区。[2] 因此,根据不同地区面临的不同问题,生态文明建设的重点也要有所区分与侧重。

---

[1] 《生态文明体制改革总体方案》,新华网(http://news.xinhuanet.com/2015-09/21/c_1116632159.htm)。
[2] 严耕等:《中国生态文明建设发展报告2014》,北京大学出版社2015年版,第17页。

第十章 中国民族地区生态文明建设现状与建议

(三) 调整优化民族地区产业结构，利用自身优势发展特色经济

生态文明建设的顺利开展要以社会经济的全面发展为基础，而产业结构的优化是经济结构优化的根本。由于历史与现实的原因，民族地区产业基础薄弱，结构不合理的问题突出，产业发展层次低，产业关联度不高，辐射带动效应差；轻重工业失衡，工业经济整体效益偏低；分配结构与增长动力结构失衡明显。[1] 民族地区地域辽阔，资源丰富，风景秀丽，民族文化多姿多彩，在农牧业、矿产、能源、文化、旅游等方面都具有独特优势。近些年在人们追求"绿色、生态、健康、环保"的消费潮流下，民族地区发展绿色有机农牧业与生态休闲观光农业的市场前景广阔。民族地区的旅游业虽已有一定的发展历史，但是目前模式还较为低端，经济效益有限且对环境的破坏较大，未来应向中高端的绿色、环保、精品旅游模式发展，同时，带动旅游服务业、民族特色产品加工业、民族文化产业等特色优势经济的发展，最大限度地为当地少数民族群众提供更多就业机会，扩大少数民族群众收入来源。

(四) 加强民族地区的节能减排工作，大力发展清洁能源的开发与使用

目前民族地区粗放式的资源开发模式与生产方式还未彻底改变，未来还需要进一步严格执行污染物排放标准和总量控制指标，大幅度减少污染物排放。民族地区是我国矿产、能源的重要储藏区，但同时也是我国多处限制开发区域和禁止开发区域的所在地。《国务院关于印发全国主体功能区规划的通知》中明确指出：位于限制开发的重点生态功能区的能源基地和矿产资源基地建设，必须进行生态环境影响评估，尽可能减少对生态空间的占用，并同步修复生态环境。在不损害生态功能前提下，在重点生态功能区内资源环境承载能力相对较强的特定区域，支持其因地制宜适度发展能源和矿产资源开发利用相关产业。资源环境承载能力弱的矿区，要在区外进行矿产资源的加工利用。对适宜开发矿产的地区进行保护性开发，加快技术攻关，提高资

---

[1] 国家民族事务委员会编：《中央民族工作会议精神学习辅导读本》，民族出版社2015年版，第223页。

源综合利用水平，构建循环经济产业链。① 与此同时，利用少数民族地区的自然优势，大力发展风能、太阳能、沼气、地热等清洁能源，解决山区、高原、草原地区的能源需求。

（五）继续加大中央对民族地区的支援力度，切实推行资源有偿使用与生态补偿制度

虽然民族地区的发展，从根本上要依靠民族地区自身的努力，但是要尽快缩小其与发达地区的差距，实现跨越式的发展，还是离不开中央的支援。② 并且，多年来民族地区承担着资源输出与生态屏障的作用，其贡献未得到合理的体现与补偿。通过上文分析得知：与生产总值相比，民族地区治理污染与保护环境资金的投入要高于全国平均水平，这无疑让社会经济水平本身就较为落后的民族地区有了更沉重的财政负担。并且根据全国主体功能区的规划，民族地区有诸多限制开发区域和禁止开发区域，承担着重要的生态保护任务。因此，中央对于民族地区的支援力度只能加强不能削弱。进一步加大完善对民族地区的财政转移支付，通过一系列基础设施建设工程、公共服务项目、重大生态保护工程以及民族地区优惠政策，全面促进民族地区的社会经济发展，提升民族地区科教文卫及环境保护事业的整体水平。坚持使用资源付费，谁污染环境、谁破坏生态谁付费，谁受益、谁补偿的原则，让民族地区对生态环境的贡献得到合理补偿。

（六）加强生态文明的宣传教育工作，形成全民参与的良好氛围

生态文明建设作为一项利国利民的长期工程，每一个人都应该是其中的参与者与受益者。但是由于长期以来，人们对经济增长的片面追求，特别是民族地区人民群众对于发展经济、提高生活水平的愿望更为迫切，因此牺牲生态环境来发展经济的例子屡见不鲜。其实，在传统的民族文化中，有着许多适度开发、人与自然和谐发展的生态保护理念。因此，要在重新挖掘民族地区传统的环境保护观念的基础上，全面加强生态文明的宣传教育工作，把生态文明理念融入生产生

---

① 《国务院关于印发全国主体功能区规划的通知》，中华人民共和国中央人民政府官网（http://www.gov.cn/zwgk/2011-06/08/content_1879180.htm）。

② 国家民族事务委员会编：《中央民族工作会议精神学习辅导读本》，民族出版社2015年版，第148页。

活的各个方面，提高人民群众的环保意识与法制观念，最终形成全民关注、支持、参与、监督、共享生态文明建设的良好氛围。

（七）生态脆弱地区和民族宗教氛围比较浓的特殊民族地区，一定要在开发中把保护生态放在优先位置

习总书记高度重视生态文明建设，强调金山银山不如绿水青山。只有保护好环境，才能为改善民众生活和后代的生存发展奠定坚实基础。在目前经济高速增长阶段向新常态转换的过程中，更不能为了一时的经济增长进行竭泽而渔的开发。特别是在青藏高原等特殊地区，民众保护环境的传统观念根深蒂固，切不可为了一些眼前经济利益不顾当地百姓的意见强行开发。这是符合民族地区实际的，也是符合中华民族长远利益的战略思维，一定要贯彻落实到位。

第十一章　新疆农村收入分配的变化

我国收入差距的不断扩张是改革以来的基本特征。[1] 收入差距扩大的问题已经引起了学术界、国际组织、政府机构、媒体和公众的广泛关注。[2] 众所周知，我国的经济地理环境差异很大，西部地区特别是少数民族聚居地区的经济社会发展程度与内地、东南沿海地区存在着显著的差距。西部民族地区贫困人口集中、贫困发生率较高是长期存在的现实并已成为我国扶贫开发工作的重点和难点。从收入分配的角度看，中国内部不同民族之间存在收入差距已成为基本事实，由此而产生的社会摩擦和冲突也时有发生。[3]

与不同地区间存在差异相比，同一地区不同民族间的收入分配差距可能对当地的社会经济发展及民族关系影响更显著。在对未来收入差距可能依旧处在高位徘徊的预期下[4]，为加快民族地区全面建成小康社会的进程，分析研究民族地区尤其是少数民族聚居更加集中的农村地区内不同民族间的收入差距状况及影响因素也就具有很强的现实意义和学术价值。

---

[1] 宋晓梧、王天夫、李实、王丰主编：《不平等挑战中国——收入分配的思考与讨论》，社会科学文献出版社2013年版，第35页。

[2] 李实、佐藤宏、史泰丽等：《中国收入差距变动分析——中国居民收入分配研究Ⅳ》，人民出版社2013年版，第1页。

[3] 丁赛：《宁夏回族自治区收入分配的民族差异及其变化》，《民族研究》2013年第3期。

[4] 宋晓梧、王天夫、李实、王丰主编：《不平等挑战中国——收入分配的思考与讨论》，社会科学文献出版社2013年版，第74页。

第十一章 新疆农村收入分配的变化

一 研究文献回顾

目前,以性别、民族、区域等划分的不同群体间的收入差距作为经济不平等的重要内容,是世界任何一个国家都无法回避的事实和难题。2007年,美国白人平均财富净值是黑人的15倍。[①] 由于美国少数民族受教育程度和语言能力上的弱势导致的劳动力市场分割,从而表现为少数民族与白人的就业收入差距在近年不断扩大。[②] 世界银行研究报告也显示,拉丁美洲的玻利维亚、巴西和委内瑞拉都存在不同程度的族别收入差距,且上述各国内部族别之间的收入差距对全国总的收入差距的影响幅度都在10%左右。[③] 新加坡1980年的基尼系数已高达0.44。之后因实行了全国公平性的教育制度和公共房屋计划从而使得不同民族之间的收入差距在1980—1990年明显缩小,其整体基尼系数也略有下降。[④] 但1998年后新加坡的基尼系数大幅增加,2007年已达0.48。相应地,不同民族间的收入差距也随之扩大并对社会稳定产生了负面影响。[⑤]

关注与讨论收入分配问题在我国学界由来已久,城乡分割是我国经济二元结构的重要特征并以户籍制度这堵"无形之墙"造成了就业分割[⑥],从而导致了城乡居民之间的收入差距长期居高不下。学界

[①] 《美国收入差距的17个事实》,2011年12月1日,新浪财经(http://www.sina.com.cn/stock/usstock/c.20111201/000210911475.shtml)。

[②] Judith K. Hellerstin and David Neumark, "Workplace Segregation in the United States: Race, Ethnicity and Skill", *The Review of Economics and Statisstics*, Vol. 90, No. 3, Aug., 2008, pp. 459 – 477.

[③] David de Ferranti, Guilermo E. Perry, Francisco H. G. Ferrira and Michale Walton, "Inequality in Latin America – Breaking with History?" *World Bank Latin American and Caribbean Studies*, 2004, p. 104.

[④] R. Quinn Moore, Ann Arbor, "Multiracialism and Eritocracy: Singapore's Approach to Race and Inequality", *Review of Social Economy*, Vol. LvⅢ, No. 3, Setpember 2000.

[⑤] 《新加坡副总理:教育程度悬殊致两代人收入差距大》,2013年8月24日,新华网(http://finance.qq.com/a/20130824/004469.html)。

[⑥] 吴晓刚、张卓妮:《户口、职业隔离与中国城镇的收入不平等》,《中国社会科学》2014年第6期。

有关我国城乡之间、城乡内部、行业之间、性别之间的收入差距研究不断深入。

对于不同地域不同民族间的收入差距研究表明：1988—1995年，全国范围内的汉族和少数民族间的人均收入差距虽然在扩大但小于同期东西部地区之间人均收入差距的扩大幅度，造成汉族和少数民族收入差距的主要原因是地理环境不同和以往的历史原因。[①] 以2002年中国家庭收入调查（CHIP）数据对全国756个汉族行政村和151个少数民族行政村分析研究后发现，少数民族村年人均纯收入低于汉族村37个百分点，较全国平均水平低31个百分点。少数民族村和汉族村的年人均纯收入差距在东北地区最小，其次是西北，西南地区差距最大。[②] 利用中国社会科学院民族学与人类学研究所2006年宁夏回族自治区社会经济调查数据对宁夏城镇劳动力市场中汉族和回族的就业收入进行分析研究后发现，两者之间的收入差距微乎其微，表明了在同一地区内部由民族因素带来的劳动力市场分割并没有导致明显的民族之间的收入差距。研究证实，如果在一个更大的区域内发现民族之间的收入差距，特别是汉族收入高于少数民族，那么这种差距主要是由不同地区的不同民族人口分布差异引起的。而且，长期以来政府实行的各种少数民族优惠政策使得回族身份不仅没有受到收入决定上的歧视，反而有助于其获得更高的收入报酬。[③] 基于1995年、2002年和2007年中国家庭收入调查（CHIP）数据，以民族和性别两个交叉视角分析研究城镇劳动力市场就业收入后发现，城镇少数民族与汉族之间的就业收入比值在1995年是91.3%，在2002年缩小至98.1%，而2007年又扩大至87.4%。少数民族女性的就业收入波动是形成收

[①] Bjorn Gus tafsson and Li Shi, "The Ethnic Minority – Majority Income Gap in Rural China during Transition", *Economic Development and Cultural Change*, Vol. 51, No. 4, July 2003.

[②] 丁赛：《农村汉族和少数民族收入差异的经验分析》，《中国劳动经济学》2006年第3卷第4期。

[③] 丁赛：《西部农村少数民族劳动力转移问题研究——基于民族地区农村微观数据》，中国社会科学出版社2012年版，第133页。

入差距变动的主要原因。① 依据2006年和2011年宁夏社会经济调查数据，宁夏农村、城市以及农村和城市中的汉族和回族的收入差距在2006—2011年都明显扩大。研究证实了宁夏城乡汉族和回族之间的收入差距对总的收入差距贡献非常小，汉族内部和回族内部的收入差距是形成宁夏城乡居民收入差距的主要原因。此外，农村汉族和回族居民的财产性收入和家庭经营净收入具有收入不平等的扩大效应，工资性收入和转移收入具有不平等的缩小效应。宁夏城镇中汉族和回族的工资性收入具有扩大家庭人均可支配收入不平等的效应。②

本章以2002年中国家庭收入分配调查数据（CHIP）和中央民族大学经济学院与中国社会科学院民族学与人类学研究所民族经济研究室在2012年共同完成的2011年西部少数民族地区经济社会家庭调查数据（CHES）中的新疆数据，分析新疆在2002—2011年的农村家庭收入分配和贫困的变化。

二　研究数据的说明

本章的研究数据基于已在国内外公开的2002年中国家庭收入调查数据（CHIP）和2011年西部少数民族地区经济社会家庭调查数据（CHES）中的新疆家庭住户调查（农村部分）。两套调查数据中的新疆样本均在北疆和南疆分别抽取了行政村、农村家庭和农村个人样本。具体如表11—1、表11—2、表11—3、表11—4所示。

表11—1　　　　　　2002年新疆农村CHIP数据分布情况

所在地区	县	村样本量（个）	家庭样本量（个）	个人样本量（个）	少数民族占个人总样本比例（%）
哈密地区	哈密市	10	50	243	76.13

---

① Ding Sai, Li Shi and Samuel Myers, "Inter-temporal Changes in Ethnic Urban Earnings Disparities in China", in Li Shi, Hiroshi Sato and Terry Sicular eds. *Rising Inequality in China: Challenge to Harmonious Society*, forthcoming Cambridge University Press, pp. 653–696.

② 丁赛：《宁夏回族自治区收入分配的民族差异及其变化》，《民族研究》2013年第3期。

续表

所在地区	县	村样本量（个）	家庭样本量（个）	个人样本量（个）	少数民族占个人总样本比例（%）
昌吉回族自治州	奇台县	10	50	216	20.83
伊犁哈萨克自治州	霍城县	10	50	230	52.17
阿克苏地区	阿克苏市	10	50	255	100
	沙雅县	10	50	230	100
	乌什县	10	50	299	100
喀什地区	麦盖提县	10	50	265	100
	巴楚县	10	50	261	100
合计		80	400	1999	83.04

表11—2　　　　2002年新疆社会经济调查民族分布

	汉族		维吾尔族		其他少数民族		样本量合计（个）
	样本量（个）	比例（%）	样本量（个）	比例（%）	样本量（个）	比例（%）	
哈密市	58	17.11	177	11.54	8	6.4	243
奇台县	171	50.44			45	36	216
霍城县	110	32.45	53	3.46	67	53.6	230
阿克苏市			255	16.62			255
沙雅县			230	14.99			230
乌什县			296	19.30	3	2.4	299
麦盖提县			262	17.08	2	1.6	264
巴楚县			261	17.01			261
合计	339	100	1534	100	125	100	1998

2002年调查数据涵盖了北疆的奇台县、霍城县；东疆的哈密市以及南疆的阿克苏市、沙雅县、乌什县、麦盖提县、巴楚县。其中行政村80个、农村家庭400户、2001个农村个人，少数民族占个人总样本的比例是83.04%，维吾尔族占个人总样本的比例为76.78%。

第十一章 新疆农村收入分配的变化

表11—3　　　2011年新疆社会经济调查数据分布情况

所在地区	县	村样本量（个）	家庭样本量（个）	个人样本量（个）	少数民族占个人总样本比例（%）
吐鲁番地区	吐鲁番市	15	150	631	72.90
昌吉回族自治州	玛纳斯县	15	150	535	2.62
	奇台县	10	100	366	31.69
阿克苏地区	库车县	15	150	657	99.09
喀什地区	疏附县	15	150	683	100
和田地区	和田市	10	100	486	98.97
伊犁哈萨克自治州	额敏县	10	100	362	73.76
	阿勒泰地区福海县	10	100	373	64.61
合计		100	1000	4093	71.17

2011年数据新疆全区17个行政辖区中涉及了6个。

表11—4　　　2011年新疆社会经济调查民族分布

	汉族		维吾尔族		哈萨克族		其他少数民族		样本量合计（个）
	样本量（个）	比例（%）	样本量（个）	比例（%）	样本量（个）	比例（%）	样本量（个）	比例（%）	
吐鲁番市	171	14.49	447	19.74	—	—	13	7.98	631
玛纳斯县	521	44.15	—	—	3	0.62	11	6.75	535
奇台县	250	21.19	—	—	115	23.66	1	0.61	366
库车县	6	0.51	649	28.67	—	—	2	1.23	657
疏附县	—	—	683	30.17	—	—	—	—	683
和田市	5	0.42	480	21.20	—	—	1	0.61	486
额敏县	95	8.05	—	—	239	49.18	28	17.18	362
阿勒泰地区福海县	132	11.19	5	0.22	129	26.54	107	65.64	373
合计	1180	100	2264	100	486	100	163	100	4093

中国民族地区全面小康社会建设研究

2011年调查数据包括了北疆的吐鲁番市、玛纳斯县、奇台县、额敏县、福海县；以及南疆的库车县、疏附县、和田市。其中行政村100个、农村家庭1000户、4093个农村个人，少数民族占个人总样本的比例为71.17%，维吾尔族占个人总样本的比例为55.31%（见表11—3、表11—4）。

鉴于两次调查数据中少数民族个人样本，特别是维吾尔族个人样本的比例占多数，本章的分析也将其作为主要比较的对象。

三 新疆不同地区农村家庭收入和贫困的民族比较

本章对家庭收入的分析是采用课题组的统一定义，即包括了工资性收入、家庭经营性收入、财产性收入、转移收入、自有房屋的估算租金价值和杂项收入。[①] 对2002年和2011年新疆调查数据进行统计描述后的结果如表11—5。

表11—5　　2002年和2011年新疆农村家庭人均纯收入情况

	全区	样本量（个）	北疆	样本量（个）	南疆	样本量（个）	东疆	样本量（个）	北坡经济带	样本量（个）
2002年										
全体	2566.188	1999	3613.744	446	2145.09	1312	2917.11	243	3368.05	689
汉族	3957.92	339	4121.86	281			3163.66	58	3957.92	339
维吾尔族	2203.27	1534	1941.21	53	2152.34	1304	2656.94	177	2492.01	230
其他少数民族	3275.14	125	3130.40	112	740.16	5	6885.88	8	3380.76	120
汉族与维吾尔族比值	1:0.56		1:0.47				1:0.84		1:0.63	
2011年										
全体	8955.33	4093	12727.25	2267	4335.70	1851			13199.17	1532

---

① 李克强、龙远蔚、刘小珉主编：《中国少数民族地区经济社会住户调查（2013）》，社会科学文献出版社2014年版，第16页。

续表

	全区	样本量（个）	北疆	样本量（个）	南疆	样本量（个）	东疆	样本量（个）	北坡经济带	样本量（个）
汉族	15803.52	1180	15923.91	1169	3009.21	11			16234.89	942
维吾尔族	4883.13	2264	7008.74	452	4352.90	1812			7019.26	447
其他少数民族	10916.02	649	10943.74	646	4945.88	3			12519.18	143
汉族与维吾尔族比值	1:0.31		1:0.44		1:1.45				1:0.43	

（一）新疆全区收入差距显著扩大

2002—2011年，新疆农村家庭人均纯收入快速增长，其中汉族农村家庭人均纯收入由3957.92元增至15803.52元，扣除物价因素后平均增长了1.7倍；维吾尔族农村家庭人均纯收入由2203.27元增至4883.13元，扣除物价因素后平均增长了0.5倍；其他少数民族农村家庭人均纯收入由3275.14元增至10916.02元，扣除物价因素后平均增长了1.3倍。

汉族农村家庭人均纯收入与其他少数民族农村家庭人均纯收入比值从2002年的1:0.83下降为1:0.69；汉族农村家庭人均纯收入与维吾尔族农村家庭人均纯收入的比值从2002年的1:0.56下降为1:0.31。

（二）北疆地区汉族与少数民族收入差距略有扩大

同全区与天山北坡经济带相比，北疆地区汉族与少数民族之间的收入差距在10年间变化最小。汉族农村家庭人均纯收入由4121.86元增至15923.91元，扣除物价因素后平均增长了1.6倍；维吾尔族家庭人均纯收入由1941.21元增至7008.74元，扣除物价因素后平均增长了1.5倍；其他少数民族农村家庭人均纯收入由3130.40元增至10943.74元，扣除物价因素后平均增长了1.4倍。

汉族农村家庭人均纯收入与其他少数民族农村家庭人均纯收入比值从2002年的1:0.76下降至1:0.69；汉族农村家庭人均纯收入与维吾尔族农村家庭人均纯收入的比值从2002年的1:0.47下降为1:0.44。

（三）天山北坡经济带汉族与少数民族收入差距不断扩大

天山北坡经济带的汉族农村家庭人均纯收入2002年和2011年均

为最高，由3957.92元增至16234.89元，扣除物价因素后平均增长了1.8倍；维吾尔族农村家庭人均纯收入由2492.01元增至7019.26元，扣除物价因素后平均增长了0.9倍；其他少数民族家庭人均纯收入由3380.76元增至12519.18元，扣除物价因素后平均增长了1.5倍。

汉族农村家庭人均纯收入与其他少数民族农村家庭人均纯收入比值从2002年的1:0.85下降至2011年的1:0.77；与维吾尔族农村家庭人均纯收入的比值从2002年的1:0.63下降至2011年的1:0.43。

（四）南疆收入明显增长，维吾尔族、其他少数民族农村家庭人均纯收入超过汉族

南疆农村家庭人均纯收入在2002年和2011年均低于北疆、天山北坡经济带，这与南疆生产生活条件恶劣、贫困面大的现实相一致。10年间，南疆维吾尔族农村家庭人均纯收入由2152.34元增至4352.9元，扣除物价因素后平均增长了0.4倍；其他少数民族由2002年最低的740.16元增至2011年略高于维吾尔族的4945.88元，扣除物价因素后平均增长了3.6倍。

虽然因2002年汉族样本的缺失而无法进行不同时段的比较，但2011年的数据表明，南疆汉族农村的家庭人均纯收入与维吾尔族农村家庭人均纯收入的比值为1:1.45，与其他少数民族的比值为1:1.64。

四 新疆农村收入差距扩大的原因与分析

通过对2002年、2011年调查数据分析研究后认为，新疆农村汉族与维吾尔族收入差距扩大的主要原因如下。

（一）主要源于新疆不同地域的不同经济发展水平

自西部大开发战略实施以来，特别是新疆工作座谈会之后，国家对新疆的重视和财政投入以及东部发达地区对口援助的力度均不断增加。但受政策、人力资源、自然环境条件、产业结构差异、市场发育程度、基础设施建设等诸多方面的影响，南北疆经济发展呈现出了"北高南低、北强南弱"的发展态势，天山北坡经济带尤为突出。

据统计，2002年天山北坡经济带总人口占新疆全区的8.6%，少

数民族人口占64.9%，GDP占新疆全区的47.5%。地方财政收入占42.5%。[1] 十年之后的2011年，天山北坡经济带总人口占新疆全区的38.8%，少数民族人口占22.8%，GDP占新疆全区的68.2%，地方财政一般预算收入占新疆全区的56.3%。[2] 根据课题组的调查数据显示，北疆地区尤其是天山北坡经济带的农村家庭人均纯收入，在2002—2011年增幅持续超过南疆，这使得全区总的收入差距呈现北疆、南疆不断扩大的趋势。北疆与南疆农村家庭人均纯收入的比值从2002年的1:0.59降至2011年的1:0.34；天山北坡经济带与南疆农村家庭人均纯收入的比值从2002年的1:0.64降至2011年的1:0.33。

从族别的角度看，由于移入新疆的汉族大多集中在天山北坡经济带和北疆，2002年、2011年调查数据的汉族样本也主要选自这里，因此课题组计算得到的汉族农村家庭人均纯收入必然是新疆全区最高的。而南疆国家级贫困县有21个，占新疆全区总数的70%，喀什地区、和田地区和克孜勒苏柯尔克孜自治州的贫困人口占全区的85.15%。2011年调查数据中，南疆喀什地区的国定贫困县——疏附县，其维吾尔族农村家庭人均纯收入平均仅为1645.61元，远低于2011年2300元的国家贫困标准。

由于汉族在南疆人口较少加之流动性大，使得调查数据中南疆汉族的样本比例偏低。但现有的调查数据表明，2011年南疆汉族的农村家庭人均纯收入低于维吾尔族和其他少数民族。这说明因经济发展滞后、城镇化水平低、贫困发生率高，南疆农村居民收入偏低是普遍现象，与哪个民族没有直接联系。这也再次证实了新疆收入差距的扩大根源是区域经济发展的不平衡，而非存在民族歧视的问题。

（二）从收入构成上看，新疆农村汉族与维吾尔族在人均家庭农业经营收入上的差异直接导致了收入差距的扩大

2002—2011年，虽然新疆农村居民的人均家庭非农经营收入增长迅速，人均家庭农业经营收入在总收入中所占比例下降，但主要收入来源始终是人均家庭农业经营收入。2002年全区农村汉族人均家

---

[1] 新疆维吾尔自治区统计局编：《新疆统计年鉴2003》，中国统计出版社2003年版。
[2] 新疆维吾尔自治区统计局编：《新疆统计年鉴2012》，中国统计出版社2012年版。

庭农业经营收入为3053.97元，占总收入的比例为77.16%；2011年增至10447.71元，占总收入的比例下降为66.11%；扣除物价因素后增幅达到1.3倍。2002年维吾尔族人均家庭农业经营收入为1844.62元，占总收入的比例为83.72%；2011年维吾尔族人均家庭农业经营收入是2180.51元，占总收入的比例是44.65%，扣除物价因素后还下降了19.15%。相应地，汉族与维吾尔族在人均家庭农业经营收入上的比值从2002年的1∶0.60下降至2011年的1∶0.21。

北疆在2002—2011年，农村汉族家庭人均农业经营收入从3088.09元增至10528.95元，扣除物价因素后增幅与全区持平，均为1.3倍，其占总收入的比例从74.92%下降至66.12%。维吾尔族家庭人均农业经营收入从1282.34元增至2283.63元，其占总收入的比例从2002年的66.06%下降至32.58%，扣除物价因素后增长了21.81%。

天山北坡经济带在2002—2011年，汉族人均家庭农业经营收入从3053.97元增至10969.11元，其占总收入的比例从77.16%降至67.57%，扣除物价因素后的增幅为1.46倍。维吾尔族家庭人均农业经营收入从1698.42元增至2281.21元，其总收入的比例从2002年的68.16%降至2011年的20.80%，扣除物价因素后减少了8%。

南疆在2002年缺失汉族样本而无法比较，但维吾尔族家庭人均农业经营收入从2002年的1870.40元增至2011年的2154.79元，其占总收入的比例从2002年的86.90%降至2011年的49.50%，扣除物价因素后实际减少了21.20%。

新疆全区、北疆和天山北坡经济带的维吾尔族人均家庭非农经营收入从2002年只是汉族的50%—60%增加到2011年全区维吾尔族人均家庭非农经营收入平均454.29元，超过汉族28.22%，北疆维吾尔族人均家庭非农经营收入1406.09元，是汉族的3.95倍；天山北坡经济带的维吾尔族人均家庭非农经营收入1421.81元，是汉族的4.82倍。

由此可见，经过了10年的发展，虽然农村维吾尔族非农经营收入增长迅速，但还是未能弥补由于农业经营收入增长明显低于汉族而导致的总收入差距扩大。也就是说，新疆农村中的汉族因为获得了更多的家庭农业经营收入从而拉开了与维吾尔族的收入差距。这同时也可推论出,维吾尔族因居住在农业生产条件较为恶劣的地区所以农业经营收入增长受到限制。

从收入分配角度看,我国农村地区不同民族之间存在收入差距已成为基本事实。新疆地区汉族与少数民族、汉族与维吾尔族、少数民族之间,因区域分布、经济基础、自然环境和城镇化水平等因素而出现的收入分配差距尤为显著,其中南疆地区最为突出。事实上,这种差距及其扩大的态势,往往是影响社会稳定、产生社会摩擦和冲突的根源。因此,在推进新疆经济社会跨越式发展和长治久安的战略进程中,尤其在喀什特区建设中,高度关注南疆各民族人民的民生事业,是新疆地区全面建成小康社会重中之重的迫切任务。

第十二章 甘青川藏四省(区)交界藏区的贫困现状与发展困境

贫困是部分藏区经济社会发展面临的重大问题之一，甘青川藏四省（区）交界藏区作为特殊类型的连片贫困地区，因贫困面广，贫困程度深，返贫率高，已引起中央高度关注。相关部门正在研究制定政策，加大针对性的扶贫力度。实际上，藏区不同地域的贫困及发展问题因自然环境、人口、文化、产业结构、经济基础等因素而表现出各自的特点。青海省果洛藏族自治州班玛县属于三江源地区，位于青海省、四川省交界地区，其贫困发生率位居全国藏区前列，也是各类社会矛盾、冲突集中多发地区[①]，被认为是藏区发展的"塌陷地带"。达卡乡是班玛县最西端的一个藏族聚居的高寒牧业乡，与四川省甘孜州达章乡相连，是果洛州最贫困的乡之一。因此，针对班玛县达卡乡的贫困问题进行深入分析研究，对于探索藏区精准扶贫工作的理论和实践具有重要意义。

一 文献综述

学界长期以来对藏区贫困的研究大多采用实地田野调查的案例分析和定性分析方法，并主要围绕基础设施、公共服务、生态、教育等方面探究实际问题和困难。景芳提出青海藏区的致贫主要原因是人力

---

① 青海省委统战部主编：《青海省创建民族团结进步先进区的理论与实践》，人民出版社2014年版，第339页。

第十二章 甘青川藏四省(区)交界藏区的贫困现状与发展困境

资本投资不足。① 廖桂蓉认为藏区贫困牧民对教育的过高期望在现实中无法实现，导致其选择放弃对孩子的长期教育投资，造成了人为的因教育而形成的"贫困陷阱"。② 有些学者将藏区经济发展的困境概括为：城乡差距大、贫困人口多；基础设施薄弱、社会公益事业滞后；生态环境日益恶化；政府财政投入不足；农牧区剩余劳动力转移困难和农牧民素质普遍偏低等。③ 覃志敏、陆汉文以四川藏区措玛村为研究案例，发现村内牧民生计方式向游牧养畜和采集中药材两个方向分化，而草原牧业粗放型发展导致藏区过度放牧与草场退化的恶性循环。④ 李继刚和雷宏振提出西藏牧区草场产权制度缺陷较易引发贫困。畜牧业大户对小户草场产权利益的侵占、政府与社会目标的冲突、家庭人口增加与草场继承问题、维护草场产权费用过高等都有可能造成部分牧民陷入长期贫困。⑤ 还有研究发现，在藏区扶贫措施上缺乏精准的个体瞄准，社会保障不力，社会合力减贫有待加强。⑥

由于高寒牧区家庭居住分散和高昂的调查成本，长期以来缺乏针对高寒牧区藏族家庭的大样本高质量调查数据。本章以青海省班玛县达卡乡的大样本家庭微观调查数据为基础，力求详细阐释青海班玛县达卡乡的贫困现状与发展困境，从而对甘青川藏四省（区）交界藏区的扶贫工作和经济社会发展提供借鉴。

---

① 景芳：《基于人力资本视角的青海藏区反贫困战略研究》，《青海师范大学学报》（哲学社会科学版）2012年第34卷第2期。
② 廖桂蓉：《教育期望与贫困陷阱：对藏区牧民持续贫困的一种解释》，《西南民族大学学报》（人文社会科学版）2014年第6期。
③ 陈玮、马占彪：《青海藏区社会主义新农村新牧区建设的模式及对策研究》，《中国藏学》2008年第3期（总第83期）；陈希勇：《四川藏区经济发展的现状分析——基于10个藏族自治州的实证》，《贵州民族研究》2009年第6期（第29卷总第130期）；沈茂英：《西南生态脆弱民族地区的发展环境约束与发展路径选择探析——以四川藏区为例》，《西藏研究》2012年第4期。
④ 覃志敏、陆汉文：《藏区牧民生计分化与能力贫困的治理——以川西措玛村为例》，《西北人口》2012年第6期。
⑤ 李继刚、雷宏振：《西藏牧区草场产权与贫困问题的探讨》，《西北民族大学学报》（哲学社会科学版）2014年第1期。
⑥ 杜明义、赵曦：《中国藏区农牧区反贫困机制设计》，《贵州社会科学》2010年第8期（总第248期）；宁亚芳：《农村最低生活保障制度缓贫效应：来自西部民族地区的证据》，《贵州社会科学》2014年第11期（总299期）。

二 调查数据和统计描述

本章使用的数据来自青海省班玛县达卡乡政府2014年所进行的全乡家庭问卷调查，获得有效调查问卷781份，占全乡819户的96.36%。问卷调查内容共49个问题，涉及家庭人口、社会保障、教育程度、家庭资产、生产状况和享受国家各类补助情况等方面。

表12—1　　　　　　　　　调查样本分布情况

	家庭（藏族）				个人（藏族）			
	调查样本（个）	比例（%）	实际样本（个）	调查覆盖率（%）	调查样本（个）	比例（%）	实际样本（个）	调查覆盖率（%）
董仲村	144	18.44	159	90.57	505	18.87	568	88.91
多娘村	243	31.11	246	98.78	735	27.47	751	97.87
兰青村	196	25.10	209	93.78	739	27.62	775	95.35
佐诺村	198	25.35	205	96.59	697	26.05	707	98.58
达卡乡	781	100.00	819	95.36	2676	100.00	2801	95.53

表12—1数据显示，调查样本对达卡乡全部家庭的覆盖率达到了95.36%，个人覆盖率达到了95.53%；达卡乡下辖的四个牧业村的家庭和个人样本覆盖率都在90%以上，其中多娘村的覆盖率最高。同抽样调查相比，全样本调查更能全面真实地反映现实情况，基于调查数据的分析研究结果也更有说服力。

达卡乡2676个调查样本的平均年龄是29.87岁，多娘村的平均年龄是四个村中最年轻的，只有28.58岁；董仲村、兰青村和佐诺村的平均年龄几乎没有差异，都在30岁左右。全乡男性平均年龄是30.72岁，略高于女性约1岁；除兰青村男女平均年龄差异达到了3岁，多娘村和佐诺村的性别年龄差异为1岁，董仲村的性别平均年龄一样。从不同年龄段的分布上看，16—45岁为达卡乡人口的集中区域，所占比例达到了51.04%；16岁以下人口比例是27.88%；四个村的年龄段分布与此基本相同。表12—2中的男女性别比显示，达卡

第十二章 甘青川藏四省(区)交界藏区的贫困现状与发展困境

乡总人口中男女人口数量基本一致；分四个村来看，董仲村和多娘村的女性人数略多于男性，而兰青村和佐诺村的男性人数多于女性。达卡乡家庭平均人口是 3.43 人，多娘村的家庭人口规模相对最小，兰青村的家庭人口规模相对较大，但总体上，四个村的家庭平均人口差异不明显，家庭规模较小。从分户结构看，达卡乡 2 人户家庭和 3 人户家庭所占比例均为 20%，是比例最高的家庭类型；总体上，1 人户至 6 人及 6 人以上户的比例分布较平衡。达卡乡劳动人口占家庭总人口的比例是 61.88%，四个村该比例也都介于 59%—62%。

表 12—2　　　　　　达卡乡调查样本的人口特征

	达卡乡	董仲村	多娘村	兰青村	佐诺村
平均年龄（岁）	29.87	30.13	28.58	30.07	30.83
男性平均年龄（岁）	30.72	30.38	29.37	31.61	31.33
女性平均年龄（岁）	29.24	30.01	28.29	28.64	30.36
0—6 岁（%）	16.03	11.88	19.32	15.43	16.21
7—15 岁（%）	11.85	11.88	11.29	13.13	11.05
16—25 岁（%）	17.19	21.78	16.05	15.02	17.36
26—35 岁（%）	16.59	17.62	15.65	19.08	14.2
36—45 岁（%）	17.26	16.04	18.23	16.64	17.79
46—55 岁（%）	9.79	9.7	10.2	9.07	10.19
56—65 岁（%）	5.68	5.94	4.9	5.82	6.17
65 岁以上（%）	5.61	5.15	4.35	5.82	7.03
男女性别比例	99.85:100	94.59:100	92.59:100	104.75:100	106.85:100
个人样本量（个）	2660	504	728	733	695
家庭平均人口	3.43	3.51	3.02	3.77	3.52
1 人户（%）	17.80	13.89	15.64	21.94	19.19
2 人户（%）	19.72	23.61	27.16	11.73	15.66
3 人户（%）	19.97	16.67	23.87	17.35	20.2
4 人户（%）	16.13	19.44	17.7	11.73	16.16
5 人户（%）	11.91	11.81	8.23	15.31	13.13

中国民族地区全面小康社会建设研究

续表

	达卡乡	董仲村	多娘村	兰青村	佐诺村
6人及以上户（%）	14.47	14.57	7.41	21.94	15.66
劳动人口占家庭总人口平均比例（%）	61.88	67.77	62.99	59.67	58.84
家庭样本量（个）	781	144	243	196	198

注：有16个样本未注明性别；男女性别比中，女性为100；劳动人口指年龄从16—55岁的人群。

根据六普数据，青海2010年16岁以上劳动人口平均年龄为39.55岁。[①] 达卡乡16—55岁劳动人口的平均年龄是33.54岁，如果劳动年龄按照人口普查标准，统一界定为16—60岁，达卡乡的劳动人口平均年龄为34.58岁。较之青海省的年龄均值年轻了5岁。这在反映达卡乡人均寿命全省平均值的同时，也表明达卡乡目前及今后很长一段时间内不存在老龄化问题。另外，多数家庭劳动力充裕，全乡劳动人口较多，加上新增劳动力人数，达卡乡所面临的就业问题较为严峻。数据显示，达卡乡的家庭人口规模较小，平均为3.43人；由于没有实行计划生育政策，长期以来家庭生育率变化不大，而牧区藏族家庭小型化既有分户享受政策的嫌疑，更有游牧定居、生态移民等造成传统家庭割裂的印迹。

三 达卡乡的贫困状况

达卡乡是三江源保护区中的生态核心区，建有1处生态移民社区，共112户368人定居，其余86.32%的藏族家庭和86.59%的藏族人口至今以游牧为生。

（一）藏族牧民家庭的收入和贫困发生率

达卡乡藏族牧民家庭的传统收入是畜牧业，包括家畜出栏、出售皮张毛绒、出售制品如酥油、奶渣等。随着生态移民和草场补助的普

---

① 青海统计局：《数字看青海——十年间青海劳动人口的平均年龄提高了2.21岁》，《青海统计》2012年第2期。

第十二章 甘青川藏四省(区)交界藏区的贫困现状与发展困境

及,这种单一的收入结构发生了变化。

本次家庭收入调查是按照国家统计局实际可支配收入的定义,由家庭进行计算,再由乡政府的调查人员逐一核实。由于达卡乡大部分家庭收入来源较为明确,调查人员也熟知调查家庭的具体情况,因而收入数据较为可信。调查结果显示(见表12—3),达卡乡2014年家庭人均收入为3176.8元,当年班玛县家庭人均收入为4036元,前者为后者的78.71%。青海省藏区六州农牧民家庭人均可支配收入为7071.2元,可知达卡乡牧民家庭人均收入不足六州藏区平均水平的一半;同时,相当于当年全国农村居民人均收入9892元的32.11%。距离国家小康标准11838元差8661.2元,实现程度为27%。

以国家2010年调整后的2300元贫困线来衡量,达卡乡的贫困发生率是12.67%,高出2013年全国农村8.5%的贫困发生率4个百分点。四个牧业村中,多娘村的贫困发生率最高为25.44%,其次是佐诺村11.33%,兰青村的贫困发生率是7.17%,董仲村的贫困发生率最低为3.96%。对家庭人均收入进行分段后发现,达卡乡及下辖的四个牧业村中绝大多数牧民的家庭人均收入在6000元以下,家庭人均收入在6000元以上的比例只有5.6%;在四个村中,兰青村6000元以上家庭人均收入的牧民比例达到了11.09%,位居首位;佐诺村该比例最低,只有0.43%。考虑到高寒地区生活成本较之其他地区更高,如果贫困标准高于2300元,达卡乡的贫困发生率会更高。

表12—3　　　　达卡乡2014年家庭人均收入情况

	达卡乡	董仲村	多娘村	兰青村	佐诺村
家庭人均收入(元)	3176.8 (2676)	3147.7 (505)	3083.7 (735)	3784.4 (739)	2651.8 (697)
2300元以下人数(%)	12.67 (339)	3.96 (20)	25.44 (187)	7.17 (53)	11.33 (79)
2301—6000元人数(%)	81.73 (2187)	91.09 (460)	69.12 (508)	81.73 (604)	88.24 (615)
6001—10000元人数(%)	2.65 (71)	3.56 (18)	1.63 (12)	5.14 (38)	0.43 (3)
10000元以上人数(%)	2.95 (79)	1.39 (7)	3.81 (28)	5.95 (44)	0 (0)

注:括号中为调查样本量。

（二）藏族牧民贫困家庭中无房户比例高、居住条件差

传统游牧时期，当地牧民居住主要使用褐毛帐篷，没有非帐篷定居的习惯，土木房、石木房、空心砖房、碉楼等在牧区的建造，是近几年才兴起的新事物。本次调查，没有统计牧民原有的褐毛帐篷。调查数据显示，达卡乡拥有定居住房的家庭为367户，已经解决了46.99%人口的定居问题。

调查发现，达卡乡整体居住条件相当差，虽然当地政府从2008年推广游牧民定居房、危房改造和奖励性住房，但因为每乡只有十几套的额数，仍有约50%的牧民尚未享受。在已登记的有房户中，最大的定居房为85平方米，最小则只有25平方米，大多数是34平方米和55平方米，这跟原先政府的统建政策有关。全乡牧民的人均住房面积则为9.1平方米，与小康指标27平方米以上相比，尚差17.9平方米。同时，除了最新自建的当地碉楼户型，早期的牧民定居土房、生态移民安置房等，均质量较差，危房比例较高。

表12—4中，达卡乡贫困家庭的平均住房面积为15.11平方米，低于全乡25.04平方米的均值近10平方米；贫困家庭人均住房面积只有4.3平方米，不足全乡9.1平方米均值的一半；无房户比例为72.16%，高出全乡均值近20个百分点。达卡乡四个牧业村中贫困家庭的平均住房面积、家庭人均住房面积都低于各村的均值，贫困家庭中的无房户比例都高于各村的均值。

表12—4　　　　　　　　　达卡乡牧民家庭住房情况

	达卡乡	董仲村	多娘村	兰青村	佐诺村
家庭平均住房面积（平方米）	25.04 (781)	39.49 (144)	12.88 (243)	19.95 (196)	34.51 (198)
家庭人均住房面积（平方米）	9.10 (781)	14.72 (144)	4.71 (243)	7.51 (196)	11.99 (198)
无房户比例	53.01 (414)	32.64 (47)	70.37 (171)	63.78 (125)	35.86 (71)
30平方米以下家庭比例	6.91 (54)	4.86 (7)	7.82 (19)	3.57 (7)	10.61 (21)

续表

	达卡乡	董仲村	多娘村	兰青村	佐诺村
30—60平方米家庭比例	36.49 (285)	58.33 (84)	16.46 (40)	32.14 (63)	49.49 (98)
61—90平方米家庭比例	1.79 (14)	0.69 (1)	4.12 (10)		1.52 (3)
91平方米以上家庭比例	1.79 (14)	3.47 (5)	1.23 (3)	0.51 (1)	2.53 (5)
合计	100 (781)	100 (144)	100 (243)	100 (196)	100 (198)
贫困家庭平均住房面积（m^2，以家庭为单位）	15.11 (97)	15 (4)	11.1 (60)	21.43 (14)	23.16 (19)
贫困家庭人均住房面积（m^2，以人为单位）	4.30 (97)	4.27 (4)	3.68 (60)	5.68 (14)	6.58 (19)
贫困家庭中无房户的比例（%）	72.16 (70)	75 (3)	81.67 (49)	57.14 (8)	52.63 (10)

注：括号中为调查样本量。

（三）藏族牧民贫困家庭就业不足现象普遍

达卡乡生态移民社区的112户家庭，因没有牲畜，收入主要依靠政府发放的每年2000元燃料补助、6000元饲料粮补助和2000元草原生态补奖资金，合计户均1万元左右。统计显示，2014年搬迁户中没有劳动力转移，也无后续产业就业，表明移民户无其他收入。虽然这些家庭人均收入大部分超过了2300元的贫困线，不属于贫困家庭，但人口较多的家庭难以维持生活。生态移民家庭对财政转移支付的依赖，不仅使家庭具有贫困的高脆弱性，同时也容易导致家庭成员对未来生活失去信心。

达卡乡669户非生态移民家庭仍以游牧为生，全乡有牦牛13296头，户均拥有牦牛20头，人均不足6头。全乡拥有绵羊25244只，户均38只羊，人均11只。除了10%左右的家庭拥有30头以上的牦牛，基本能够维持生活外，绝大多数家庭牲畜不足20头牦牛、38只绵羊，97户贫困家庭人均拥有牦牛仅5头，维持生活存在严重困难。

从人口统计看，16—55岁的劳动力人口为1546人，占人口总量的67%，这除了说明老龄人口较少外，也说明劳动力充裕。按人均充分劳动量计算，理论上养护这些牲畜只需要（牧民普遍反映，一个劳动力至少可养护绵羊200只或牦牛50头）391人，约为25%，剩余的1155个（75%）劳动力处于失业状态。达卡乡目前的人口规模和牛羊数量已有超出当地草场的人畜承载能力之嫌，加上年轻劳动力向外转移人数为零，就业形势非常严峻，与此同时也直接影响了牧民收入的增加。

四 达卡乡经济社会发展的困境

诺贝尔经济学奖获得者阿玛蒂亚·森将发展视为所有人平等地扩大各种自由的过程，因而发展意味着减少贫困、缩小福利性差距或使人们获得更为公正的待遇。[1] 西部少数民族地区的经济发展基础的薄弱性以及包括民族（人文条件）、地区（自然条件）的多样性和复杂性，使加快发展面临的任务极其艰巨。[2] 达卡乡作为偏远、封闭、贫穷的高寒牧区，其经济社会发展面临诸多的困境和障碍，准确把握、深入认识这些因素是推进各项工作的重要前提。

（一）生态保护政策与均衡发展缺乏良好衔接

达卡乡属于三江源自然保护区，2013年开始实施大规模的生态保护和退牧还草工程。搬迁至生态移民新村的112户牧民家庭基本成为无畜户，除去四个村80人左右在定居点开小商铺、跑出租车、拉运货物外，其余大部分生态移民由于教育程度低、缺少谋生技能，没有后续产业的跟进，劳动人口失业情况较为严重，成为名副其实的"无业游民"，无法提高收入、改善生活，甚至成为社会稳定的隐患。

随着牧区生态经济价值提升，基础设施条件改善，物流进一步方便，牦牛肉、牛奶、稀有藏药材等"飞跃"式升值，导致那些保留牲畜者成为富户，响应号召变卖家畜、贡献草场的无畜户、少畜户则吃不起肉、喝不起奶，牧户内部的贫富差距呈现结构性分化。达卡乡四个牧业村人均收入超过1万元的共16户79人，而贫困家庭有97

---

[1] Sen, Amartya, "Development as Freedom", Alfred A. Knopf New York, 1999.
[2] 郝时远：《中国共产党怎样解决民族问题》，江西人民出版社2011年版，第143页。

第十二章 甘青川藏四省(区)交界藏区的贫困现状与发展困境

户339人。有的贫困家庭则只有补贴收入(人均草补678元,全乡覆盖,按人头发放;另有一部分牧民享受林补,人均59元),处于极端贫困状态;有些贫困家庭只好选择返回夏季草场为同村牧户打工放牧获得报酬。这样,形成了由政策性措施引发的新的不平衡,一些贫困人口就对政府抱有不满,对政策持有怀疑态度。

就业是生活水平最重要的决定因素,达卡乡目前及今后面临的发展挑战是提高放牧的生产效率以及创造放牧以外的就业机会。但同时,达卡乡的地理条件、资源禀赋、社会氛围以及现有的发展水平也都决定了当地扩大就业十分困难。大量研究证实,公平和发展是相辅相成的。人们在追求自己所选择的生活方面,应享有均等的机会,这将有利于促进可持续增长和发展,而且最终不应出现极端贫困的结果。[①] 当地藏族牧民普遍信仰藏传佛教,藏传佛教在核心道德和伦理教义上追求众生平等,因而藏族牧民除了关心个人的切身福祉外,在行为方式上也关注公平。因此,共享式增长模式即推动经济增长的同时,促进机会平等和公平参与在藏区的发展方式选择上尤其应引起重视。

(二)基础教育尚未普及,人力资本投入不足

当代经济学家大都把经济增长的主要原因归功于技术、资本和人力资源三大要素。在长时间里保持经济可持续快速发展的国家都在国民教育和人力资本投资方面做出了巨大努力。[②] 很多研究表明,对儿童的早期教育投资比在其随后阶段的投资获得的回报更高,因为儿童必须学会如何学习,否则,他们将无以立足,丧失发展的潜力[③]。

达卡乡牧民整体受教育水平很低,受过中等和高等学校教育的牧民微乎其微,学生辍学率较高。达卡乡只有一所寄宿制的小学,

[①] 世界银行:《公平与发展》,清华大学出版社2006年版,第2页。

[②] 世界银行:《增长报告——可持续增长和包容性发展的战略》,中国金融出版社2008年版,第32页。

[③] Behrman, Jere R, and James C. Knowles, "Household Income and Child Schooling in Vietnam", *World Bank Economic Review*, Vol. 13, No. 2, 1999, pp. 211-256; Andrabi, Tahir, Jishinu Das, "What Did You Do all Day? Maternal Education and Child Outcomes", *Policy Research Working Paper Series*, World Bank, Washington, DC, 2009.

有20名教职工（其中8名管理服务职工），在校学生183人，共设5个年级班，尚未建成幼儿园。调查数据中7岁至14岁儿童共294人，实际在校生比例是62%。由于县初中教学质量差，初中毕业后能升入州高中的比例不足40%。近30年，班玛全县牧民子弟考上大学的只有12人。调查发现，家长普遍对学校的生活条件和教师管护学生的责任心评价不高，认为送孩子到寺庙比送寄宿学校更让家长放心，目前，乡里有2座寺院，常住寺院的僧尼达239人，另外还有该乡的僧尼36人在四川省色达县等地的寺院出家，僧尼占全乡人口的10.12%，是全藏区（包括西藏）僧尼比重最高的地区之一。

达卡乡16岁以下儿童贫困发生率是14.9%，高于全乡贫困发生率2个百分点。表明他们面临营养不良和教育缺乏的问题，对其智力发育、身体健康、劳动能力带来不利影响，贫困代际传递风险极高。办好教育不仅具有开启民智的作用，也是牧民家庭改善生存状况的最有力措施，对于维护长治久安和小康社会建设具有重要意义。

（三）经济发展所需的基础设施严重滞后

藏区特殊的地理位置和气候条件，使得不少偏远藏族聚居区，仍然存在着比较严重的"行路难""过河难""运输难"等问题，几乎处于"与世隔绝"的状态。达卡乡牧民分散居住在15个合作社和1个移民社区，面积大、居住分散，解决"三通"问题困难较大。表12—5的数据显示，达卡乡781户家庭中，通电通路比例为20.25%；人畜饮水解决比例为4.97%；有广电、通信信号比例为16.11%，"三通"都解决的比例仅为4.19%。97户贫困人群中，通电通路比例仅为15.04%，人畜饮水解决比例为1.77%，有广电、通信信号比例为8.55%，贫困家庭中"三通"都解决的比例为0。近84%的当地牧民不能及时了解党和国家的政策，国家通过媒体传播现代科学知识和价值观念、塑造中华民族共同体的努力在当地影响甚微。调查数据清晰地显示出当地缺乏与外界进行物资、信息、人员等交流的条件和能力，仍处于较为封闭的状态，因此，也容易对外来文化持有强排斥态度。

第十二章 甘青川藏四省(区)交界藏区的贫困现状与发展困境

表12—5　　　　　　　　达卡乡基础设施情况

	达卡乡（个）	董仲村（个）	多娘村（个）	兰青村（个）	佐诺村（个）
以人为单位					
通电通路比例（%）	20.25 (542)	39.41 (199)	10.07 (74)	30.31 (224)	6.46 (45)
人畜饮水解决比例（%）	4.97 (133)	9.7 (49)	3.54 (26)	6.09 (45)	1.87 (13)
有广电、通信信号比例（%）	16.11 (431)	30.5 (154)	10.2 (75)	15.7 (116)	12.34 (86)
三通都解决比例（%）	4.19 (112)	8.91 (45)	3.54 (26)	4.87 (36)	0.72 (5)

注：括号中为调查样本量。

基础设施作为经济发展的基础，其重要性不言而喻。有研究数据估计，改革开放以来，我国历年基础设施的总投资一直在GDP的7%以上，并成为维持经济持续快速增长的重要原因。[①] 通常，通信类基础设施应优先发展不仅有益于教育事业，能够增强政府工作的透明度，并促进政府提供更好的服务；同时也能为经济体中的生产者和消费者传播信息，提高生产力和生产效率，促进消费需求。在互联网快速发展的时代，电子商务已经成为大众创业的重要载体，推动了全国市场的一体化进程。在这样的大背景下，藏区基础设施建设的加强，特别是改善"三通"状况将成为推动当地发展、扩大牧民就业、全面建成小康社会所面临的刻不容缓的任务。在建设大通道的同时，特别要注意规划和修建好小成本的便民小桥小路、人畜通道，方便群众生产生活。

达卡乡的上述发展困境在藏区特别是四省（区）交界地带具有一定的代表性，由于经济发展水平的差异导致的藏区居民与其他地区居民发展机会的不均等，将在差距扩大的同时延展到经济之外的政治和社会领域，从而加剧藏区社会问题的复杂性。藏族地区的市场经济发展还有很长的路要走，特别是需要有能力、敢作敢为和值得信赖的政府带领下制定和实施经济增长的目标。国际社会备受瞩目的包容性发

---

① 世界银行：《增长报告——可持续增长和包容性发展的战略》，中国金融出版社2008年版，第31页。

展的实质是不同经济体实现经济增长分享、社会融合凝聚以及生态平衡和资源节约过程。显然，达卡乡作为偏远、封闭、贫穷的高寒牧区应采用包容性发展的理念，通过符合本地特点的发展途径，促进开放、加快经济增长，只有这样才有可能实现在2020年全面建成小康社会的目标。同时，与内陆地区相比，这些高寒边远地区的小康目标无法统一设定，其生产总值和经济指标难以同步实现，但应当突出民生导向，确保民生指标达到小康要求。

第十三章　滇西边境农村社会救助减贫成效及其制约因素

　　民族地区历来是我国扶贫开发的主要战场，并且随着扶贫开发力度的加大，我国的贫困人口越来越集中于西部地区的农村。西南民族地区农村贫困人口数和贫困发生率均高于其他地区。依据贫困者的劳动能力情况，我国主要采取了发展型扶贫和救助型扶贫两种策略。在政策内容上具体表现为扶贫开发和社会保障。国家"十三五"规划纲要在"贫困人口实行分类精准扶持"中明确提出："通过实行社保政策兜底，实现其余完全或部分丧失劳动能力的贫困人口脱贫。"由于西部民族地区农业人口比重大、经济社会发展水平相对不足，社会保险和社会福利制度并非兜底保障的主角，农村社会救助才是上述地区完全或部分丧失劳动能力的贫困人口脱贫的最主要制度安排。因此，研究西部民族地区农村社会救助制度的减贫效果及其制约因素具有很强的现实意义。

　　学界对西部民族地区农村社会救助制度的减贫成效研究较多，但对减贫成效制约因素的研究较少。有学者认为西部民族地区由于条件的限制和制度本身的设计缺陷，低保制度一直难以发挥作用。叶慧对西南地区18个民族贫困县的研究也表明，仅有46.7%的农户对农村低保表示满意。也有人以云南为例，认为农村低保制度在缓解贫困和收入不平等方面发挥了积极但十分有限的作用，且这些作用存在明显的地区间和民族间差异。但是，这些研究并未深入探析民族地区农村社会救助制度减贫效果的制约因素。澜沧属于滇西边境山区的国家扶贫工作重点县，是"十三五"期间脱贫攻坚的重要区域，也是全国全面建成小康社会的重要"短板"。因此，本章选择澜沧的农村社会救助制度作为研究对象，试图通过对该县农村社会救助发挥兜底保障作用的必要性、减贫成效及其制约因素进行分析，为增强西部民族地区农村社会救助兜底保障的减贫效果提供有益借鉴。

一 澜沧农村社会救助扮演兜底减贫角色的成因

（一）贫困问题严重

21世纪初以来，尽管澜沧贫困人数和贫困发生率均有较明显下降，但相比全国和民族八省区而言，贫困人数和贫困发生率始终处于高位（见表13—1）。据澜沧扶贫办的数据显示，2002年该县农村贫困人数为36.8万，贫困发生率为78.6%；2009—2014年，该县贫困发生率依然在40%以上。2009年、2012年、2014年该县贫困发生率分别是同期全国的15.2倍、5.4倍、5.7倍。澜沧是典型的农业大县，2012年农业人口数占比为87.87%；这意味着澜沧贫困人口主要为农村贫困人口。严重的农村贫困问题决定了该县农村社会救助的减贫压力沉重。

表13—1　　　　　　　　澜沧贫困人数及贫困发生率

指标		2009年	2010年	2011年	2012年	2013年	2014年
贫困标准（元）		1196	1274	2536	2625	2736	2800
贫困人数 （万人）	澜沧	29.0	26.4	—	27.5	19.7	16.7
	民族八省区	1451.2	1034	3917	3121	2562	2205
	全国	3597.1	2688	12238	9899	8249	7017
贫困发生 率（%）	澜沧	57.9	52.8	—	55.0	—	41.2
	民族八省区	12.0	8.7	26.5	21.1	17.1	14.7
	全国	3.8	2.8	12.7	10.2	8.5	7.2

资料来源：(1) 澜沧贫困人数依据该县扶贫办历年工作总结整理得到；(2) 民族八省区和全国数据来自国家民委网站公布的《2014年少数民族地区农村贫困监测结果》（http://www.seac.gov.cn/art/2015/4/15/art_31_225897.html）。

（二）农民经营性收入低

贫困问题的解决主要依赖于工资性收入和经营性收入的增加。然

第十三章 滇西边境农村社会救助减贫成效及其制约因素

而,澜沧农民人均纯收入远低于全国平均水平;2014年农民人均纯收入仅占全国平均水平的42.5%。[1] 产业结构单一和农业现代化、产业化程度偏低是农民收入水平低的主要制约因素。澜沧2014年三产结构为31.27∶39.97∶28.76,一产占比高出全省15.72个百分点。[2] 绿色生物、茶、林、蔗糖、渔牧、民族文化旅游、水电、矿等产业因均未形成规模化。在农民经营性收入偏低的背景下,收入型贫困人口数量居高不下,农村社会救助的潜在救助对象众多。

(三) 其他农村社会保障制度减贫空间有限

除医疗救助和农村低保制度建制较早外,澜沧其余农村社会保险项目和社会福利项目建制时间都较晚。目前,新农保、新农合和高龄津贴是除社会救助之外构成农村社会保障制度的三大主要项目。然而,参保人缴费档次偏低、保障水平偏低导致新农保减贫空间有限。澜沧新农保缴费档次主要集中于100元/年档,参保和缴费积极性低导致新农保缴费收入与当期养老金支出缺口逐步拉大,由2012年的714万元扩至2014年的985.3万元[3];在待遇方面,2014年,澜沧新农保基础养老金为75元/月,远低于农村低保标准189元/月。在新农合方面,因医疗卫生服务供给能力和水平偏低,澜沧新农合对农民尤其是偏远村寨的农民产生的实际减贫效果不明显。就医交通食宿成本高、药品价格高等均削弱了新农合的减贫效应。总体而言,因新农保和新农合的减贫效应有限,贫困老年人和因病致贫、因病返贫的贫困人员只能通过申请农村社会救助提供帮扶。

二 澜沧农村社会救助减贫成效

农村社会救助主要包括农村低保制度和农村医疗救助制度,此外也包括教育救助、住房救助,以及临时救助制度。其中,农村低保制度和医疗救助制度对农村贫困人口产生的减贫作用以及制度自身的完

---

[1] 依据澜沧县发改局提供的数据计算得到。
[2] 澜沧县扶贫开发办公室:《澜沧县扶贫开发工作汇报材料》。
[3] 依据澜沧县人力资源和社会保障局提供的资料整理得到。

善程度均要好于其他项目,因此本章集中分析澜沧农村低保制度和医疗救助制度的减贫成效。

(一)农村最低生活保障减贫成效

1. 救助人数逐年增加

澜沧农村低保制度救助人数由2008年第一季度的97000人增至2015年第四季度的172287人(见表13—2),年均增长率为5.30%。2008—2012年,农村低保救助人数占农业人口比重分别为24.91%、31.16%、36.30%、37.45%和39.47%。就区域比较而言,2008—2015年,澜沧农村低保制度救助人数占全国和普洱市的比重持续提升。澜沧农村低保救助人数在普洱市占比最高,该县2015年第四季度农村低保救助人数占普洱市的比重高出第二名24.79个百分点。

表13—2　　　　　　澜沧农村低保制度救助人数

季度	救助人数(人)	救助人数占全国比重(%)	救助人数占普洱市比重(%)
2008—1季度	97000	0.27	33.59
2008—4季度	114000	0.27	33.40
2009—4季度	141845	0.30	35.25
2010—4季度	165545	0.32	36.38
2011—4季度	170255	0.32	36.08
2012—4季度	172345	0.32	35.17
2013—4季度	172345	0.32	35.13
2014—4季度	172345	0.33	37.14
2015—4季度	172287	0.35	38.82

资料来源:依据民政部网站公布的季度低保数据整理计算得到(http://www.mca.gov.cn/article/sj/tjjb/dbsj/)。

从救助对象构成来看,女性占比最高,其次为未成年人和老年人。2010—2015年,农村女性低保人数占比从2010年第一季度的8.65%增至2015年第四季度的44.16%。农村未成年人低保人数占比在同一时期内由0.81%增至15.78%。老年人救助人数占比相对有所下降,由上述同一时期的 24.61% 降至 14.54%。农村残疾人低保人数比重则低于同期全国和普洱市水平。以 2015 年第四季度为例,农村残疾人低保人数比重分别比全国和普洱市低 1.46 个百分点和 6.47 个百分点。总体而言,澜沧农村低保制度的救助人数从建制以来至 2011 年经历了快速增长。在 2011 年全国低保制度实施"应保尽保"扩面行动和增强低保对象动态管理后,救助人数增长放缓。而妇女、老年人、未成年人和残疾人四类贫困发生率较高人群的低保人数占比之和由 2010 年第一季度的 19.49% 增至 2015 年第四季度的 76.77%,意味着农村低保制度总体瞄准精度逐步提升。

2. 农村低保标准和人均支出水平持续提升

2007 年农村低保制度建立时,保障标准仅为 30 元/月。2010—2015 年,该县农村低保标准由 70 元/月增至 189 元/月。2007—2015 年,农村低保标准年均增长率为 22.69%,远高于同期农民人均纯收入增长速度。澜沧农村低保标准与普洱市平均水平基本相当,而占全国平均水平的比重则总体处于上升趋势,由 2010 年第四季度的 59.9% 增至 2015 年第四季度的 71.4%。[①] 澜沧农村低保人均支出水平也明显持续上升,由 2010 年第四季度的 72 元/月增至 2015 年第四季度的 143.2 元/月,年均增长率为 12.14%。2011—2015 年,澜沧农村低保人均支出水平占全国的比重分别为 80.3%、88.7%、98.9%、101.7% 和 99%。尽管贫困发生率高,但澜沧农村低保制度的实际保障水平基本与全国平均水平持平。

3. 农村低保救助资金投入增长快

澜沧农村低保金支出总额从 2008 年的 5748 万元增至 2015 年的 295961 万元,年均增长率高达 22.86%,明显高于同期全国(18.72%)和普洱市(20.49%)的年均增速。就地区比较而言,澜沧农村低保金支出额占全国和普洱市的比重均逐年提升;2008—2015 年,澜沧县农村低保金支出额占全国比重由 0.26% 增至 0.34%,同期占普洱市的比重则由 33.45% 增至 38.76%。[②]

---

① 依据民政部网站公布的季度低保数据整理计算得到。
② 同上。

（二）农村医疗救助减贫成效

因病致贫、返贫是贫困人口较易面临的致贫风险，因此农村医疗救助与农村低保制度一样，在缓解贫困程度方面也扮演着兜底保障角色。医疗救助方式分为两种：资助贫困人员参加新农合，以及直接对自付医疗费用进行救助。

1. 资助缴费参加新农合的人数持续增加

2006年，澜沧资助农村特困户和残疾人参加新农合人数达23560人，占新农合参保总人数的7.71%。2008年，资助农村低保对象参合人数增至114000人，占总参合人数的27.12%。2010年，资助农村低保对象参合人数增至142730人，占总参合人数的37.61%。2013年以来，医疗救助资助贫困者参合的人数逐步趋于稳定；2013—2014年，资助参合人数分别为181123人和182463人。[①]

2. 自付医疗费的医疗救助资金持续增加

自建制以来，澜沧农村医疗救助直接进行贫困人员自付医疗费救助的受益人数和救助投入资金均持续增加。医疗费救助人数从2006年的14人增至2015年6月的16482人，年均增长率达119.38%（见图13—1）。尤其是在2009年后，医疗费救助人数飞速增长。2008—2015年（2012年数据缺失），医疗费救助人数占农村低保救助人数的比重总体处于上升趋势，依次为0.29%、3.33%、2.17%、5.38%、13.09%、7.97%和9.56%。[②] 在医疗费救助投入资金方面，由2006年的31910元增至2010年的858.78万元，年均增长率达206%。尽管2011—2014年资金支出规模持续下降，但仍保持在600万元以上；投入资金在2015年重回增长趋势。农村医疗救助资金支出占该县城乡医疗救助资金的比重一直很高，2006—2014年，这一占比依次（2012年数据缺失）为93.79%、65.1%、73.84%、90.02%、92.82%、88.99%、59.60%和80.61%，2015年上半年该比重为91.10%。

[①] 依据澜沧县新型农村合作医疗管理中心提供的相应年份工作总结整理得到。
[②] 2015年医疗救助人数仅为半年数据，因此实际比重应该高于9.65%。

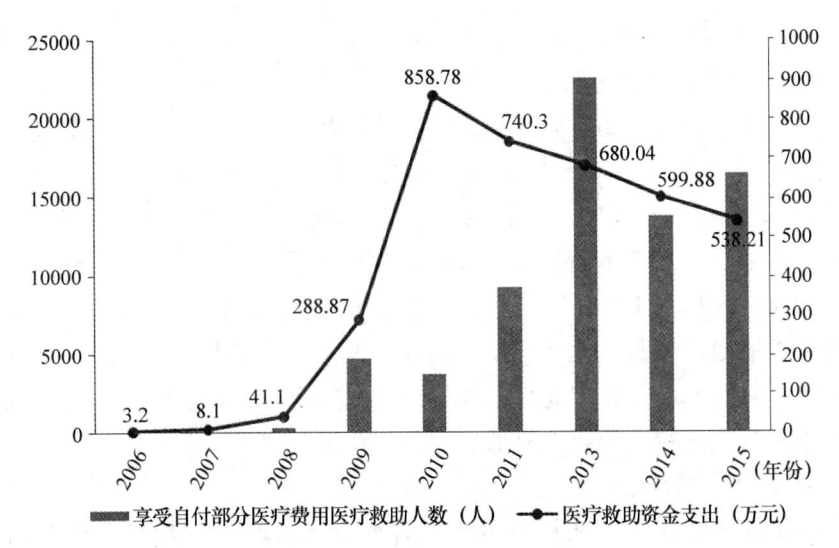

第十三章　滇西边境农村社会救助减贫成效及其制约因素

图 13—1　澜沧新农合自付医疗费的医疗救助情况（2006—2015）

注：2015 年数据为半年数据。

资料来源：依据澜沧县新型农村合作医疗管理中心提供的相应年份工作总结整理得到。

尽管无法从贫困患者个人医疗费用支出的角度检验医疗救助的微观减贫效应，但是资助参合的资金和医疗费救助的资金直接反映的是贫困家庭医疗费用支出负担的减免程度。因此，宏观资金投入数据表明，农村医疗救助制度在缓解贫困人员医疗费用负担方面的力度越来越大。

三　澜沧农村社会救助减贫成效的制约因素

除公共政策自身制度框架设计的合理性之外，政策运行的外部环境以及相关配套政策的运行情况等也会对该项公共政策的预期效果产生影响。总体而言，农村社会救助制度自身的不足，以及特殊县情、农村社会救助制度受众以少数民族为主、扶贫开发、基本公共服务等其他公共政策的实施情况均对农村社会救助减贫成效产生了制约。

(一) 制度自身发展不足的制约

1. 经办监管能力弱

经办监管能力弱具体表现在，一是经办管理人员不足；二是经办队伍稳定性差。以2015年第四季度农村低保救助人数为例，澜沧县该年37名县、乡（镇）两级民政管理者和经办人员需要承担172287名农村低保对象的申请受理、审核和动态管理的任务，工作人员与服务对象的比例为1:4656，远高于其他民族地区；管理人员过少，很难开展有效的监督。此外，由于经办管理人员并没有得到必要、充足的工作经费和补贴，因此流动性较强。这些问题直接影响了农村低保制度的稳定运行，导致农村低保对象的动态管理难以推行。

2. 家计调查难以实施

民族地区普遍存在社会救助家计调查推行难的问题。就澜沧而言，一是农村家庭外出务工人员增多，工资性收入无法界定；二是农作物和家禽等变现周期不确定导致收入很难界定；三是农户是否有存款无法核实。家计调查难以开展，导致经办人员难以确定救助资格。加之当地农户理解的贫困和农村社会救助界定的贫困存在差异，在平均主义观念浓厚和区域性贫困的背景下，农村社会救助瞄准偏差问题时有出现。

3. 以户施保制约救助精准性

以户为单位施保的办法在当前澜沧农村的适应性不强。一方面，澜沧农村贫困人口多，农村低保救助名额的供求矛盾比较突出；另一方面，以户施保导致一些家庭中的青壮年劳动力同样能够享受救助以及与农村低保"捆绑"在一起的其他救助待遇。在低保名额供求矛盾突出的背景下，以户施保的办法导致农民对农村社会救助的精准度认同感下降。这一问题是当前澜沧农村社会救助制度可持续运行的一个内在挑战。

4. 医疗救助待遇"捆绑"问题严重

因病致贫、返贫是澜沧农村贫困家庭面临的重要贫困原因和结果。然而，低收入家庭无法申请获取医疗救助，而享受农村低保救助的家庭则可以自动获取医疗救助和其他专项救助的资格。这一救助资格的"捆绑"式设计，导致农村低保对象依赖性很强，自动退保积极性很低。医疗救助资格的"捆绑"和贫困问题严重,强化了澜沧农村居民轮流享受农村低保的动机。

(二)特殊县情的制约

1. 自然灾害频发,因灾致贫人数多

21世纪初以来,澜沧县每年都要遭遇冰雹、霜冻、干旱、洪涝、病虫害、泥石流、山体滑坡等各类灾害,澜沧大多数年份因自然灾害提供口粮救助的人数占农业人口比重在10%以上。[①] 自然灾害频发导致绝对贫困人口增多,遭遇不可抗拒自然灾害的家庭在澜沧属于农村低保二类保障家庭。农作物歉收和房屋受损等,导致因灾致贫家庭至少在未来一年内的基本生活需要依靠社会救助制度。

2. 产业结构单一,农民增收脱贫难度大

贫困人数与劳动收入水平存在着此消彼长的关系。然而,澜沧县域经济产业结构单一严重增大了农民增收脱贫的难度。一方面,该县经济总量小、质量低,产业结构不协调,内生发展动力不足;另一方面,农业产业化、市场化程度不高导致农民的农产品经营性收入增长过慢。

3. 财政自生能力弱,制约农村社会救助水平提升

21世纪初以来,澜沧县政府在基础设施、扶贫、教育、医疗卫生、社会保障、禁毒防艾、环境治理等方面所承担的责任越来越多,加之属地管理且需要县级财政提供配套资金的各项民生项目的开展,导致地方财政收支缺口从2000年的15540万元扩至2012年的217175万元。以农村低保资金为例,澜沧农村低保金支出占地方财政一般预算收入的比重除2007年为46.7%外,其余年份均在50%以上(见图13—2)。如果加上医疗救助资金和临时救助资金,占比则更高。如果该资金全由澜沧县级财政承担,则需要每年拿出一半以上的财政收入。目前,中央财政和省级财政以专项转移支付的方式对澜沧农村低保金进行援助。也正是这种依赖上级财力的格局,导致县级政府在提高社会救助保障水平方面缺乏主动性。

[①] 依据澜沧县民政局提供的2001—2015年工作总结计算得到。

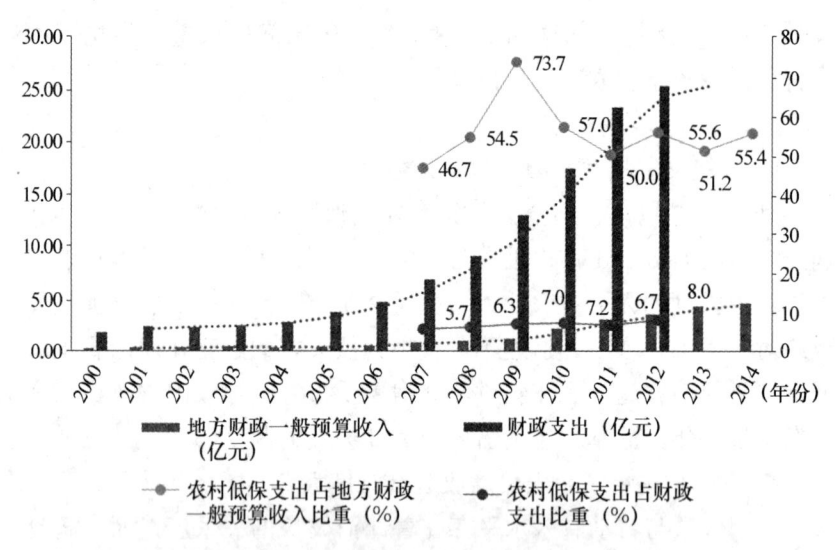

图 13—2 澜沧县政府财政收支情况（2000—2014）

资料来源：依据民政部网站公布的季度低保数据（http：//www.mca.gov.cn/article/sj/tjjb/dbsj/）和中国经济与社会发展统计数据库（http：//tongji.cnki.net/kns55/index.aspx）的数据整理得到。

4. 特殊贫困人员增多，社会救助压力大

澜沧特殊贫困人员主要包括艾滋病感染者及其家庭成员，以及跨境婚姻组建的贫困家庭成员。2009—2014年，澜沧艾滋病感染者报告人数一直居普洱市第一位。历年农村感染者占全县感染者总数的80%以上；该县长期面临着艾滋病由高危人群向普通人群扩散蔓延的严重威胁。[1] 艾滋病防治压力大也加重了艾滋病患者及其家庭因病致贫的救助压力。为落实对艾滋病感染者的"四免一关怀"，澜沧将艾滋病患者家庭均纳入农村低保进行救助。以2013年为例，澜沧用于艾滋病感染者低保救助资金为40.6万元，占艾滋病防治总经费的57.5%。[2] 由于地处我国西南边境，澜沧艾滋病感染者给农村社会救助制度造成的救助压力不可忽视，这也是该制度在澜沧面临的特殊挑

---

[1] 依据澜沧县防治艾滋病工作委员会办公室提供的历年工作总结整理得到。
[2] 澜沧县防治艾滋病工作委员会办公室：《澜沧拉祜族自治县2013年防治艾滋病工作总结及2014年工作计划》。

第十三章　滇西边境农村社会救助减贫成效及其制约因素

战之一。

跨境婚姻尽管一定程度上缓解了澜沧的"光棍村"问题,但是这种"弱弱结合"的贫困家庭数量逐步增多。① 据统计,在澜沧民政局合法登记的跨境婚姻数量由2007年的31对增至2014年的202对。② 而实际跨境婚姻数量应当超过上述数据。因外方女性的国籍、户籍无法得到解决,使得这些贫困家庭中妇女、儿童无法获得社会救助。尽管这些家庭中的我方人员可以申请农村社会救助,但是按个人发放的救助待遇很难对其所在家庭产生有效的减贫效果。

(三) 其他公共政策的制约

1. 乡村金融服务滞后

2014年,澜沧农村信用合作联社下辖机构中,仅有10个乡(镇)服务站,2个延伸终端网点。而文东、安康、大山等偏远乡镇距离县城均在130公里以上。由于乡村金融服务供给不足,直接导致低保金难以社会化发放;削弱了农村低保金的减贫效果。一是表现为偏远农村低保户领取低保金的成本太高;二是表现为低保金领取周期延长,导致低保户无法及时使用救助资金。

2. 对有劳动能力贫困者就业帮扶不足

"十二五"期间,全县农村扶贫开发投入劳动力转移培训经费仅为528万元,累计培训人员仅为9100人,其中参与技能培训的人仅占总培训人数的11.87%。③ 澜沧农村扶贫开发对有劳动能力贫困者的就业帮扶不足,导致农村扶贫开发的增收效应没有发挥出来,增加了农村低保制度的减贫压力。

四　研究启示与对策建议

澜沧作为滇西边境连片特困地区的国家扶贫工作重点县,是"十

---

① 澜沧县民政局提供的《澜沧县边民通婚情况》中指出,通婚对象多为生活较为困难的农村居民。在边民婚姻家庭中,大多数家庭的生活水平低于当地居民的平均生活水平。
② 由澜沧县民政局提供的《澜沧县历年来边民通婚基本情况一览表》整理得到。
③ 依据澜沧县扶贫开发办公室提供的《2003—2007年扶贫开发工作总结》和《2011—2014年劳动力转移培训统计表》整理得到。

三五"期间精准扶贫的主要战场。对澜沧农村社会救助的发展状况的分析表明，该制度在接下来的精准扶贫进程中，依然扮演着基础性的兜底保障角色。因此，结合澜沧农村社会救助发展面临的自身不足和外部特殊运行环境，提升农村社会救助减贫成效可以从六个方面采取措施。

第一，加强农村社会救助监管运行能力。一是要增加民政部门和乡（镇）、村三级的社会救助经办人员数量，可以通过政府雇员或公益性岗位等方式招聘高校毕业生等方式解决。二是提高农村社会救助项目经办人员的工资待遇水平。三是重点加强家计调查、救助对象动态管理、救助待遇和低保资金监督等方面的专业培训。四是加强民族聚居区经办管理人员的双语（多语）培训，增强经办监管工作的有效性。

第二，完善以户为单位施保的办法，提升救助精准性。一是建议完善农村低保家计调查方法，具体包括优化财产审查方法，以及充分发挥邻里民主评议的优势等，提升甄别贫困家庭的准确率；二是加强政策宣传和创新宣传方式，消除当地各民族社会成员的贫困观念和制度界定贫困理念之间的差异，增强农村居民对农村社会救助的原则和价值取向的认同。

第三，完善农村低保待遇与医疗救助等专项救助的衔接机制。农村居民看重低保资格，其实是更加看重医疗救助能够缓解因病致贫的减贫效果以及分担沉重的参合缴费成本。建议实行多条收入线（例如125%贫困线、150%贫困线、180%贫困线等）的办法，加大医疗救助资金投入力度，将医疗救助覆盖对象扩至低收入群体。

第四，完善农村低保待遇动态调整机制，增强地方政府调整待遇的主动性。之所以要增强地方政府调整待遇的主动性，原因有二：一是澜沧属于偏远边境地区，因交通不便物价水平反而更高，相同的农村低保待遇的实际购买力反而下降。二是民族聚居区各民族的基本生活消费内容和饮食结构差异较大，因此在定义基本生活水平和保障标准时应适当考虑这一差异性。因此，建议充分发挥县级民政部门在确定本地农村低保标准方面的主动性和积极性，负责建立各民族基本生活消费结构监测机制，提升农村低保标准的保障水平。

第五，提升农村社会保障体系减贫效果，减轻农村社会救助减贫压力。建议进一步提升新农合的实际报销比例和新农保（合并后称城居保）基础养老金水平，以及包括高龄津贴和残疾人护理补贴等项目的待遇水平，构建完善的社会保障减贫体系。

第六，优化农村社会救助制度和农村扶贫开发制度的衔接机制。一是建议农村扶贫开发应该重点加强农村贫困劳动力的技能培训，增强其劳动技能和人力资本积累。二是建议实现贫困人员信息数据库共建共享，提升贫困人员和家庭的甄别准确度及动态管理。三是畅通享受农村低保救助的贫困人员积极参与扶贫开发衔接机制。

此外，应完善乡村金融服务体系建设，确保社会救助待遇以及其他各项惠农待遇的顺利递送，降低贫困人员享受上述待遇的成本。对于跨境婚姻组建的贫困家庭无法获得社会救助的问题，可以当前推进居住证改革为契机，推动民政和公安部门在跨境婚姻家庭成员的国籍、户籍管理上的协同创新，简化落籍、落户手续，确保这些贫困家庭能同等享受农村社会救助权利。

第十四章　加快民族地区全面小康社会建设的调查与思考

2014年中央民族工作会议以来，党中央、国务院更加重视民族地区发展和少数民族工作，连续召开多次全国会议，分析民族地区和少数民族工作面临的新形势、新问题，提出解决问题的思路与对策。有力地促进了民族地区的稳定与持续发展，为民族地区与全国一道全面建成小康社会指明了方向，明确了任务。各地区、各部门特别是广大民族地区积极行动起来，大力推进民族地区的政治、经济、社会、文化与生态文明建设，不断加强和改善民族工作。

一　党和国家高度重视民族工作与民族地区的稳定发展

作为统一的多民族国家，党和政府历来高度重视民族工作。近一个时期以来，由于一些民族地区稳定问题突出，严重影响了民族地区的发展大局。同时，我国经济进入新常态，民族地区的经济发展面临更加严峻的形势。在民族工作方面，以"第二代民族政策"的激烈讨论为代表的理论论争，也在一定程度上影响了民族地区广大干部群众的思想情绪和干劲。如何看待当前民族地区发展形势与民族工作状况，如何进一步抓住民族地区发展和民族工作的主要问题采取更具针对性的对策措施，提高工作成效，促进民族地区全面小康社会建设，一直是党中央和国务院高度关注的重大问题。

稳定与发展一直是民族地区特别是新疆、西藏等边疆民族地区民族工作甚至各项工作面临的两大主题。党的十八大以来，党中央围绕

第十四章 加快民族地区全面小康社会建设的调查与思考

边疆民族地区的稳定与发展,先后做出了一系列重大部署,实施了一系列重大举措,有力地维护了民族地区和谐稳定与全面发展的良好局面。2014年3月,习近平总书记在看望出席全国政协十二届二次会议的委员时强调,坚持中国特色社会主义道路,是新形势下做好民族工作必须牢牢把握的正确政治方向。[①] 2014年4月,习近平总书记在新疆调研时强调,要坚决执行中央关于做好新形势下新疆工作的大政方针,以社会稳定和长治久安为工作的着眼点和着力点,统筹推进各方面工作,为抓住和用好历史机遇、实现新疆跨越式发展创造良好条件。[②] 2014年5月,第二次中央新疆工作座谈会则科学分析了新疆形势,明确了新疆工作的指导思想、基本要求、主攻方向,对当前和今后一个时期新疆工作做了全面部署。[③] 2014年6月,国家民委、中国证监会在京联合召开支持民族地区资本市场发展工作座谈会,破解民族地区金融市场体系建设滞后和资本缺乏的关键难题。

2014年9月,为准确把握新形势下民族问题、民族工作的特点和规律,统一思想认识,明确目标任务,坚定信心决心,提高做好民族工作能力和水平,党中央和国务院召开了中央民族工作会议暨国务院第六次全国民族团结进步表彰大会。习近平总书记在会上全面分析我国民族工作面临的国内外形势,深刻阐述当前和今后一个时期我国民族工作的大政方针。李克强总理就加快民族地区发展、促进全面建成小康社会做了讲话。党中央对于我国国情的多民族特色、处理好民族关系促进民族团结、处理好民族问题和做好新时期的民族工作,都提出了明确的任务与工作要求。结合当前我国民族工作面临的新的阶段性特征,习近平总书记提出做好当前民族工作要坚定不移走中国特色解决民族问题的正确道路,开拓创新,从实际出发,顶层设计要缜

[①] 新华社:《习近平强调全国各族人民都要珍惜民族大团结的政治局面》,国家民委官网(http://www.seac.gov.cn/art/2014/3/5/art_ 31_ 200098.html)。

[②] 新华社:《习近平新疆考察纪实:民族团结是发展进步的基石》,国家民委官网(http://www.seac.gov.cn/art/2014/5/4/art_ 31_ 203830.html)。

[③] 新华社:《习近平在第二次中央新疆工作座谈会上强调:坚持依法治疆团结稳疆长期建疆团结各族人民建设社会主义新疆》,国家民委官网(http://www.seac.gov.cn/art/2014/5/30/art_ 31_ 205673.html)。

密、政策统筹要到位、工作部署要稳妥,让各族人民增强对伟大祖国的认同、对中华民族的认同、对中华文化的认同、对中国特色社会主义道路的认同。民族区域自治制度是我国的一项基本政治制度,是中国特色解决民族问题的正确道路的重要内容。要坚持统一和自治相结合、民族因素和区域因素相结合,把宪法和民族区域自治法的规定落实好,关键是帮助自治地方发展经济、改善民生。[1]

为贯彻落实中央民族工作会议精神,2014年12月,中共中央、国务院印发《关于加强和改进新形势下民族工作的意见》,从坚定不移走中国特色解决民族问题的正确道路、围绕改善民生推进民族地区经济社会发展、促进各民族交往交流交融、构筑各民族共有精神家园、提高依法管理民族事务能力、加强党对民族工作的领导六个方面提出改进新形势下民族工作的25条意见,[2] 成为做好新时期民族工作、促进民族地区稳定发展、加快全面建成小康社会步伐的重要指导。

2015年5月,中央在时隔9年之后再度举行中央统战工作会议。习近平在讲话中强调了统一战线工作的重要性,指出新形势下做好统战工作的原则、方法、政策、措施。习近平在中央统战工作会议上特别强调要做好民族工作、宗教工作,要求各级党委要抓好2014年中央民族工作会议精神的贯彻落实,促进各民族和睦相处、和衷共济、和谐发展。同时提出做好宗教工作的基本原则和任务,为2016年4月份召开的全国宗教工作会议奠定了基调、指明了方向。《中国共产党统一战线工作条例(试行)》的颁布实施,标志着统一战线工作进入了法制化的轨道。中央统战工作会议也为做好民族工作、促进民族地区稳定发展指明了又一工作重点,即把维护和促进民族团结、社会稳定、祖国统一作为重中之重。中央统战部部长孙春兰发表文章指出,随着我国在国际上的影响力越来越大,国际敌对势力加紧利用所谓民主、人权以及民族、宗教、香港、台湾、西藏、新疆等问题对我

---

[1] 《中央民族工作会议暨国务院第六次全国民族团结进步表彰大会在京举行》,新华网(http://news.xinhuanet.com/politics/2014-09/29/c_1112683008.htm)。

[2] 《中共中央、国务院印发〈关于加强和改进新形势下民族工作的意见〉》,新华网(http://news.xinhuanet.com/2014-12/22/c_1113736752.htm)。

国实施西化分化,在民族、宗教问题上大做文章,明里暗里支持民族分裂势力、宗教极端势力、暴力恐怖势力制造事端,把香港、台湾作为对我进行牵制遏制的砝码,在我国统一问题上设置障碍,不断挑战我国国家安全和核心利益问题。[1] 中央统战工作会议,为进一步做好民族宗教工作、从整体上把握统一战线工作的定位与任务指明了方向。

西藏和新疆是我国陆地面积最大的边疆省份,不仅陆地边界长、邻国众多,战略位置重要,而且也是民族成分数量多、少数民族人口比重高、宗教信仰氛围浓厚、民族文化自成体系而又独具特色的边疆民族地区,一直在党和国家工作全局中占据重要位置。2015年8月,中央召开了第六次西藏工作座谈会。习近平总书记在"治国必治边、治边先稳藏"战略思路基础上进一步强调,要"依法治藏、富民兴藏、长期建藏、凝聚人心、夯实基础"。这是党的十八大以后党中央提出的西藏工作重要原则。要坚持"四个全面"战略布局,坚持党的治藏方略,把维护祖国统一、加强民族团结作为工作的着眼点和着力点,坚定不移开展反分裂斗争,坚定不移促进经济社会发展,坚定不移保障和改善民生,坚定不移促进各民族交往交流交融,确保国家安全和长治久安,确保经济社会持续健康发展,确保各族人民物质文化生活水平不断提高,确保生态环境良好。李克强在会上提出了西藏要同全国一道实现全面小康必须做到"五个结合"。[2] 2015年9月,第五次全国对口支援新疆工作会议召开,会议围绕推进"十三五"对口援疆工作提出了工作重点和关键突破口。2015年11月,中央制定的《国民经济和社会发展第十三个五年规划纲要》则明确指出加大对革命老区、民族地区、边疆地区、贫困地区的转移支付,实施脱贫攻坚工程,彰显了党中央"全面建成小康社会,一个民族都不能少"的决心。

为了促进民族地区的稳定发展,中央和国家有关部门出台了一系

---

[1] 孙春兰:《新形势下统一战线事业的科学指导和行动指南——深入学习贯彻中央统战工作会议精神》,《人民日报》2015年6月4日。
[2] 新华网:《习近平在中央第六次西藏工作座谈会上强调:加快西藏全面建成小康社会步伐》,国家民委官网(http://www.seac.gov.cn/art/2015/8/26/art_31_235130.html)。

列促进民族地区发展和民族团结进步的政策法规,从政策供给层面为民族地区的全面发展提供指导和支持。2014年1月起施行的《国家民委双语人才培训基地管理办法(试行)》对提高民族地区公职部门和人员的双语能力出台了具体的措施。根据规定,基地旨在为基层培养民族语文翻译人才,为民族地区和有关党政机关、军队、武警部队等部门和单位培养、培训双语人才,为民族地区培训民汉双语师资。[①] 2014年7月,《国家民委关于推动民族团结进步创建活动进机关企业社区乡镇学校寺庙的实施意见》为创新民族团结工作提出了更全面的指导。2015年6月,国家民委和国家公安部发布《中国公民民族成分登记管理办法》,推进了公民民族成分的管理工作的规范化。2015年8月,国务院发布《国务院关于加快发展民族教育的决定》(国发〔2015〕46号),进一步解决民族教育整体发展水平与全国平均水平仍存在较大差距的问题。该文件确定了坚持中国共产党领导、缩小发展差距、结构质量并重、普特政策并举、依法治教的原则,并制定了"到2020年,民族地区教育整体发展水平及主要指标接近或达到全国平均水平,逐步实现基本公共教育服务均等化"的发展目标。[②] 2015年12月,国务院颁布的《国务院关于支持沿边重点地区开发开放若干政策措施的意见》支持沿边重点地区开发开放,提出了深入推进兴边富民行动,实现稳边安边兴边的具体举措。

党的十八大以来,特别是2014—2015年,党中央、国务院不断加强民族工作、促进民族地区发展的工作密度与工作强度,这在以往是少见的。在中央关心支持下,民族地区围绕"四个全面"战略布局和十八届五中全会提出的"五大发展理念",大力加强五位一体建设力度,特别是全面建成小康社会的力度。最典型的体现是实施"脱贫攻坚"工程。在"四个全面"战略布局中,到2020年全面建成小康社会是最直接的目标。全面建成小康社会,关键还是要看民族地区和少数民族能否如期实现完成脱贫攻坚任务。因此,促进民族地区发

---

① 国家民委教育科技司:《国家民委双语人才培训基地管理办法(试行)》,国家民委官网(http://www.seac.gov.cn/art/2013/12/18/art_142_196990.html)。
② 国务院:《国务院关于加快发展民族教育的决定》,中国政府网(http://www.gov.cn/zhengce/content/2015-08/17/content_10097.htm)。

展,以及做好民族工作被党中央、国务院摆在了最为突出的位置。这一点,无论是在制定脱贫攻坚规划,还是制定新疆工作、西藏工作的基本原则,以及推进民族团结进步示范区建设等方面得到充分体现。

二 民族地区五位一体建设格局与全面小康社会建设取得新进展

党的十八大以来,党中央强化了全面深化改革进程中政治建设的顶层设计,一系列治国理政的新理念、新论断、新思想、新举措在民族地区政治建设中得以实践,民族地区政治建设呈现出新气象。随着"四个全面"战略布局的深入实施,民族地区政治建设定位更加明确,重点得到突出,技术路线方向日益明晰。《〈国家人权行动计划(2012—2015年)〉实施评估报告》显示,少数民族平等参与管理国家和社会事务的权利得到依法保障。55个少数民族均有本民族的全国人大代表。人口超过100万的少数民族都有本民族的全国人大常委会委员;在155个民族自治地方的人民代表大会常委会中,均由实行区域自治民族的公民担任主任或者副主任。自治区主席、自治州州长、自治县县长,均由实行区域自治民族的公民担任。少数民族公务员占全国公务员总数的比例已超过少数民族人口占全国总人口比例。[①]在各级人民政协参政议政方面,2014—2015年,民族八省区各级政协在界别、政协委员构成、参政议政能力建设和参政方式建设等成果频现。在党组织建设方面,2013年以来,民族八省区和其他民族自治地方的中国共产党组织执政能力不断提升,思想建设、组织建设、制度建设得到加强,党的领导机构健全,党员队伍规模不断扩大。在民族区域自治制度实践方面,2014年中央民族工作会议重申了民族区域自治制度的重要性和法定地位,基于国家基本制度完善的需求,国家权力机关和中央人民政府及其职能部门围绕发展经济和改善民生

---

① 国家民委政策法规司:《〈国家人权行动计划(2012—2015年)〉规定目标任务如期完成 少数民族权利得到有力保障》,国家民委网站(http://www.seac.gov.cn/art/2016/6/15/art_ 31_ 257258. html)。

这一核心工作，积极推进民族区域自治制度的健康运行。在民族地区基层民主建设方面，民族地区城乡也普遍建立起居民委员会和村民委员会作为基层群众自治性组织，在"自我管理、自我教育、自我服务"中实现基层社会有序治理。民族地区绝大多数村民委员会由民主选举产生。

2014—2015年，民族地区经济发展呈现了强劲态势：经济增长速度远超过全国平均水平，位居全国前列，成为新常态下经济增长新亮点。在"一带一路"建设、新型城镇化、区域经济协同发展等重大战略的推动下，民族地区改革开放的增量红利不断积聚，经济结构出现积极变化。2014—2015年，民族地区发展速度超越全国和西部地区，综合实力显著增强；产业结构在发展中逐渐转型，第一产业稳定发展，第二产业占比有所下降，第三产业增长明显；民族地区固定资产投资依然是拉动经济增长的主要动力。民族地区财政收入和财政支出稳定增长，财政支出对改革发展和民生、教育等重点领域的支持力度继续加大。民族地区城镇化进程不断推进；城乡居民收入水平显著提升，农村居民可支配收入增幅总体高于城市。国家尤其重视边境地区少数民族群众的发展能力提升。2011—2014年，国家共安排中央财政兴边富民补助资金61亿元，并新增设立的兴边富民中央预算内投资专项累计投入了40亿元。边境地区经济发展能力显著增强。2014年，边境地区生产总值为9461亿元，"十二五"期间的年均增速高于全国平均水平和东中部地区。公共财政预算收入815亿元，比"十一五"末增长134.6%。固定资产投资总额7697亿元，比"十一五"末增长90.6%。边境地区交通瓶颈进一步被突破，新增公路46768公里，通高速公路县由18个增加到46个。① 扶贫开发也是国家协同推动民族地区五位一体建设和小康社会建设的重要战略举措。随着贫困人口越来越向西部地区，尤其是民族地区集中，国家和社会各类扶贫项目投入的扶贫资金不断加大。2011—2015年，我国中央

---

① 《兴边富民行动为边境地区同步小康添动力——专访国家民委副主任罗黎明》，《中国民族报》2015年12月15日。

财政专项扶贫资金从272亿元增长到467.45亿元,年均增幅18%左右。① 在各类扶贫主体的参与下,民族地区的扶贫开发效果也不断增强。2015年,内蒙古、广西、西藏、宁夏、新疆5个自治区和贵州、云南、青海3个省的贫困人口从2012年的3121万下降到1813万。② 2014—2015年,民族地区贫困规模减小,贫困程度缓解的速度快于全国平均水平;民族地区社会成员的生产生活条件和社会事业显著改善。此外,社会救助等减贫作用也在逐步发挥,贫困人员从社会保障反贫困中有了更多获得感。

民族地区的社会事业发展取得新成就。一是民族地区科技事业进步较大。R&D人员绝对数量从2010年12.3万人增至2013年的16万人,年均增长率为9.2%;R&D经费支出在2010—2013年的年均增长率为20.2%。二是民族教育事业发展迅速。"十二五"时期,民族地区除小学阶段以外,其他阶段各类专任教师年增长率均远远高于全国。国家高度重视民族地区教育事业的公平发展,2012—2015年,国家开展民族地区教育基础薄弱县普通高中建设项目,支持民族地区318所普通高中建设。2012—2015年,国家民委直属高校共安排本科招生计划12.4万多名,其中民族八省区4.6万多名,中央部门高校和地方高校安排少数民族预科招生计划18.5万多名。在师资培训方面,2012—2015年,国家分别实施了"国培计划"中西部项目和幼师国培项目、免费师范生项目、"农村学校教育硕士师资培养计划"。2011—2015年,投入108亿元实施528个教育援疆项目。截至2015年,各类教育援藏项目达405个,援助资金9.38亿元。各类教育支援青海项目134个,援助资金6.7亿元。③ 三是医疗服务条件和能力逐步提升。民族八省区卫生机构数、卫生技术人员数和卫生机构床位总数2011—2014年的年增长率大部分高于全国。民族地区每千人口

---

① 《千亿扶贫资金到底怎么花?》,新华网(http://news.xinhuanet.com/politics/2015-12/08/c_1117394491.htm)。

② 国家民委政策法规司:《〈国家人权行动计划(2012—2015年)〉规定目标任务如期完成 少数民族权利得到有力保障》,国家民委网站(http://www.seac.gov.cn/art/2016/6/15/art_31_257258.html)。

③ 同上。

卫生技术人员数持续增长，且与全国水平差距呈缩小趋势。四是社会保障财政投入和覆盖范围持续扩大。2011—2014年，民族地区社会保障事业财政投入连年增长。以西部12省（区、市）为例，年均增长率为13.1%，增速高于东部地区和全国水平。随着《社会保险法》的贯彻实施以及产业结构的调整优化，民族地区社会保险的参保人数不断增加，覆盖面越来越广。"十二五"期间，民族八省区城镇基本医疗保险、城镇职工基本养老保险、城乡居民社会养老保险、新型农村合作医疗4项制度参保人数的年均增长率分别为6.8%、5.5%、4.1%和0.6%。城乡最低生活保障制度基本实现了"应保尽保"，城乡社会救助人数趋于稳定。

在生态文明建设方面，随着以生态功能修复工程和重大生态工程的深入推进，民族地区用于生态修复、减排治污、生态功能区和保护区建设等方面的投入不断加大，治理成效逐步显现。据统计，2014年，民族八省区中有六个省区在城市生活垃圾的无害化处理率均呈上升状态。2014年民族地区水与大气的主要污染物排放总量与亿元生产总值的排污量都有所下降，排污优化程度呈提高态势。民族地区的工业污染治理投资与林业投资总额和各单项额度占全国的比重均超过了其生产总值占全国的比重。2014年以来，民族地区治理与保护生态环境的资金投入力度相比而言要高于全国其他地区。在自然保护区建设方面，民族地区2014年自然保护区达到643个，总面积10106.50万公顷，占全国总面积的比重为80%左右。第三方的评估结果也表明，2014年民族八省区中除宁夏与新疆外，生态文明建设水平即绿色生态文明指数GECI均高于全国平均水平。[①]

在少数民族文化保护方面，近年来民族地区文化发展在非物质文化遗产保护、少数民族特色村寨保护、文化产业、"文化走出去"、公共文化服务等领域取得了较快发展。据统计，截至2015年底，布达拉宫等9项分布在民族地区的自然、文化遗产被列入《世界文化遗产名录》。新疆维吾尔族的木卡姆艺术、羌年等共计18项少数民族项

---

① 严耕等：《中国生态文明建设发展报告2014》，北京大学出版社2015年版，第39—52页。

目分别入选联合国教科文组织《人类非物质文化遗产代表作名录》《急需保护的非物质文化遗产名录》。在已经公布的四批国家级非物质文化遗产代表性项目名录和四批国家级非物质文化遗产代表性项目代表性传承人名单中,少数民族的代表性项目和传承人的总量以及占全国的比重均快速增加。全国少数民族古籍解题书目套书《中国少数民族古籍总目提要》于2014年全部出版。① 在少数民族特色村寨保护与建设方面,截至2015年,全国已组织实施了1000个少数民族特色村寨试点项目,直接受益人口达数十万人,涉及40多个少数民族,地域上覆盖了大多数民族地区。② 在文化产业方面,2015年1月,文化部开展的2015年度文化产业项目征集工作,项目征集首次对丝绸之路文化产业重点项目进行试点征集。文化部已经选择丝绸之路沿线的内蒙古、陕西、甘肃、青海、宁夏、新疆、海南、广西等8个省、区作为试点,率先开展丝绸之路文化产业重点项目征集工作。③ 在公共文化服务方面,随着国家出台政府购买社会服务政策后,宁夏、内蒙古、云南等地随即公布了政府向社会力量购买公共文化服务指导性目录,共涉及5大类38种项目。逐步增强了民族地区公共文化服务的供给渠道。在"文化走出去"战略中,民族地区抓住了"一带一路"战略布局,纷纷通过出台专项规划或组织演出巡展等方式将多元多彩的民族文化在全世界范围内进行传播和宣传。

三 民族地区城乡居民对全面建成小康社会很有信心

2014—2015年是我国"十二五"规划的收官之年,也是为实施"十三五"规划奠定坚实基础的一年。尽管我国经济增速下降到一位

---

① 国家民委政策法规司:《〈国家人权行动计划(2012—2015年)〉规定目标任务如期完成 少数民族权利得到有力保障》,国家民委网站(http://www.seac.gov.cn/art/2016/6/15/art_ 31_ 257258.html)。

② 王甜:《少数民族特色村镇保护与发展学术研讨会召开》,《中国民族报》2015年11月27日。

③ 《文化部试点征集丝绸之路文化产业重点项目》,《中国民族报》2015年2月6日。

数,处于相对平缓的增长时期,但与"十二五"时期各年份相比基本持平。这一时期民族地区增速高于全国增速,西藏、贵州等经济最不发达的省区增幅更加明显,这为民族地区全面建成小康社会提供了更加坚实的物质基础。同时,民族地区公共服务、社会治理、文化发展、生态文明建设总体格局态势更加协调,全面小康社会建设取得的进展有目共睹,并进一步增强了城乡居民的信心。

根据对"21世纪初中国少数民族地区经济社会发展综合调查"(简称"大调查")2014年和2015年的家庭问卷分析发现,民族地区各民族被访者对所在地区2020年全面建成小康社会的信心度很高。2014年和2015年"大调查"家庭问卷共收集有效问卷12703份。家庭问卷抽样地区涵盖内蒙古、吉林、浙江、湖北、广西、海南、四川、云南、西藏、青海、宁夏和新疆12个省、区的30个县、市,根据随机等距抽样方式选定入户调查样本。从样本数据可以看出,城乡居民对党和政府提出到2020年全面建成小康社会很有信心。[1] 83%的受访者对所在地区2020年全面建成小康社会有信心(西藏受访者没有人认为本地不可能在2020年全面建成小康社会,信心度很高为100%),没有信心的受访者占9%。仅有2%的受访者表示不可能建成,6%的受访者表示没有听说过本地要在2020年全面建成小康社会的口号或目标。西藏、内蒙古、宁夏受访者表示很有信心的人数比例要远高于其他地区,并且除四川和青海的受访者外,其他民族地区均有超过75%的受访者对当地在2020年全面建成小康社会有信心(见表14—1)。

表14—1　　　　2014—2015年不同民族地区受访者对
全面建成小康社会的信心度

单位:%

	很有信心	有信心	没什么信心	不可能	没听说过	合计样本数
内蒙古	38	44	11	1	5	100(1303)
吉林	27	50	15	1	6	100(454)

---

[1] 参见王延中、丁赛《2013年调查问卷分析·综合卷》,中国社会科学出版社2015年版。

续表

	很有信心	有信心	没什么信心	不可能	没听说过	合计样本数
浙江	27	54	7	1	12	100（424）
湖北	22	53	22	2	1	100（427）
广西	19	69	7	1	3	100（1190）
海南	25	51	13	2	8	100（393）
四川	19	50	14	5	10	100（892）
云南	24	57	12	3	5	100（1269）
西藏	55	41	2	0	2	100（1888）
青海	21	44	11	3	21	100（828）
宁夏	40	46	7	1	5	100（842）
新疆	27	59	8	1	5	100（1982）
合计	31	52	9	2	6	100（11892）

按民族区分，各民族受访者认为当地2020年全面建成小康社会的信心度都比较高，认为不可能全面建成小康的人数比例均很低，普遍未超过5%；仅有四川的彝族受访者有6%的人认为不可能。朝鲜族和土家族的受访者认为没什么信心的人数比例相对高于其他民族，这一比例均为22%（见表14—2）。这表明，中部和东北民族自治地方的少数民族在横向发展水平比较中，对自己所在地区是否能如期全面建成与其他地区水平相当的小康社会仍然存在担忧。因此，增强民族政策的公平性和扶持发展、扶贫开发等资源投放的公平性是这些地区做好民族工作的重要着力点。

表14—2　　　2014—2015年不同民族受访者对全面建成小康社会的信心度

单位：%

	很有信心	有信心	没什么信心	不可能	没听说过	合计
汉族	27	53	13	2	6	100（3512）
蒙古族	42	39	11	2	7	100（276）
回族	41	48	6	0	4	100（854）
藏族	47	42	3	2	6	100（2406）
维吾尔族	33	58	4	1	5	100（316）

续表

	很有信心	有信心	没什么信心	不可能	没听说过	合计
苗族	18	67	8	0	7	100（203）
彝族	27	40	12	6	15	100（430）
壮族	27	63	7	1	1	100（363）
朝鲜族	24	46	22	0	8	100（83）
侗族	16	72	8	1	3	100（137）
瑶族	17	71	6	1	6	100（339）
白族	34	55	11	0	0	100（56）
土家族	24	50	22	1	2	100（294）
哈尼族	15	78	5	0	2	100（87）
哈萨克族	23	65	5	0	8	100（371）
黎族	30	53	10	0	6	100（205）
傈僳族	31	51	13	1	4	100（149）
畲族	28	54	7	2	10	100（61）
拉祜族	11	66	14	0	10	100（167）
纳西族	38	43	14	3	3	100（37）
柯尔克孜族	30	60	4	0	5	100（271）
达斡尔族	23	57	14	2	4	100（177）
羌族	11	66	16	2	5	100（349）
撒拉族	26	47	10	2	15	100（374）
怒族	37	55	4	0	3	100（92）
独龙族	33	56	6	3	3	100（79）
其他民族	26	50	15	2	7	100（204）
合计	31	52	9	2	6	100（11892）

此外，彝族、撒拉族、拉祜族、畲族等受访者中表示没有听说过本地要全面建成小康社会目标的人数比例较高的现象值得重视。这意味着还需要进一步加大基层宣传力度，尤其是要对西部偏远民族地区的少数民族群众加强宣传，增强全面建成小康社会的知晓度，凝聚人

心，提升各民族团结一致、共同繁荣发展的信心。

根据受访者的年龄、受教育水平、城乡、职业等维度，笔者进一步分析了民族地区城乡居民对全面建成小康社会的信心度。从年龄看，各年龄段受访者表示有信心的人数比例均超过了80%，且表现出了年长的受访者信心度要高于年轻受访者的特征。29岁及以下受访者认为没有信心或不可能的人数比例为14%，而60岁及以上受访者这一比例则仅为7%。从受教育程度看，大学及以上学历的受访者表示有信心的人数比例较低，为79%，而小学及以下、初中、高中三类受访者表示有信心的人数比例则分别为84%、85%和84%。受教育水平越高的受访者对当地2020年全面建成小康社会没什么信心或认为不可能建成的人数比例越高，大学及以上学历受访者该比例为19%，高中、初中、小学及以下三类受访者该比例则分别为12%、10%和7%。这种差异的原因值得进一步分析。从城乡居民的态度看，城乡受访者在表示有信心的人数比例上差异不大，农村受访者表示有信心的比例略高于城镇受访者。城镇受访者表示没什么信心或认为不可能全面建成小康社会的人数比例则高出农村受访者6个百分点，城镇和农村分别为15%和9%。各职业受访者对当地2020年全面建成小康社会的信心度差异不大，在77%—86%之间波动。

城乡居民对全面建成小康社会表现出来的信心，体现了民族地区这些年经济社会快速发展的成就，为今后民族地区各项工作特别是全面建设小康社会奠定了坚实的群众基础。2014—2015年的民族地区的快速发展，是各地区党委政府认真贯彻落实中央"四个全面"战略布局的结果，更是加大投入、不断创新工作方式方法、全面协调推进各项工作的结果。党的十八大以来特别是中央民族工作会议之后，民族地区经济社会发展与民族工作成效十分显著，民族地区全面建成小康社会的基础进一步夯实。

四 民族地区全面建成小康社会依然面临严峻挑战

民族地区在取得五位一体建设成效的同时，因受多方面因素的影响，在全面建成小康社会和进一步做好民族工作方面仍然面临着严峻的挑战。民族地区全面建成小康社会面临的挑战具体反映在民族地区政治、经济、社会、文化和生态五位一体发展中存在的问题与面临的制约上。

（一）民族地区反贫困任务依然沉重

据统计，全国14个连片特困地区共有680个县，其中有371个地处民族自治地方，占54.6%；在全国592个国家扶贫开发工作重点县中，有263个县地处民族自治地方，占44.4%；《扶贫开发整村推进"十二五"规划》确定的3万个贫困村中，有13158个村地处民族自治地方，占43.9%。① 从2015年民族八省区的贫困状况来看，民族八省区农村贫困人口占全国的比重为32.5%，比上年（31.4%）略有增加，高1.1个百分点。民族八省区减贫率为17.8%，全国同期减贫率为20.6%，民族八省区减贫速度慢于全国。民族八省区农村贫困人口占乡村人口的比重，即贫困发生率为12.1%，比全国（5.7%）高6.4个百分点。在中国经济放缓的背景下，民族地区的减贫难度越来越大。在与全国一样减贫速度放缓的同时，民族地区减贫速度呈加速减缓趋势，目前仍是全国扶贫开发的重点和主战场。民族地区反贫困目前主要面临着以下问题与挑战。第一，民族贫困地区均处于生态脆弱区，自然灾害使得民族地区贫困家庭的返贫风险依然较高。第二，民族地区基本公共服务配置依然存在较大缺口；基础设施建设薄弱、产业结构单一等，制约了贫困人口自身发展能力的有效提升。第三，民族地区贫困人口依然量大面广，且贫困状况存在内部差异，如何公平且精准地实施扶贫资源的投放是需着重解决的难题。第四，当前政府主导的扶贫开发项目，依然存在贫困农牧民参与不够的问题，制约了扶贫政策绩效。第五，政府扶贫开发项目的资金投入依然不足，以及扶贫资源在贫困户和低收入贫困户之间未能做好公平分配，导致贫困人口在扶贫项目中受益不多。第六，各类建设项目需要县级财政提供配套资金的项目财政运行

---

① 中国民族报：《中国民族报评论员：全面脱贫，民族地区不能掉队——一论学习贯彻党的十八届五中全会精神》，国家民委官网（http://www.seac.gov.cn/art/2015/11/3/art_31_241642.html）。

第十四章 加快民族地区全面小康社会建设的调查与思考

机制,制约了民族地区贫困县对项目申请的意愿,也制约了扶贫项目实施的力度。第七,民族地区诸项反贫困政策仍然未形成反贫困合力,教育扶持政策、社会保障、人口政策、基本公共服务等多种能够从不同角度不同层次产生反贫困效果的政策未能统筹协同、良性互促,导致反贫困政策体系的反贫合力未能显现。

(二)民族地区社会发展水平不足对区域和个人发展能力制约明显

当前,民族地区的社会发展水平从纵向上比有明显进步,但是从全面建成小康社会的要求来看,其社会发展水平与东中部地区相比仍然存在较大差距。在科技创新方面,民族地区科研水平相对较为落后,民族地区技术市场成交额较低,近几年民族八省区技术市场成交额占全国比重均不足5%,远低于东中部地区水平。在教育事业方面,虽然高等教育和中等职业教育教师数稳定增长,但中等职业教育阶段教师资源依然匮乏,教育事业的多项指标仍与其他地区和全国平均水平存在差距,制约了民族地区高素质人才的培养。在医疗卫生事业方面,尽管民族地区在医疗服务专业人员数、机构床位数、医疗机构数、新农合和城镇居民医疗保险制度等方面的指标与其他地区的差距在缩小。但是,少数民族的居住较为分散、民族地区交通不便等,导致民族地区社会成员获取医疗服务的便利性很低,尤其是偏远民族地区农村居民获取优质医疗服务的成本过高。基层有效医疗资源配置依然不足等,使得民族地区因病致贫、因病返贫现象依然十分严重。在基础设施建设方面,仍然有很多民族地区没有等级公路,尽管实现了"村村通路"工程,但是道路通畅率低、道路安全问题严重,也制约着民族地区城乡居民的出行。在互联网和快递网络建设方面仍处于落后局面,不仅制约了偏远民族地区的居民对外界信息和知识的获取,也制约了农产品的对外运输,交通成本高制约着农产品的销售,也导致了民族地区物价偏高。

(三)民族地区经济发展内外驱动力仍然不足

2014年以来,民族地区经济发展的势头迅猛,但受经济发展条件基础差、发展能力底子薄的制约,总体经济实力与发达地区依然存在显著差距。具体来看,第一,经济总量依然偏低,低于中东部地区。第二，三次产业结构依然有待优化，第一产业占比仍然高于全国平均水平，第三产业占比则依然低于全国水平。第三，固定资产投资依然是拉动民族地区经济增长的主要动力，但增长速度趋缓，经济增长驱动力单一。第四，民族地区的财政收入和财政支出也都实现了稳定增长，但财政收支之间压力越发加重。财政收支压力增大制约区域经济的可持续发展与扩大再生产。第五，民族地区金融服务体系不健全，导致民族地区的经济发展经常容易面临资金短缺的问题，从而制约了项目的落地及规模扩大，并且导致资源开发的利用率偏低，制约了民族地区经济发展的整体效能。第六，民族地区劳动力的劳动技能和专业化程度欠缺，制约了民族地区产业结构的调整以及企业的转型升级，经济体的自我创新能力和内生发展动力不足。

（四）生态环境治理成效不足，制约经济社会可持续发展

21世纪初以来，各级政府投入了大量的资金用于改善民族地区的生态环境和生态文明建设。但是，民族地区整体落后的状况仍然没有改变。与其他地区相比，民族地区面临的发展社会经济与保护生态环境的双重压力都更为巨大。研究表明，民族地区2014年减排与排污优化程度仍落后于全国平均水平，大部分民族省份的亿元生产总值的废水、废气单位排污量都高于全国平均数值。此外，民族地区受自然灾害影响明显，自然灾害与环境恶化呈现出互为诱因的恶性循环关系。从经济发展和环境保护的互动关系来看，优化产业结构与能源消费结构，降低污染物的排放，提高排污优化程度是民族地区共同面临的问题。环境生态脆弱，可持续发展能力不强，两者互相影响，成为民族地区未来发展的突出瓶颈。

（五）民族地区传统文化的传承保护存在片面现象

在开发民族地区文化产业的过程中，民族文化传承与开发二者的关系依然没有理顺。由于一味追求经济发展和经济利益，缺乏对当地文化的基本知识，在旅游资源开发过程中改造或凭空打造非物质文化遗产和民族文化现象较为常见。此外，在民族文化产业的发展过程中，仍然存在对发展民族文化产业的民营组织支持力度不足，文化产业管理部门缺乏协同机制制约资金使用效率等问题。在特色村寨建设方面，政府主导的保护工作往往只注重特色建筑等外在形式，而生活

于其中的"人"以及他们的生活，在此过程中缺位或没有受到足够的重视。在民族地区的非物质文化遗产保护方面，各级政府投入人力、物力明显增加，成效也十分显著。但是，在实际的"非遗"申报中，对文化生态的碎片化保护以及"重申报、轻保护"的现象依然普遍。碎片化申报、保护方式不但无法达到预期的保护效果，反而会破坏文化生态平衡，使这些"非遗项目"失去原有的生命力。而在已经完成"非遗"申报的项目中，舞台化和商业化现象较为突出，这也在不同程度上扭曲了"非遗"原有的存在形态。此外，"非遗"保护资金未得到有效利用也是当前民族地区在民族文化保护中面临的一个重要难题。民族地区的公共文化服务发展存在的问题主要表现为公共文化供给体制还存在一些问题，比如公共文化服务供给思路行政化色彩较浓，公共文化服务供给渠道单一，供给的内容与少数民族群众的文化需求匹配度低，少数民族群众获取公共文化服务的便利性较差等。

（六）城市民族工作的管理服务能力有待提升

中央民族工作会议指出，"民族工作的重心正在逐渐向城市倾斜，城市管理和服务将面临越来越多的民族因素"。随着各民族劳动力及其随迁家属进城务工和跨区域流动加速，城市民族工作管理服务能力不足的缺点暴露得更加严重。一是部分地区对城市民族工作认识不到位、城市民族工作得不到重视；二是一些地区的城市民族工作部门被"边缘化"，导致当地城市民族工作的开展缺乏有力主体；三是社区民族工作力量薄弱，不仅无法适应城市民族工作重心下移趋势，而且提供有效的管理和服务的能力也明显不足；四是目前城市民族工作的法治化进展仍然较为缓慢，制约了工作的开展；五是少数民族流动人口在流入地难以获得在就业、宗教信仰、教育、医疗等方面的基本公共服务，导致融入社会的难度很大。

五 促进民族地区持续健康发展与小康社会建设的建议

推进我国民族地区民族工作创新，提升民族工作成效，并最终促进民族地区全面建成小康社会和健康可持续发展，既要从完善民族政策的角度来提升扶持少数民族和民族地区发展的公平性，也要从"四个全面"战略布局的角度来增强基层政府的治理能力现代化。而且，增强民族地区政府治理能力现代化具体要落实到五位一体建设协同推进的具体工作中。按照五大发展理念的指导，基层政府要在民族工作和行政的法治化上下功夫，也要在理顺民族地区协调发展的体制机制上下功夫，更要在打通惠及少数民族的基本公共服务供给侧改革上下功夫。总体而言，加强民族工作和促进民族地区健康发展是一项系统工程，要从多个角度、多个层次、多条途径将扶持政策、扶持资源精准有效地惠及民族地区和少数民族。具体而言，"十三五"期间促进民族地区民族工作创新和健康发展可从以下方面采取措施。

（一）从民族因素和区域因素相结合的视角不断完善民族政策，提升民族地区治理能力

现阶段民族问题的本质是民族地区和少数民族的发展问题。要最终促进民族地区经济社会发展能力的提升、民族关系的和谐，帮助民族地区和少数民族增强内生发展驱动力和创造良好的发展条件是改革和完善的关键突破口。数据分析表明，社会公平感是影响被访者评价民族关系好坏的显著影响因素。因此，通过完善民族政策来进一步促进民族关系和谐，关键在于增强民族政策的横向公平。实现这一目标，一方面要结合习近平总书记关于"要坚持统一和自治相结合、民族因素和区域因素相结合，把宪法和民族区域自治法的规定落实好，关键是帮助自治地方发展经济、改善民生"的总体部署，将民族政策放在民族地区发展政策体系的衔接和协同中综合考虑其完善思路，完善民族政策应当充分考虑区域因素，在一个区域内公共政策特别是基本公共服务均等化政策要尽量一致。实行区域因素与民族因素相结合，能更加因地制宜地促进区域内各民族间公平地参与国家经济社会发展的进程和共享经济社会发展成果。另一方面，考虑到我国民族地区的多样性、复杂性以及民族政策的实施条件，对各民族地区的扶持政策特别是针对新疆、西藏等地的一些特殊政策，也不要完全"一刀切"，其他民族地区也不要攀比。因为没有差别就没有政策，"一刀切"的政策无法适应中国多样化民族地区的客观实际。在提升民族地区治理能力方面，需要做的工作更多。归根结底是形成在党的领导与

第十四章　加快民族地区全面小康社会建设的调查与思考

政府主导下的多元社会治理体系,发挥民间力量与广大民众自我组织与自我发展能力,提升多元治理体系的协调性与治理成效。

(二)增加扶贫资源投入,提升精准扶贫质量和反贫困实效

解决民族地区贫困问题,提升贫困人口和贫困地区的发展能力与条件,总体思路还是要紧密围绕"十三五"规划实施的精准扶贫、脱贫战略。为加快民族地区全面建成小康社会的步伐,增强"十三五"期间民族地区扶贫开发的实效是目标。因此,要充分将区域经济发展、社会发展水平提升、基本公共服务均等化、教育扶贫、人口政策基础性减贫作用、扶贫开发、社会扶贫与帮扶等多项反贫困政策的反贫力量形成合力。第一,对于民族地区的连片特困地区,要继续执行连片开发、整乡推进、整村推进等策略,并且在连片开发中,要高度重视打破行政区划的限制,在产业发展中要重视集中连片特困地区产业扶贫的规模化导向,统一规划、充分利用连片相似自然资源,从而增强贫困农户从产业扶贫中的受益能力。第二,完善产业扶贫项目,充分培育农村新型经济组织并发挥其带动作用,使贫困户在产业发展中能够参与到更高的产业链环节。同时积极发展农业保险制度,降低贫困农户在产业扶贫项目中可能面临的市场风险。第三,加大扶贫资源的投入力度以及资源使用的整合力度,以增强民族地区贫困户自身发展能力为主线,提高各类扶贫资金、资源的有效使用程度。第四,进一步发挥社会保障的兜底保障作用。第五,加大扶贫资源投入和扶贫方式,同时也要重视满足贫困户的个性化需求,针对具体贫困户的贫困原因制定切实可行有针对性的扶贫措施,提升扶贫资源投放的有效性。

(三)促进城市民族工作法治化,增强城市民族工作管理服务能力

改革开放和城镇化进程加速了各民族社会成员在城乡之间的流动,聚居于城市的少数民族人口越来越多。城镇化将认知中的多民族国家兑现为现实中的多民族城市,这种民族成分变动的格局、这种利益竞争与分享的格局从未有过。[1]调查数据也表明,少数民族被访者

---

[1] 严庆:《我国城市民族工作的再出发——解读和贯彻全国城市民族工作会议精神》,《民族论坛》2016年第1期。

认为跨更大区域流动时，因民族身份带来不便的概率更高。因此，进一步加强城市民族工作的管理和服务能力，重点在于加强少数民族流动人口和定居人口在获取城市基本公共服务方面的能力。具体而言，一是加强对城市、街道和社区等基层工作人员民族工作能力的培训；二是加强城市民族工作管理和服务的法治化水平；三是充分依托并发挥好社区、流动服务站等点面结合的管理和服务实施载体，建立健全少数民族在城市居住、工作、生活的网格化管理服务平台。

（四）提升基层政府社会治理能力，增加基本公共服务有效供给

在新的城镇化进程中和"十三五"期间，各民族社会成员跨城乡、跨区域的流动加速，涉及民族因素的社会成员利益纠纷将越来越多。由于这类利益纠纷在当事主体间存在价值观、习俗文化、宗教信仰等的差异，因此必须要有政府作为中间主体进行引导和干预。具体而言，就是要提升基层政府公共管理能力和公共服务的供给能力。在公共管理能力的提升方面，首先要做到民族事务治理法治化和涉及民族因素利益纠纷的法治化，增强法治对维护各族人民合法利益的保障作用。其次，继续加大党风廉政建设，规范干部行为与职责，增强政府机构和工作人员为人民服务的意识与能力，从而建立和谐干群关系，以此推动涉及民族利益纠纷的高效处理。最后，涉及民族因素利益纠纷的产生，在很大程度上与基本公共服务供给总量不足和分布不均衡有关，因此提升基层政府的公共服务能力，增强基本公共服务供给的公平性，也是促进当地民族关系和谐发展的重要举措。

（五）强化可持续发展理念，形成经济发展与生态建设的良性互促

生态文明是五位一体建设的重要组成部分之一。民族地区的生态建设不仅对当地各民族社会成员的日常生产生活和幸福感、获得感产生直接影响，同时也关系着全国其他地区的生态环境建设和居民生活的幸福感。因此，加强民族地区生态文明应当摆在十分重要的位置。"十三五"期间，为进一步推动民族地区生态文明建设，为全面建成小康社会提供有利的环境基础，应从以下几个方面采取改进措施。第一，贯彻落实国家的各项政策法规，建立健全民族地区的生态文明制

度体系。以《生态文明体制改革总体方案》作为民族地区生态文明建设法治化的依据，完善法律制度体系，提升执法用法力度。第二，调整优化民族地区产业结构，充分发展民族地区绿色旅游的优势，改变民族地区过度依赖矿产开发等粗放型经济结构，使民族地区的生态环境治理和经济开发活动有效结合，形成可持续发展的经济发展结构和模式。第三，加强民族地区的节能减排工作，大力发展清洁能源的开发与使用。在不损害生态功能前提下，在重点生态功能区内资源环境承载能力相对较强的特定区域，支持其因地制宜适度发展能源和矿产资源开发利用相关产业。此外，利用少数民族地区的自然优势，大力发展风能、太阳能、沼气、地热等清洁能源，解决山区、高原、草原地区的能源需求。第四，继续加大中央对民族地区的支援力度，切实推行资源有偿使用与生态补偿制度。坚持使用资源付费，谁污染环境、谁破坏生态谁付费，谁受益、谁补偿的原则，让民族地区对生态环境的贡献得到合理补偿。第五，加强生态文明的宣传教育工作，形成全民参与的良好氛围。要充分挖掘和宣传各民族的优秀的生态理念，全面加强生态文明的宣传教育，提高人民群众的环保意识与法制观念，最终形成全民关注、支持、参与、监督、共享生态文明建设的良好氛围。

（六）重视发挥少数民族在文化保护中的主动性，促进民族文化传承保护和开发创新的有机衔接

在文化产业发展中，要摒弃短视开发的思路，充分尊重少数民族的意愿；让他们积极参与到本民族和当地文化产业发展规划中来，充分发挥他们作为民族文化保护主要载体的优势，促进文化产业开发与传承保护良性互促。同时，要完善各部门统筹安排文化产业项目和资金的工作机制，提高民族文化产业发展的资源使用效能。在少数民族特色村寨建设中，建议要由国家的强势介入转为积极引导当地居民自主参与。在"非遗"保护方面，通过体制机制创新，营造一个宽松自由的文化政策环境。进一步完善合理有效的传承机制，让传承人发挥其能动性和自主性。改革"非遗"保护自上而下的行政管理模式，由政府主导转向政府协调与服务。将"非遗"保护的主动权更多地交给传承人，让传承人在生活中传承。在公共文化产品的供给方面，

要深入了解当地各民族文化需求的特点,构建"需求导向型公共文化服务体",实现公共文化服务均等化,动员社会资源,发挥市场和社会组织的作用。

参考文献

陈佳贵主编：《2009年中国经济形势分析与预测》，社会科学文献出版社2008年版。

穆怀中：《国民财富与社会保障收入再分配》，中国劳动社会保障出版社2003年版。

王延中等：《中国社会保障收入再分配状况调查》，社会科学文献出版社2013年版。

王延中主编：《中国社会保障发展报告（2012）：社会保障与收入分配》，社会科学文献出版社2012年版。

马戎：《民族与社会发展》，民族出版社2001年版。

陈成文、谭日辉：《社会资本与大学生就业关系研究》，《高等教育研究》2004年第7期。

陈江生、王彩绒：《家庭背景因素对我国大学毕业生就业影响的实证分析——基于2009年的调查数据》，《西北师范大学学报》（社会科学版）2011年第2期。

丁元竹：《正确认识当前"大学生就业难"问题》，《宏观经济研究》2003年第3期。

杜桂英、岳昌君：《高校毕业生就业机会的影响因素研究》，《中国高教研究》2010年第11期。

高耀等：《人力资本对高校学生初次就业质量的影响——基于2010年网络调查数据的实证研究》，《教育科学》2012年第4期。

江承凤、米红、王志刚：《基于文化视角的新疆少数民族大学生就业问题探讨》，《开发研究》2015年第2期。

赖德胜：《劳动力市场分割与大学毕业生失业》，《北京师范大学学报》2001年第4期。

赖德胜、孟大虎:《"知识失业"加剧凸显政府职责》,《人民论坛》2007年第15期。

刘晓瑜、胡军刚:《基于回归模型的大学毕业生就业影响因素实证分析》,《江西财经大学学报》2008年第2期。

孙嫱等:《新疆少数民族大学生就业问题的调查与分析》,《西北民族研究》2012年第4期。

涂思义:《大学生就业难的原因与对策分析》,《成都教育学院学报》2005年第1期。

王延中:《中国社会福利制度的发展及其对城市化的影响》(下),《中国社会科学院研究生院学报》2010年第3期。

王英姿:《新疆少数民族大学生就业问题调查与分析》,《中国大学生就业》2006年第16期。

谢志远:《关于培养大学生就业能力的思考》,《教育发展研究》2005年第1期。

杨伟国、王飞:《大学生就业:国外促进政策及对中国的借鉴》,《中国人口科学》2004年第4期。

赵廷芳:《少数民族大学生就业问题的特殊性及对策建议》,《西北民族研究》2009年第3期。

郑功成:《大学生就业难与政府的政策取向》,《中国劳动》2006年第4期。

郑洁:《家庭社会经济地位与大学生就业——一个社会资本的视角》,《北京师范大学学报》(社会科学版)2004年第3期。

周建民、陈令霞:《浅析我国大学生就业政策的历史演变》,《辽宁工学院学报》2005年第2期。

曾湘泉:《变革中的就业环境与中国大学生就业》,《经济研究》2004年第6期。

封进:《中国养老保险体系改革的福利经济学分析》,《经济研究》2004年第2期。

高文书:《社会保障对收入分配差距的调节效应——基于陕西省宝鸡市住户调查数据的实证研究》,《社会保障研究》2012年第4期。

侯明喜：《防范社会保障体制对收入分配的逆向转移》，《经济体制改革》2007 年第 4 期。

李实、杨穗：《中国城市低保政策对收入分配和贫困的影响作用》，《中国人口科学》2009 年第 5 期。

龙玉其：《养老保险制度与民族地区农村反贫困》，《广西社会科学》2015 年第 2 期。

彭浩然、申曙光：《改革前后我国养老保险制度的收入再分配效应比较研究》，《统计研究》2007 年第 2 期。

陶纪坤：《西方国家社会保障制度调节收入分配差距的对比分析》，《当代经济研究》2010 年第 9 期。

王茂福、谢勇才：《关于我国社会保障对收入分配存在逆调节的研究》，《毛泽东邓小平理论研究》2012 年第 6 期。

王晓军、康博威：《我国社会养老保险制度的收入再分配效应分析》，《统计研究》2009 年第 11 期。

王延中等：《社会保障收入再分配效应研究》，《经济研究》2016 年第 2 期。

韦璞：《贫困、贫困风险与社会保障的关联性》，《广西社会科学》2015 年第 2 期。

香伶：《关于养老保险体制中再分配累退效应的几个问题》，《福建论坛》（人文社会科学版）2007 年第 1 期。

张浩淼：《关于贫困问题的社会保障学分析》，《兰州学刊》，2007 年第 5 期。

张士斌、梁宏志：《贵州民族地区新型农村社会养老保险制度研究》，《贵州民族研究》2012 年第 5 期。

郑功成：《论收入分配与社会保障》，《黑龙江社会科学》2010 年第 5 期。

黄荣清：《中国西部少数民族人口受教育状况分析》，《教育文化论坛》2009 年第 2 期。

徐世英、李楠：《我国百万人口以上少数民族教育进步程度的度量与预测分析》，《民族教育研究》2009 年第 2 期。

孙百才、张洋、刘云鹏：《中国各民族人口的教育成就与教育公平——

基于最近三次人口普查资料的比较》,《民族研究》2014年第3期。

何立华、成艾华:《民族地区的教育发展与教育平等——基于最近三次人口普查资料的实证研究》,《民族研究》2015年第4期。

洪岩璧:《族群与教育不平等——我国西部少数民族教育获得的一项实证研究》,《社会》2010年第2期。

谭敏、谢作栩:《家庭背景、族群身份与我国少数民族的高等教育获得》,《高等教育研究》2011年第10期。

联合国儿童基金会、国家统计局:《中国儿童人口状况——事实与数据》,2013年。

雷万鹏、徐璐:《农村校车发展中的政府责任——以义务教育学校布局调整为背景》,《中国教育学刊》2011年第1期。

朱启国、贺伟:《西部民族地区农村最低生活保障制度可持续发展研究》,《理论观察》2013年第10期。

叶慧:《农村最低生活保障制度满意度调查——以西南民族扶贫县596户农户为例》,《中南民族大学学报》(人文社会科学版)2014年第1期。

宁亚芳:《民族地区农村最低生活保障制度缓贫效应分析——来自云南的证据》,《中州学刊》2015年第2期。

澜沧拉祜族自治县农村信用合作联社:《澜沧县农村信用合作联社2014年度信息披露报告书》,《普洱日报》2015年7月9日。

黄淑萍:《近年来民族关系影响因素研究综述》,《山东高等学校社会科学学报》2014年第3期。

马戎:《中国城镇化进程中的民族关系演变》,《西北民族研究》2015年第1期。

束锡红、聂君:《西北地区回汉民族关系影响因素探析》,《北方民族大学学报》(哲学社会科学版)2014年第1期。

王德强、史冰清:《民族区域自治制度与民族关系和谐的实证研究——基于云南藏区的问卷调查》,《民族研究》2012年第2期。

王延中、宁亚芳:《云南民族关系现状调查与评价》,《云南社会科学》2014年第6期。

严庆:《我国城市民族工作的再出发——解读和贯彻全国城市民族工

作会议精神》,《民族论坛》2016 年第 1 期。

张军:《社会交往与藏汉民族关系——从西藏调查看民族关系的影响因素》,《西南民族大学学报》(人文社会科学版)2015 年第 8 期。

周竞红:《民族关系和谐的保障:加快推进以改善民生为重点的社会建设》,《民族研究》2008 年第 5 期。

周竞红:《多重·流动·情境认识民族认同和国家认同》,《兰州学刊》2015 年第 4 期。

Beche, "Human Capital: A Theoretical and Empiricalanalysis, with Special Reference to Education", 2nd ed., New York: National Bureau of Economic Research, 11, 1975.

Granovetter, "The Strength of Weak Ties", *American Journal Sociology*, No. 78, 1973.

Nan Lin, *Social Capital: A Theory of Social Structure and Action*, Cambridge University Press, 2001.

Niall O'Higgins, "Government Policy and Youth Employment", *Paper Prepared for the World Youth Summitt to Be Held in Alexandria*, Egypt, 2002 – 07 – 11.

Schultz, "Investment in Human Capital", *The American Economic Review*, No. 51, 1961.

Gordon, Milton M., *Assimilation in American Life*, Oxford: Oxford University Press, 1964.

后　　记

本书是中国社会科学院重大国情调研项目《民族地区全面小康社会建设调查研究》的最终成果，同时也是课题组全体成员辛苦努力的研究结晶。课题自 2016 年立项至 2017 年完成，课题组主持人王延中、丁赛带领课题组成员对民族地区进行了深入的田野调查和大规模的问卷调查。这个问卷调查同时也是我主持的国家社会科学基金特别委托项目《21 世纪初中国少数民族地区经济社会发展综合调查》的有机组成部分。在几年调研过程中，课题组成员付出了艰苦努力，围绕民族地区全面小康社会建设相关问题，陆续完成并发表了一批研究成果，最后形成这部调研专著。全书共有十四章，各章执笔者如下：第一章：王延中等；第二章、第三章：刘小珉；第四章：丁赛、别雍·古斯塔夫森、佐藤宏；第五章：吕利丹、刘小珉、陈心之；第六章：王延中、元林君；第七章：陈心之、刘小珉；第八章：丁赛；第九章：王延中、龙玉其、宁亚芳；第十章：张珊；第十一章：丁赛；第十二章：丁赛、完玛冷智、扎洛；第十三章：宁亚芳；第十四章：王延中、宁亚芳。全书由王延中和丁赛统稿。

本课题得到了国家社科基金、中国社会科学院创新工程和国情调研经费资助，得到了中国社会科学出版社赵剑英社长和责任编辑喻苗女士的指导帮助，得到了中国社会科学院民族学与人类学研究所相关部门及所内外专家学者的支持配合，在此一并表示感谢！

王延中
2017 年 12 月